U0360687

国家社科基金
GUOJIA SHEKE JIJIN HOUQI ZIZHU XIANGMU
后期资助项目

我国政府对在华境外
非政府组织分类管理研究

On the Classification Management of Overseas
Nongovernmental Organizations in the Mainland
of China for Chinese Government

陈晓春 等 著

清華大學出版社
北京

图书在版编目（CIP）数据

我国政府对在华境外非政府组织分类管理研究 / 陈晓春等著 . —北京：清华大学出版社，2024.4

ISBN 978-7-302-65085-0

Ⅰ.①我… Ⅱ.①陈… Ⅲ.①非政府组织－管理－研究－中国 Ⅳ.① D668

中国国家版本馆 CIP 数据核字 (2024) 第 006934 号

责任编辑：周　菁
封面设计：傅瑞学
版式设计：方加青
责任校对：王凤芝
责任印制：曹婉颖

出版发行：清华大学出版社
　　　　网　　址：https://www.tup.com.cn，https://www.wqxuetang.com
　　　　地　　址：北京清华大学学研大厦 A 座　　　　邮　　编：100084
　　　　社 总 机：010-83470000　　　　邮　　购：010-62786544
　　　　投稿与读者服务：010-62776969，c-service@tup.tsinghua.edu.cn
　　　　质 量 反 馈：010-62772015，zhiliang@tup.tsinghua.edu.cn
印 装 者：三河市君旺印务有限公司
经　　销：全国新华书店
开　　本：165mm×238mm　　印　张：21　　插　页：1　　字　数：373 千字
版　　次：2024 年 4 月第 1 版　　印　次：2024 年 4 月第 1 次印刷
定　　价：98.00 元

产品编号：091321-01

国家社科基金后期资助项目
出 版 说 明

  后期资助项目是国家社科基金项目主要类别之一,旨在鼓励广大人文社会科学工作者潜心治学,扎实研究,多出优秀成果,进一步发挥国家社科基金在繁荣发展哲学社会科学中的示范引导作用。后期资助项目主要资助已基本完成且尚未出版的人文社会科学基础研究的优秀学术成果,以资助学术专著为主,也资助少量学术价值较高的资料汇编和学术含量较高的工具书。为扩大后期资助项目的学术影响,促进成果转化,全国哲学社会科学规划办公室按照"统一设计、统一标识、统一版式、形成系列"的总体要求,组织出版国家社科基金后期资助项目成果。

全国哲学社会科学规划办公室

国家社会科学基金后期资助课题
"我国政府对境外非政府组织分类管理研究"
（项目编号：20FZZB012）

主要作者：

陈晓春　施卓宏　陈文婕　肖　雪　张雯慧

彭燕辉　黄　媛　刘娅云　李晗骏　夏丹娜

郭欣蕾　张　琦　文　婧　耿　露　王佑民

刘依依　姚尧平　张　彪

序　言

党的二十大报告提出"推动构建人类命运共同体"，在华境外非政府组织依法开展公益或互益活动，体现了全球治理、可持续发展、共同利益等价值观念。在华境外非政府组织是人类命运共同体构建的参与者，其兴起是全球结社浪潮和我国改革开放的必然结果。20世纪70年代末，我国开始实行改革开放，境外非政府组织逐渐进入我国内地活动，在科、教、文、卫等多个领域开展社会服务活动，社会影响日益增强。习近平总书记在2015年访美前夕接受《华尔街日报》采访时指出：中国肯定境外非营利组织的积极作用，欢迎和支持他们来华发展，我们愿继续提供必要的便利和协助。中国重视境外非营利组织在华活动的服务管理工作，依法规范他们在华活动，保障他们在华合法权益。境外非营利组织在中国活动应该遵守中国法律，依法、规范、有序开展活动。[1] 有效管理在华境外非政府组织既是我国政府对内履行发展经济、维护社会稳定、提供公共服务等职能的要求，也是对外促进与世界各国经贸往来、建立睦邻友好关系的需要，是内政与外交的一个结合点。为了引导在华境外非政府组织健康、有序、稳步发展，我国政府有必要加强对在华境外非政府组织的管理。基于此背景，本书运用相关—主成分分析法、模糊综合评价法、支持向量机等定量研究方法，对在华境外非政府组织的分类管理进行探讨，主要创新点如下。

（1）运用相关—主成分分析法构建在华境外非政府组织分类指标体系。基于目标性、科学性、系统性、实用性等原则构建指标体系，指标内容包括在华境外非政府组织接受监管、项目管理、业务活动、财务管理等方面的情况。根据数据的可获得性和可观测性，进行指标的海选和初筛，然后运用相关—主成分分析法进一步筛选。初筛后的指标先运用相关性分析进行筛选，对相关系数高的指标进行比较分析，删除信息重复的指标，得到更加精简的指标体系。运用主成分分析法对指标进行下一步的筛选，主成分分析法的作用在于保证信息不重复的前提下，用较少的指标体现全面信息。相关—主成分分析法一方面可以使评估指标精练简洁，另一方面可以保证所选出的指标是重要指标。最后用筛选后的指标方差之和与海选指标的方差之和比较，进行指标体系合理性判定。

（2）运用改进模糊综合评价法对在华境外非政府组织进行分类。模糊综合评价法在处理定性评价转化为定量评价时具有系统性强、结果清晰的优点，适合用于解决在华境外非政府组织评估的问题。模糊综合评价法的改进主要体现在运用遗传算法优化层次分析法（GA-AHP），以解决判断矩阵难以通过一致性检验的问题。经过计算可知，运用 GA-AHP 计算所得到的一致性比率比传统层次分析法计算得到的一致性比率有较大程度的降低，可以明显提高判断矩阵的一致性。通过方法的改进，判断矩阵的单层一致性比率和总体一致性比率全部通过一致性检验。计算得到指标权重后，运用模糊综合评价法开展评估。

（3）运用支持向量机对在华境外非政府组织进行分类验证。为了更加科学合理地对在华境外非政府组织进行分类，引入支持向量机法对模糊综合评价法的分类结论进行验证。支持向量机是人工智能方法的一种，具有自学习性、记忆性等特点，适用于解决在华境外非政府组织这类小样本的分类问题。本书对支持向量机分类模型的构建进行了探讨，阐述了支持向量机模型的原理，并对支持向量机的评估思路进行了描述。通过对比支持向量回归机和支持向量分类机，认为支持向量分类机更加适合解决在华境外非政府组织分类的问题。本书对径向基核函数、多项式核函数和线性核函数进行了分析，讨论了三类核函数的优缺点。最后将三类核函数的支持向量机测算结果与模糊综合评价法的分类结果进行对比验证，发现多项式核函数是三类核函数中测算结果与模糊综合评价法分类结果最接近。运用支持向量机能够有效解决在华境外非政府组织的分类问题，为政府管理这类组织提供决策支持。

通过对在华境外非政府组织的分类，最终落脚点在于对其实施管理。完善分类管理机构设置，成立专门的组织管理、决策咨询和业务评估机构。建立注册制与备案制相结合的准入制度。备案制度是对注册制度的有效补充，通过项目登记与报备制度，有助于地方政府规范在华境外非政府组织在本地区的活动。增强政府监管部门分类管理的执行能力，对活动项目进行合理引导，增加与在华境外非政府组织的沟通和了解，积极推动境外非政府组织的信息系统和数据库建设。完善在华境外非政府组织管理法律法规，颁布并实施境外非政府组织境内活动相关管理法律法规，构建由地方到中央的多层次法律法规体系。探索政府主导的政商合作多元共治机制，形成政府、社会监管与在华境外非政府组织自我治理相结合、多个监督主体共同协调运作的治理格局。完善在华境外非政府组织财务绩效评价制度，增加财务监管的覆盖面，强化财务日常监管。文化引导是加强在华境外非政府组织管理的重要方式，有助于跨国公益项目的落地，最终惠及广大群众。

　　综上所述，书中提出了分类管理的理念及理论框架，构建了一套完整的在华境外非政府组织评估指标体系，对在华境外非政府组织进行评估及分类，并基于分类提出加强管理的制度建议。研究结果表明，政府要有效地管理在华境外非政府组织，必须与这类组织增进互信，引导在华境外非政府组织加强自身管理，构建激励协调机制。

目　　录

上篇　理论及现状研究

中篇　分类方法及实证

下篇　管 理 策 略

图 目 录

表 目 录

上　篇
理论及现状研究

第一章 我国政府对在华境外非政府组织分类管理的理论分析

一、研究背景与研究意义

（一）研究背景

在华境外非政府组织（Overseas Nongovernmental Organizationsin the Mainland of China 也称在华境外 NGO）又称在华境外非营利组织、在华境外民间组织、在华国际非政府组织等，是指在境外（包括中国港、澳、台地区）登记注册或成立，在我国大陆开展各类公益或互利活动的非政府组织。[2] 在华境外非政府组织的出现是全球结社浪潮和我国对外开放的必然结果。在华境外非政府组织为我国社会提供了亟需的准公共物品，但是因缺乏有效的管理与规制，也带来了一些社会问题。2016 年，全国人大常委会通过了《中华人民共和国境外非政府组织境内活动管理法》（以下简称《管理法》），并于 2017 年开始实施，这标志着我国政府对在华境外非政府组织的管理迈向全面规范化和法治化。当前情况下，加强在华境外非政府组织的管理是我国政府面临的重要任务，应整合公安、国安、民政、工商、环保、文教等部门管理资源，改革现有的"双重管理"模式，创新在华境外非政府组织管理方式，引导其健康、稳步发展。

1. 非政府组织在全球范围内的兴起

自 20 世纪 90 年代以来，非政府组织逐渐成为各国政治舞台上举足轻重的"第三种力量"。正如 Salamon L（1997）所言："一股巨大的浪潮在全球范围内出现，非政府组织开始在公共服务和社会管理中起到重大作用"[3]，这场"全球结社浪潮"凸显了非政府组织的价值、功能和使命。20 世纪 70 年代西方国家发生经济滞胀，引发人们对"市场失灵"和"政府失灵"困境的思考，非政府组织由此受到前所未有的重视。"市场失灵"在主要资本主义国家一直存在，且呈现不规则周期规律，作为当时主流经济政策指导理论的新古典经济学和新自由主义受到质疑。政府调控原本作为对"市场失灵"现象的纠正，但因为西方某些国家福利政策的失败和某些发展中国家政府存在的官僚、贪腐、低效等现象，由此产生"政府失灵"

现象，导致人们对政府失望。在政府与市场都不能够优化资源配置，为社会提供有效的公共服务和社会管理背景下，非政府组织以一种崭新的面貌登上历史舞台，成为准公共物品的重要提供者。20 世纪 70 年代中后期开始，以撒切尔夫人的改革为代表，主要西方国家开展了轰轰烈烈的政府改革运动，改革的核心在于重新定义政府与市场的边界，政府该做什么，市场该做什么，政府与社会对此进行了深入探讨和实践。其中市场作为配置资源的重要主体主要用来配置私人物品，政府作为社会的宏观管理者从部分准公共物品的供给中退出，而非政府组织成为政府退出领域的重要承接者。全球结社浪潮推动了非政府组织的快速发展，非政府组织在社会管理和公共服务领域体现了自身的价值。

伴随我国市场经济的发展和事业单位改革的深入，非政府组织在我国取得了高速发展，出现了社会团体、民办非企业单位、基金会等多种形式的社会组织。非政府组织在扶贫、医疗卫生、文化传播、生态环境保护、妇女儿童权益、社会服务、残疾人保护等领域发挥重要作用，充当我国社会的准公共物品重要供给者。在一些国际问题中，非政府组织扮演的角色越来越重要。联合国重视非政府组织在其各机构中的作用，给予其咨商地位，因此非政府组织开始参与一些重要的国际决策。中国作为最大的发展中国家，综合国力不断增长，国际地位日渐提高，更多地让国内的非政府组织参与国际舞台活动，体现我国社会对一些国际问题的立场和利益，将有助于增加我国的国际影响力。因此，我国的非政府组织"走出去"已经是大势所趋。国内外形势表明，非政府组织正在全球范围内兴起。

2. 在华境外非政府组织的发展与挑战

随着全球结社浪潮的兴起，一些国际非政府组织于 20 世纪 80 年代开始陆续进入我国大陆开展活动。据《中国发展简报》（2015）的估算，在华境外非政府组织总数达数千家，每年投入大量的资金用于公益或互利事业。这些组织运用它们的资金、技术、管理、人才等广泛参与扶贫帮困、抗灾救灾、环境保护、文化教育、医疗卫生等公益活动，取得了良好的社会反响。2008 年，我国四川省汶川县发生特大地震，一批在华境外非政府组织积极展开救援和募捐工作，其中包括福特基金会、乐施会、无国界医生组织等先后进入震区展开工作。这些组织活跃在抗震救灾第一线，在救援活动中发挥了相应作用。在华境外非政府组织能够为我国社会提供有价值的准公共物品，有助于推动我国公益事业的发展。

在看到广大在华境外非政府组织为我国社会带来贡献的同时，我们还应该关注少数在华境外非政府组织的不法行为。一些外国组织以在华境外非政府组织的名义在国内活动,在公益的旗号之下,制造反华舆论、开展非法传教、进行间谍活动等非法行径,对我国社会安定和经济发展造成恶劣影响,损害了国家和人民利益,这种行为应该严厉打击。有的组织背离非政府组织本质属性(即非营利性),通过非法集资、非法经营等手段变相营利,成为个人利益的输送工具。更有甚者,由于在华境外非政府组织资金来源的多元性、跨国性和复杂性,他们除接受母国政府拨款外,还接受由私人和一些试图参与社会服务的跨国公司捐赠,这就使得在华境外非政府组织活动的目的受制于资金提供者的政治利益诉求,使其可能产生"组织愿景转移",暗中支持了我国境内的一些非法活动,如西藏的"314"事件、香港的"占中"事件、新疆的"新疆棉"事件等,影响了社会稳定,甚至严重威胁到国家安全。当前,监管层对在华境外非政府组织的管理不够有效,一些在华境外非政府组织未能履行法律义务,通过各种方式规避政府监管,成为我国社会和谐发展的不安定因素。

3. 在华境外非政府组织的分类与管理

最早对非政府组织分类展开专门研究的是约翰—霍普金斯大学,他们建立了著名的"非营利组织国际分类体系"(ICNPO)。1997 年,来自13 个国家的学者齐集约翰—霍普金斯大学非营利组织比较研究中心,这些国际专家设计出了一套新的非营利组织国际分类体系,该体系主要以非营利组织活动的领域、范围、方式、利益相关者等为分类标准[3](如表 1.1 所示)。这套体系主要遵循三方面原则:一是结合各国非政府组织发展实际,满足各分类主体的业务要求,真实反映非政府组织发展现状;二是与联合国对非政府组织的分类尽量兼容,以便于实现非政府组织的信息共享;三是体现非政府组织的发展特征、活动领域、业务范畴等,实现具有类似特质非政府组织的聚类。

表 1.1　国际非营利组织分类方法

编号	大　类	小　类
1	文化和娱乐	文化和艺术、体育、其他娱乐和社交俱乐部
2	教育和研究	基础和中等教育、高等教育、其他教育
3	健康	医院与康复院、疗养院、心理健康和危机干预
4	社会服务	社会服务、应急救灾、社会救济
5	环境	环境保护、动物保护
6	发展和住宅	经济、社会和社区发展、住房、就业和培训
7	法律、倡导和政治	公民和倡导组织、法律和法律服务、政治组织
8	慈善中介和志愿促进	慈善中介和弘扬慈善精神

续表

编号	大　类	小　类
9	国际	国际活动（文化项目、发展援助、国际救灾等）
10	宗教活动	宗教集会和协会
11	商业和职业协会、工会	商会、职业协会、工会
12	其他	（未分类）

注：本表根据《全球公民社会—非营利部门国际指数》附录 B "非营利组织国际分类方法详细说明"整理而成。

根据不同的需要，联合国、世界银行、美国慈善协会等国际和地区组织提出了多种分类标准。这些分类标准可以归纳为：一是按照组织性质，将非政府组织分为公益型和互利型；二是按照组织体制，将非政府组织分为会员制和非会员制；三是基于法人特征，将非政府组织分为公益法人、特别法人、非营利法人、中间法人和普通法人；四是以活动领域、活动范围、活动方式、活动对象或受益者为标准，在国际比较研究基础上，对非政府组织进行分类管理研究。[4] 通过这些分类，便于政府对非政府组织进行统计和管理，有助于强化非政府组织的第三部门属性。我国内地有数以千计、各种类别的境外非政府组织在活动，这些组织积极参加环保、扶贫、教育、医疗等多项社会服务，在其覆盖的区域具有重要的影响力。我国政府加强了在华境外非政府组织的管理，一方面能够优化社会管理，增强公共物品的供给能力；另一方面有助于我国与世界各国建立友好关系，丰富民间外交途径与方式。通过分类，使政府能够全方位了解在华境外非政府组织的信息，从而形成更为细化、具体、有针对性的管理制度。

（二）研究意义

本书以在华境外非政府组织为研究对象，重点分析我国政府对在华境外非政府组织的管理制度、在华境外非政府组织的分类方法以及如何实施分类管理的问题，旨在构建一套有效的分类方法和管理制度，以促进在华境外非政府组织的健康发展。研究具有如下理论意义和实践意义。

1. 理论意义

第一，拓展政府社会管理的理论体系。分类的目的是便于管理，分类管理的思想将用于市场营销、工业工程、人力资源管理等多个领域。分类管理是政府差异化管理的一种形式，其依据的原则是异质中求同治，将有限的政府管理资源运用到最重要的管理任务中。从资源分配的角度来讲，分类管理体现了帕累托最优的思想，追求效用的最大化。国外政府对非政府组织的评估及分类策略，为我国管理在华境外非政府组织提供了良好的借鉴。通过该项研究，在对在华境外非政府组织进行充分考察和研究之后，运用定量研究与定性研究相结合的方法构建分类指标体系，然后运用模糊综合评价法进行评估及分类。

第二，丰富政府科学管理在华境外非政府组织的研究方法与成果。政府管理在华境外非政府组织的目的是促进其合法、健康、平稳发展，从而需要构建有助于其发展的约束机制、竞争机制和发展机制。政府对在华境外非政府组织的管理不能够建立在干涉组织的具体事务或与之争利的基础上，而是要保证在华境外非政府组织的身份、运行程序和服务内容能够有法可依。加强在华境外非政府组织的管理，有助于解决当前管理中存在的具体问题，从而重塑政府的社会管理能力，为社会提供更优质的公共物品。在华境外非政府组织的有效监管，就在于能够对不同组织的特质进行区分，从而有针对性地实施管理。

2. 实践意义

通过对在华境外非政府组织的评估及分类，政府管理部门能够更加了解在华境外非政府组织的活动特点、组织愿景、治理结构和运行效率等多方面的信息。揭示在华境外非政府组织变迁与发展的内在规律，形成更为细化、具体的管理制度，以改变当前由于境外非政府组织门类众多、职能各异、体系庞杂、组织功能定位不清晰而出现的混乱无序状态，从而建立一套有效的管理制度。作为一种政府管理境外非政府组织的制度选择，其实践意义体现在如下方面。

第一，提高政府公共管理资源的配置效率。政府的公共管理资源是有限的，如何将有限的资源用于范围广泛、特征各异的社会管理领域，是考量政府决策能力和行政绩效的重要标准。境外非政府组织数量众多、活动领域广泛、社会影响各异，"一刀切"的管理方式难以适应多元化的管理环境。分类管理主张，根据境外非政府组织的不同类型，实施差异化的管理，有助于政府提高管理资源的利用效率。

第二，增强政府在社会管理中的协调能力。因为国别、职能、组织等的差异，对于境外非政府组织的相关信息，政府很难做到全面了解。信息不对称是管理境外非政府组织的难点所在，通过评估与分类能够将具有相似特征的境外非政府组织集中起来，从而减少管理信息传递中的失真、失效现象，以提高信息传递效率。同时，评估与分类还有助于同类别境外非政府组织之间的交流，提高相互间的信任度与协作能力。

第三，提升政府公共政策的执行力。执行力是政府管理社会事务的生命线，影响执行力的因素很多，管理策略的针对性和科学性是有效执行的前提。通过评估与分类可以了解不同类型境外非政府组织的管理需求，采取多角化的政策组合来优化管理机制。分类增强了政府管理在华境外非政府组织政策的针对性和有效性，提升政府公共管理的执行力，有助于各项管理政策的落实。

二、文 献 综 述

（一）在华境外非政府组织发展及影响综述

第二次世界大战以来，国际非政府组织取得了长足发展，成为国际政治经济领域一支不可忽视的力量。Lyman C W（1951）[5]、Kjell S K（1971）[6]、Sidney T S（1976）[7]、Ben W H（1974）[8]、Robert F A（1980）[9] 等较早对国际非政府组织做了研究，他们的研究成果主要包括四个方面：一是国际非政府组织的概念界定，将其界定为成员来自两个以上国家或在两个以上国家开展业务，且具有国际目标，长期进行跨国活动的非政府组织[5]；二是对跨国活动的非政府组织治理结构、组织愿景、业务活动、财务能力等进行了探讨[6]；三是通过定量分析，探讨了国际非政府组织对全球政治、经济、文化等的影响[7-8]；四是对国际非政府组织的未来发展趋势进行了分析和预测[9]。这些研究较完善地阐述了国际非政府组织的历史、现状和未来，有助于明确国际非政府组织在国际活动中的功能和角色。

在华境外非政府组织（也称在华境外NGO）是国际非政府组织在我国发展的主要组织形式。随着在华境外NGO逐渐活跃，一些外国学者开始对其展开研究，这些学者主要来源于社会学、政治学领域，虽然研究文献不多，但是整体质量较高。John F G（1996）通过20世纪90年代初对我国云南、贵州、广西、四川等省份地方政府和在华境外NGO的合作项目进行调查，认为这类组织在中国开展业务的关键在于处理好和政府的关系，深入了解政府和农民的关系。[10]Becky S H（1998）关注了中国的村民自治制度，通过对一些关心中国基层民主建设的境外非政府组织的调查，认为村民自治制度的建立，境外非政府组织起到了一定的推动作用。[11]Thomas G D（2005）对环保类的在华境外非政府组织作了探讨，认为中国面临的环保问题较为复杂，在华境外NGO能够为解决这些问题提供一些专业性的帮助。[12]总体而言，关于在华境外非政府组织的研究成果并不多，主要研究集中在一些案例的探讨，外国学者对于在华境外 NGO 的发展基本持乐观态度（Young N，2005）。[13]
这些研究在宏观层面略有欠缺，较少对在华境外 NGO 与我国政府的合作、
在华境外 NGO 的管理制度、在华境外 NGO 的发展趋势等进行研究。

20 世纪 90 年代中后期，随着改革开放的深入，在华境外 NGO 进入
我国的制度环境大为改善，1995 年在北京举行的第四届世界妇女大会为
境外非政府组织来华发展提供了良好的契机。国内学者开始更多关注在华
境外 NGO，形成了一批研究成果。

在华境外非政府组织与政府的关系受到学者们关注。刘贞晔（2005）[14]、
徐莹（2006）[15]、王丽妮（2008）[16]、康晓光（2012）[17] 等学者均有相关
成果发表，他们主要研究结论如下：一是分析在华境外非政府组织与政府
的合作情况，从"政社博弈"的角度来考察政府与社会组织之间的合作与
对立关系，并对这种复杂的博弈关系产生的新问题和新情况进行进一步的
分析 [14]；二是分析了在华境外非政府组织与我国政府的合作关系，认为
这种合作关系不仅是一种政社关系，也是一种新的外交关系 [15]；三是通
过对在华境外非政府组织与中国政府关系的归纳，总结出六种不同的关系
模式，认为在华境外非政府组织与政府之间的合作与斗争关系，已经形成
一种多层次的政社关系 [17]。随着中国外交的发展与成熟，政府与在华境
外非政府组织的关系日渐受到中外学者们的关注，并营造了和谐积极的合
作关系，成为双方重要的议题。

案例研究是国内学者研究在华境外非政府组织的重要方式之一，朱建
刚（2007）[18]、戴光全和陈欣（2009）[19]、汪永晨和王爱军（2011）[20]、
康春英和海晓君（2010）[21]、韩俊魁（2011）[22] 等分别以广东省、云南省、
宁夏回族自治区等为案例，研究在华境外非政府组织的发展情况、治理结
构、公益需求等。在华境外非政府组织在我国内地开展项目，一定要融入
当地社会，"文化嵌入"成为一种本土化的方式，包括意识形态、工作领
域、工作方法等方面的嵌入，从而提高项目运行效率。[18] 对于在华境外
非政府组织在中国内地开展活动，社区对组织的认同甚至比专业能力还要
重要，因此处理好跨文化管理的问题，对于他们的工作绩效至关重要。[19]
在一些经济水平落后的地区，在华境外非政府组织一旦得到居民的认同，
那么居民对援助项目就变得非常期待。[21] 韩俊魁（2011）对案例研究作
了较大贡献，他通过跟踪研究世界宣明会、国际小母牛组织、国际美慈组
织等组织，更加系统地分析了在华境外非政府组织的活动范围、主要类别、
组织特点，重点概括了在华境外非政府组织与本土民间组织的主要合作形
式，归纳了在华境外非政府组织在内地活动的主要形式，提出了政府应加

强对在华境外非政府组织的管理，逐步完善相应法律制度的政策建议。[22]总体而言，这些案例为制度层面的研究提供了素材，为国家管理在华境外非政府组织提供了政策依据，起到了以点带面的作用。

在华境外非政府组织可能产生积极或消极的社会影响，如何趋利避害一直是我国政府和学界关注的焦点。学者黎尔平（2006）[23]、金彪（2008）[24]、谭三桃（2008）[25]、王娟萍（2009）[26]、徐莹（2011）[27]等对在华境外非政府组织的社会影响作了一分为二的分析。他们认为部分在华境外非政府组织如果管理不到位，可能造成非传统安全威胁。但是更多的时候，在华境外非政府组织能够起到正面作用，能够为我国社会提供优质的准公共物品，并且本土民间组织通过与在华境外非政府组织的合作也将能够推动自身的发展。[23]在华境外非政府组织带来了大量的资金、经验、信息、人员和活动方式，也直接帮助我国解决了环保、扶贫等方面的一些实际问题。同时也产生了一系列消极影响，如不利于国家安全和政治稳定、借机倾倒医疗垃圾、影响舆论、进行宗教渗透等，因此要吸取东欧和苏联的教训，增强对外国非政府组织的监管。[24-25]"颜色革命"一直吸引学者们关注，有学者列举某些国际非政府组织在东欧、中亚及高加索地区参与制造"颜色革命"的案例，由此探讨在华境外非政府组织可能对我国社会安定和政治安全构成威胁。[26]因此，一方面要鼓励在华境外非政府组织合法展开公益活动，另一方面政府必须加强对在华境外非政府组织的管理，防止其成为一些反华势力的政治工具，进而威胁到国家安全。

（二）在华境外非政府组织评估研究综述

外国学者对于评估的界定、类型、方法、工具、实证等讨论较多。评估的广义定义包括所有探讨事件、事物、过程或人的价值的努力（David L S，2001）[28]。评估是一种应用性研究，它研究的是社会干预的效果（Babble E，2005）[29]。评估被认为是对一项事物的探究，使得评估主体能够更加全面完整地了解评估对象。依照不同的标准，评估有如下类别：按照评估内容，可以分为积累性评估和形成性评估（Irwin AG，2005）[30]；按照评估时间，可以分为事前评估、事中评估和事后评估；按照评估形式，可以分为过程评估、结果评估和效率评估（Peter FD，2002）[31]。此外，根据评估主体的不同还可以分为独立评估和合作性评估、自我评估与专家评估等。

伴随非政府组织的快速发展，对非政府组织的评估越来越具必要性。正如 Peter FD（1994）所言，管理繁荣已经成为过去，寻求绩效的时代已经来临。[32]一些学者已引入公共部门或商业部门的评估方法对非政府组织进行评估。在对政府或企业的绩效指标进行分析、调整和加工之后，用来测试非政府组织，由此构建一套适合于非政府组织的评估体系（Theodore HP，2005）[33]。非政府组织与企业的区别在于其利润很难作为一个组织有效运行测量的工具，这就要求构建新的有效评估体系（Stevenson G S，1988）[34]。因为非政府组织个体的差异性，对其评估应采用不同的评价方法。通过非政府组织的内部治理、管理模式、财务管理、项目活动等，可以建立以结果为导向的非政府组织评估体系（Ann M T，1999）[35]。平衡计分卡也开始较广泛成为对非政府组织评估的工具，该方法将定性的宏观战略规划解析为定量的绩效指标，这些指标反映出非政府组织在内部控制、财务管理、客户、学习、组织成长等多个维度的情况（NortonK H，1996）[36]。因为非政府组织存在差异性，因此需要对其进行归类，以便于采用合适的评估方法。外国学者运用数理方法对非政府组织进行评估，为我国非政府组织研究提供了参考和指引。

结合我国对非政府组织评估的实际，国内学者做了大量研究。邓国胜（2001）将现代评估理论与民间组织发展相结合，构建了一套符合我国民间组织发展要求的评估体系，从使命与战略规划、非营利性、组织能力和项目评价等角度出发，建立了指标评价体系。[37]邓国胜（2004）后来探讨了"3E"，即经济（Economy）、效率（Efficiency）与效益（Effectiveness）评估理论，以及"3D"，即诊断（Diagnosis）、设计（Design）与发展（Development）评估理论，认为这两种应用广泛的评估理论存在不足，对民间组织的评估应从问责、绩效、组织能力等方面展开。[38]张培莉（2008）从利益相关者的视角出发分析了非政府组织的评价层次，认为绩效评价分为影响、动因和结果三个层次。[39]刘宇喆（2005）从准公共物品供给的角度分析，认为应该从非政府组织服务的质量、数量、组织信誉、筹资能力、抗风险能力、社会效能、资源与资产数量等方面开展绩效评价。[40]唐跃军（2005）从公共责任、资金使用、组织治理、筹资活动、组织基本情况、信息披露等多个维度构建了非政府组织的绩效评价体系。[41]仲伟周（2006）从人力资源的视角探讨了非政府组织的评估问题，他从工作绩效、工作能力和工作业绩三个角度构建了评估体系。根据他的研究，通过对非政府组织员工的不断考核，提高其工作积极性，有助于提高非政府组织的运行效率。[42]徐妍（2008）在对非政府组织分类的基础之上，构建了财务、客户、内部流程、创新和学习、政府、竞争六个维度的绩效评价指标。[43]王智慧（2011）以本土民间组织为样本，构建了一套包括环境、财务、内部流程、创新、学习、政府、竞争、沟通八个维度为基础的评价指标体系。[44]

从非政府组织的蓬勃发展现状来看，完善其评估机制非常有必要，是优化非政府组织资源，增强团队活力，提高员工工作效率的有效方式。

（三）在华境外非政府组织分类管理综述

因为问题的特殊性，现有国外文献中没有专门研究我国政府对在华境外非政府组织的分类及管理。但是联合国、世界银行、美国慈善协会等国际和地区组织根据不同的需要，提出了多种国际组织的分类标准。这些标准建立在加强非政府组织管理的现实需求之上，对于完善非政府组织治理结构、提高政府公共管理能力、促进公民社会的发展具有重要意义。Salamon L 和 Anheier H（1997）[45]、Vakil A H（1997）[46-47]、Simon C（2004）[48]、Kotler P 和 Caslione J（2001）[49]、Shieh S 和 Simon W（2004）[50] 等学者对于非政府组织的分类管理研究均有建树。目前国际上的主要分类标准可以归纳为：①按照组织性质，将非政府组织分为公益型和互益型，作为实施财税政策的依据；②按照组织体制，将非政府组织分为会员制和非会员制；③基于法人特征，将非政府组织分为公益法人、特别法人、中间法人、普通法人等；④以产业分类体系为依据，结合经济活动的产业门类，探讨非政府组织的分类；⑤在国际比较基础上，以活动领域、活动范围、活动方式、活动对象或受益者为标准，对非政府组织进行分类管理研究。

在霍普金斯大学的组织下，以 L. Salamon（1997）为首的课题组构建了国际标准产业分类体系，简称 ISIC 体系，该体系将主要组织分为 17 大类、60 小类，非政府组织在大类中编号为 12，小类中编号为 27。[45] 为了满足实际操作的需要，联合国、世界银行、美国政府等提出了各自的分类标准。联合国的划分兼顾了各国非政府组织的情况，它的划分主要根据国际非政府组织的活动领域，主要有教育、文化、医疗卫生、社会服务等。这种划分方式简单明确，便于联合国搜集各国非政府组织信息并进行相关研究。世界银行对非政府组织的定义较宽泛，凡是从事环境保护、救济穷人、医疗卫生、教育科研等公益活动的组织，都被定义为非政府组织。世界银行在与非政府组织合作方面，主要扮演投资方，通过项目招标，挑选合适的非政府组织承担项目，这些组织使用世界银行的资金进行各类公益活动。美国政府对非政府组织的分类最具有代表性，为了强化社会管理，鼓励非政府组织发展，美国政府将非政府组织分为公益类和互益类。[51] 对于公益类的非政府组织在税收方面给予优惠，鼓励这类组织发展；对于互益类的组织加强管理和引导，让它们更好地服务所在的商会、协会、联盟等。国际组织或外国政府对非政府组织的分类主要考虑到实用性，分类结果主要服务于分类主体的业务和政策规划。

我国政府已经开始社会组织分类的实践探索，主要做法是以法律为依据，将社会组织分为民办非企业单位、基金会、社会团体并进行管理。针对这三类组织的差异，我国政府先后颁布了《基金会管理条例》（2004 年）、《民办非企业单位登记管理暂行条例》（1998 年）、《社会团体登记管理条例》（2016 年）等多部法律。

在社会组织管理创新的需求下，我国学者提出了多种社会组织分类的方法，具有一定的创新性，主要的分类标准包括社会功能、组织性质、法律地位、组织形式等。学者们提出的分类方式，体现了学术界对政府管理非政府组织的思考，在一定程度上为政策的制定提供了理论依据。代表性的研究成果有如下几种。

第一，依照"组织构成和制度特征"的分类探索。清华大学 NGO 研究所王名（2005）[52] 教授在该领域取得了不少有影响力的研究成果，在《非营利组织的社会功能及其分类》一文中，他认为可以考量非营利组织在社会功能上的差异性，依据主要社会功能对社会团体、基金会和民办非企业单位进行具体分类，分为动员资源型、公益服务型、社会协调型和政策倡导型，进而为分类管理的立法和政策体系构建提供依据。

第二，按照"政府对社会组织的控制方式"进行分类。康晓光、韩恒（2005）[53] 通过考察国家对多种社会组织的实际控制，提出了"分类控制体系"。在这一体系中，政府为了自身利益，根据社会组织的挑战能力和提供的公共物品，对不同的社会组织采取不同的控制策略。这是一套国家利用"非政府方式"，在新的经济环境中，对社会实行全面控制、为社会提供公共物品的新体制。通过与其他国家及社会关系类型的比较，认为分类控制体系是一种新的国家与社会关系的"理想类型"。

第三，依据"影响力"为标准的分类管理研究。华中科技大学熊小斌和高勇强（2005）[54] 在《非正式组织分类管理研究》中，将影响力作为非正式组织的分类标准。他们认为，非正式组织既可能促进，也可能阻碍甚至破坏正式组织的发展及其目标的实现。根据非正式组织影响力以及对正式组织的作用性质这两个变量来对非正式组织进行区分，将非正式组织的影响力分为小的、中等和大的影响力；同时，再加上非正式组织对正式组织积极、中性和消极的影响，将非正式组织总共分为 9 种，并以此为依据对非正式组织进行分类有效管理。

第四，以"距离市场远近"这一变量为标准的分类管理研究。武汉大学政治与公共管理学院柏必成（2007）[55] 在《NPO 与政府的关系分析——

基于中国 NPO 的分类》一文中，认为非政府组织作为介于政府和市场之间的社会部门，其内部具有明显的异质性，在我国尤为如此。不同的非政府组织具有不同的内在属性，赞成以官方性和民间性为横坐标，以互益性和公益性为纵坐标，在此基础上引入"距离市场远近"这一变量，将我国的非政府组织分为 8 种类型。他认为，我们在考察非政府组织与政府的关系时，有必要从非政府组织分类的角度得出更加具体的认识，有必要在非政府组织分类的基础上制定出更加有针对性的措施。

在华境外非政府组织的管理方面，已经有了初步探讨。毕莹（2012）认为，目前我国尚缺少高级别立法对国际非政府组织的定义、合法地位、基本权利和义务、设立和管理、法律责任等作统一明确的规定，这对组织的发展十分不利，因此明确国际 NGO 在我国的法律地位是十分必要的。[56]王名（2007）认为，对于 NGO 的管理我国实行的是双重管理体制，这种体制存在诸多问题。在改革的思路上要从行政控制转向分类监管、资源引导和行为控制。在具体的改革制度上需要重构准入制度、公益法人认证制度等。[57]耿立新（2004）认为，非政府组织在华活动对我国存在着双层影响，既有建设社会的积极一面，也有威胁国家安全的消极一面。[58]张萌（2010）认为，要规范在华境外非政府组织的活动，一方面必须通过财会制度和审计制度对其进行监督，另一方面国家安全部门需加强情报收集以防止和消除其负面影响。[59]随着我国在华境外非政府组织日益增多，以往法律规定简单地将这些组织分为外国商会和基金组织已不合时宜。因此，徐莹[60]、赵黎青[61]、王绍光[62]、杨青[63]等学者从组织特征、服务对象、利益相关者、治理结构、组织愿景等不同角度对在华境外非政府组织的分类进行了研究。

（四）在华境外非政府组织财务监管综述

综合国内外相关研究发现，学术界对公共部门绩效、一般非政府组织绩效的研究已经逐渐成熟，形成了较为系统的研究成果。我国学者对在华境外非政府组织财务方面的研究主要体现在监管方面。

陈晓春、颜屹仡（2015）[64]认为，在强化政府针对在华境外非政府组织治理过程当中，需要构建完善的财务监督机制，以资金账户为关键节点开展有效监督。要针对在华境外非政府组织开展财务审查活动，定期或者是不定期地开展年财务审计。陈晓春、刘范（2016）[65]等学者认为，通过财政监管可以对一个组织的活动方向有明确的把握，因此财政监管是规范在华境外非政府组织活动的重点。在财政方面改进对在华境外非政府组织的管理规定，是完善对其监管的必由之路，并指出在华境外基金会代表机构与中国民间非营利组织使用的是同一套会计制度。但由于对在华境外非政府组织的监管与对中国境内非政府组织的监管要求有所不同，在财政监管方面的规定也应有所区别。要实现对在华境外非政府组织财政监管的持续改进，需要不断地对其变化的情况进行研究，适时调整监管的一些标准、指标。学者何静（2015）[66]认为，资金监管应该是针对在华境外非政府组织监管的一个重要构成部分，能够有效防范涉外民间组织带来的负面影响。在对跨境资金的流入方向、数量以及类型等进行掌握，能够更好地监督在华境外非政府组织的资金运作情况，并有针对性地采取防范措施。从监管理论上看，政府监管的必要性来源于公共利益。在我国，社会稳定与和谐就是最大的公共利益。赵军（2013）[67]指出，要加强对重点组织资金流向和财务状况的监管。外国非政府组织及其分支机构应向主管机关和登记注册机关报告其资金支出及资产使用等情况。注册为慈善组织的机构，其运作特别是财务状况要受到当地检察机关和公众的双重监督。王丽娟、慕良泽（2015）[68]指出，因非政府组织的"非营利性"主要靠税收部门来监管，故多数国家对民间团体的监管着重放在确保非政府组织的非营利性上，其中免税资格的审查和认定是最重要的一环。可是，我国对非政府组织的监管着重点却放在登记环节，希望以此保证非政府组织无法从事对政府有敌对或敌意的活动，而对非政府组织登记后"非营利性"的监管却缺少有效手段。孙发锋（2014）[69]指出，要加强境外非政府组织的资金管理。从一定意义上，管理好了境外非政府组织的资金，也就管理好了境外非政府组织的活动。另外，境外非政府组织在中国开展活动所涉及的各种财务事项和资金的调拨，包括跨境的资金流动和在中国境内的资金收支，都应以便于公众知晓的方式及时公开，实行透明化管理，也便于接受社会监督。

魏红英、史传林（2013）[70]指出，外国民间组织在中国开展活动所涉及的各种财务事项和资金的调拨，包括跨境的资金流动和在中国境内的资金分配，应依据发达国家的惯例，实行透明化的管理。杨召（2013）[71]指出，在华境外非政府组织的分支机构每年必须在规定的时间内，并按照规定向登记机关通报该分支机构这一年内收到的资金和其他形式财产的数额，以及下一年度机构预算和使用目的，同时通报其活动计划。张彪（2016）[72]提出，财务是在华境外非政府组织得以发展的基础，对在华境外非政府组织财务监管不力是导致在华境外非政府组织在华活动负面事件屡屡出现的一个关键因素。在华境外非政府组织为境内违法活动提供了大量的资金，由此可见，当前我国政府针对在华境外非政府组织开展的财务监管存在着种种问题，包括监管主体不明确、政府职责不清，法律体系不健全、法治化程度低，对资金收支管理重视不足等问题。他认为，对在华境外非政府组织的资金筹集与运作模式要进行严格的监督管理，以能够及时充分地了解在华境外非政府组织在华活动的所有真实情况，进而对其活动的有效性进行衡量。与此同时，在华境外非政府组织的贪污、腐败、挪用资金和滥用资金等一系列问题也要暴露出来。

经过国内外学者多年的研究，已经有了较为成熟的非营利组织绩效评价指标体系与模型的构建方法，而从财务的角度评价组织绩效在非政府组织研究领域的理论和实践都较为缺乏，尤其对在华境外非政府组织财务方面的研究侧重于加强财务监管的研究，对其绩效评价方面的探讨甚少，并没有形成科学规范的在华境外非政府组织财务公共绩效评价的指标体系。然而，因为对组织的绩效评价有许多共性之处，因此，对在华境外非政府组织的财务公共绩效评价上，公共部门、一般非政府组织甚至营利组织的评价方法，是十分值得借鉴的。

（五）在华境外非政府组织的政社合作模式综述

在华境外非政府组织和政府的合作模式是学术界研究的重点，目前国内在对这一问题的研究中，清华大学的非政府组织研究机构成绩斐然，这也是中国最早开始进行在华境外非政府组织研究的机构之一。

1. 在华境外非政府组织与政府合作模式的发展研究综述

改革开放之后，中国政府逐渐允许境外的非政府组织进入中国国境范围之内展开活动，在这其中境外非政府组织和中国政府的合作关系也在逐渐变化。韩俊魁（2006）[73]认为，我国扶贫类型的在华境外非政府组织与中国政府存在四种合作模式：一是在华境外非政府组织完全独立操作；二是在华境外非政府组织自带资金、技术和人员，政府给予一定帮助；三是在华境外非政府组织提供资金和技术支持，具有官方背景的社团组织负责项目实施；四是在华境外非政府组织提供技术和人员，政府以采购模式购买服务。孙力平（2009）[74]认为，在 20 世纪 70 年代末期到 80 年代末期，在华境外非政府组织发展迅速，但是之后政府根据当时的政治环境变化，对这些非政府组织进行了严格管理，至此在我国境内的非政府组织发展低迷，与政府合作甚少。但是随着中国经济的快速发展，中国政府需要社团来弥补公共服务上的缺失，因此在 90 年代后期非政府组织不断发展壮大，与政府的合作关系日益密切，对中国社会的影响也在不断深化。黄晓勇（2008）[75]提出，目前在华境外非政府组织与政府的合作模式也在多元化发展，甚至有的省市还会专门成立国际非政府组织协会，通过这些协会与在华境外非政府组织进行积极的合作，并且给予其在准许进入、登记造册和检查监督、工作允许证明、免除税务等种种优惠。

2. 在华境外非政府组织与政府部门合作实践中存在问题研究综述

国内学界对在华境外非政府组织在中国的发展中存在的问题进行了研究和分析，其中重点关注点在于：政府部门和在华境外非政府组织的相互信任问题，在华境外非政府组织的政府部门管理问题，在华境外非政府组织获取的资源限制太多或者难以获取资源的问题等。康晓光（1999）[76]深入分析中国政府部门和在华境外非政府组织的关系，他认为在华境外非政府组织要么是在与中国政府部门主导的合作中进行发展，要么就是在政府部门公共服务的盲点进行工作。刘源（2016）[77]以乐施会为案例，分析了在华境外非政府组织在中国精准扶贫工作上的合作情况。他认为，中国政府部门和在华境外非政府组织之间是相互需要的，只有建立良好的管理机制才能够建立互信，才能减少冲突，形成合力，凝聚目标，在合作中不断促进中国社会发展，并且能够促进在华境外非政府组织的自身完善。卢杰（2016）[78]在《公共管理怎样用好非政府组织》一文中提出，在华境外非政府组织在参与处理社会公共事务中还存在很多不足，需要不断加强对中国本土的了解，探索新的发展之路。

20世纪80年代以来，国外学者对在华境外非政府组织有了一定的研究，但主要是研究国际非政府组织较多，数量总体上较为缺乏。

3. 国际非政府组织与政府关系研究综述

国外学者关于国际非政府组织与政府的关系研究中，主要有以下三个角度：

（1）从发展和需求的角度出发，在传统经济学的范式指导下进行的关系研究。伊恩·斯迈利[79]所著的《NGO领导、策略与管理》认为，在需求供给这一经济学模型的指导下，应该对国境范围之内的非政府组织的发展和存在进行研究。他还认为，正是对于产品的需要和政府对这一需求的无法满足，使得非政府组织成为经济和社会生活中的重要补充。

（2）从管理学的角度进行的包括中国在内的国际非政府组织和政府合作关系的研究。纳特和巴可夫[80]合作编写的《公共和第三部门组织战略管理手册》认为，在对非政府组织和政府的关系研究时，需要从非政府组织的管理入手，从准入制度、发展规范、法律法规等方面进行详细的规定，从而倒逼非政府组织内部诸如领导、决策、财会制度建设、信息公开等方面进行改革和创新，从而全方位、多角度地促进国际上非政府组织的发展。

（3）从政治社会学角度来看，对包括中国的在华境外和本土的非政府组织和政府之间的合作交流关系进行研究。费希尔的《非政府组织与第三世界政治发展》中对这一问题有较为深刻的论述，她认为，现代政治社会深刻阐释了包括中国在内的发展中国家的政府和国际非政府组织之间的关系，在其中针对在华境外的非政府组织研究认为，正是国际非政府组织的发展促进了中国公共服务的全面进步，它不仅促进了中国本土非政府组织的发展，而且促进了中国公民社会的建设。[81-82] Nick Young（1999）[83]在其文章《国际不同的起源、变化着的性质和全球化趋势》中认为，国际非政府组织推动了包括中国在内的第三世界国家自下而上的运动和改革，从而使得民间的力量能够在与国家和社会的合作中实现对社会发展的推动，并且在与政府的友好合作中谋求发展壮大。

在目前对在华境外非政府组织与政府机关部门的合作研究中，学界从宏观、微观视角对这一问题进行分析，其研究方向主要是根据在华境外非政府组织的发展而不断进步的。其中不少人提出了很多新的见解，为指导在华境外非政府组织和政府的进一步合作提供了良好的理论基础和模型框架。国外的相关研究主要针对在华境外非政府组织与中国政府之间的合作关系进行，主要从发展和需求的角度对这一问题进行思考。而在中国国内也对在华境外非政府组织的基本情况，诸如特点、类型进行概述，并根据具体案例分析在华境外非政府组织和中国政府的合作模式，以及对在华境外非政府组织与政府合作中存在的问题进行了研究。

（六）在华境外非政府组织的注册登记综述

从 20 世纪 80 年代开始，各类境外非政府组织在中国境内迅速发展。中国政府陆续出台并修订了有关非政府组织登记管理的四部国务院法规，即 1989 年 7 月 1 日颁布实施的《外国商会管理暂行规定》、1989 年 10 月 25 日颁布实施后经修订于 1998 年 10 月 25 日施行的《社会团体登记管理条例》、1988 年 9 月 27 日颁布实施的《民办非企业单位登记管理条例》和 2017 年实施的《中华人民共和国境外非政府组织境内活动管理法》（以下简称《管理法》）。在《管理法》实施之前，境外非政府组织主要依据《外国商会管理暂行规定》和《基金会管理条例》进行登记。《管理法》是一部专门管理在华境外非政府组织的法律，较系统地对这类组织的注册登记做了制度安排。我国学者基于现行的管理制度及现实情况，对非政府组织注册管理制度的研究如下。

（1）非政府组织注册制度的现实情况及完善其注册制度的必要性。刘培峰 （2004）[84] 提出，在社团管理方面中国采取的是严格的许可登记制度。在相应的法规之外，政府对社团的复查登记和不定期的清理整顿等行政管理措施也同样体现着这样的严格立场。这一制度基于严格的许可主义和一定程度的放任主义并行，常规的社团管理与非常规的复查登记、清理整顿相结合。社团管理实际上存在许可制、部分许可制、放任制三种形式。以结社自由为基础的部分许可制是一种较为妥当的管理形式。刘祖云（2008）[85]认为，政府对于非政府组织应采取既鼓励发展又强化行政管理与政治限制的谨慎态度。从社会团体登记管理条例制定较为严格的准入条件可以看出：在政策层面，国家对非政府组织实行较为严格的管理政策。国际非政府组织在中国发展选择的是以合作求公益的运作模式，政府与国际非政府组织之间存在博弈与冲突关系。张楠（2013）[86]认为，在不与现行的《社会团体登记管理条例》相冲突的情况下，应放宽非营利组织的注册条件，并赋予其合法地位。

（2）如何完善非政府组织注册制度。其中较为主要的观点是登记备案制取代双重管理制以及对非政府组织要进行分类管理。赵黎青（2006）[87]认为，中国要采取积极有为的开放态度。在登记管理制度方面，他提出登记备案制应取代双重管理制。杜英歌、刘延平（2011）[88]总结了目前中国的非政府组织在登记管理制度上实行的是归口登记、分级管理的双重管理体制，认为存在许多弊端。借鉴国外非政府组织登记管理制度的经验，建议明晰和规范政府和非政府组织的关系、区别地实行双重管理体制、建立登记备案制度、完善法律体系。王青君（2011）[89]认为，大量境外项目组织由于未注册登记，游离于政府的集中监管之外，导致政府和境外项目组织不断博弈，提出在登记制度上采取备案制和登记制相结合的原则。魏红英、史传林（2013）[90]从政府管理视角，提出应由地方政府创新，绕开双重管理体制，实行备案制度。王名、孙伟林（2011）[91]认为，社会组织正逐渐进入分类管理第三阶段，即根据社会组织的性质、功能、结构等特点进行类别划分，分门别类地将其纳入不同的系列进行登记管理，并相应地采取不同的政策和制度形式加以规范及引导。陈晓春、施卓宏（2014）[2]论证了分类管理是政府管理在华境外非政府组织的有效方式，并提出了建立分类注册与归口管理相结合的注册管理制度、加强在华境外非政府组织外籍员工的出入境管理，合理引导在华境外非政府组织的活动，提高管理部门依法分类监管能力。

除了这两种主要观点，郑琦、乔昆（2011）[92]认为，一元登记管理模式是未来我国社会组织登记管理体制改革的目标模式；但是也认为，在现行的制度框架下，改革需要采取分步骤渐进的策略，选择分地域、分领域、分功能的具体实现路径。

国内学者康晓光（2014）[93]提出了行政吸纳社会理论，根据政府的双重职能和社会组织的双重属性，从政府的"理性经济人"假设出发，推导出政府会根据社会组织的政治挑战性和服务性质，决定政府如何限制和支持社会组织。并从合作性—对抗性的视角，归纳双方的策略，揭示了双方的互动逻辑。在此基础上，康晓光还提出关于政府与社会组织关系的构想，即"君子社会"。其运用全球化确立的方法论准则，以全球视角观察国内问题，把政社关系的现状看作公民社会与行政吸纳社会两种竞争性方案冲突与融合的结果。他认为，"君子社会"是国家与社会关系的未来走向。

从已有研究来看，在境外非政府组织的注册管理方面，主要研究成果是用登记备案制和分类管理的方式来解决我国非政府组织现存的注册管理制度中的不足与问题。对于在华境外非政府组织的分类、组织情况，在中国发展状况、与中国政府的关系以及面临的问题等已经有了初步探索。

综上所述，国内外政府部门与理论界的探讨为本书的研究提供了大量的参考文献和理论依据。国外主要从组织属性出发对非政府组织进行分类，国内研究继承和发展了这一方法。国外对于非政府组织的管理研究主要是站在政府与非政府组织合作的角度，而国内则主要侧重于从宏观管理出发来处理两者之间的关系。目前理论界对在华境外非政府组织进行分类的系统性、应用性研究较少。而在我国的在华境外非政府组织种类日益繁多，影响逐渐增大，如何对这些组织进行有效的分类迫切需要相关理论作为支撑。一些学者通过追溯我国内地活跃的在华境外非政府组织的缘起，进一步了解这类组织的活动特点和治理模式，从理论层面展开较深入的探讨。研究从在华境外非政府组织分类的案例入手，分析分类管理的整个过程，并借鉴发达国家分类管理的先进经验，从而构建我国在华境外非政府组织分类管理制度。这些研究的最终落脚点在于通过理论和方法创新，提出相应的分类管理政策建议，使在华境外非政府组织能够更好地服务于我国社会主义现代化建设。

三、概　念　界　定

（一）在华境外非政府组织

在华境外非政府组织也被称作在华国际非政府组织、在华海外非政府组织、在华境外民间组织等。从开展活动情况来看，可以分为支持型在华境外非政府组织、倡议型在华境外非政府组织、运作型在华境外非政府组织和基于教会性质的慈善团体。[94]这类组织主要从事扶贫开发、环境保护、妇女儿童权益保护、文化教育等公益活动。对于"境外"这一范畴，我国《基金会管理条例》（2004）将境外基金会定义为，设立在我国行政区以外的国家和地区且包括香港特别行政区、澳门特别行政区以及我国台湾地区的基金会。[95]从这部条例的理解来看，境外是指外国以及我国港、澳、台地区，与之相对应的是我国内地。在华境外非政府组织可以界定为，在境外（包括外国及中国港、澳、台地区）登记注册或成立，在我国大陆开展各类公益或互益活动的境外非政府组织。在华境外非政府组织的总部一般设在发达国家，在中国设置办事处或分支机构，资金主要在国外筹集，如比尔及梅琳达·盖茨基金会中国办事处、国际小母牛项目组织中国项目办事处、无国界医生北京办公室等。多数境外非政府组织来我国内地发展的原因是对组织理念的忠诚，其组织理念中一般蕴含着浓厚的公益精神或志愿精神，这种理念不同于企业文化和政府执政理念，能够很好地引导在华境外非政府组织正确使用其所掌握的资源，从事公益或互益事业。

在华境外非政府组织具有非政府组织的主要特征：一是非营利性，在华境外非政府组织不以营利为目的，通过募捐、会员费来募集活动经费，我国法律目前禁止境外非政府组织在内地募资，其经费主要来源于境外国家和地区；二是民间性，在华境外非政府组织属于民间组织，其在我国境内活动是中外民间交往的一部分，在华境外非政府组织以互益或公益为宗旨，服务于其成员或社会；三是志愿性，在华境外非政府组织的工作人员包括工作人员和志愿者两类，招募志愿者参与在华境外非政府组织的项目和活动是其重要特质之一，志愿者没有工薪，只有少量津贴或待遇；四是服务性，为弱势群体、特殊群体、边缘群体提供服务是在华境外非政府组织的重要职能，服务领域涵盖卫生、教育、文化、环境、生存等多个方面；五是民主性，在华境外非政府组织的组织方式较为民主，重视发挥员工与志愿者的主观能动性，项目参与者之间关系平等、自愿、和谐；六是专业性，在华境外非政府组织活动覆盖很多领域，但是就个体而言，其业务服务于某一群体或关注于某一现象，其领导人往往是所在领域的专家。

除了共有特征外，在华境外非政府组织具有自己的特点，最明显表现为涉外性，在华境外非政府组织的发起人、法定代表人、决策机构成员等主要是外籍人士或港澳台人士，资金、理念、设备等主要来自境外。因此在华境外非政府组织在组织运营和项目管理方面更加有西方文化的特点，与我国本土非政府组织在管理方式、经营理念及对政府政策的反应方面存在差异.我国政府制定了《中华人民共和国非政府组织境内活动管理法》《外国商会管理条例》《基金会管理条例》等法律法规,对在华境外非政府组织进行管理。在对受众的态度方面,在华境外非政府组织与本土非政府组织也表现出明显的不同,在华境外非政府组织更加强调受众的平等权利、能力建设、自愿参与程度,鼓励受众参与公益项目的决策,提高社会各界对公益意识、志愿精神和自治精神的认知能力。在组织能力方面,相对本土非政府组织,在华境外非政府组织资金多、人力资源素质高、技术优势强、组织相对成熟、有较好的执行能力。两类组织对比如表 1.2 所示。

表 1.2　在华境外非政府组织与本土非政府组织的比较

	在华境外非政府组织	本土非政府组织
管理法律	《中华人民共和国非政府组织境内活动管理法》《外国商会管理条例》《基金会管理条例》部分内容等	《社会团体登记管理条例》《民办非企业单位登记管理暂行条例》《基金会管理条例》及地方有关法规等
组织特征	资金多、人力资源素质高、技术优势强、组织相对成熟、有较好的执行能力	多数组织资金较少或很少、人力资源素质一般且兼职多、一些专业领域缺乏技术能力、组织成熟度一般
注册单位	国务院、公安部门和省级人民政府公安机关	国务院、民政部门和县级以上地方各级人民政府民政部门

（二）分类及分类管理

分类是指按照事物的性质、特征和规律,将其划分为不同种类或等级。对于社会组织分类,有一些学者或组织进行了探索。最早对非政府组织分类展开专门研究的是约翰—霍普金斯大学,其建立了著名的"非营利组织国际分类体系"（ICNPO）。其后,根据不同的需要,联合国、世界银行、美国慈善协会等国际和地区组织提出了多种分类标准。分类标准包括组织性质、组织体制、法人特征、活动领域、活动方式、利益相关者等。比较典型的是按照组织性质区分,例如美国税务局将非政府组织分为公益性和互益性两大类。采取这种方法进行分类,主要原因与国外的税收优惠政策有关。前者由于提供公共服务,受益群体是社会的多数人群,因而享有较高的税收优惠;后者的服务对象主要是组织内部成员,因而只能够享有有限的税收优惠。[96] 社会组织现有的分类方法更多的是基于定性准则,较少运用定量方法。

分类管理也叫分类监管,源于管理者对管理对象的分类。从法学的角度监管可以定义为,行政机关依照法律规定,利用公权力限制主体权利或增加主体义务的行为。监管必须具备三要素:一是监管层,即监管权力的拥有者，监管层主要指政府或其他具有公信力的社会机构；二是监管对象，可以是企业、社会组织等；三是监管规则与命令。因此，监管可以理解为监管层为了达到某项目的，以官方规制或命令为依据，对监管对象实施检查、指导、调节、控制等。分类管理是监管对象日渐复杂的产物，强调对不同类别组织机构采取相对应的监管方法，其意义在于提高监管效用。分类管理是各国政府管理社会组织的重要方式。分类管理在社会管理、人力资源、企业管理、财政税收等领域已经开始实施。21世纪初，深圳市政府意识到分类管理可以提高公安系统人员的工作效率，率先实施了分类管理。依据科学、高效、规范、专业等原则，建立了分类管理制度。在人员分类方面，根据职位、功能、工种等方面的差异，分为警察、雇员、文职三类，对不同类别人员进行差异化管理，这样提高了公安系统人员的专业性，管理制度更加规范，工作效率明显提高。证监会为了加强对证券公司的管理，根据这类公司的经营情况、公司治理、社会责任等特征，将其分为5类11个级别，对不同类别的证券公司采用差异化的管理政策，并且建立灵活的升级与降低制度，以此加强对证券公司管理的专业性和针对性。为了加强对事业单位的管理，我国政府采用分类管理的方法推进事业单位改革，根据这些单位的行政性、公益性和经营性进行分类，将这类组织分为承担行政职能型、公益服务型和生产经营型，对于这三类不同的组织在人员编制、激励机制、管理政策等多个方面采取针对性的政策。

我国行政区内活跃着数量众多、类型各异的在华境外非政府组织，它们广泛地参与扶贫救助、环境保护、教育培训、医疗卫生等社会服务活动，社会影响日益增强。高效地管理在华境外非政府组织既是我国政府对内履行发展经济、维护社会稳定等职能的要求，也是对外促进与世界各国经贸往来、建立睦邻友好关系的需要。我国政府对在华境外非政府组织的分类管理是指对在中国境内活动的跨国（境）非政府组织，根据其在准入管理、内部治理、业务活动、财务管理等方面的差异，进行科学的分类，完善对其实施有效管理的政策法规体系，以便于我国政府对其展开事前、事中、事后全过程多方位的管理。政府对在华境外非政府组织分类管理的实质是在异质中求同治，通过研究在华境外非政府组织的发展规律、运作机理、治理机制等，找出共同的规律，实现具有相似管理特征的非政府组织聚合，以达到减少信息不对称，提高管理效率的目的。通过分类，使政府能够全方位掌握在华境外非政府组织的信息，从而形成更为细化、具体、有针对性的管理制度。作为一种政府管理在华境外非政府组织的制度选择，分类管理有助于提高管理信息的流通效率，推进管理策略的有效执行，实现管理资源的有效配置。

四、政府管理在华境外非政府组织的法团主义理论分析

（一）法团主义理论对政社关系的探讨

法团主义（Corporatism）也称作社团主义、合作主义、统合主义、阶级合作主义等，20 世纪 70 年代法团主义逐渐形成一套完整的理论体系。法团主义思想源于西方天主教教义、社会有机体理论以及民族主义思想，主张重新解释政府与社会的界限，对现代西方社会学理论、社会管理理论有重要影响。

国内外学者对法团主义理论进行了一些有意义的探讨。《布莱克维尔政治思想百科全书》认为，法团主义是数量有限、职能各异的利益团体与政府部门进行讨价还价的政治过程，为了获得更加有利的政策倾斜，利益团体往往愿意在组织形式、活动领域、行为规范等多方面妥协。[97] Gerhard D L (1977) 将法团主义分类为自由法团主义和威权法团主义，前者是西方发达国家民主政治体制的产物，而后者与独裁或专制政体连为一体。[98] 国外学者中，Howard J W（1974）对法团主义的定义较具有影响力，他认为法团主义是一个双向的利益交换系统，国家承认且赋予这类社会组织同行中的垄断权利。同时作为交换，这些组织领导人的更换、行为和需求国家一定程度上需要进行控制。[99] Philippe C S（1974）将法团主义定义为一种社会和政治组织体系，在这个体系中，主要的社会群体或利益单位（劳工、企业、农民、军队、种族、宗族或互惠团体、宗教团体）都被整合进政治系统（通常是在垄断的基础上或在国家的指导、监护或控制下），以实现国家的协调发展。[100] 国内对法团主义理论的探讨较少，张静教授（1998）最早出版的专业著作《法团主义》，较为全面地介绍了法团主义理论及其对我国政府优化社会管理的意义。顾昕和王旭（2005）[101]、陈家建（2010）[102]、吴建平（2012）[103] 等学者从社会学的角度对中国国家和社会关系进行了一定的探讨。总体而言，国内学者将法团主义作为一个研究对象，来探讨中国的国家与社会关系，在我国政府逐步放开对社会的管制，社会团体逐渐发展和壮大的背景下，法团主义理论在我国还有很大的探讨和实践空间。

根据国家对社会的影响程度不同，如果国家居于主导地位，能够影响甚至控制社会组织，就称为国家法团主义；如果社会组织有较大的话语权，

国家与社会组织平等合作，那么就称为社会法团主义。在综合国内外学者研究的基础之上，法团主义的主要观点可以归纳为[104]：第一，法团主义是国家与社会相互妥协而建立的一种制度化的协商、合作关系，双方妥协的代价是国家允许社会组织一定程度上参与公共政策决策，并提出相应建议，而社会组织将贯彻公共政策作为自身的义务；第二，法团主义在组织结构方面，采取官僚化的层级制，组织成员的资格具有强制性和限定性，在某一领域或区域内，该类组织的数量往往是有限的，是某一团体利益的代表；第三，在公共政策决策中，法团主义一定程度上体现了社会的需求，有助于社会不同利益得到协调、整合、集中，降低各个团体因为利益不同而导致的冲突；第四，法团主义认为社会中的所有个体，其社会地位都应该通过所承担的责任来反映，它强调个人对集体、社会和国家的义务。

（二）我国政府管理社会组织的法团主义特征

关于法团主义特征的研究，大多数学者主要从国家法团主义和社会法团主义两个方面开展探讨（Gerhard L，1977）。其中比较具有代表性的是Howard JW（1974），其将法团主义的特征归纳为以下六个方面：①同类别社会组织数量有限；②社会组织间具有非竞争性；③社会组织内部为等级结构；④社会组织具有功能上的专一性；⑤社会组织具有国家认可的某一领域的垄断地位；⑥社会组织在领导选择、组织愿景、发展方向上国家给予一定程度的控制。[105] 结合我国政府管理非政府组织的实践，对于以上特征可以进一步归纳为：社会组织间具有非竞争性、社团组织内部架构成等级化、社会组织需要得到国家承认、国家具有行政控制权。

在长期的社会管理实践中，我国政府逐步形成了一套管理民间组织的行政管理法规体系。最早的是1950年颁布的《社会团体登记暂行办法》，该条例的作用主要在于约束、规制和清理中华人民共和国成立前的各类社会团体。在完成对社会团体的改造以后，该条例逐步退出历史舞台。[106] 改革开放以后，我国民间组织发展迅猛，大量学会、社团、基金、商会等先后成立，对我国政府的社会管理提出新的要求。2000年前后，我国政府先后颁布了《社会团体登记管理条例》《基金会管理条例》《民办非企业单位登记暂行条例》，这三大条例是我国政府管理社会组织的主要政策工具。三大条例承认了社会团体、民办非企业单位、基金会三类组织的合法地位，明确规定了这些组织的管辖单位、成立登记程序、变更及注销登记、监督管理和惩罚措施。这些接受管理的非政府组织，一方面得到了国家的承认，另一方面国家对它们具有行政控制权。因此，我国政府对非政府组织的管理，体现了国家对非政府组织管理的有效控制，带有明显的国家法团主义特征（如表 1.3 所示）。

表 1.3　法团主义理论的特征

特　　征	《社会团体登记管理条例》	《民办非企业单位登记暂行条例》	《基金会管理条例》
得到国家的承认或许可	第 9 条	第 3 条	第 4 条
特定领域或类别中具有非竞争性	第 13 条		
社团组织架构的等级化	第 19 条	第 5 条	第 6 条
国家具有行政控制权	第 22 条 第 24 条	第 6 条	第 7 条

注：《社会团体登记管理条例》第 9 条规定，申请成立社会团体应当经其业务主管单位审查同意，由发起人向登记管理机关申请筹备。第 13 条规定，在同一行政区域内已有业务范围相同或者相似的社会团体没有必要成立。第 19 条规定，社会团体成立后拟设立分支机构、代表机构的，应当经业务主管单位审查同意，向登记管理机关提交有关分支机构、代表机构的名称、业务范围、场所和主要负责人等情况的文件，申请登记。第 22 条规定，社会团体在办理注销登记前，应当在业务主管单位及其他有关机关的指导下，成立清算组织，完成清算工作。清算期间，社会团体不得开展清算以外的活动。《民办非企业单位登记暂行条例》第 3 条规定，成立民办非企业单位，应当经其业务主管单位审查同意，并依照本条例的规定登记。第 5 条规定，国务院民政部门和县级以上地方各级人民政府民政部门是本级人民政府的民办非企业单位登记管理机关。第 6 条规定，登记管理机关负责同级业务主管单位审查同意的民办非企业单位的登记管理。《基金会管理条例》第 4 条规定，基金会必须遵守宪法、法律、法规、规章和国家政策，不得危害国家安全、统一和民族团结，不得违背社会公德。第 6 条规定，国务院民政部门和省、自治区、直辖市人民政府民政部门是基金会的登记管理机关。第 7 条规定，国务院有关部门或者国务院授权的组织，是国务院民政部门登记的基金会、境外基金会代表机构的业务主管单位。

（三）在华境外非政府组织的法团主义倾向

通过上文的探讨，可以证明我国政府管理非政府组织具有明显法团主义特征。那么，我国政府与在华境外非政府组织关系是否具有法团主义倾向呢？为了满足在华境外非政府组织迅速发展的要求，我国政府颁布了两部法律《外国商会管理暂行规定》（1989）和《基金会管理条例》（2004），初步搭建起政府管理在华境外 NGO 的制度框架。徐传凯（2008）通过对国际狮子会的实地调查研究认为，进入中国的国际非政府组织与政府的关系具有法团主义特征。根据他的研究，从广东狮子会的组建和运作来看，我们看到政府与国际非政府组织的关系格局中，形式上具有了"国家法团主义"的雏形。政府为了自身利益，根据国际非政府组织的价值理念和服务领域，对不同的国际非政府组织采取不同的控制策略。[107] 同时，因为很多在华境外非政府组织进入中国并未进行注册，在一定程度上中国政府默许了它们的活动，又似乎体现了全球公民社会的特征。

我国政府允许在华境外非政府组织开展活动，并通过法律法规对其进行管理和规制。根据《外国商会管理暂行规定》（1989），外国商会分支结构进入中国或在中国的外资企业中设立商会，首先向中国国际商会组织提出书面申请，再由其报送至主管机构对外经贸部进行进一步审查。如果审查能够通过，申请人持审查批准的证件，依照相关法律法规，前往民政部办理登记手续。[108]《基金会管理条例》规定，境外基金会的在华代表机构变更登记，需要向登记管理部门申请。如果结束在中国境内的业务活动，则应向登记管理机关申请注销。[109] 通过对这些法律条文的分析可以看出，我国政府管理在华境外非政府组织的法团主义倾向表现在三个方面：第一，国家对在华境外非政府组织行使控制权；第二，在华境外非政府组织得到了国家承认或许可；第三，在华境外非政府组织在一些领域具有非竞争性。

五、在华境外非政府组织参与全球治理的理论分析

（一）全球治理理论的基本要素分析

20 世纪中后期以来，学术界先后探讨市场失灵、政府失灵以及志愿者失灵等问题，发现单一主体很难低成本解决当前面临的社会问题。治理理论主张，多主体多中心解决公共问题成为社会管理的一项重要制度选择。现代治理理论中"治理"的含义与传统的"统治"有本质的区别。统治是单一政府主体对其他主体的统筹管理，政府是唯一的威权机构。而治理的主体是政府、社会、非政府组织、企业等，是多元的，多主体之间是平等协作的关系。

伴随着经济全球化与政治多极化，将全球性的问题，如气候变化、环境污染、全球安全等，归结为某一方面都很难使问题得到真正解决，因此全球治理理论应运而生。1990 年，社会党国际前主席、国际发展委员会主席勃兰特提出了"全球治理"这个概念。1992 年，在联合国的支持下，全球治理委员会成立，并于三年后发布《天涯共比邻》（*Our Global Neighborhood*），初步阐述了全球治理的理论。该报告提到，全球治理是指"通过社会和私人的组织形式对一系列共同问题采取管理措施的多种方式的总和"。[110] 全球治理委员会倡导，通过正式或非正式的制度安排，

发挥非政府组织的作用，来解决影响全球的环境、经济、人口、安全等问题。美国学者 James NR（1992）认为，碎片化与一体化并存是当前全球政治、经济、文化发展的重要特点，在此背景下，政治权威的重心由政府向社会转移，治理主体由政府治理向多层次治理转移，而全球治理是一个重要层次的治理。[111] 全球治理作为解决全球性问题的重要理论，已经得到学术界的重视。

我国学者对全球治理理论已经有了一些较为深入的讨论。俞可平（2003）认为，全球治理的目的是维持正常国际秩序，运用国际规制的力量解决生态、环保、战争、移民、走私、反腐、疾病等全球性问题。[112] 蔡拓（2004）认为，全球治理是人类在合作处理全球变革和全球挑战问题中形成的一整套规制、制度和方法，全球治理应该建立在平等对话、合作共赢的基础之上。[113] 学术界认同了全球治理给人类社会带来的改变，但是考虑到国家的主权问题，认为全球治理只能够在多边协商的前提下开展。

基于中外学者的探讨，全球治理的基本要素可以归纳为：第一，全球治理颠覆了传统的以政府权威为基础的治理机制，试图建立一套全球治理机制；第二，全球治理的主体、客体、环境具有复杂性，因此其行为者具有多样性和多元性；第三，全球治理要求通过合作、互助、协商来解决问题，重视处理问题的程序和原则；第四，全球治理与全球秩序相关，全球秩序的基础性或程序化的安排。

（二）非政府组织在全球治理中的功能分析

全球结社浪潮以来，非政府组织在世界各地的活动日益活跃，在解决全球性问题中发挥的作用日渐重要。非政府组织在全球治理中主要在下列领域起到作用：一是维护世界和平，一些国际非政府组织致力于缓解民族矛盾、化解地区冲突，并参加各类人道主义救援工作，积极推动国际社会的和平对话；二是保护全球环境，环境保护是全球性的问题，国际非政府组织对于环境保护做过许多卓有成效的工作，一些环保型非政府组织以防治环境污染和生态破坏为使命，推动了各国政府和非政府组织在环保领域的合作；三是推动全球经济和社会发展，非政府组织为全球可持续发展做出了杰出贡献，尤其是在促进第三世界国家的经济和社会发展问题上，通过与各国政府的合作，成为国际社会援助第三世界国家的重要桥梁。

跨国非政府组织是参与全球治理的重要主体，渗透到了全球性问题的每一个角落。非政府组织通过给政府和国际组织提供咨询和信息来参与全球治理，尤其是对亚、非、拉国家，非政府组织的信息收集、专业知识等起到重要的政策建议作用。《联合国宪章》第 71 条规定，经济与社会发展理事会能够采用合适的办法与各类非政府组织商议职权范围内的事务。联合国第 1296 号决议具体就与非政府组织的咨商地位做了安排，依据联合国通过社会事务的参与程度将其分为三类，即一般咨商、专门咨商和注册登记咨商。这些安排为非政府组织参与全球治理提供了条件，同时有助于联合国针对各类问题作出科学决策。非政府组织在科、教、文、卫、救灾、扶贫等领域开展活动，除了这些自身的业务以外，还积极参与一些国际化的共享项目。联合国对非政府组织参与这些项目持鼓励态度，通过与非政府组织签订合同，将医疗救助、粮食援助等项目委托给非政府组织。非政府组织对所在的领域更加熟悉，相比国际组织更加具有专业性，能够提高项目运作的效率，在一定程度上为国际组织节约了运营成本。

实践证明，非政府组织有能力并有意愿参与全球性问题的解决。在当前情况下，应完善全球治理机制，建立多元化的治理模式。非政府组织积极参与国际规则的制定，能够体现多元主体的需求，建立具有普遍意义的行为规范和价值标准。非政府组织主要由组织愿景驱动，从事公益或互利的事业，较少为国家利益所驱动，它们是新思想的传播者，是新思维的实践者，能够影响经济、社会、文化、政治等多个领域。非政府组织参与全球治理，产生了较好的社会效益，影响了人们的思维方式和价值取向，推广了新的价值观，有助于全球性的问题的解决。

（三）全球治理视角下的在华境外非政府组织

在华境外非政府组织是国际非政府组织参与全球治理的一种表现形式。20 世纪 80 年代以来，在华境外非政府组织活动逐渐增多，成为我国民间外交与社会服务的重要结合点。我国政府认可在华境外非政府组织的社会贡献，并欢迎各类境外非政府组织来华发展。2015 年 7 月，民政、公安、外交三个部级单位在上海联合召开境外非政府组织座谈会，时任国务委员、公安部部长郭声琨表示，中国政府高度评价了在华境外非政府组织对我国社会做出的贡献，欢迎它们来华发展和交流，中国政府将努力完善各项管理制度，为在华境外非政府组织来华发展创造更好的环境。[114]

在目前的法律政策环境下，在华境外非政府组织主要通过以下方式开展工作：一是在内地设立办事处、办公室或分支机构，通过与当地妇联、残联、卫生、农业等部门合作来开展业务，这种方式往往比较受当地政府欢迎；二是捐款给本土民间组织，支持这类组织完成公益项目，本土民间组织往往对本地具体情况比较了解，有助于公益活动的开展。在华境外非政府组织具有多元性和公益性，能够提供我国社会亟需的准公共物品，为一些特殊群体、弱势群体提供服务。相对于本土民间组织，在华境外非政府组织更专业，对于项目的设计、运营、探索等有很好的做法，为本土民间组织的发展提供了较好的借鉴。

中国走向世界，不仅意味中国的商品、思想、文化传播到了世界各地，也说明世界对中国的影响更加深入、更加直接。在华境外非政府组织与中国的民间合作比政府合作更加久远，经历了中国现代化历程以来的种种曲折。中国向世界开启改革开放的大门，为境外非政府组织进入中国内地创造了条件。在华境外非政府组织的理念、管理、资源、技术等开阔了本土民间组织的视野，拓展了它们的公共服务能力。在全球化与多元化的背景下，本土民间组织与在华境外非政府组织开展合作有助于其"走出去"发挥全球影响力。非政府组织在国际交往、全球治理、协商谈判中更有专业性，相比较政府具备很多优势。随着在华境外非政府组织活动的深入，实现资源与运作方式的本土化，将是在华境外非政府组织持续发展的必经之道，在华境外非政府组织在改变中国的同时，也将被中国改变。

六、在华境外非政府组织的激励监管理论分析

（一）激励监管理论的缘起及主要内容

20 世纪 60 年代以来，伴随着信息经济学、制度经济学的发展，激励理论取得了重要突破。激励问题本质上是指委托人设计的一种激励机制，来减少代理人在非对称信息情况下可能做出的不利于自身利益最大化的选择。后来激励理论逐渐被西方监管经济学吸纳，发展成为激励监管理论。该理论既适用于微观层面的组织管理，也适用于宏观层面的政府监管。根据激励监管理论的观点，在信息不对称的条件下，监管机构与被监管者在行为目标方面存在差异。监管机构的目标在于追求消费者剩余与生产者剩余的最大化，而被监管者关注的是个体利益的最大化。因此，为了实现在信息不对称条件下的有效监管，监管机构必须设置一套既能够为被监管者提供一定激励，又能够实现社会利益最大化的机制。

植草益（1993）将激励监管定义为，在监管条件和监管结构一定的情况下，激励目标企业为提高管理效率，给予受监管企业以竞争压力和提高生产或经营效率的正面诱因。[115]Laffont J（1994）将激励监管定义为，使用委托—代理理论的方法对监管者和被监管企业之间的契约关系进行分

析。[116] 因此，正向的激励监管能够促使企业发挥自身优势，提高生产效率、降低运营成本、改进生产技术，以获取更大的利润。激励监管理论与传统监管理论不同，传统监管理论研究重点在于分析各类监管制度，从中探索合适的监管制度；而激励监管理论以制度的优化设计为基础，进行最优监管机制的设计。

在激励监管理论看来，监管机构需要有一个适当的成本补偿机制，对于接受监管的企业给予相应数量的补偿。在假设信息完全对称的情况下，监管机构就可以根据企业的技术、管理、成本等情况准备一个适当的合同，为企业提供足够的激励，使企业愿意以社会最优的水平提供产品或服务，而不会采取非法手段攫取超额利润。但信息完全对称只是一种假设，在实际经济活动中，政府很难透彻地了解企业的微观经营活动，而企业也会想方设法隐瞒自己的实际成本，以此和政府监管部门进行博弈，从而实现利润最大化。这给激励监管理论带来了新的挑战，监管机构需要从企业方面了解更加详细的信息，并且设计出能够统筹企业私利与社会公利的新监管机制。

（二）监管制度设计中的激励相容

激励监管理论的核心是要设计一套能够统筹企业私利与社会公利的新监管机制，这种统筹便是激励相容。Hurwiez L S（1973）通过对个人有限理性的考察，认为在自由选择的市场环境下，每个人都会按照自己的自利心做出选择，实现个人利益的最大化。如果能够有一种恰当的机制设计，使行为人和集团的利益相容，从而将个体与集团的利益统筹起来，这种机制设计就是激励相容。[117] 激励相容的理念可指导监管工作，有助于化解个人利益与集体利益、局部利益与整体利益之间的矛盾，在不损害个人利益或局部利益的前提下，实现集体或整体利益最大化。

罗纳德·科斯（Ronald Coase）先后发表了《企业的性质》（1937）和《社会成本问题》（1960）等论文，开创了经济学研究的全新视角，提出了交易费用和交易成本理论。[118] 制度的产生原则既是源于交易费用，又是为了降低交易费用。制度设计是否合理高效，在一定程度上取决于交易费用的高低。如果激励不相容，个体与群体矛盾冲突明显，这种制度的交易费用将会较高，反之则会较低。因此在监管制度设计中，所要实现的目标是否与个体追求利益最大化的目标相一致是制度设计的关键。激励相容的一致性一方面表现在激励制度的设计要体现出个体与群体的一致性，另一方面要体现个体之间获取回报的公平性。个体与群体的一致性可以理解为在经营目标上面的激励相容，而个体获得回报的公平性则是经营边界上的激励相容。基于激励相容的机制设计，应更多地引入市场机制，优化改善监管制度，提高信息传递效率，减少因制度设计不合理和信息不对称导致的政府监管失灵。激励相容的监管理念是市场规则的维护者，而不是市场机制的替代者，监管的目的在于引导被监管者在市场规则下理性地运营。

（三）基于激励相容理念的分类管理

分类管理的本质是异质中求同治，实现具有相似管理特征的被管理者的聚合，以达到减少信息不对称、提高管理效率的目的。分类管理是激励相容在实践中的一种表现形式，通过对可能造成风险的影响因素以及风险大小进行分析，并有针对性地管理资源，实施差异化管理。对高风险的管理对象投入更多的监管资源，而对低风险的管理对象则可以放松管理，这样既能够防范风险，也能够给管理对象较大的发展空间。与分类管理相对应的是统一管理，在管理对象相对同质化的情况下，统一管理能够简化管理程序、精简管理人员、节约管理资源。但是如果管理对象组成相对复杂，统一管理会带来一系列激励不相容的问题。当管理机构的监管目标与管理对象的私利心相冲突时，管理对象会更多考虑自身利益，并采取措施来应付监管。因此在管理制度设计中应尽量避免出现激励不相容的情况。

基于激励相容的分类管理目前还没有出现系统的理论体系，但是一些国家、一些领域早已经开始相关的实践。部分发达国家将非政府组织分为公益性组织和互益性组织，用这种方法进行分类，有助于建立针对性的管理制度。公益性的非政府组织收益群体是社会大多数人，而互益性组织则主要为内部人员服务，因此相应的管理激励机制也是不同的。对于非政府组织的管理，大多数国家都没有建立激励相容的管理机制，管理方面以平均主义的统一监管为主。从目前非政府组织管理的发展形势来看，推行基于激励相容理念的分类管理是趋势，也是适应非政府组织多元化、多样性发展的必然。

第二章 在华境外非政府组织的发展现状及管理制度

一、在华境外非政府组织的现状分析

（一）在华境外非政府组织的发展阶段

在华境外非政府组织的活动最早可以追溯到晚清。鸦片战争使中国半殖民化，同时也促使清政府被迫放弃闭关锁国的政策，逐步融入资本主义全球体系。受政策、环境、经济、观念等因素的影响，在华境外非政府组织的发展具有明显的阶段性，目前学术界对在华境外非政府组织发展阶段的划分比较有代表性的是三阶段说和五阶段说。王名、杨丽（2011）将改革开放以来在华境外非政府组织的发展分为三个主要阶段：第一阶段是20世纪70年代末期到90年代初期，在华境外非政府组织处于起步阶段，一些境外非政府组织通过审批、挂靠等方式进入中国，以公益项目的形式对华展开援助，它们较少设置专门的办事处，一般通过与地方政府合作完成项目任务，总体而言，这一阶段其规模较小、资金较少，影响有限；第二阶段是20世纪90年代中期到21世纪初期，这一期间受世界妇女大会的影响，境外非政府组织加深了对中国的了解，更多地进入中国开展公益活动，不少组织成立了长期稳定的办事机构，各类公益项目不断增加，活动覆盖领域迅速扩大；第三阶段是21世纪初期至今，在华境外非政府组织开始逐步进入本土化实施，加强了与本土非政府组织的合作，其中中国加入WTO、颁布《基金会管理条例》、云南省备案制试点等重大事件推动了在华境外非政府组织的发展。[119]韩俊魁（2011）在长期调研的基础上，提出了在华境外非政府组织的发展五阶段说，分别是1949年以前的第一阶段、20世纪50年代末到70年代末的停滞阶段、20世纪70年代末到90年代初的恢复阶段、1992年至今的较快发展阶段，以及未来法律政策明朗化之后的第五阶段。[120]从划分内容和时间节点来看，三阶段说侧重对在华境外非政府组织管理政策的转变，以及改革开放后在华境外非政府组织的发展。五阶段说是三阶段说的发展，更加全面系统地阐述了晚清以来在华境外非政府组织的萌发、停滞、恢复、发展和兴起。

不同阶段的在华境外非政府组织在组织数量、管理政策、活动范围等方面存在差异，一些有深远影响事件的发生往往成为阶段划分的节点。新中国成立到改革开放以前，受特定国际环境和政治局势的影响，基本没有境外非政府组织在内地活动，因此这里主要讨论改革开放以来在华境外非政府组织的发展阶段。在综合其他学者观点基础之上，本书认为自改革开放以来，在华境外非政府组织的发展可以分为五个阶段，分别为 1978—1988 年的起步阶段、1989—1994 年的稳步发展阶段、1995—2003 年的快速发展阶段、2004—2016 年的法治化管理过渡阶段，以及 2017 年至今的全面法治化管理阶段。

第一阶段是 1978—1988 年的起步阶段。1978 年，我国进入改革开放的新时期，为境外非政府组织进入内地创造了政治条件和外部环境。1979 年 9 月，国务院副总理方毅接见了福特基金会（Ford Foundation）代表团，对福特基金会来华发展表示欢迎。福特基金会逐步开始在华开展公益活动，并于 1988 年以挂靠中国社会科学院的形式在华正式设立办事处。1980 年，世界自然基金会（WWF）进入四川开展对野生大熊猫的保护工作，是第一个进入内地的环保类境外基金会。据不完全统计，这段时间约有 30 多家境外非政府组织进入中国，比较知名的有国际小母牛组织（Heifer International）、洛克菲勒基金会（Rockefeller Foundation）、英国乐施会（Oxfam UK）、世界宣明会（World Vision）等。这一阶段，中国处于改革开放的初期，百废俱兴，对外来的经济、技术援助有较大的需求，社会亟需大量的公共物品和服务。那些来自发达国家的境外非政府组织有大量资金、高素质人才、先进管理经验和全球化网络，并且视援助发展中国家为自身宗旨的实现，因此这一时期在华境外非政府组织得到了较好发展。

第二阶段是 1989—1994 年的稳步发展阶段。1989 年 7 月，国务院颁布的《外国商会管理暂行办法》正式开始实施，这是我国政府颁布的第一部管理在华境外非政府组织的法律法规。颁布这一法规的背景是随着改革开放的深入，工商业领域外资或合资企业数量显著增多，外资企业间的交流、合作日益普遍。为适应这一趋势，外国商会开始涌现，在经贸合作、对外交流方面发挥着重要作用。1992 年，邓小平发表南方讲话，肯定了市场经济发展道路，重申了深化改革、加速发展的必要性和重要性。受此影响，一些曾退出中国的境外非政府组织，开始重返中国，同时新的在华境外非政府组织也开始进入中国，这一时期境外非政府组织所参与的公益项目逐年增多。在境外非政府组织进入中国的过程中，联合国一直扮演着推动者的角色。在联合国开发计划署的积极推动下，1990 年和 1992 年在山东济南连续召开了两届国际民间组织合作研讨会。两次会议最重要的成果是决定成立了第一个集自愿性、非营利性、联合性等特征为一体的全国范围的独立社团法人机构，即中国国际民间组织合作促进会。1993 年，中国国际民间组织合作促进会在民政部正式登记注册，标志着在华境外非政府组织开始重视与本土非政府组织合作，通过培育本土非政府组织来扩展公益项目。

第三阶段是 1995—2003 年的快速发展阶段。上世纪 90 年代中期，北京召开了世界第四届妇女大会及非政府组织论坛，这次会议让在华境外非政府组织更多地了解了中国，大量境外非政府组织涌入中国寻求发展，同时中国对这类组织的社会影响和服务能力也有了更新的认识，坚定了政府希望加强与在华境外非政府组织合作的决心。这些在华境外非政府组织活跃在妇女权益保护、扶贫帮困、救灾抢险、环境保护、医疗卫生等各个领域，与各级政府或民间组织合作开展公益活动。此后数年，据不完全统计，至少有 40 家在华境外非政府组织开始在我国内地开展公益活动。世纪之交中国加入了世贸组织（WTO），在华境外非政府组织发展速度进一步加快，每年都有数十家境外非政府组织进驻内地。这一时期互利性的在华境外非政府组织得到较快的发展，为了服务快速增长的跨国公司，大批商会、行会、贸易协会等组织进入中国。

第四阶段是 2004—2016 年的法治化管理过渡阶段。2004 年国务院颁布了《基金会管理条例》，明确民政部门为在华境外非政府组织的登记管理部门，国务院有关部门或国务院授权的组织是业务主管部门。该条例的颁布规范了政府对在华境外基金会的管理，对境外基金会的管理具有重要意义。截至 2014 年，共有 28 家境外基金会在民政部注册，并接受相应的服务与监管。云南、上海、西藏等地方政府也颁布了一些管理在华境外非政府组织的行政法规，其中云南省颁布的《云南省规范境外非政府组织活动暂行规定》比较有影响力。云南多元化的自然环境和社会风貌为在华境外非政府组织的发展提供了得天独厚的条件，成为在华境外非政府组织培育与监督管理的"观察点"，率先试点了在华境外非政府组织备案制。在华境外非政府组织的活动受到了习近平总书记的肯定，2015 年访问美国前夕，习近平接受华尔街日报采访时表示中国肯定在华境外非政府组织的积极作用，欢迎他们来华发展，愿意继续为境外非政府组织的发展提供便利，鼓励在华境外非政府组织依法、规范、有序地开展活动。这一时期在华境外非政府组织的发展，为下一步全面迈向法治化管理打下了基础。

第五阶段是 2017 年至今的全面法治化管理阶段。2017 年，《中华人民共和国境外非政府组织境内活动管理法》颁布，这意味着对在华境外非政府组织的法治化管理进入一个新的阶段。根据该法律的安排，公安部及各省公安厅代替民政部成为在华境外非政府组织的注册管理单位。在华境外非政府组织经历五个阶段的发展，已经成为一类重要的社会组织，其影响力不断增强。我国政府对在华境外非政府组织的管理日渐正规化和制度化，落实中央政府制定的宏观管理政策，优化地方政府的具体管理办法，激发在华境外非政府组织的社会服务能力，是这一阶段我国政府管理在华境外非政府组织的主要任务。

在华境外非政府组织的发展表现出明显的阶段性特征，每个阶段都会出现一些重大事件，以推动在华境外非政府组织的发展。回顾改革开放以来在华境外非政府组织相关的重大事件，以及对这类组织各个阶段的特征进行梳理，可以得知在华境外非政府组织的发展与我国社会不断改革开放、不断融入全球化有很高的相关性。在华境外非政府组织各个阶段的重大事件和主要特征如表 2.1 所示。

表 2.1　在华境外非政府组织各个阶段的重大事件和主要特征

阶段划分	重大事件	主要特征
1978—1988 年的起步阶段	① 1979 年 9 月，国务院副总理方毅接见了福特基金会代表团；②世界自然基金会、国际小母牛组织、洛克菲勒基金会、英国乐施会、世界宣明会等进入中国	这一阶段中国处于改革开放的初期，百废俱兴，对外来的经济、技术援助有较大的需求，那些来自发达国家的境外非政府组织有大量资金、人才、管理和全球化网络，并且视援助发展中国家为自身宗旨的实现，因此这一时期在华境外非政府组织得到了较好发展
1989—1994 年的稳步发展阶段	① 1989 年 7 月，国务院颁布的《外国商会管理暂行办法》正式开始实施；② 1992 年，邓小平发表南方讲话，肯定了市场经济发展道路；③ 1993 年，中国国际民间组织合作促进会在民政部正式登记注册	这一阶段我国政府已经意识到在华境外非政府组织的社会贡献，尤其对经贸领域的巨大影响力，因此颁布了针对外国商会的管理条例，以强化管理。在华境外非政府组织受政治事件影响较大，20 世纪 80 年代末的政治风波和 90 年代初的邓小平南方讲话，对这类组织影响深远
1995—2003 年的快速发展阶段	① 20 世纪 90 年代中期，北京召开世界妇女大会及非政府组织论坛；②中国加入世贸组织，在华境外非政府组织发展速度进一步加快，每年都有数十家境外非政府组织进驻内地	这一阶段在华境外非政府组织发展呈现出数量多、门类广的特征。每年有几十家在华境外非政府组织以各种名义进入内地。这些组织活跃在妇女权益保护、扶贫帮困、救灾抢险、环境保护、医疗卫生等各个领域，与各级政府或民间组织合作开展公益活动

续表

阶段划分	重大事件	主要特征
2004—2016年的法治化管理过渡阶段	① 2004年颁布《基金会管理条例》；② 2015年，习近平接受《华尔街日报》采访时表示中国肯定在华境外非政府组织的积极作用	这一阶段我国政府对在华境外非政府组织的管理迈向法治化，逐步在中央和地方建立了相对完善的法律管理体系。这说明在华境外非政府组织得到了政府和社会的重视与认可，已经成为一类重要的社会组织，其影响力不断增强
2017年至今的全面法治化管理阶段	① 2017年，《中华人民共和国境外非政府组织境内活动管理法》颁布；② 建立了以公安部和省级公安机关为登记机关，国务院有关部门和单位、省级人民政府有关部门和单位为业务主管部门的双重管理制度	在华境外非政府组织日渐成为重要的社会组织，我国政府对在华境外非政府组织的管理走向全面法治化，落实中央政府制定的宏观管理政策、优化地方政府的具体管理办法、激发在华境外非政府组织的社会服务能力是这一阶段我国政府管理在华境外非政府组织的主要任务

从在华境外非政府组织各个发展阶段来看，我国政府加强与这类组织的合作和对其管理是大势所趋。从各个发展阶段来看，政府管理在华境外非政府组织具有如下特征：（1）起步阶段主要引入境外非政府组织资源，当时中国处于改革开放的初期，百废俱兴，对外来的经济、技术援助有较大的需求，那些来自发达国家的境外非政府组织有大量资金、人才、管理和全球化网络，并且视援助发展中国家为自身价值的实现，双方有很好的合作基础。虽然当时合作的法律规范尚未成型，但是通过挂靠、协议等合作方式积极展开活动，因此这一时期在华境外非政府组织得到了较好发展；（2）稳步发展阶段重视在华境外非政府组织尤其商会组织在经贸领域的巨大影响力，这一阶段我国政府已经意识到在华境外非政府组织的社会贡献，因此颁布了针对外国商会的管理条例，以强化管理。各类境外商会组织为各级政府招商引资，优化市场环境创造了条件。在华境外非政府组织受政治事件影响较大，20世纪80年代末的政治风波和90年代初的邓小平南方讲话，对这类组织影响深远；（3）快速发展阶段重视与在华境外非政府组织的合作，这一阶段在华境外非政府组织发展呈现出数量多、门类广的特征。每年有几十家在华境外非政府组织以各种名义进入内地。这些组织活跃在妇女权益保护、扶贫帮困、救灾抢险、环境保护、医疗卫生等各个领域，与各级政府或民间组织合作开展公益活动，双方的合作模式开始固定化、常态化；（4）法治化管理过渡阶段，我国政府对在

华境外非政府组织的管理迈向法治化，中央和地方开始逐步建立相对完善的法律管理体系。这说明在华境外非政府组织得到了政府和社会的重视与认可，已经成为一类重要的社会组织，影响力不断增强；（5）全面法治化管理阶段，高度重视在华境外非政府组织的管理，在华境外非政府组织日渐成为重要的社会组织。我国政府对在华境外非政府组织的管理日渐规范化，这一阶段的主要任务是构建中央到地方的综合管理服务体系，激发在华境外非政府组织的社会服务能力。

（二）在华境外非政府组织的基本情况

为了更好地了解在华境外非政府组织的基本情况，笔者通过收集整理公安部境外非政府组织管理办公室网站资料，查阅历年《境外非政府组织境内代表机构年度报告》，结果表明，截至 2021 年 12 月 31 日，已有 631 个境外非政府组织代表机构依法登记，临时活动备案 4018 项。下面就这类组织的主要来源、历史背景、服务领域、活动地域等进行介绍。

1. 主要来源

从在华境外非政府组织调查样本数据来看，这些组织主要来源于全球几十个国家和地区。在已登记的 631 个代表机构中，所在国家或地区排名前五的依次为美国、中国香港、日本、韩国和英国，合计数量占总数的 62.44%。其中总部设在美国的最多，数量达 147 家，占样本总数的 23.3%。一些在国内有重大影响力的在华境外非政府组织，如洛克菲勒基金会、比尔及梅琳达·盖茨基金会、福特基金会等均来自美国。数量第二的是总部在中国香港的在华境外非政府组织，数量为 107 家，占样本总数的 16.9%。根据在华境外非政府组织的界定，中国的港、澳、台地区属于境外，因此来自这三个地区的在华境外非政府组织具有自身的特点，即跟内地血肉相连，组织的创办人往往有较深的民族情怀。第三是总部设立在日本的在华境外非政府组织，数量为 61 家，占比为 9.7%。第四是总部在韩国的在华境外非政府组织，数量为 46 家，占比为 7.3%。第五是总部在英国的在华境外非政府组织，数量为 33 家，占比为 5.2%。从这些在华境外非政府组织总部所在地的分布来看，其主要来自发达国家或地区，这一方面说明非政府组织在发达国家得到了更加充分的发展，另一方面说明这些国家有更加开放的对外政策。一些发展中国家也有非政府组织在我国境内活动，主要是一些周边国家，比如来自泰国、印度、哈萨克斯坦、巴基斯坦、越南、蒙古等国，这些国家发展来华的非政府组织数量较少。在华境外非政府组织总部所在地统计如表 2.2 所示。

表 2.2　在华境外非政府组织总部所在地

（截至 2021 年 12 月 31 日）

序号	总部所在地	数量	占比（％）	序号	总部所在地	数量	占比（％）
1	美国	147	23.3	17	泰国	6	0.9
2	中国香港	107	16.9	18	俄罗斯	6	0.9
3	日本	61	9.7	19	意大利	6	0.9
4	韩国	46	7.3	20	马来西亚	3	0.5
5	英国	33	5.2	21	新西兰	3	0.5
6	德国	30	4.7	22	巴西	3	0.5
7	中国台湾	23	3.6	23	朝鲜	2	0.3
8	法国	18	2.8	24	挪威	2	0.3
9	加拿大	18	2.8	25	罗马尼亚	2	0.3
10	瑞士	15	2.4	26	匈牙利	2	0.3
11	中国澳门	14	2.2	27	丹麦	2	0.3
12	澳大利亚	12	1.9	28	哥伦比亚	2	0.3
13	新加坡	10	1.6	29	印度	2	0.3
14	比利时	9	1.4	30	西班牙	2	0.3
15	马达加斯加	9	1.4	31	其他	29	4.6
16	荷兰	8	1.3	总计		631	100

数据来源：历年《境外非政府组织境内代表机构年度报告》、公安部境外非政府组织管理办公室网站 https://ngo.mps.gov.cn/ngo/portal/index.do.

2. 进入中国时间

资料显示，改革开放以前在华境外非政府组织活动很少，仅有少量的境外组织曾经在中国内地活动。20 世纪 90 年代中期以后，在华境外非政府组织活动明显活跃。1995 年在北京召开的世界妇女大会和非政府组织论坛，让全世界的非政府组织了解了中国，同时更多的中国人也开始接触到"非政府组织"这一概念。自此，在华境外非政府组织进入中国的数量开始出现爆发式增长，样本中 1995—2003 年是在华境外非政府组织增长速度最快的阶段，每年新增家数都超过 10 家。此后十年进入中国发展的在华境外非政府组织数量开始减少，主要因为缺乏专门的注册管理制度，一些境外非政府组织并未以社会组织的身份进行注册。为了完善管理非政府组织的法律制度，2000 年前后，我国先后颁布了《社会团队登记管理条例》（1998）、《基金会管理条例》（2004）、《非营利组织会计制度》（2004）等条例，对非政府组织的管理迈向了法治化。总体而言，在上述法律颁布以前，在华境外非政府组织因为缺少明确的登记管理制度，对其进入中国的时间比较难准确把握。在华境外非政府组织首次进入中国内地的数量和时间如表 2.3 所示。

表 2.3　在华境外非政府组织进入中国内地的数量和时间

（截至 2016 年 12 月 31 日）

时　间	数量（家）	时　间	数量（家）
1980 年以前	18	1998 年	22
1981 年	4	1999 年	15
1982 年	2	2000 年	12
1983 年	4	2001 年	7
1984 年	2	2002 年	15
1985 年	3	2003 年	16
1986 年	3	2004 年	3
1987 年	3	2005 年	5
1988 年	10	2006 年	8
1989 年	4	2007 年	13
1990 年	5	2008 年	9
1991 年	3	2010 年	2
1992 年	8	2011 年	10
1993 年	9	2012 年	3
1994 年	4	2013 年	4
1995 年	10	2014 年	7
1996 年	10	2015 年	6
1997 年	19	2016 年	10

数据来源：历年《境外非政府组织境内代表机构年度报告》、公安部境外非政府组织管理办公室网站资料 https://ngo.mps.gov.cn/ngo/portal/index.do.

2017 年颁布的《中华人民共和国境外非政府组织境内活动管理法》首次为在华境外非政府组织的注册与管理提供了法律依据，使得在公安部及各省公安厅注册登记的在华境外非政府组织数量大增。2017 年当年境外非政府组织代表机构登记数量最多，全年登记代表机构有 305 家。之后代表机构登记数量逐渐趋于平稳，进入了常态化登记阶段。同时每年年初存在代表机构集中登记情况，当月代表机构登记数量有较大上扬。2017—2021 年境外非政府组织登记数量统计如图 2.1 所示。

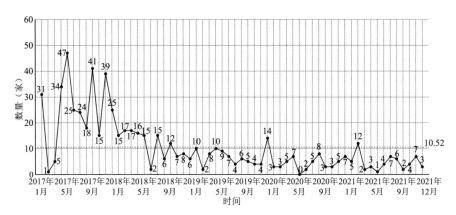

图 2.1　2017—2021 年在华境外非政府组织登记数量统计

数据来源：历年《境外非政府组织境内代表机构年度报告》、公安部境外非政府组织管理办公室网站资料 https://ngo.mps.gov.cn/ngo/portal/index.do.

临时活动备案数量总体较为平稳，其中 2019 年备案临时活动数量最多，达到 1 054 项。受疫情影响，2020 年上半年备案临时活动数量有较大回落，但随着疫情防控措施的有力落实，境外非政府组织临时活动备案数量迅速回升，2021 年底已基本恢复至正常水平。2017—2021 年境外非政府组织临时活动备案数量统计如图 2.2 所示。

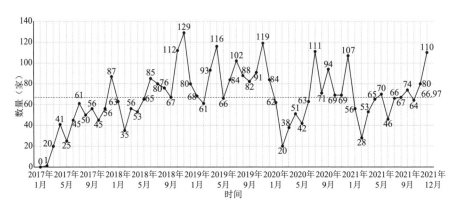

图 2.2　2017—2021 年在华境外非政府组织临时活动备案数量

数据来源：历年《境外非政府组织境内代表机构年度报告》、公安部境外非政府组织管理办公室网站资料 https://ngo.mps.gov.cn/ngo/portal/index.do.

3. 活动领域

在华境外非政府组织以公益项目的方式在中国内地开展活动，为中国社会提供了准公共物品。按照《中国发展简报》对非政府组织活动领域的划分，一共包括劳动保障、环境保护、卫生、扶贫帮困、社区发展等 18 个主要领域。考虑到一家在华境外非政府组织可能覆盖数个公益活动领域的情况，从调查的数据来看，经济是目前在华境外非政府组织参与数量最多的领域。在华境外非政府组织代表机构活动领域排名前5的为经济、教育、济困救灾、卫生和环保，其中经济领域境外非政府组织代表机构最多，有320个，合计共占代表机构总数的50.71%。可见，在华境外非政府组织开展公益活动，是建立在我国社会对准公共物品供给者的热切需要基础上的。也反映出随着改革开放的深入，我国在社会管理和社会保障方面仍然存在许多问题，在华境外非政府组织提供的准公共物品能够起到补充作用。在华境外非政府组织开展项目的领域如表2.4所示。

表 2.4　在华境外非政府组织开展项目的领域

（截至 2021 年 12 月 31 日）

序　号	服 务 领 域	数　量	序　号	服 务 领 域	数　量
1	劳动保障	17	10	儿童发展	18
2	环保	31	11	残障	17
3	卫生	39	12	社会创新	10
4	扶贫帮困	10	13	科技	27
5	社区发展	8	14	文化、艺术	25
6	济困救灾	53	15	民族、宗教	5
7	教育	69	16	妇女权益	10
8	经济	320	17	企业社会责任	16
9	体育	7	18	其他	15

数据来源：历年《境外非政府组织境内代表机构年度报告》、公安部境外非政府组织管理办公室网站资料 https://ngo.mps.gov.cn/ngo/portal/index.do.

在华境外非政府组织开展项目的领域分布比例如图2.3所示。

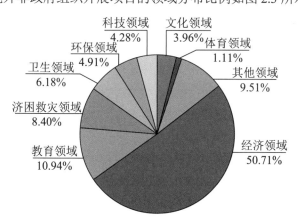

图 2.3　在华境外非政府组织开展项目的领域分布比例

数据来源：历年《境外非政府组织境内代表机构年度报告》、公安部境外非政府组织管理办公室网站资料 https://ngo.mps.gov.cn/ngo/portal/index.do.

4. 活动范围

在华境外非政府组织为了在我国境内开展公益活动，多数会设立在华办事机构。从调查样本的情况来看，在华境外非政府组织的办事机构选址具有如下特点：一是选择政治中心北京作为办事机构进驻的城市，一般挂靠在中科院、扶贫办、妇联等部门下面，选择北京作为办事机构所在地有助于协调工作，提高运作效率。二是选择沿海发达城市，如上海、深圳、广州等作为办事机构所在地，这一方面是因为这些城市更加开放，更加国际化，发展水平更高，便于对外交流，另一方面是因为这些城市经济基础较好，本土非政府组织有一定实力，更容易与在华境外非政府组织建立合作关系。三是选择昆明、成都、贵阳、南宁等西南部城市作为办事机构所在地，这些城市社会结构多元化、少数民族聚集、地方特色鲜明，相对中东部地区对于在华境外非政府组织提供的准公共物品有更大的需求。不同的选择，反映了各类在华境外非政府组织不同的利益诉求。在华境外非政府组织办事机构所在地情况汇总如表 2.5 所示。

表 2.5　在华境外非政府组织办事机构所在地汇总

（截至 2021 年 12 月 31 日）

序　号	所 在 地	数　量	序　号	所 在 地	数　量
1	北京	332	15	沈阳	2
2	上海	120	16	拉萨	2
3	昆明	39	17	大连	2
4	成都	26	18	南京	2
5	深圳	23	19	康定	1
6	广州	19	20	青岛	1
7	贵阳	8	21	宁波	1
8	南宁	8	22	汕头	1
9	杭州	5	23	海口	1
10	福州	4	24	郑州	1
11	武汉	4	25	乌鲁木齐	1
12	天津	3	26	银川	1
13	西宁	3	27	西昌	1
14	长沙	3	28	未确定	21

数据来源：历年《境外非政府组织境内代表机构年度报告》、公安部境外非政府组织管理办公室网站 https://ngo.mps.gov.cn/ngo/portal/index.do.

在华境外非政府组织代表机构活动地域为全国范围的有 247 个，占总数的 39.14%；活动地域为多个省级行政区范围的有 185 个，占总

数的 29.32%；活动地域为单个省级行政区范围的有 199 个，占总数的
31.54%。在华境外非政府组织活动跨地域情况如图 2.4 所示。

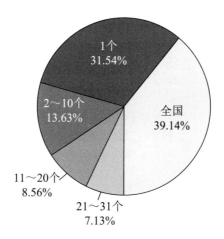

图 2.4　在华境外非政府组织活动跨地域情况

数据来源：历年《境外非政府组织境内代表机构年度报告》、公安部境外非政府组织管理
办公室网站资料 https://ngo.mps.gov.cn/ngo/portal/index.do.

（三）在华境外非政府组织的主要分类

国内学术界对在华境外非政府组织的分类体系已经进行了初步探讨，
通过借鉴国外的分类方法，从组织使命、组织性质、活动领域等维度提出
了一些实施分类的方法。运用比较多的分类办法有如下两种：一是按照组
织性质与使命将在华境外非政府组织分为四种类型，分别是支持型、倡议
型、运作型和具有教会性质的慈善团体；二是按照在华境外非政府组织的
活动领域分为 12 种类型，分别是企业间交流与合作、扶贫帮困、抗灾救灾、
医疗卫生、教育培训、文化传播、技术援助、公益慈善、环境保护、社会
服务、法律政治及学术交流。现有的分类管理研究在一定程度上为解决在
华境外非政府组织的管理问题做了理论上的准备。但是有些分类管理标准
与我国政府对在华境外非政府组织管理的现实要求并不符合，没有充分考
虑在华境外非政府组织的意愿、社会影响以及制度环境等问题。因此，有
必要结合我国实际情况对在华境外非政府组织类别重新进行梳理。

通过对在华境外非政府组织发展现状的考察，结合这类组织在我国活
动的实际情况，参考我国政府对本土民间组织的分类与管理，从组织性质、
组织愿景、组织形式和活动领域多个维度出发，在华境外非政府组织可以
建立如下分类体系，如表 2.6 所示。

表 2.6　在华境外非政府组织分类体系表

组织性质	组织愿景	组织形式	活动领域
互益性	经济互益型	外国商会 行业协会	（1）企业间交流与合作
	社会互助型	专业协会 互助组织	（2）扶贫帮困 （3）抗灾救灾
公益性	援助支持型 倡导动员型 宗教慈善型	在华境外基金会在中国设立的代表机构 公益咨询机构 项目执行机构 带宗教性质的慈善组织 其他公益组织	（4）医疗卫生 （5）教育培训 （6）文化传播 （7）技术援助 （8）公益慈善 （9）环境保护 （10）社会服务 （11）法律政治 （12）学术交流
其他在华境外非政府组织	涉及国家安全与意识形态，有特殊政治背景、特殊行动目的的在华境外非政府组织		

1. 组织性质

按照组织性质可以将在华境外非政府组织分为互益性在华境外非政府组织和公益性在华境外非政府组织。这种分类方法是政府实施差异化财税政策的依据。在华境外非政府组织主要为两类群体提供服务：一类是组织成员，另一类是社会公众。这些服务对象构成了在华境外非政府组织的主要利益相关者，他们的特征、类型、诉求能够反映在华境外非政府组织的性质、范畴与愿景。公益性在华境外非政府组织一般以公益为目的，服务社会大众，如世界宣明会、比尔和梅琳达·盖茨基金会、世界自然基金会等。互益性在华境外非政府组织一般以成员互益为目的，主要服务于组织内的成员或会员，如上海美国商会、亚太信息技术服务中心、国际大学协会等。除这两类以外，涉及国家安全，有特殊政治背景、特殊行动目的的在华境外非政府组织也应该密切关注。对于这三类在华境外非政府组织应依照自身特点和社会影响，选择对其采取支持、鼓励或取缔的策略。公益性的在华境外非政府组织因为对社会公益事业的贡献以及良好的社会影响力应积极发展。对于一些社会亟需的准公共物品，可以考虑以政府购买的方式向在华境外非政府组织采购。互益性的在华境外非政府组织有助于建立会员之间的合作关系，促进会员个体能力的不断改善，应为这类非政府组织的发展创造条件。对于第三类可能造成危害的在华境外非政府组织，政府应加强监控，并提升信息收集和处理能力。

2. 组织愿景

组织性质能够在很大程度上影响到组织愿景，所以可以从互益性和公益性两个角度来分别探讨基于组织愿景的分类。互益性的在华境外非政府组织可以分为经济互益型与社会互助型。经济互益型是指由商业团体组成的，从事非营利活动的在华境外非政府组织，如上海美国商会、中国欧盟商会等。社会互助型是指由个人或团体组成的，以文化、技术、教育、卫生交流为目的的在华境外非政府组织。基于在华境外非政府组织的公益性，可以将其分为援助支持型、倡导动员型和宗教慈善型。援助支持型是指以资金、技术、物质等方式支持公益事业的在华境外非政府组织。它们为公益项目的实施提供支持，自身不一定直接参与项目，主要包括一些基金会、慈善组织。倡导动员型的在华境外非政府组织不仅提供物质支持，往往自身也会积极参与公益项目的运作，它们活跃在环境保护、扶贫帮困、抗灾救灾等领域。宗教慈善型的在华境外非政府组织通过向国外私人或团体筹集资金来开展公益活动，跟前两类的区别在于，这类组织受宗教价值观影响更大。从组织愿景来分类的意义在于，能够对不同的在华境外非政府组织进行功能定位，通过分类引导，以提升这些组织的社会服务质量，增强社会认同感。

3. 组织形式

Nick Y（2005）将在华境外非政府组织分为宗教机构、人道主义救援和发展机构、私人基金会、专家型非营利的咨询和项目执行机构、宣传机构、政策研究思想库、专业组织以及互助、自助组织[121]，对在华境外非政府组织的组织形式做了较完整的归纳。我国政府出台的《基金会管理条例》和《外国商会管理暂行规定》，其本质上是以组织形式为依据，对境外基金会和外国商会两类组织进行的分类管理。组织形式一定程度上由组织愿景与组织性质决定。经济互益型的在华境外非政府组织主要指外国商会、行业协会；社会互助型的在华境外非政府组织主要指专业协会、互助协会等。公益性的在华境外非政府组织形式相对多样化，主要包括：在华境外基金会在中国设立的代表机构、公益咨询机构、项目执行机构、带宗教性质的慈善组织以及其他公益组织。以组织形式进行分类能够更加清晰地了解其治理结构、运营方式，有助于在华境外非政府组织与政府、民间组织之间的交流，提高政府管理政策的针对性和有效性。

4. 活动领域

国内外很多非政府组织分类体系都选择活动领域作为分类标准，在著名的《非营利组织国际分类标准》（ICNPO）中活动领域是重要的评价依据，联合国已经认可这一分类标准，并在 90 多个国家中进行推广。徐莹（2006）按照在华境外非政府组织的活动领域将其分为 7 种类型，分别是教育与研究（包括文化交流）、社会服务、健康、发展与住宅、环境、宗教与慈善、法律、倡导及政党。[122] 在此基础之上，并结合前文对组织性质、组织愿景和组织形式的探讨，活动领域可以分为 12 类，即企业间交流与合作、扶贫帮困、抗灾救灾、医疗卫生、教育培训、文化传播、技术援助、公益慈善、环境保护、社会服务、法律政治、学术交流。[123] 按照活动领域进行分类，有助于将在华境外非政府组织的业务范畴和政府有关部门的职能对接起来，能够全面地展现其在我国的发展状况和社会影响，为我国政府实施分类管理提供政策依据。

二、我国政府对在华境外非政府组织的管理制度分析

（一）在华境外非政府组织的基本管理制度

我国政府已经意识到加强在华境外非政府组织管理的必要性，党的十八届三中全会指出，要引导在华境外非政府组织依法展开活动，加强对这类组织的管理。作为对在华境外非政府组织在内地频繁活动的回应，从公共管理的角度出发，我国政府逐步建立了由中央到地方的管理制度。

在中央层面，1989 年我国政府颁布了《外国商会管理暂行规定》，以对外国商会的活动进行规范和管理。2004 年国务院颁布了《基金会管理条例》，条例中有专门涉及境外基金会在华代表机构的监管问题。相比其他类型的在华境外非政府组织，外国商会和境外基金会较有代表性，政府管理更加规范，取得了一定的管理成效。最具有影响力的是，2016 年全国人大常委会通过了《中华人民共和国境外非政府组织境内活动管理法》（以下亦简称《管理法》），并于 2017 年开始实施，对在华境外非政府组织的登记与备案、活动规范、便利措施、监督管理、法律责任等进行了规定。这部法律的颁布标志着我国政府管理在华境外非政府组织进入全面法治化时代。

在《管理法》实施以前，我国政府对在华境外非政府组织的管理制度并不完善，尤其是注册登记在相当长的一段时间内缺少合理的制度安排，在华境外非政府组织只能够注册为其他形式的组织，从而在名义上难以保证其在我国内地活动的合法性。当时主要有以下几种注册形式：一是注册为工商企业，如绿色和平北京办公室是在当地工商局注册的，巴迪基金会

是在原国家工商行政管理总局注册的，这类组织在相关业务部门进行审批，在工商部门完成注册，管理办法主要参照外资企业管理法；二是注册为国内社会团体，一些支持型的境外基金会本身不直接运作项目，而是通过资助国内个人或组织，注册成立民间团体来开展项目，而离开在华境外非政府组织的支持这类民间团体往往无法独立生存；三是通过与政府缔结合作协议，并挂靠中国社会科学院、中国残疾人联合会、中华全国妇女联合会、国家环境保护总局、国家外国专家局、国家扶贫办公室等单位，通过挂靠和项目合作获得在华活动的合法身份。但是在过去，有大量在华境外非政府组织绕过正常的注册，导致政府对其组织基本情况和活动情况并不了解，无法进行正确引导和规范，对违法活动难以查处。《管理法》颁布之前在华境外非政府组织注册情况如表 2.7 所示。

表 2.7　《管理法》颁布之前在华境外非政府组织注册情况

注 册 形 式	管 理 法 律	注册部门	业 务 部 门
外国商会	《外国商会管理暂行规定》	民政部	商务部
境外基金会代表机构	《基金会管理条例》	民政部	相关业务部门
工商企业	《中华人民共和国外资企业法实施细则》《国务院关于管理外国企业常驻代表机构的暂行规定》等	工商部门	相关业务部门
民间组织	《社会团体登记管理条例》《民间组织管理法》等	民政部	相关业务部门
与政府缔结合作协议	《民办非企业单位登记管理条例》《外国人出入境管理法》等	民政部	相关业务部门

2017 年以前，在缺少《管理法》作为上位法的情况下，在地方政府层面，在一些在华境外非政府组织活动较多的地区，省级地方政府制定了一些管理办法。比较有代表性的是云南省颁布的《云南省规范境外非政府组织活动暂行规定》（2009）。该规定对境外非政府组织的管理机构、注册方式、合作事项、服务与管理等进行了规范。在该规定中，民政、外事办为备案机关，省直有关部门为业务指导部门。虽然其存在"重备案，轻监管"的问题，但保证了在华境外非政府组织活动的合法性。该规定以备案制来弥补目前注册制度的不足，在给予在华境外非政府组织相应更多活动空间的同时，对其加强了监督与管理。

2017 年《管理法》实施后，所有在华境外非政府组织必须依照法律规定的流程和要求进行登记注册或临时活动备案。《管理法》第六条明确规定，国务院公安部门和省级人民政府公安机关是境外非政府组织在中国境内开展活动的登记管理机关。第九条规定，未登记设立代表机构需要在中国境内开展临时活动的，应当依法备案。同时又规定，境外非政府组织未登记设立代表机构、开展临时活动未经备案的，不得在中国境内开展或者变相开展活动，不得委托、资助或者变相委托、资助中国境内任何单位和个人在中国境内开展活动。一切绕过正常程序在中国境内开展活动都视为违法行为。这一法律的出台规范了对在华境外非政府组织的管理，具备一定的强制作用。《管理法》颁布前后在华境外非政府组织的注册情况对比如表 2.8 所示。

表 2.8　《管理法》颁布前后在华境外非政府组织的注册情况对比

颁 布 前	颁 布 后
根据《基金会管理条例》的规定，注册为境外基金会代表机构	根据《管理法》的规定进行登记注册或临时活动备案。国务院公安部门和省级人民政府公安机关是境外非政府组织在中国境内开展活动的登记管理机关。未登记设立代表机构需要在中国境内开展临时活动的，应当依法备案
在工商部门注册为外商独资企业	
通过资助个人或组织，在境内注册为国内社团组织，以此开展活动	
通过与政府缔结合作协议，通过挂靠单位进行项目合作	

我国民政部门依据组织形式，将民间组织区分为实体性的民办非企业单位、基金会和会员性的社会团体，以便于进行针对性的管理。因为国内民间组织在发展程度、运作模式、法人特征等方面与在华境外非政府组织有较大的区别，且在华境外非政府组织与民间组织所适用法律不同，因此这种分类方法无法直接借鉴。国内学术界对在华境外非政府组织的分类已经进行了初步探讨，王名、刘培峰（2004）按照组织性质与使命将在华境外非政府组织分为四种类型，分别是支持型、倡议型、运作型和具有教会性质的慈善团体。[124] 杨青（2008）以法律规定、活动领域和国家安全为分类标准，建立了在华境外非政府组织的综合分类体系。[125] 这些研究为解决在华境外非政府组织的分类管理问题作了理论上的准备。学术界对在华境外非政府组织的分类讨论相对较多，而分类之后如何管理则研究较少。目前我国亟需管理在华境外非政府组织的政策创新与制度创新，因此对分类管理展开前期的理论性探讨具有较大的应用价值。

我国政府以立法的方式加强了对在华境外非政府组织的管理，并取得了一定的成效，为在华境外非政府组织的发展创造了基本制度环境。值得注意的是，由于当前分类管理制度缺乏系统性，从而引发了一系列问题。在华境外非政府组织的管理资源分散在民政部、商务部、工商总局、国家外国专家局等，难以实行统一的归口管理。目前的管理制度体现的是部门利益的平衡与部门权责的划分，而缺乏对在华境外非政府组织的有效管理措施。在建设中国式现代化的背景下，我国在科、教、文、卫等许多领域，对准公共物品有较大需求。在华境外非政府组织具备较强的准公共物品供给能力，具有较好的专业素质，在我国有较好的发展前景。需要重视的是，因为监管存在空白，一些有特殊政治背景或特殊社会目的的境外组织进入了我国境内，它们以公益之名开展违法活动，已成为社会和谐与安定的重大隐患。

为了完善和加强对在华境外非政府组织的管理，《管理法》明确了在华境外非政府组织的依法活动受法律保护，解决了在华境外非政府组织的合法性问题，规定国务院公安部门和省级人民政府公安机关是境外非政府组织在中国境内开展活动的登记管理机关。该法律更多的是从宏观上解决在华境外非政府组织登记备案、活动规范、便利措施、监督管理、法律责任等方面的管理问题，解决了很多在华境外非政府组织管理迫在眉睫的问题。但是对于在华境外基金会、社会团体、智库机构等各个类别的在华境外非政府组织，目前并未有相应的管理条例，各级地方政府亦缺乏相应的管理制度与管理法。总体而言，《管理法》实施以后，在华境外非政府组织的管理制度在宏观层面逐步趋于完善，但是一些配套的管理规定仍存在不足，尚待完善。

（二）在华境外非政府组织管理存在的问题

在华境外非政府组织管理制度存在的问题既有管理、法律方面的，也有观念、文化方面的。管理问题未能得到有效的解决，影响了《管理法》的有效实施。相应的管理政策得不到落实，导致政府与在华境外非政府组织沟通困难，难以建立稳固、和谐、立足长远的共生发展关系。

1. 双重管理制度影响监管

我国政府对非政府组织的管理模式为"归口登记、分级管理、双重负责"，一般称之为双重管理制度。这种管理制度是一种将民间组织的注册机关与业务机关相分割的管理模式。注册机关负责社会组织的最终审批、年度检查、监督管理等工作，而业务机关负责社会组织注册的初审、公益项目指导、年度检查初审以及配合注册机关监督管理等事项。这种制度的特点在于，通过不同政府部门或政府授权的单位分别负责来分散权力，从而减少民间组织活动可能带来的政治和管理方面的风险。[126] 目前，对在华境外非政府组织的管理也沿用了双重管理体制，在华境外非政府组织在公安部门注册和报备，然后寻找相关业务部门开展项目。这种管理方式增加了在华境外非政府组织的审批程序和注册难度，使得一些在华境外非政府组织绕过公安部门的监管，选择以其他的组织形式注册，甚至根本不在政府部门注册，从而使监管部门无法了解在华境外非政府组织的真实情况。同时，双重管理制度分散了政府管理的权力，管理资源分散在商务、外事、工商、民政以及各个业务部门，难以实行统一的归口管理。最后，双重管理制度对职能部门没有做出明确的界定，出现"多龙治水"的情况，从而给注册部门与职能部门的协调合作造成困难，各自为战，难以实现有效管理。

双重管理的矛盾体现在业务管理部门和登记注册部门在监管上难以进行合理的权责划分，一旦出现问题，部门之间存在"踢皮球"的现象，因此管理效率低下，无法做到有效监管。在华境外非政府组织项目监管方面，没有设立统一的监管规范，很难对项目的实施流程进行动态监管，形成缺乏监管的灰色地带。由于缺乏强制性的信息披露制度，许多在华境外非政府组织在资金、项目、人员等方面信息不透明，甚至一些在华境外非政府组织将信息披露制度的缺失作为它们暗箱操作的理由。因缺乏统一的监管主体，使在华境外非政府组织在出入境、注册登记、税收政策、项目推广等很多方面处于尴尬地步，在一定程度上降低了它们在华活动的积极性。监管主体不明确还导致在打击在华境外非政府组织犯罪方面不够有力，一些在华境外非政府组织名义上来我国是实现自身的愿景，实际上是从事情报窃取、思想渗透、政治煽动等活动，对国家安全构成严重威胁。

2. 管理服务能力尚待加强

在华境外非政府组织的管理中一直存在"重监管，轻服务"现象。《管理法》的出台，不仅仅是对境外非政府组织依法加强监管，规范其行为，也有利于保护境外非政府组织的合法权益，促进国际友好交流与合作。而如何在监管和保护之间寻求平衡并非易事。目前，中国对于在华境外非政府组织的监管框架已经形成，虽具体的细则还未出台，在对在华境外非政府组织的扶持和保护方面，还存在政策缺口。如何保障在华境外非政府组织的合法权益，为其提供便利条件，例如在税收、出入境等方面的政策倾斜等，也是中国政府应当尽快考虑解决的一大问题。中国境内的境外非政府组织大多活跃在扶贫帮困、环境保护、教育培训等社会活动中，有效管理在华境外非政府组织是中国政府对内履行发展经济、维护社会稳定等职能的要求，也是对外促进各国贸易往来、文化交流等的需要。在对于在华境外非政府组织的管理过程中，不应单纯地"一刀切"，而是应该分类管理，对不同类别的组织实行差异化的管理策略，例如放宽对经济互益、教育交流类组织的登记门槛；给予扶贫帮困、环境保护等组织在财政、税收等方面的政策倾斜；对于一些非政治性的境外非政府组织的年审工作，可以交给业务主管单位协助承担，自行向公安部门报备，由公安部门对材料进行抽查。只有加强各部门的配合，对境外非政府组织灵活管理，才能更有效地发挥各政府部门的职能。

3. 政治影响方面存在顾虑

在华境外非政府组织能够带来我国公益事业所亟需的资金、管理、项目和咨询服务，而在华境外非政府组织的政治影响却令人心存顾虑。国际经验表明，境外非政府组织的进入是一把双刃剑，如果管理得当，能够利国利民；如果管理失当，则成为国家安定和社会和谐的重大隐患。一些在母国合法的非政府组织，因为政治原因或是母国政府的要求，或是受利益集团的胁迫，名义上来我国是实现其自身的愿景，实际上从事非法情报收集的工作。虽然目前公开的在华境外非政府组织非法活动的案例很少，但是这方面的顾虑一旦存在，无疑使政府对于在华境外非政府组织的注册问题更加谨慎。在这种情况下，无论是注册部门，还是业务部门，作为在华境外非政府组织注册申请的审批人，都可能要承担随之而来的风险。

由于境外非政府组织的特殊性以及涉及领域的复杂性，在实际操作中常遇到"踢皮球"的现象，出现业务主管单位难寻的局面。行政部门担任业务主管单位的意愿不强的原因有两个方面：一是管理责任和风险增加。在华境外非政府组织设立代表机构之后，必须接受业务主管单位的业务监管，并提交年度活动计划和年度工作报告等。因此，担任在华境外非政府组织的业务主管单位，会增加行政部门的管理责任和风险。二是同类别的业务主管单位互相推诿。在中国政府出台的配套规定中罗列了多家业务主管单位菜单，但是一个业务领域对应多个业务主管单位，如在科技领域可由科技部、中国科协、国家外国专家局等担任业务主管单位。可供选择的单位一旦多了，各部门之间就存在相互推诿，导致最后无人愿意担任在华境外非政府组织的业务主管单位。

4. 监管信息难以掌握

在华境外非政府组织来自不同的国家，且数量众多、类别各异、活动领域广泛，准确掌握这些组织的信息非常不易。一些在华境外非政府组织没有注册或者选择以其他组织名义注册，这样进一步增加获取其信息的难度。对于已经注册的在华境外非政府组织，因其统计信息录入目标不明确，仅有一些静态的基本信息，不能够反映在华境外非政府组织活动的真实面貌。同时，各地区、各部门信息资源缺乏有效的整合，各自为政，存在资源浪费、效率不高的现象。一些业务部门因为平时与在华境外非政府组织接触不多，再加上缺乏信息系统的支持，对在华境外非政府组织采取"不管、不碰、不审批"的态度，导致一些在华境外非政府组织在没有注册的情况下就进入了国内，从而又带来一些新的问题。注册信息的难以获取增加了政府管理在华境外非政府组织的难度，亟待制度、管理与技术方面的创新和突破。

政府部门各类业务繁多、应接不暇，而人力、财力等各方面资源又有限，对在华境外非政府组织及项目实施监管显得有心无力，导致很多管理政策难以落实。中央和地方政府对在华境外非政府组织缺乏全面了解和调查，对于这类组织的数量、类别、规模、业务、领域等没有详细的资料和数据，至于项目实施的效果、资金的来源、受众的反应、投入产出比例等更是缺乏专业深入的信息收集。不少在华境外非政府组织挂靠在中国社会科学院、妇联、残联等部门，在这些在华境外非政府组织取得内地合法活动的资格后，业务部门因为人员、制度等各方面的原因，难以对其实施监管，甚至一些地方曾经发生过在华境外非政府组织以捐赠的名义向国内输送医疗垃圾的事件。依照《管理法》，在华境外非政府组织可以根据自身业务情况和活动范围选择注册地，各个省、直辖市在申请材料的把握上存在标准不一、登记门槛高低不齐等问题。例如，有的组织在北京、上海注册时遇到困难，转而向偏远内陆地区寻求注册，企图利用各地法律政策把握标准的差异而成功在华注册。一方面，各地的登记管理机关拥有一定的自由裁量权，在登记管理的过程中，缺乏交流与培训的机制，对于注册案例的分享、申请材料的把握、注册门槛的设置等内容未形成定期分享机制；另一方面，法律条款的概念模糊、实施细则的滞后也是导致各地门槛高低不一的原因之一。

三、《中华人民共和国境外非政府组织境内活动管理法》实施进展及管理成效

1. 实施进展

2016年4月28日，中国第十二届全国人民代表大会常务委员会第二十次会议审议通过了《中华人民共和国境外非政府组织境内活动管理法》（以下亦简称《管理法》），并于2017年1月1日起实行。

　　在法律层面，中国政府颁布了一系列配套法律制度，为《管理法》的正式实行做足了准备工作。2016 年 11 月 28 日，政府出台了《境外非政府组织代表机构登记和临时活动备案办事指南》，同年 12 月 20 日出台了《境外非政府组织在中国境内活动领域和项目目录、业务主管单位名录（2017）》，同时，公安部设立并开放了"境外非政府组织办事服务平台"。《管理法》正式实施前后，中国政府开始在法律制度配套方面进行完善。2017 年 1 月 19 日，国家税务局公布了《关于做好境外非政府组织代表机构税务登记办理有关工作的通知》；5 月，人民银行会同公安部联合印发了《关于做好境外非政府组织代表机构人民币账户管理有关工作的通知》；8 月，国家外国专家局会同公安部联合印发了《关于为境外非政府组织外籍工作人员办理工作许可等有关问题的通知》。这在一定程度上为便利境外非政府组织来华寻求代表机构设立登记提供了政策便利。2019 年，中国政府又根据党和国家机构改革情况以及具体实施遇到的问题，对《境外非政府组织在中国境内活动领域和项目目录、业务主管单位名录（2017）》进行了调整，出台了《境外非政府组织在中国境内活动领域和项目目录、业务主管单位名录（2019）》。新的名录包括 8 大领域、65 个子领域、237 个主要项目及部、省两级业务主管单位名录。其中，子领域相比 2017 年增加了 13 个，主要项目相比 2017 年增加了 45 个。新增业务主管单位包括中共中央对外联络部、中国民用航空局、中国人民对外友好协会、国家民族事务委员会、国家粮食和物资储备局、中国国际贸易促进委员会及省级人民政府主管部门、中国侨联及省级侨联。

　　在工作机制方面，由公安部牵头、有关业务主管部门参加的国家境外非政府组织监督管理工作协调机制建立，并于法律实施前召开了第一次会议。自此，各省陆续建立了协调机制。在办事窗口上，公安部统一开设了网上办事服务大厅，各省在出入境管理局增设专门的境外非政府组织登记服务窗口，登记备案的受理工作由 32 个省级境外非政府组织管理办的窗口受理，并在公安部的同一平台上，统一账号系统、统一网上填报，在线预约面递材料时，再从下拉菜单选择某省份的办事服务大厅。

　　在登记、备案方面，从《管理法》出台至 2021 年 12 月 31 日，共有 631 家在华境外非政府组织代表机构成功登记，另有 4018 个临时活动备案。虽然代表机构登记数量随月份波动，但未有明显上升或下降趋势。值得一提的是，《管理法》实施首月的登记高峰主要来源于《管理法》实施前已经在民政部登记的境外非政府组织。在首月登记的 32 家代表机构中，有 24 家为此前已经在民政部登记的境外基金会代表机构。由于此类组织在新法实施后平移到公安部门的申请过程相对简单，办理登记手续的速度也更快，因此1月登记的代表机构以此类组织为主。而2月、3月出现的登记代表机构数量降低，则是由于大多数新登记的组织在此期间还在与业务主管单位进行沟通，同时准备登记代表机构所需的各项材料，包括对相关证件、文书进行公证认证和翻译。经过一段时间的准备，它们陆续在4月以后达到了登记管理部门的登记要求，进而成功登记在华境外非政府组织代表机构。因此，在4月和5月，代表机构的登记数量出现了第二次高峰。从登记的业务主管单位层级来看，省和国家级的分布大概是1∶3，且主管单位和登记的数量不平均，与公安部公布的业务主管单位名录相比，可以看出有少部分的业务主管单位贡献了大部分的登记数量。从备案的数量上来看，备案和登记的活跃地不完全一致。北京、广东、四川、贵州临时活动备案数量最多。相比而言，北京、上海、云南、广东和四川登记比较活跃，上海是高登记、低备案，广东、四川、贵州则备案活跃度更高。可以看出，登记和备案还是有两种不同的机制，其中原因跟各地掌握政策和观念都有关系。

2. 管理成效

在《管理法》实施之前，我国对于在华境外非政府组织的管理主要根据《社会团体登记管理条例》（1998）、《民办非企业单位登记管理暂行条例》（1998）以及《基金会管理条例》（2004）的相关规定。但在具体实施的过程中，在华境外非政府组织并没有按照条例的规定在华寻求注册，更多的是绕过了正常的注册程序，规避政府的监管，游走在法律的灰色地带。而《管理法》的出台解决了管理合法性的问题，该法界定了在华境外非政府组织的概念内涵、在华活动的登记和备案规范以及监督管理、法律责任等，基本形成了制度框架，大大提升了依法监管的现实可行性。

第一，在华境外非政府组织的登记、备案更具强制性和规范性。尽管之前我国出台了多部管理条例，尝试对境外非政府组织采取统一的管理模式，但管理效果不佳。过去，民政部对境外非政府组织在华登记也要求双重管理，即在民政部登记注册之前，需要找到一个业务主管单位。然而境外非政府组织因程序烦琐和文化差异等多种原因未按规范在民政部登记，而是绕过正常的登记程序，转而寻求变通的办法开展社会参与。例如在工商部门登记注册为外商独资企业的常驻代表机构、通过资助个人或组织使其在境内注册为国内社团组织，抑或是通过与政府缔结合作协议、通过挂靠单位进行项目合作。这样导致的结果就是混乱无章，有制度形同无制度，管理效果不佳。2017 年《管理法》实施后，所有境外非政府组织必须依照法律规定的流程和要求进行登记注册或临时活动备案，一切绕过正常程序在中国境内开展活动都视为违法行为。这一法律的出台，规范了对境外非政府组织的管理，也具备一定的强制作用。

第二，对在华境外非政府组织实现归口管理，联合监督。之前对于境外非政府组织的双重管理制度分散了政府监管的权力，管理资源分布在外事、工商、民政等各个部门，难以实现统一的管理。而《管理法》的实行就打破了这一"多龙治水"的局面，登记管理部门统一为公安部门，业务主管单位由公安部按类别拟定了清单供境外非政府组织选择，真正实现了归口管理。

在具体实务操作中，应采用统一平台，统筹管理，即部级统筹、省级登记、市县级共同监管和协调机制多部门参与的管理方式。这与国内社会组织形成了不一样的管理模式，后者是四级登记、分级登记、分级管理。而境外非政府组织登记部门有 32 个省级单位。但不管在哪一级登记，这套登记体系和管理体制是一样的，它的材料递交是通过公安部网上服务窗口。也就是说，相当于是通过 32 个接受窗口，统一登到一个平台，只有一级登记、统筹管理。在监督方面，公安部采取了日常监管与联合监管相结合的方式。首先，要求境外非政府组织按时提交年度计划和半年一次的汇总报告，并要求中方合作单位对合作项目进行把关。其次，实行两级监管，即业务主管单位对活动内容进行把关，而境外非政府组织管理办公室对境外非政府组织的合法性进行监管。在中方合作单位、业务主管单位以及公安部门的多部门协调下，以实现对境外非政府组织的全方位监督。

第三，拓宽交流渠道，提高管理效率。登记管理部门和业务主管部门采取了多层次、多方面的沟通形式，拓宽了境外非政府组织与政府部门的交流渠道，加强了双方的对话和沟通。首先，在日常运营的过程中，境外非政府组织会将文件交于业务主管部门审核之后，通过书面形式在系统里向登记管理部门递交，形成了一套非常顺畅的书面沟通程序。其次，在关键节点时期，比如在提交年度报告、年度计划、年度变更以及一些重大事项备案时，公安部门会采取面对面的座谈会方式与境外非政府组织进行沟通交流，以及时解决境外非政府组织遇到的困惑。最后，政府部门还采用了点对点的交流模式，使境外非政府组织在日常运营的过程中可以随时找到负责人，提高了行政管理效率。

四、基于分类的在华境外非政府组织管理理念及总体思路

（一）在华境外非政府组织的管理理念

管理理念是政府管理的深层次的精神动力和支持，是对政府管理的基本价值的判断，具有支配性和先导性。分类管理作为一种管理在华境外非政府组织的新方式，实际上是现有管理方式的转型与完善，因此管理方式的创新必须建立在新的理念基础之上。我国政府对在华境外非政府组织的管理制度存在部分问题，其根本原因就在于管理理念较为保守和落后。为了适应分类管理的要求，管理者需要树立新的管理理念。

1. 激励相容理念

"激励相容"的提出是基于信息不对称条件下的激励理论，即委托代理理论。在华境外非政府组织的管理同样具有委托代理模型的全部特征。首先，由于管理部门受国家委托，代表公众对在华境外非政府组织实施管理，实质上就是一种委托代理关系。其次，管理部门和在华境外非政府组织之间的信息是不对称的。最后，管理部门的目标与在华境外非政府组织的目标存在偏差。因此，在对在华境外非政府组织的管理中引入"激励相容"理念，探索适合我国国情的管理方式非常有必要。基于激励相容的在华境外非政府组织分类管理，就是要使管理者的目标与在华境外非政府组织的目标相互兼容，而不是排斥。当在华境外非政府组织的行为符合管理者的目标时应该得到奖励，并获得更加宽松的监管环境，从而能够使组织得到更好的发展。当在华境外非政府组织的目标与管理者的目标相违背时，应该受到更加严格的管理，使其发展受到约束。外因是条件，内因是根据。在对在华境外非政府组织进行管理的过程中，管理部门要引导其增强规范运作的自觉性，发挥内部制衡和监督作用，促使在华境外非政府组织的观念由"要我合规"到"我要合规"转变。从管理者和被管理者的角度看，坚持激励相容理念，应寓管理于服务中。王岐山同志曾经指出，作为监管部门，必须按照"寓管理于服务之中，在服务中体现管理"的要求，围绕我们的中心任务，把服务和监管的关系摆正。

2. 高效管理理念

政府的管理资源是有限的，而社会的发展具有长期性、多元性、复杂性等特征，因此为了保障社会的正常有序运作，需要使政府管理更加高效。政府在对在华境外非政府组织的管理中必须树立高效管理理念，并进行成本效益分析。任何管理在华境外非政府组织的政策规章出台，都应该客观分析能否达到预期的管理目标。同时，高效管理理念要求废除那些增加在

华境外非政府组织负担、影响管理效率、有失公平的规章制度。传统的管理理念更多考虑管理部门的目标，较少考虑在华境外非政府组织的发展，在管理中实施"一刀切"的政策，结果是对好的组织过于严格，对差的组织过于宽松。然而应该被从严监管的是那些运作不规范、存在问题的在华境外非政府组织，好的组织则应该得到更宽松的发展环境。对在华境外非政府组织实施分类管理，可以使政府管理资源得到优化配置，实现管理效用的最大化，从而提高监管效率。分类管理才能更全面了解在华境外非政府组织的实际情况和合理需求，进而科学、合理地实施监管创新，提高监管效率，才能使监管易于被在华境外非政府组织所接受，既能够实现监管的目标，又有助于降低个别在华境外非政府组织经营不当所带来的危害。

3. 加强监管理念

加强监管和放松管制看似是两个互相矛盾的概念，但实质上二者并不相悖。有效的监管本来就应该有张有弛，该加强的加强，该放松的放松。如果用管制替代监管，可能会减少在华境外非政府组织的活力，不利于其开展公益活动。在我国政府对在华境外非政府组织的管理制度日渐完善的背景下，加强监管和放松管制是大势所趋。可见放松管制与加强监管不但没有冲突，而且还有互补的优势。分类管理的本质是对好坏不同的在华境外非政府组织实施差异化管理。具体而言，那些遵纪守法、治理结构完善、项目活动积极、财务制度健全的在华境外非政府组织，应该得到更多的信任，并在这类组织中逐步推广注册制和备案制，为其发展提供更加宽松的政策环境。而对于治理结构混乱、项目活动消极、财务制度不健全的在华境外非政府组织，则需要进行严格的管理，实现"补位"。因此，在华境外非政府组织分类管理需体现"加强监管，放松管制"的理念。

4. 法治化管理理念

依法治国是党领导人民治理国家的基本方略。分类管理应该建立在法治化管理理念基础上，以完善的法律体系替代灵活多变的政策。在法治化管理理念下，我国政府应提高对在华境外非政府组织的信任程度，减少因其涉外性而引起的不必要防范，对这类组织的管理应逐渐由消极保守转变为主动开放。在华境外非政府组织对我国社会有着深刻的影响，作为公共治理的主体之一，应充分发挥其治理功能，构建多中心、多主体的治理模式。鼓励在华境外非政府组织积极发挥作用的同时，应该认识到这类组织良莠不齐、种类繁杂的现实，对我国社会利弊皆有。法治化的管理理念有助于在华境外非政府组织管理制度的完善，一方面发挥其对我国公益事业的正向作用，另一方面尽量避免其带来的不利影响，建立一套"宽进严管，兴利去弊"的法治化管理模式。

（二）在华境外非政府组织分类管理的总体思路

通过上面的分析可知，因为双重管理制度、法律法规不完善、管理者的政治顾虑、监管信息难以掌握等问题的存在，导致我国政府难以有效地管理在华境外非政府组织。分类管理本质上是对在华境外非政府组织以准入管理、内部治理、业务活动、财务管理等方面的差异为依据，由此展开分类，实行差异化的管理。分类管理增强了管理信息的透明度，提高了管理效率，优化了管理资源配置，节约了管理成本，能够克服我国政府管理在华境外非政府组织中的难题。在华境外非政府组织分类管理在程序上应先评估分类，然后再进行分类管理。评估是分类的依据，分类是管理的基础，两者紧密相连并构成分类管理的总体框架。

1. 分类评估

因为在华境外非政府组织的涉外性和多元性，以及受制于尚不完善的法律制度，中国目前并不适用欧美国家所采用的民间组织为主导的评估模式，而需要政府在评估中起主导作用。因此，为适应在华境外非政府组织多元发展的要求，在政府主导评估的同时，适当引入在华境外非政府组织的自我评估与第三方评估机构，以提高评估的客观性和科学性，即构建以政府为主导、境外非政府组织参与、第三方评估机构辅助的在华境外非政府组织的多元评估主体。在评估方法上，主要运用定量与定性相结合的方法，将定性的问题转化为定量问题。在华境外非政府组织的评估必须按照科学合理的评估程序操作，程序包括自我评估、自评审查、实地评估、评估反馈和公开结果。在评估内容上，依照目标性、系统性、科学性和实用性的原则建立指标体系。评估指标的得出主要依据现场访谈、文献查询、问卷调查及逻辑推理的方法，在华境外非政府组织评估指标主要包括准入管理、内部治理、项目活动和财务管理四个部分。

2. 分类管理

分类管理首先要转变管理理念，作为一种管理在华境外非政府组织的新方式，实际上是要求现有管理方式的转型与完善。管理方式的创新必须建立在新的理念基础之上，应根据管理要求，逐步树立激励相容、高效管理、强化监管等管理理念。由公安部境外非政府组织管理办公室确定在华境外非政府组织监管评价指标体系和评价方法，拟定在华境外非政府组织分类管理工作指引以及差异化的监管政策，完善分类监管规则。公安部境外非政府组织管理办公室及各省公安厅境外非政府组织管理办公室在日常管理中，要对在华境外非政府组织的违规行为和异常情况进行及时调查，并迅速采取适当的管理措施。为了提高分类管理的科学性、目标性、实用性和系统性，在公安部境外非政府组织管理办公室下面应设立在华境外非政府组织分类管理中心，作为对在华境外非政府组织进行评估及管理的专门决策咨询机构。该中心应由组织管理、政策咨询和业务评估三方面组织模块构成。对在华境外非政府组织的差异化管理，建立在此前分类的基础之上，对于五类在华境外非政府组织在准入方式、管理策略、支持方式等方面采取的管理措施各不相同。为了保障分类管理的有效实施，需要在政策方面有所创新，一是建立注册制与备案制相结合的监管制度，二是完善在华境外非政府组织管理法律法规，三是探索政府主导的政社合作共同治理机制，四是构建在华境外非政府组织财务审计制度。

在华境外非政府组织分类管理程序模型如图 2.5 所示。

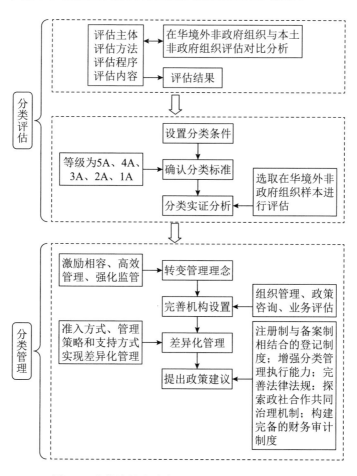

图 2.5　在华境外非政府组织分类管理的程序模型

本章主要对在华境外非政府组织的发展现状和管理制度进行了探讨。依据其不同发展阶段的特征，以重大事件为标志，将在华境外非政府组织的发展分为缓慢起步、稳步发展、快速发展、法治化管理过渡和全面法治化管理五个阶段。分析了目前我国政府为了管理在华境外非政府组织所颁布的一些法律法规。加强对在华境外非政府组织的管理主要基于社会管理和国家安全的双重要求。该制度以在华境外非政府组织的活动范围、组织特征、注册情况、主管部门为分类依据，运用各类法律法规和行政指令进行管理。目前来看，在华境外非政府组织管理存在不完善之处，主要存在双重管理制度影响监管、监管法律法规不完善、政治影响存在顾虑、监管信息难以掌握等问题。经过分析，在华境外非政府组织管理出现问题的原因主要是注册制度不完善、管理主体不明确、管理政策难落实、管理模式不恰当等。通过对在华境外非政府组织现状和管理制度的分析，本章就评估机制和分类管理提出了新的思路。在评估机制方面，通过对比政府主导的评估机制和社会组织主导的评估机制，认为在法律制度不完善的条件下，因为在华境外非政府组织本身的涉外性、复杂性和多元性，目前并不适用欧美国家广泛采用的以社会组织为主导的评估模式。建议在政府主导评估的同时，适当引入在华境外非政府组织的自我评估与第三方评估机构，以提高评估的客观性和科学性，即构建以政府为主导、境外非政府组织参与、第三方评估机构辅助的在华境外非政府组织的多元评估机制。在分类管理方面，在华境外非政府组织分类管理在程序上应先进行评估分类，然后再进行分类管理。评估是分类的依据，分类是管理的基础。在科学分类的基础上，构建一套政府主管、社会参与、权责明确、依法监督的在华境外非政府组织分类管理制度，有助于优化管理流程，完善管理机制，化解政府管理在华境外非政府组织中的各类问题。本章的讨论，揭示了目前政府在管理在华境外非政府组织中存在的问题。在华境外非政府组织如何分类？分类后如何管理？这些是后面章节将要探讨的问题。

中　篇
分类方法及实证

第三章　在华境外非政府组织分类评估体系的构建

一、在华境外非政府组织的分类评估主体

从非政府组织评估的实践来看，主要有政府主导的评估模式和民间组织主导的评估模式，相应的评估主体为政府和民间组织。政府部门作为非政府组织管理制度的主要供给者，在评估中扮演着重要角色，由此形成政府主导的评估模式。采用这类模式最典型的国家是日本。该种形式的评估模式的评估经费有保障且权威性高，但是评估的公开性、透明性比较差，评估容易流于形式，甚至成为一些权力寻租的温床。与日本不同，一些欧美国家采用由民间组织主导的非政府组织评估模式，政府很少干预评估。民间组织主导的评估遵循客观、自愿、依法、平等的原则，以满足社会需求为导向，经费来源于会员费或捐赠，评估主体之间存在竞争关系。民间组织主导的评估优点在于公开、透明，评估效果好，政府干预少，能够反映评估对象的真实情况。但是民间组织主导的评估模式需要良好的法治环境、全面发展的公民社会、强有力的媒体监督以及高公信力的民间组织。因此，以民间组织主导的评估模式不一定适用所有国家。两种非政府组织评估模式的比较如表 3.1 所示。

表 3.1　两种非政府组织评估模式的比较

	政府主导的评估模式	民间组织主导的评估模式
评估主体	政府	民间组织
评估对象	财团法人、社团法人、社会福利法人、学校法人等	非政府组织、非营利组织
优　点	权威性高，评估经费有保障	公开、透明，评估效果好，政府干预少
缺　点	评估的公开性、透明性比较差，易流于形式，导致权力寻租	对法制环境、媒体监督要求较高，需要高公信力的非政府组织
代表国家或地区	日本	美国、德国、法国等

因为在华境外非政府组织的涉外性和多元性，以及受制于尚不完善的在华境外非政府组织法律制度，中国目前并不适用欧美国家所采用的民间

组织为主导的评估模式，需要政府在分类评估中起主导作用。因此，为适应在华境外非政府组织分类管理的要求，在政府主导评估的同时，应适当引入在华境外非政府组织的自我评估与第三方评估机构，以提高评估的客观性和科学性，构建由政府主导、境外非政府组织参与、第三方评估机构辅助的在华境外非政府组织的多元评估主体。

（一）以政府为主导

我国的政治制度和社会管理方式决定政府在对在华境外非政府组织的评估中处于主导地位，充当在华境外非政府组织管理制度的制定者和执行者。《社会组织评估管理办法》明确，各级政府负责本级社会组织的评估管理工作，并且指导下级政府的评估管理工作，明确了各级政府在本级在华境外非政府组织评估中的主导地位。由政府主导在华境外非政府组织的评估在许多方面更具优势，政府作为公共服务的主要提供者和国家社会的宏观管理者，具有其他组织所没有的公信力。而在华境外非政府组织接受政府的监管，并在中国法律框架内从事活动也是其应该履行的义务。政府长期从事对企业、民间组织及政府自身的管理，具有丰富的评估经验。政府财政可以支持在华境外非政府组织评估工作的开展，保障评估工作长期、顺利、高效地推进。在强调政府主导评估的优势同时，也要认识到政府单一评估模式存在缺陷，一是监督不够，在评估过程中容易造成公共资源的浪费，产生一些为应付评估而做的表面工作；二是容易引发权力寻租现象，由政府评估而产生的评估结果具有较大的权威性，并意味着在税收、财政等方面可以获得优惠，由此一些组织可能贿赂评估部门，以获取更好的评估结果。因此，单一的政府评估模式并不可取。在华境外非政府组织的评估应该构建以政府为主导的多元评估主体，发挥政府的引导作用，同时激发在华境外非政府组织参与评估的积极性。

在我国政府对在华境外非政府组织的管理实践中，由于业务主管部门散乱，难以对其进行监管。并且在双重管理下，行政审批和追责同样使得部门之间互相推诿时有发生。在我国活动的境外非政府组织，部分以民办非企业名义进行登记，部分直接不登记，这一方面增加了我国政府部门对该类组织进行评估的难度，不利于政府部门对其开展有效的监督和管理；另一方面不利于在华境外非政府组织在我国本土开展项目活动。

（二）在华境外非政府组织积极参与

为了优化评估模式，合理利用公共资源，我国政府对非政府组织的评估模式做了很多探索，目前比较成功的模式是政府主导，新闻传媒、社会公众监督，社会组织积极参与。这种模式在我国当前社会管理的背景下，具有一定的合理性和有效性。对在华境外非政府组织的评估，一定要激发其参与评估的积极性。应鼓励在华境外非政府组织进行内部评估，有一定规模的在华境外非政府组织都具有相对完善的内部评估制度，这是这类组织提高管理效率，实现组织愿景的必要前提。通过自我评估，使在华境外非政府组织能够更加全面了解自身状况，从而促进自我修正和自我发展。从微观层面来讲，在华境外非政府组织的上级对下级的评估，能够使上级更加了解下属的业务能力、工作态度和部门绩效，评估客观上还能够起到沟通的作用。同级之间的评估可以增进同级之间的相互了解并统一观念，能够客观反映评估对象的实际情况，是上级对下级的评估的补充。下级对上级的评估主要指对基层组织制度、政策制定、管理方式等的评估，作用在于优化组织管理，调动基层员工积极性。

（三）第三方评估机构辅助

第三方评估机构是指独立于政府和在华境外非政府组织的评估机构，具有专业的评估能力和评估团队。相对于政府和在华境外非政府组织的评估机制，第三方评估机构更加专业、高效和独立，能够解决评估过程中的技术性问题，能够提高评估结果的准确性。第三方评估机构可以是企业也可以是非政府组织，其评估过程和结果不受政府或其他机构的影响。因为专业性和独立性，第三方评估机构的评估结果更加能够得到政府和社会公众的认可。第三方评估机构主要由具有评估专业知识和技术的人员组成，对于非政府组织的评估技术成熟、知识丰富、技能专业，能够全面地、有组织地、高效地展开评估工作。因此，第三方评估作为一项专业的评估方式，有其独特的优势和竞争力，在评估工作中日渐受到政府和在华境外非政府组织的重视。一些发达国家通过外包服务，广泛地采用第三方评估作为非政府组织评估的重要方式，取得了良好的效果，有不少成功的经验值得我国借鉴。在我国政府对在华境外非政府组织的评估中，第三方评估机构可以通过政府购买服务的方式获得，由财政支持独立的第三方机构承担在华境外非政府组织的评估工作。

二、在华境外非政府组织的分类评估方法

方法是人们认识世界和改造世界的工具。运用科学的评估方法能够得

到更加真实可靠的评估结果。我国政府对在华境外非政府组织的分类评估应选择恰当的评估方法，使政府和社会能够对在华境外非政府组织有客观真实的认识。下面通过对层次分析法、模糊综合评价法和支持向量机法的探讨，寻求一种适合评估主体对在华境外非政府组织开展评估的方法。

（一）层次分析法

1. 层次分析法的基本原理

层次分析法（Analytic Hierarchy Process，AHP）是管理科学领域的一种优化方法。这种方法将定性问题转为定量研究，用于多目标决策优化问题。层次分析法已得到学术界的重视，并逐步应用在战略选择、绩效评定、产品比较、商品定价、方案评估等相当广泛的领域。在"中美能源、资源、环境"学术会议上，Gholamnezhad H（1982）较早地向国内学者介绍了层次分析法，此后许树柏（1986）在《层次分析法基本原理》中较为系统地介绍了这种优化方法。[127] 通过学术界的探讨及实践经验积累，层次分析法已经成为一种应用广泛且操作简单的管理优化方法。层次分析法从系统的视角将问题分解为多个层次的不同指标，通过各指标之间的比较，测算出指标的重要度，并作为决策中最优选择的依据。层次分析法首先要理解系统所包含的不同层次，分析其包括的各类要素，以此为依据构建层次结构模型。层次结构模型一般分为目标层、准则层和最高层，以将问题层次化和条理化。然后将各个层次不同因素间的隶属关系，运用专家打分法进行量化，得到判断矩阵。最后运用和积法、方根法、幂法等对权重进行测算。如果符合一致性检验，则认为权重的测算结果是有效的。层次分析法的工作程序如图 3.1 所示。

图 3.1　层次分析法的工作程序

2. 层次结构模型

运用层次分析法可解决管理问题，并进行最优化决策，第一步是将问题进行分解，使之层次化。从系统的角度，首先厘清不同层次之间的关系，不同层次一般分为最高层、中间层和最底层。然后分析层次内部各个要素的关系，弄清要素之间的隶属关系和相互联系，合并属性相同的要素。同层次的要素受上层次要素的制约，同时又制约下层次要素。最终形成一个多层次多要素的结构模型。层次分析法的层次结构，既可以是序列型的，也可以是非序列型的。一般情况下，三种类型层次具有如下主要内容和特征。

（1）最高层。该层一般只有一个要素，即决策目标，因此也被称为目标层。

（2）中间层。该层并不是只有一个层次，可能包含若干子中间层，内容可能是指标、准则、产品等因素。

（3）最底层。该层是层次结构模型的最后一层，要素内容可能是措施、策略、计划等。

层次结构模型如图 3.2 所示。

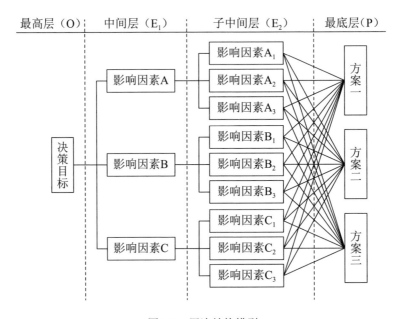

图 3.2　层次结构模型

3. 判断矩阵

层次结构模型建立以后，各层因素之间的隶属关系就可以确定。设 n 个因素（方案或准则）对应上一层某因素（方案或准则）存在相对重要性，根据特定的标度法则，第 i 个因素（$i=1,2,\cdots,n$）与第 j 个因素（$j=1,2,\cdots,n$）进行比较判断，其相对重要程度为 a_{ij}，构造的 n 阶矩阵简称为判断矩阵，也称成对比较矩阵，记作：

$$A=(a_{ij})_{n\times n} \tag{3.1}$$

判断矩阵的构造需要将两因素进行成对比较，判断两者的相互重要度。

这就需要一种标度法则，将人的定性判断量化。Saaty（1977）等引入了语言叙述评比（Verbal Judgments Ranking），用"同等重要""稍微重要""相当重要""明显重要""绝对重要"等刻画重要程度。这是层次分析法的特色之一，即将抽象的定性分析转为定量分析。为了更加直观地标度比较判断结果，层次分析法引入 9 级比例标尺，即以 1、3、5、7、9 和介于其中的折中值 2、4、6、8 位数值尺度，如表 3.2 所示。

表 3.2　层次分析法评价尺度

成对比较标准	语言描叙	内　　容
1	同等重要	两个要素具有同等的重要性
3	稍微重要	认为其中一个要素较另外一个稍微重要
5	相当重要	根据经验与判断，强烈倾向于某一个要素
7	明显重要	实际上非常倾向于某一要素
9	绝对重要	有证据表明，在两个要素比较时，某一个要素非常重要，即一个要素明显强于另一个要素可控制的最大可能
2、4、6、8		用于上述标准之间的折中值
上述数值的倒数		甲要素与乙要素比较时，若被赋予以上某个标度值，则乙要素与甲要素比较时的权重应该是那个标度的倒数

资料来源：张炳江.层次分析法及其应用案例.北京：电子工业出版社，2014：23.

层次分析法采用 9 级比例标尺有如下依据。[128]

（1）一些心理学家的研究表明，正常人对事物属性的辨识度采用 9 级比例标尺较容易识别。高于这个标尺，比如说 20 级或 30 级比例标尺，正常人识别将很困难。

（2）在一些社会调查活动中，9 级比例标尺已经被人们接受，成为一种较为普遍应用的比例标尺。

（3）在正常情况下，9 级比例标尺已经能够刻画事物各种属性的差别。

（4）从理论上讲，采用其他比例尺度也能够运用层次分析法进行测算。但是就多数情况来看，比较对象层级高于 7 将比较难获得合理的数据。

对于 n 个子要素 $A_1, A_2, \cdots, A_i, \cdots, A_j, \cdots, A_n$ 的成对比较，需要先构建 n 个子要素之间的成对比较作业表，如表 3.3 所示。

表 3.3　n 个子要素间的成对比较

		子 要 素					
		$\begin{matrix}A_1 & A_2 & \cdots & A_i & \cdots & A_j & \cdots & A_n \\ A_1 & A_2 & \cdots & A_i & \cdots & A_j & \cdots & A_n \\ & & & A_1 & & & & \end{matrix}$	A_2	$\cdots$	A_i	$\cdots$	A_j	$\cdots$	A_n
子要素	A_1	1	a_{12}	$\cdots$	a_{1i}	$\cdots$	a_{1j}	$\cdots$	a_{1n}
	A_2	a_{21}	1	$\cdots$	a_{2i}	$\cdots$	a_{2j}	$\cdots$	a_{2n}
	$\cdots$	$\cdots$	$\cdots$	$\cdots$	$\cdots$	$\cdots$	$\cdots$	$\cdots$
	A_i	a_{i1}	a_{i2}	$\cdots$	1	$\cdots$	a_{ij}	$\cdots$	a_{in}
		$\cdots$	$\cdots$		$\bullet\bullet\bullet$		$\cdots$		
	A_j	a_{j1}	a_{j2}	$\cdots$	a_{ji}	$\cdots$	1	$\cdots$	a_{jn}
	$\cdots$	$\cdots$	$\cdots$		$\cdots$		$\bullet\bullet\bullet$		
	A_n	a_{n1}	a_{n2}		a_{ni}		a_{nj}		1

将表 3.3 中的数据转化为矩阵：

$$A = \begin{bmatrix} 1 & a_{12} & \cdots & a_{1i} & \cdots & a_{1j} & \cdots & a_{1n} \\ a_{21} & 1 & \cdots & a_{2i} & \cdots & a_{2j} & \cdots & a_{2n} \\ \vdots & \vdots & \vdots & \vdots & \vdots & \vdots & \vdots & \vdots \\ a_{i1} & a_{i2} & \cdots & 1 & \cdots & a_{ij} & \cdots & a_{in} \\ \vdots & \vdots & \vdots & \vdots & \vdots & \vdots & \vdots & \vdots \\ a_{j1} & a_{j2} & \cdots & a_{ji} & \cdots & 1 & \cdots & a_{jn} \\ \vdots & \vdots & \vdots & \vdots & \vdots & \vdots & \vdots & \vdots \\ a_{n1} & a_{n2} & \cdots & a_{ni} & \cdots & a_{nj} & \cdots & 1 \end{bmatrix} = \left(a_{ij} \right)_{n \times n} \quad (3.2)$$

公式（3.2）中 a_{ij} 是用来说明 A_i 与 A_j 相比较的重要性。设各个层次的要素对于目标层的重要程度为 $C_1, \cdots, C_i, \cdots, C_j, \cdots, C_n$，则有：

$$a_{ij} = C_i / C_j \quad (3.3)$$

矩阵 A 中的数据来源于各个要素间的成对比较判断结果，因此 A 被称为判断矩阵。该矩阵性质如下 [128]。

（1）$a_{ij} > 0$。

（2）$a_{ij} = 1 / a_{ji}$。

（3）矩阵的对角线数值为 1，即 $a_{ij} = 1$。

（4）U 数值越大，说明子要素 A_i 相对子要素 A_j 更加重要。

4. 重要度计算

在问题分析中,变量 z 可以描述为 n 个变量 $x_1, x_2, \cdots, x_n$ 的线性组合,即:

$$z = w_1 x_1 + w_2 x_2 + w_3 x_3 + \cdots + w_n x_n \qquad (3.4)$$

其中 $w_i > 0$,$\sum_{i=1}^{n} w_i = 1$。$w_1, w_2, \cdots, w_n$ 是变量 $x_1, x_2, \cdots, x_n$ 的重要度,也可以称之为权系数或权重。$w = (w_1, w_2, \cdots, w_n)^T$ 称为权向量。

判断矩阵 $A = (a_{ij})_{n \times n}$ 为 n 阶方阵,若存在常数 λ 和非零 n 维向量 $w = (w_1, w_2, \cdots, w_n)^T$,使得

$$Aw = \lambda w \qquad (3.5)$$

成立,则称 λ 是矩阵 A 的特征根,非零向量 w 是矩阵 A 关于特征根 λ 的特征向量。

关于矩阵特征向量的计算主要有和积法、方根法、幂法等。以和积法为例,计算过程如下。

(1)矩阵 A 中元素按列归一化,即:

$$\bar{a}_{ij} = a_{ij} \Big/ \sum_{k=1}^{n} a_{kj}, \quad i, j = 1, 2, \cdots, n \qquad (3.6)$$

(2)进行归一化之后,将矩阵同行的各列相加,即:

$$\tilde{w} = \sum_{j=1}^{n} \bar{a}_{ij}, i = 1, 2, \cdots, n \qquad (3.7)$$

(3)用相加后得到的向量除以 n 计算权重向量,即:

$$w_1 = \tilde{w}_1 / n \qquad (3.8)$$

(4)最大特征根计算为:

$$\lambda_{\max} = \frac{1}{n} \sum_{i=1}^{n} \frac{(Aw)_i}{w_i} \qquad (3.9)$$

其中,$(Aw)_i$ 表示向量 Aw 的第 i 个分量。

5. 一致性检验

层次分析法引入了一致性检验,主要是为了解决主观判断所带来的偏差。因为每个人的知识水平、社会经历、外界影响、研究工具等不同,在信息不对称的条件下,不可能要求每次比较判断的思维一致。层次分析法作为一种解决整体系统中局部现象测度的方法,标度系统本身也存在不一致性,从而导致判断矩阵出现不一致现象。

判断矩阵 A 的一致性指标(Consistence Index,C.I.)为:

$$C.I. = (\lambda_{\max} - n)/(n-1) \tag{3.10}$$

其中，$\lambda_{\max}$ 是判断矩阵 A 的最大特征值。

用最大特征值所对应的特征向量当作被比较因素对上层某因素影响程度的权向量，其不一致性程度越大，引起的判断误差越大，因而可以用 $\lambda - n$ 数值的大小来衡量 A 的不一致程度。

此外，不同标度的判断矩阵如果阶数相同，往往只需要比较 C.I.，就可以判断不同标度下判断矩阵的一致性更好。在实践中，Saaty（1977）引入了一致性比例（Consistence Ratio，C.R.）这个一致性评价指标，即：

$$C.R. = C.I./R.I. \tag{3.11}$$

（二）模糊综合评价法

模糊综合评价法（Fuzzy Comprehensive Evaluation，FCE）是一种基于模糊数学的综合评价方法。世界上存在着大量的模糊概念和模糊现象，且不同事物存在着由量变到质变的过渡过程，因此，事物之间的边界是模糊的。模糊数学的运用可以归纳为四个步骤：首先，对评价目标进行分解，建立多要素组成的模糊集合；其次，构建评语集，设定对要素进行评审的等级；再次，计算隶属度向量，求出各个要素对评审等级归属程度；最后，集合各个要素的权重，计算模糊矩阵，求得评价的定量解值。

（1）确定评价因素集

确定评价指标或因素为 m 个，分别记为 $u_1, u_2, \cdots, u_m$，这 m 个评价指标构成一个因素集 U，即：

$$U = \{u_1, u_2, \cdots, u_m\} \tag{3.12}$$

（2）确定评语集

根据实际情况将评语划分为 n 个等级，分别记为 $v_1, v_2, v_3, \cdots, v_n$，这 n 个评价等级（评语）构成一个评价集 V，即：

$$V = \{v_1, v_2, v_3, \cdots, v_n\} \tag{3.13}$$

（3）确定权重集

评价因素中每一个因素对评价目标的重要度不同，为了体现各个因素权重的差异，对各个因素 U 应该恰当的分配权重 w_i，引入 U 上的一个模糊子集 W，称为权重集，即：

$$W = \{w_1, w_2, \cdots, w_m\} \tag{3.14}$$

权重集中的元素满足条件为：$w_i \geq 0$，且 $\sum_{i=1}^{n} w_i = 1$。

计算权重的方法有主成分分析法、专家打分法、德尔菲法等。无论采用哪一种方法，最后进行赋权的 α_i 都要满足条件 $\sum \alpha_i = 1$。如果不满足条件 $\sum \alpha_i = 1$，则可以根据 $\dfrac{\alpha_i}{\sum \alpha_i}$ 的方法进行归一化的操作。第五章中运用层次分析法对在华境外非政府组织评估指标的权重进行测算，以二级指标组织宗旨为例，因素集 $U =$ {公益性，非营利性，自主性，服务性}，对应权重集 $W_{11} =$[0.1654，0.6208，0.0483，0.1654]。

（4）确认隶属度并构造评价矩阵

隶属度的确认，需要因素集包含的各单因素 $u_i(i = 1, 2, 3, \cdots, m)$ 做单因素评判。从因素 u_i 开始考虑，与之相对应的判断等级 $v_j(j = 1, 2, 3, \cdots, n)$ 的频率分布称为隶属度 $r_{ij}(i = 1, 2, \cdots, m, j = 1, 2, \cdots, n)$。这样就可以得到第 i 个因素 u_i 的单因素判断集合：

$$R_i = (r_{i1}, r_{i2}, r_{i3}, \cdots, r_{ik}) \qquad (3.15)$$

因素集中的 m 个因素都可以构造相应的单因素评价 R_i，将这些单因素评价合并在一起，可以构造一个综合评价矩阵 $R \times R$，给出从评价因素集 U 到评语集 V 的模糊关系，评价矩阵 R 可以由单因素的评价 R_i 构成：

$$R = (r_{ij})_{m \times n} = \begin{bmatrix} R_1 \\ R_2 \\ \vdots \\ R_m \end{bmatrix} = \begin{bmatrix} r_{11} & r_{12} & \cdots & r_{1n} \\ r_{21} & r_{22} & \cdots & r_{2n} \\ \vdots & \vdots & \vdots & \vdots \\ r_{m1} & r_{m2} & \cdots & r_{mn} \end{bmatrix} \qquad (3.16)$$

可以通过多种方法计算从评价指标到评语集的隶属度，一般采用的方法主要有频率法、等级比重法等。

（5）模糊综合评价

矩阵 R 中不同的行表示被评价事物从不同的单因素对应于评价集中各评价等级的隶属程度，如果要对被评价事物进行综合判断，就需要利用权重向量，将不同的行进行综合，从而对被评价事物进行总体评价。这个综合评价结果向量为：

$$B = (b_1, b_2, b_3, \cdots, b_n) \qquad (3.17)$$

考虑到各个因素都会对评价结果构成影响，各个因素的重要性表现在权重向量上面，运用矩阵乘法，用权重矩阵 W 乘以评价矩阵 R，模型为：

$$B = W \times R \tag{3.18}$$

（三）支持向量机法

支持向量机法（Support Vector Machine，SVM）是一种建立统计学基础上的机器学习方法，具有容易训练、自学习性、记忆性、对先验知识要求较低等优点。支持向量机法在方法本质上是在一个高维特征空间，利用非线性映射，将输入向量映射到该空间，最后求得一个跟目标函数最接近的最优超平面的过程。支持向量机法自 20 世纪 90 年代以来得到快速发展，受到了学术界广泛重视，已经在很多领域取得成功应用。

1. 支持向量机的基本形式

线性可分可以定义为：训练样本 $G_0 = \left\{(x_i, y_i) : x_i \in R^n, y_i \in (-1,1)\right\}_{i=1}^{l}$，将模式分为 x_i^+ 和 x_i^-，可以得到函数 f，使得

$$\operatorname{sgn}(f(x_i)) = \begin{cases} +1, x_i \in x_i^+ \\ -1, x_i \in x_i^- \end{cases} \tag{3.19}$$

$\exists \delta > 0$，那么

$$y_i f(x_i) \geq \delta > 0, i = 1, 2, \cdots, l \tag{3.20}$$

如果存在一个线性函数 f 使得式（3.19）成立，就可以认为是线性可分；如果上式不成立，就是线性不可分。

使用支持向量分类机建立最优超平面，寻求最大限度的分类间隔，模型如下式：

$$\min_{w,b,\xi} \left[\frac{1}{2} \|w\|_2^2 + c \sum_{i=1}^{l} \xi_i \right]$$

$$\text{s.t. } y_i \left\{ [w, \Phi(x_i)] - b \right\} \geq 1 - \xi_i \tag{3.21}$$

$$\xi_i \geq 0, i = 1, 2, \cdots, l$$

上式更多的是用于高维特征空间中的凸规划问题。那么上式的对偶问题便是 l 阶的二次规划，可以得到：

$$\max_{\alpha} W(\alpha) = -\frac{1}{2} \alpha^T Q \alpha + e^T \alpha$$

$$\text{s.t.} y^T \alpha = 0 \tag{3.22}$$

$$\max_{\alpha} W(\alpha) = -\frac{1}{2}\alpha^T Q\alpha + e^T\alpha$$

$$\text{s.t.} y^T\alpha = 0 \qquad\qquad (3.23)$$

$$0 \leqslant \alpha_i \leqslant C, i = 1, 2, \cdots, l$$

上式 $\alpha = (\alpha_1, \alpha_2, \cdots, \alpha_l)^T$，$\alpha_i$ 为式（3.22）中不等式约束 $y_i\{[w_i\Phi(x_i)] - b\} \geqslant 1$ 或该式中不等式约束 $y_i\{[w, \Phi(x_i)] - b\} \geqslant 1 - \xi_i$ 对应的 langrange 乘子，Hessian 矩阵 Q 为半正定，$Q_{ij} = y_i y_j[\Phi(x_i), \Phi(x_j)]$，$e = (1, 2, \cdots, 1)^T$。那么可以得到二分类器：

$$u(x) = \sum_{j=1}^{l} \alpha_j y_j[\Phi(x_j), \Phi(x)] - b \qquad\qquad (3.24)$$

$$y(x) = \text{sgn}[u(x)]$$

2. 支持向量机核函数的选取

核函数方法较早引入人工智能领域，最初应用于线性 SVM。20 世纪 90 年代一些学者将其引入非线性 SVM，此后核函数方法得到较快发展。以模式识别理论为例，核函数法能够解决高维特征空间分类的问题。将模式映射到高维特征空间，一些在低维空间线性不可分的情况有可能在高维空间实现线性可分。在高维特征空间进行分类，可能遇到特征空间维数、映射函数参数选择等问题，而引入核函数能够较好地解决这类问题。

设 $X \subseteq R^n$，如果存在一个从 X 到内积空间 H 的映射 Φ

$$\Phi: x \to \Phi(x) \in H$$

使得对任意 $x, z \in X$，

$$K(x, z) = [\Phi(x), \Phi(z)]$$

都成立，$K(x, z)$ 是定义在 $X \times X$ 的核函数。运用核函数方法可以将高维空间的内积运算转化为低维空间的核函数运算，从而避免维数增加，计算量成倍增长的情况。运用核函数方法可实现高维特征空间分类，减少了计算量，避免出现所谓的"维数灾难"。非线性变换函数的形式及参数可以根据要求设置，而不需要预先知道，这更加便于计算。核函数方法可以和其他方法相结合，从而构建新的基于核函数方法的模型。核函数的应用使得在学习复杂程度没有增加的前提下高维空间学习成为现实。核函数的选择应针对所要解决的具体问题，结合不同核函数的特征来进行选择。经常使用的核函数有高斯 RBF 核函数、神经网络核函数、多项式核函数等。

3. 支持向量机在综合评价中的应用

支持向量机因为具有记忆性、自学习性等优点，能够较好地解决小样本、非线性、高维模式识别等问题，广泛应用于文章分类、人脸识别、时间序列分析、判别分析等众多领域。一些学者还将支持向量机应用于区域水安全、互联网用户消费偏好、农户小额贷款决策、农业耕地预警等领域的综合评价，取得了较好的效果。

Simon S 和 Malcolm H（2011）[129] 建立了基于 SVM 的区域水安全预警评价模型，运用 LS-SVMlab1.7 软件，选取径向基函数 $k(x_i, x) = \exp(-\|x - x_i\|^2 / \sigma^2)$ 为核函数，将地区水安全进行了预警等级划分。Dong Z H（2014）[130] 运用 SVM 对移动互联网用户行为偏好进行分类预测。移动互联用户具有动态性、随机性，因此分类要能够体现这类复杂客户的变化。关于核函数的选择，作者对比了 Radial Basis Function 核、Liner 核、Sigmoid 核和 Polynomial 核四种函数精确度、优缺点以及参数复杂程度，最终选择 Radial Basis Function 核作为计算的核函数。研究表明，通过不同维度的分类，可以将客户分为多类群体，从而更加精确地了解客户的需求，为营销决策提供依据。迟国泰、程砚秋（2011）运用 SVM 建立了新的农户小额贷款决策评价模型。模型分为农户小额贷款违约判别模型、农户小额贷款信用得分评价模型和农户小额贷款违约损失评价模型。针对问题的不同，作者分别选用了支持向量机的分类算法（SVC）和回归算法（SVR）构建模型。杨柳（2009）基于 SVM 构建了耕地质量评价模型，通过将 SVM-PSO、典型相关性分析方法、正交递归选择法进行对比，认为 SVM-PSO 精确度最高，具有更加完备的目标分类表达性。

通过这些学者对支持向量机在综合评价中的应用，确定该方法能够解决社会经济中的多种评价分类问题。对于社会组织的评价与分类，目前较少有学者运用支持向量机进行讨论。但是从支持向量机的功能、特性来看，这种方法可以作为社会组织分类的方法选择。

三、在华境外非政府组织的分类评估指标

（一）指标体系构建的原则

1. 目标性原则

指标体系的设计不能够偏离在华境外非政府组织的监管目标，不能够违背党和国家管理社会组织的各项方针政策，不能够违背《中华人民共和

国境外非政府组织境内活动管理法》《基金会管理条例》《外国商会管理暂行条例》等法律法规。评估指标是评估目标的载体，体现评估目标的内容和思想，多层次指标体系结构是由评估目标逐步分解得到。指标体系内部多层级之间目标应保持一致，一级指标内容总和与评估总目标要相等，二级指标内容总和应等于一级指标。以此类推，整个指标体系各层的内容是相等的，且各层级子指标统一在总目标之下。在目标一致和内容均衡原则下，各层级指标应尽量避免重复。重复不仅会使指标体系内容臃肿，还会使指标层级之间内容不对等，从而降低指标评价体系的准确性。指标体系目标应简明清晰，总目标之下各层级指标的目标应各有不同，不同层级指标不能相互替代。

2. 科学性原则

指标体系的设计应遵循科学性原则，有助于我国政府优化在华境外非政府组织的管理，并符合国家法律规定，促进社会安定和谐，引导在华境外非政府组织健康、有序、稳步的发展。科学性首先应建立在客观性基础之上，在指标的选取、体系的构建等方面尽量保证客观性，避免受模型构建者主观偏好的影响。只有形成客观、理性、科学的认识，才能够透过现象看到在华境外非政府组织管理的本质，从而使指标体系更加具有解释力，符合当前在华境外非政府组织管理的实际情况，充分反映目前分类管理存在的问题。科学性原则还体现在指标体系的逻辑性上，同层次指标之间是平行关系，不能由一个指标推导出另外一个指标，一个指标代表一方面内容，相互之间没有重叠关系。逻辑性还体现在对不同指标层级进行合理分层，依据层级进行考察，保证各个层级对应不同维度，以全面地衡量指标体系的总目标。

3. 系统性原则

指标体系是一个多层次、多要素的系统性评估体系，在华境外非政府组织分类评估体系作为分类管理的依据，对于分类所涉及的各个指标应该厘清相互关系，不能出现重复、遗漏、错误的情况。系统性首先要求指标体系具有完整性，能够在整体上对在华境外非政府组织进行测评。各个评价指标的选择也应该对应整体性的评价目标，对于每一个指标在整体中的作用需要认真考虑。整体性要求指标体系的考察对象是全方位的，不能出现厚此薄彼、避重就轻的现象，否则考察结果就是片面的，难以真实反映现状。其次系统性要求指标体系具有层次性，将评价目标分解为多个一级指标，一级指标再分解为二级指标。以此类推，最终形成一个金字塔状的指标体系。指标体系包含相对比较多的内容，没有清晰的层次划分，指标体系很难体现出相应的评价或预测功能。

4. 实用性原则

指标体系的设置必须具有一定实用性，在华境外非政府组织的分类指标体系主要服务于政府监管部门，以完善监管机制，提高监管效率。实用性首先要求指标体系是可测量的，能够运用定量的方法或可操作的语言来明确表达测量标准和测量结果。因此，在指标体系设计中，运用定量的方法实现指标的量化，对于不能量化的指标，则用明确、具体、可操作的语言进行描述，实现定性与定量的结合。实用性要求应精确筛选指标，所选用的指标应适用于大多数的在华境外非政府组织，能够反映这些组织的基本情况，较好地引入到分类管理的实践中。指标的选择还应该与在华境外非政府组织的特点相吻合，满足多数这类组织监管的要求。指标内容表述上应简洁明确、层次分明、容易理解，能够得到各方的认同。

（二）评估指标要素分析

1. 准入管理

准入管理是指在华境外非政府组织按照法律规定接受监管部门的监督和管理，以此获得在中国内地活动的资格，具体内容包括依法登记、项目备案、合规管理等。现行的《外国商会暂行管理条例》（1989）、《基金会管理条例》（2004）等主要针对外国商会和境外基金会的监管做了规定。《中华人民共和国境外非政府组织境内活动管理法》对如何监管做了明确规定，更加具有普遍意义。其中《管理法》第九条指出，境外非政府组织在中国境内开展活动，应当依法登记设立代表机构；未登记设立代表机构需要在中国境内开展临时活动的，应当依法备案。第十二条规定，境外非政府组织应当自业务主管单位同意之日起30日内，向登记管理机关申请设立代表机构登记。第十七条规定，境外非政府组织开展临时活动，中方合作单位应当按照国家规定办理审批手续，并在开展临时活动15日前向其所在地的登记管理机关备案。第十七条规定，境外非政府组织代表机构应当于每年12月31日前将包含项目实施、资金使用等内容的下一年度活动计划报业务主管单位，业务主管单位同意后10日内报登记管理机关备案；特殊情况下需要调整活动计划的，应当及时向登记管理机关备案。

《管理法》以及其他法律为接受监管这一指标的设置提供了法律基础，依法登记。在操作中主要包括查看名称、住所、宗旨、业务范围和活动地域、法定代表人、活动资金、业务主管单位等。登记事项中若有任何一项发生变更而没有进行变更登记的，即认定为违反规定。活动备案要求在华境外非政府组织开展活动，应向当地省或市民政厅申请备案，涉及物资援助、资金援助、技术咨询、项目开发等应向外事部门申请备案。合规管理是指在华境外非政府组织应与登记管理机关核实是否按规定接受年度检查，是否有违法行为，与业务主管单位核实是否接受监督、指导，是否进行年度检查的初审。准入管理指标要素如表 3.4 所示。

表 3.4　准入管理指标要素表

名　　　称	内　　　容	说　　　明
依法登记	登记事项发生变更时，应在 30 日内向登记管理机关申请变更登记	查看名称、住所、宗旨、业务范围和活动地域、法定代表人、活动资金、业务主管单位等。登记事项中若有任何一项发生变更并没有进行变更登记的，即认定为违反规定
活动备案	在华境外非政府组织开展临时活动，应向其所在地的登记管理机关备案	在华境外非政府组织开展临时活动，中方合作单位应当按照规定办理审批手续，并在 15 日前向其所在地的公安机关备案
合规管理	按规定接受登记管理机关和业务主管机关的监督管理，在政府职能部门无违法记录	与登记管理机关核实是否按规定接受年度检查，是否有违法行为。与业务主管单位核实是否接受监督、指导，是否进行年度检查的初审

2. 内部治理

非政府组织内部治理的问题受到学者们的重视，Yong D R（2013）认为，内部治理是非政府组织能否有效运作的首要课题。[131] 学术界对内部治理的概念讨论较多，Hult k M 和 Walcott C（2010）认为，内部治理主要探讨在整个过程中参与者、决策者和管理制度的问题。[132] Jeavons T H（2014）将内部治理定义为一种监督与管理。当一群人为了非营利的目的，共同筹组法人团体时，内部治理的功能便会产生。[133] Saidel J R（2012）指出，非政府组织的内部治理关键在于董事会成员和执行长要发挥领导作用，并对组织的愿景、计划、决策等进行创新性指导。[134] 从这些学者的研究来看，内部治理包括如下维度的内容：一是组织愿景，组织愿景应体现公益性和非营利性，在中国境内不得从事营利活动，工作人员了解组织愿景，组织活动与组织愿景一致，向社会公开宣传组织愿景。二是人力资源，制定并执行工作人员聘用制度、任职制度、培训制度、考核制度、奖惩制度及薪酬制度；根据组织的使命与愿景，结合组织实际情况，建立并执行志愿者招募管理制度，组建志愿者队伍。三是治理结构，行政机构健全且有执行力，理事会的作用明显，监事会制度健全；有完善的组织章程，会员大会、理事会职权规定明确，定期召开会议，设置常务理事会；理事会每年至少召开 2 次会议，每届理事会任职不超过 5 年，重要事项的决策须经出席理事表决，三分之二以上通过方为有效；理事人数、任期和任职条件应符合法律和章程的规定。内部治理指标要素如表 3.5 所示。

表 3.5　内部治理指标要素表

名　　称	内　　容	说　　明
组织宗旨	组织愿景体现公益性和非营利性，工作人员了解组织愿景，组织活动与组织愿景一致，向社会公开宣传组织愿景	在华境外非政府组织的宗旨和业务范围有利于公益事业发展，在中国境内不得从事营利活动，组织愿景与组织活动必须保持一致，并取得良好社会反响
人力资源	应有与业务活动相适应的工作人员，执行国家有关规定签订劳动合同，落实工资和保险福利待遇	工作人员队伍保持稳定或持续增长，制定并执行工作人员聘用制度、任职制度、培训制度、考核制度、奖惩制度及薪酬制度
治理结构	行政机构健全且有执行力，理事会的作用明显，监事会制度健全	理事会每年至少召开 2 次会议，每届理事会任职不超过 5 年，重要事项的决策须经出席理事表决，三分之二以上通过方为有效。理事人数、任期和任职条件应符合法律和章程的规定

3. 业务活动

在华境外非政府组织的业务活动主要以公益项目的形式开展，因此项目管理的水平决定业务活动的质量。耿立新（2004）认为，在华境外非政府组织的业务活动往往受国际组织背景、资助原则、项目运作方式等多种因素影响，没有固定套路，具有很大的灵活性。[135]业务活动主要评估内容包括项目管理、权益保障和社会影响。项目管理主要是指制定了完善的项目管理制度；项目计划应得到充分论证，有规范完整的执行记录，对项目执行进行检查和总结；请专业第三方机构对项目进行评估；年度工作计划通过理事会审议后执行，内容包含工作目标、内容、指标、时间进度、预算，年度工作执行与计划一致，对年度工作执行与成果进行总结。服务质量是指在华境外非政府组织与被服务对象联系的渠道或组织、被服务对象及员工有申诉的渠道、处理投诉的制度安排、捐赠人的权益保障。社会影响包括被服务对象的满意程度、政府部门的评价、工作人员的满意度、媒体的报道。业务活动指标要素如表 3.6 所示。

表 3.6 业务活动指标要素表

名　称	内　容	说　明
项目管理	制定项目管理制度，重大公益项目有项目总结。第三方专业机构提供的项目评估报告	制定完善的项目管理制度，项目计划得到充分论证，有规范完整的执行记录，对项目执行进行检讨和总结。请专业第三方机构对项目进行评估
服务质量	包括服务对象选择、服务承诺、联络渠道、投诉处理、权益保障等	与被服务对象联系的渠道或组织、被服务对象及员工有申诉的渠道、处理投诉的制度安排、捐赠人的权益保障
社会影响	服务对象、政府部门、工作人员、媒体报道	被服务对象的满意程度、政府部门的评价、工作人员的满意度、媒体的报道

4. 财务管理

为了规范财务管理制度，统一设置和使用会计科目，最初我国政府颁布了《非营利组织会计制度》（2004），为在华境外非政府组织的财务管理提供了依据。为了进一步规范财务管理制度，《中华人民共和国境外非政府组织境内活动管理法》（2017）规定，境外非政府组织在中国境内活动资金包括：（一）境外合法来源的资金；（二）中国境内的银行存款利息；（三）中国境内合法取得的其他资金。《管理法》第二十二条规定，设立代表机构的境外非政府组织应当通过代表机构在登记管理机关备案的银行账户管理用于中国境内的资金，开展临时活动的境外非政府组织应当通过中方合作单位的银行账户管理用于中国境内的资金，实行单独记账，专款专用。第二十四条规定，境外非政府组织代表机构应当执行中国统一的会计制度，聘请具有中国会计从业资格的会计人员依法进行会计核算，财务会计报告应当经中国境内会计师事务所审计。在华境外非政府组织应依据国家管理非营利组织的有关规定，按期进行会计核算，按期编报会计报表，保证会计资料合法、真实、准确、完整。主动接受审计部门监管，使用财产应符合章程规定的宗旨和公益活动的业务范围。对受助人未按协议约定使用资助或者有其他违反协议情形的，应变更或解除资助协议。将重大捐赠、投资活动、年度经费收支预算情况报送理事会审议，并接受捐赠人查询、检查和监督。财务管理指标要素如表 3.7 所示。

表 3.7 财务管理指标要素表

名　称	内　容	说　明
公益能力	主要包括公益支出、管理费用、年度收支比等内容	公益事业支出占上年度总收入的比例、管理费用占总支出的比例、年度收支比（支出总和除以收入总和）、业务活动占费用比例

续表

名　　称	内　　容	说　　明
筹资能力	主要包括筹资费用率、捐赠收入、筹资费用、投资收入等内容	筹资费用占非经常性收入的比例、捐赠收入占总收入的比例、筹资费用占总支出的比例、投资收入占总收入的比例
发展能力	主要包括总收入增长率、资产负债率、现金储备率、固定资产比率等内容	总收入增长率 =（上年总收入 - 本年总收入）/ 上年总收入 ×100%、资产负债率 = 负债总额 / 资产总额 ×100%、现金储备率 = 现金和相当于现金的资产 / 年度支出总额 ×100%、固定资产比率 = 固定资产 / 资产总额 ×100%

（三）评估指标体系构建的理论过程

1. 评估指标海选

通过上面对指标体系构建原则及指标要素的分析，可以得到指标体系的主要内容。指标主要来源于现行法律法规、国内外文献、专家采访谈话等。按照《中华人民共和国境外非政府组织境内活动管理法》（2017）中对登记备案、活动规范、监督管理等的有关规定，结合 Saidel J R（2012）、耿立新（2004）等学者对非政府组织管理的研究，并参考《民间非营利组织会计制度》（2004）关于财务管理的要求，选取准入管理、内部治理、业务活动和财务管理为指标准则。

指标与准则是隶属关系，准入管理的指标要素有依法登记、活动备案、合规管理等，依据为《管理法》第六条、第九条、第三十九条等。这些法律条例规定了在华境外非政府组织在中国境内开展活动，应当依法登记设立代表机构，未登记设立代表机构需要在中国境内开展临时活动的，应当依法备案，接受中国政府的监管。内部治理的指标要素有组织宗旨、人力资源、治理结构等，选择依据为 Yong D R（2013）、Hult k M 和 Walcott C（2010）、Jeavons T H（2014）等关于非政府组织内部治理的研究，内部治理情况一定程度上说明了组织的愿景、执行力、规范性等。业务活动的指标要素有项目管理、服务质量、社会影响等，选择依据为 Saidel J R（2012）、耿立新（2004）、王蔚岚（2008）[136]等的研究成果。财务管理的指标要素有公益能力、筹资能力、发展能力等，《管理法》在活动规范条款中对在华境外非政府组织资金管理有明确的要求，资金使用的年度计划必须报备监管机关。《民间非营利组织会计制度》（2004）则更加详细地规范了社会组织资产、负债、净资产、收入、费用、年度报告等各项财务管理要求。

　　指标要素进一步分解为具体指标，组织宗旨分解为公益性、非营利性、自主性、服务性等，用来说明在华境外非政府组织的性质、目的和功能。人力资源分解为专职人员、志愿者、人事制度、人才培养等，主要用来测量在华境外非政府组织吸引、使用、培养人才的能力。治理结构分解为行政机构、监事会、理事会等，用来说明在华境外非政府组织的执行能力、管理能力和运营能力。项目管理分解为项目制度、职能履行、发展规划、业务拓展等，这些指标主要说明在华境外非政府组织发展业务的能力。服务质量分解为对象选择、服务承诺、联络渠道、投诉处理、权益保障等，用来说明在华境外非政府组织开展各类服务的质量水平。社会影响分解为服务对象、政府部门、工作人员、媒体报道等，通过这几方面的反应来说明在华境外非政府组织的社会影响。公益能力分解为公益支出／总收入、管理费用／总支出、年度收支比、业务成本／费用等，用来说明在华境外非政府组织在公益方面的支出能力。筹资能力分解为筹资费用率、捐赠收入／总收入、筹资收入／总支出、投资收入／总收入，用来说明在华境外非政府组织筹集资金开展日常经营和业务活动的能力。发展能力分解为总收入增长率、资产负债率、现金储备率、固定资产比率，用来说明在华境外非政府组织拓展业务、自身发展壮大的能力。最终得到在华境外非政府组织评估的海选指标集，如表3.8所示。

表3.8　在华境外非政府组织评估的海选指标集

序号	准则	指　　　标
1-10	准入管理	依法登记、活动备案、合规管理、法人资格、遵纪守法、章程核准、变更登记、重大事项报告、办公条件、政策学习
11-40	内部治理	公益性、组织宗旨、非营利性、自主性、服务性、专职人员、负责人任职、领导班子、志愿者、人事制度、人才培养、人事管理、行政机构、监事会、理事会、民主决策、换届情况、会议纪要、表决程序、理事人员结构、行政运行监督、部门设置、工作职责、年龄结构、员工状态、劳动合同、学历情况、分支机构管理、秘书长履职、党组织建设
41-77	业务活动	项目制度、项目规范性、职能履行、发展规划、项目创新、年度计划、业务拓展、对象选择、专业能力、服务承诺、联络渠道、投诉处理、质疑回应、权益保障、服务对象、政府部门、工作人员、媒体报道、档案管理、印章管理、社会问题瞄准性、专业技术水平、项目可持续发展、项目改进、项目受益方、资产使用、投资管理、信息披露、项目监督、项目立项、项目评估、参与方评价、网站建设、专项基金管理、公益项目信息、档案管理、新闻发布

序号	准则	指　标
78-101	财务管理	公益支出、管理费用、年度收支比、业务成本、筹资费用率、捐赠收入、筹资收入、投资收入、总收入增长率、资产负债率、现金储备率、固定资产比率、经费来源、捐赠管理、账务处理、预算编制、财务报告、财务监督制度、财务报表审计、纳税管理、资产管理制度、投资管理制度、资金使用情况、会计核算流程

2. 评估指标打分

（1）正向指标

正向指标是指数值与评估结果成正比的指标，打分数值越高，评估结果越好。例如公益支出 / 总收入、捐赠收入 / 总收入、现金储备率等指标。

设 x_{ij} 为第 i 个在华境外非政府组织的第 j 个指标标准化后的值，v_{ij} 为第 i 个在华境外非政府组织的第 j 个指标的原始数据，n 为样本数量，标准化公式为[137]：

$$x_{ij} = \frac{\max\limits_{1 \leq i \leq n}(v_{ij}) - v_{ij}}{\max\limits_{1 \leq i \leq n}(v_{ij}) - \min\limits_{1 \leq i \leq n}(v_{ij})} \tag{3.25}$$

（2）负向指标

负向指标是指数值与评估结果成反比的指标，打分数值越高，评估结果越坏。例如管理费用 / 总支出、业务成本 / 费用、业务成本 / 费用。

设 x_{ij} 为第 i 个在华境外非政府组织的第 j 个指标标准化后的值，v_{ij} 为第 i 个在华境外非政府组织的第 j 个指标的原始数据，n 为样本数量，标准化公式为[137]：

$$x_{ij} = \frac{v_{ij} - \min\limits_{1 \leq i \leq n}(v_{ij})}{\max\limits_{1 \leq i \leq n}(v_{ij}) - \min\limits_{1 \leq i \leq n}(v_{ij})} \tag{3.26}$$

（3）定性指标

定性指标是指通过对民间组织、基金会和民办非企业单位等非营利组织定性指标打分情况的考察，结合在华境外非政府组织的特殊情况，这里对定性指标打分进行理性设置，制定了在华境外非政府组织定性指标评估打分方法。定性指标的打分包括两种情况：一种是只有"1"和"0"两个答案的定性指标，例如依法登记、活动备案、合规管理等；另外一种是有"0""0.25""0.5""0.75""1"五个答案的定性指标，例如组织宗旨、专职人员、监事会等，如表 3.9 所示。

表 3.9 定性指标打分表

准则	指标	选项标号	选项内容	打分
准入管理	依法登记	1	按照要求在公安、民政等单位登记，并及时变更信息	1
		2	没有按照要求登记，或以其他类型组织名义登记	0
	活动备案	1	按照要求在业务主管部门备案，并获得备案书面材料	1
		2	没有按照要求备案，或备案程序不符合规定	0
	合规管理	1	完全按组织章程、宗旨及各级政府管理条例开展活动	1
		2	出现违背章程、宗旨的行为，有被各级政府处罚的记录	0
	...	...	...	
内部治理	组织宗旨	1	组织行为与组织宗旨完全符合	1
		2	组织行为与组织宗旨基本符合	0.75
		3	组织行为与组织宗旨大部分符合	0.5
		4	组织行为与组织宗旨部分符合	0.25
		5	组织行为与组织宗旨不符合	0
	非营利性	1	未向理事、捐赠者或投资者分配利润	1
		2	存在不同程度向理事、捐赠者或投资者分配利润的行为	0
	...	...	...	
	专职人员	1	人数大于 50 名	1
		2	人数 30～50 名	0.75
		3	人数 20～30 名	0.5
		4	人数 10～20 名	0.25
		5	人数小于 10 名	0
	监事会	1	监事会由 3 名以上独立监事组成	1
		2	监事会由 2 名独立监事组成	0.75
		3	以职代会或工会作为监事机构	0.5
		4	有组织内人员监事	0.25
		5	没有成立实质性的监事会	0
	...	...	...	
业务活动	项目制度	1	制定了完善的项目管理制度	1
		2	项目论证充分，有较好的执行	0.75
		3	项目管理不完善，但是执行尚可	0.5
		4	项目计划、执行、评估中存在问题	0.25
		5	没有建立合理的项目管理制度	0
	职能履行	1	业务范围内开展活动，机制完善	1
		2	业务活动执行与计划大体一致	0.75
		3	管理机制尚待完善	0.5
		4	业务活动不能够体现组织宗旨	0.25
		5	管理较为混乱	0
	...	...	...	

3. 指标筛选的方法

（1）基于相关性分析的筛选

在海选指标中一些指标存在重复的现象，运用相关性分析可以删除重复的指标。根据科学性、系统性的原则，通过对不同指标相关系数的计算，对相关系数高的指标进行比较分析，删除重复的指标，从而精简指标体系，提高指标体系的评估能力。

相关系数计算公式为：

$$y_{ij} = \frac{\sum\limits_{k=1}^{n}[x_{ki} - \bar{x}_i][x_{kj} - \bar{x}_j]}{\sqrt{\sum\limits_{k=1}^{n}[x_{ki} - \bar{x}_i]^2[x_{kj} - \bar{x}_j]^2}} \qquad (3.27)$$

其中 y_{ij} 为第 i 个指标和第 j 个指标的相关系数，x_{ki} 为第 k 个在华境外非政府组织第 i 个评估指标打分，$\bar{x}_i$ 为第 i 个指标的平均值，x_{kj} 为第 k 个在华境外非政府组织第 j 个评估指标打分，$\bar{x}_j$ 为第 j 个指标的平均值，n 为在华境外非政府组织总数。

当两个及以上指标重复达到一定程度时，就需要删掉多余的指标，仅保留一个指标来反映相应的信息。这样就需要设置一个相关系数的临界值，用来反映信息的重复程度。临界值用 $M[0 < M < 1]$ 表示，临界值与相关系数的关系为 $|y_{ij}| > M$。根据迟国泰、王卫（2009）[137] 等的研究，当相关系数 $|y_{ij}| > 0.8$ 时，说明指标信息重复度较高。因此，为了让指标体系能高效准确地反映相关信息，则要删除信息重复的指标。本研究选取 $M = 0.80$ 作为临界值。

（2）基于主成分分析的筛选

主成分分析法的本质是利用降维的思想，将多个原始指标转化为少数综合指标，每一个综合指标能够在信息不重复的基础上反映原始指标的主要信息，这个综合指标就是主成分。运用主成分分析法可以将复杂问题简单化，在保证指标反映的数据信息科学有效的同时，将复杂因素归结为相应主成分，从而使指标体系能够用尽量少的指标反映相对全面的信息。

设：F_i 为第 i 个主成分（$i = 1, 2, \cdots, k$），a_{ij} 为第 i 个特征值所对应的

特征向量的第 j 个分量；X_i 为第 i 个指标数据，m 为指标数量，k 表示主成分的个数。那么，主成分分析的基本模型为：

$$F_i = a_{i1}X_1 + a_{i2}X_2 + a_{i3}X_3 + \cdots + a_{im}X_m , \ i = 1,2,\cdots,k \qquad （3.28）$$

主成分分析的分析过程为：

第一，测算指标相关系数矩阵 $R_{m \times m}$。

第二，测算主成分所表示指标信息的方差贡献率 ω_i 为：

$$\omega_i = \frac{\lambda_i}{\sum_{i=1}^{k} \lambda_i} \qquad （3.29）$$

第三，测算因子载荷绝对值 b_{ij} 为：

$$b_{ij} = a_{ij}\sqrt{\lambda_i} \qquad （3.30）$$

主成分分析法弥补了现有研究建立的在华境外非政府组织评价指标体系不具有显著性和有效性的弊端。

4. 指标体系构建合理性的判定

在建立在华境外非政府组织分类评价指标体系合理性的判定标准时，应确保用较少的评价指标反映较多的评价信息，使指标体系做到信息全面和简明扼要。

设：In 为筛选后的在华境外非政府组织分类评价指标对海选指标的信息贡献率，trS 为协方差矩阵的主对角线上各方差之和，s 为经过多次筛选后的指标数量，h 为初步海选后的指标数量。那么指标体系的信息贡献率 In 为：

$$In = trS_s / trS_h \qquad （3.31）$$

根据研究可知，如果指标体系能够做到用 40% 以下的海选指标反映 85% 以上的原始信息，则可以认为该指标体系构建合理。[137]

（四）指标体系构建的实证分析

1. 指标体系构建的基础

根据在华境外非政府组织发展的基本情况、活动特征、内部治理等，结合我国政府为评估基金会、民间组织、民办非企业单位等非政府组织设置的指标体系，参考王名（2007）、邓国胜（2004）、杨青（2008）等学者依据《中华人民共和国境外非政府组织境内活动管理法》《基金会管理条例》《外国商会管理条例》等法律法规，海选出包括依法登记、活动备案、合规管理、遵纪守法等 101 个指标，下面将对这些指标进行筛选。

（1）评价指标的初筛

初筛主要依据可观测性原则。一是根据在华境外非政府组织的年度报告、政府管理记录、媒体报道等公开信息，以确认数据的不可观测性；二是在指标选择过程中，专家对一些不可观测指标提出删除建议。依据该原则对海选的指标进行筛选，即在准则层准入管理下面删除的指标为章程核准、变更登记、重大事项报告、办公条件和政策学习等。准则层内部治理删除的指标为换届情况、会议纪要、表决程序、理事人员结构、行政运行监督、部门设置、工作职责、年龄结构、劳动合同、学历情况、分支机构管理、秘书长履职、党组织建设等。准则层业务活动删除的指标为档案管理、印章管理、社会问题瞄准性、专业技术水平、项目可持续发展、项目改进、项目受益方、资产使用、投资管理、信息披露、项目监督、项目立项、项目评估、参与方评价、网站建设、专项基金管理、公益项目信息、资金使用情况。财务管理准则删除的指标为经费来源、捐赠管理、账务处理、预算编制、财务报告、财务监督制度、财务报表审计、纳税管理、资产管理制度、投资管理制度、会计档案管理、会计核算流程等。

（2）样本选取与数据来源

选取 2016—2017 年在我国内地活跃且有注册记录的 80 家在华境外非政府组织作为样本（见附录 A "80 家在华境外非政府组织样本名录"），其中包括基金会、商会、协会等机构，其服务领域覆盖动物保护、文化教育、医疗卫生、残疾人救助、环境保护等。样本数据来源：一是依法披露的年度报告（简报）；二是注册管理部门和业务主管部门的日常管理记录；三是行政处罚记录；四是中介服务机构、行业自律组织提供的相关信息；五是相关管理部门、地方政府以及本七非政府组织提供的信息资料；六是媒体报道、群众投诉、举报检查处理情况；七是企业、政府部门、民间组织建立的诚信档案。

（3）评价指标的打分

根据指标的类型，对于定量指标，将正向指标打分数据代入第四章式（4.1）中，将负向指标打分 z 数据代入式（4.2）中，经过计算将定量指标的打分结果标准化。依据表 4.6 对定性指标进行打分，结果列入表 3.10 各个定性指标对应的行。最终得到在华境外非政府组织评估标准化数据，如表 3.10 所示。

表 3.10　在华境外非政府组织评估标准化数据

序号	准则层	指标层	组织1	组织2	组织3	组织4	组织5	组织6	…	组织80
1	准入管理	依法登记	1	1	1	1	1	1	…	1
2		活动备案	0	1	0	0	1	1	…	1
…		…	…	…	…	…	…	…	…	…
6	内部治理	公益性	0.25	1	0.75	0.75	1	0.75	…	1
8		非营利性	0	1	0.75	0.5	0.75	0.75	…	0.75
…		…	…	…	…	…	…	…	…	…
14		志愿者	0.25	0.25	0.75	0.75	0.5	0.5	…	0.5
15		人事制度	0.5	0.75	0.5	0.25	0.25	0.75	…	1
…		…	…	…	…	…	…	…	…	…
18		行政机构	0.25	0.75	0.25	0.75	0.5	0.5	…	0.75
19		监事会	0.25	0.75	0.75	0.5	0.5	0.75	…	0.75
…		…	…	…	…	…	…	…	…	…
23		项目制度	0.5	0.5	0.5	0.75	0.25	0.75	…	0.75
…		…	…	…	…	…	…	…	…	…
31	业务活动	服务承诺	0.5	0.5	0.5	0.25	0.5	0.75	…	1
32		联络渠道	0.5	0.25	0.75	0.5	0.25	0.5	…	1
…		…	…	…	…	…	…	…	…	…
36		服务对象	0.75	0.75	0.75	0.75	0.5	1	…	0.75
37		政府部门	0.5	0.5	0.75	0.5	0.75	0.5	…	0.75
…		…	…	…	…	…	…	…	…	…
43	财务管理	公益支出	0.5	0.25	0.5	0.5	0.5	0.75	…	0.75
44		管理费用	0.75	0.5	0.5	0.75	0.5	0.5	…	0.5
…		…	…	…	…	…	…	…	…	…
56		固定资产比率	0.75	0.5	0.5	0.75	0.5	0.25	…	0.5

注：组织1为亚太信息技术服务研究中心；组织2为美国国家地理空气与水保护基金；组织3为美国可持续发展社区协会；组织4为仁人家园；组织5为华侨基金会；组织6为洛克菲勒基金会；组织80为世界宣明会。80家在华境外非政府组织研究样本见附录A。

2. 基于相关性分析的指标筛选

根据相关性分析删除重复的指标，使得指标体系能够更加简洁明确。在表3.10第1～52行中，将第1～80列打分数据，按照准入管理、内部治理、业务活动和财务管理四个准则层代入式（3.27），得到各个评价指标的相关系数如表3.11所示。

表 3.11 在华境外非政府组织评估指标相关系数

序号	评估指标	1 依法登记	...	4 法人资格	5 遵纪守法	...	7 组织宗旨	...	13 领导班子	...	17 人事管理	...	27 年度计划	...	40 项目改进	41 网站建设	...	53 资金使用情况	...	55 经费来源	56 固定资产比率
1	依法登记	-1.000	...	0.916	0.623	...	0.007	...	0.021	...	-0.007	...	0.057	...	0.043	0.031	...	-0.005	...	0.054	-0.021
...	...	...	...	...	...	...	...	...	...	...	...	...	...	...	...	...	...	...	...	...	...
3	合规管理	0.686	...	0.612	0.862	...	0.381	...	0.008	...	0.035	...	0.053	...	0.009	0.043	...	-0.030	...	0.035	0.043
...	...	...	...	...	...	...	...	...	...	...	...	...	...	...	...	...	...	...	...	...	...
11	公益性	0.003	...	0.039	0.221	...	0.823	...	0.063	...	0.032	...	0.146	...	0.178	0.112	...	0.042	...	0.247	-0.031
...	...	...	...	...	...	...	...	...	...	...	...	...	...	...	...	...	...	...	...	...	...
16	专职人员	0.029	...	0.004	-0.007	...	0.059	...	0.807	...	0.137	...	0.005	...	0.077	0.057	...	0.007	...	-0.034	-0.044
...	...	...	...	...	...	...	...	...	...	...	...	...	...	...	...	...	...	...	...	...	...
20	人事制度	0.028	...	0.016	0.021	...	0.075	...	0.073	...	0.892	...	0.076	...	0.054	0.038	...	0.010	...	-0.046	0.045
...	...	...	...	...	...	...	...	...	...	...	...	...	...	...	...	...	...	...	...	...	...
22	项目制度	0.017	...	-0.022	0.005	...	0.036	...	0.113	...	-0.124	...	0.287	...	-0.837	0.274	...	0.105	...	0.007	0.042
...	...	...	...	...	...	...	...	...	...	...	...	...	...	...	...	...	...	...	...	...	...
25	发展规划	0.025	...	-0.023	0.008	...	0.034	...	0.124	...	-0.129	...	0.825	...	0.536	0.239	...	0.113	...	0.019	0.003
...	...	...	...	...	...	...	...	...	...	...	...	...	...	...	...	...	...	...	...	...	...
56	固定资产比率	0.020	...	-0.023	-0.037	...	0.011	...	0.105	...	0.203	...	0.051	...	0.083	0.257	...	0.769	...	0.573	-1.000

按照上面规定的临界值 $M=0.8$，当相关系数的绝对值小于或等于临界值时，保留指标；而当相关系数的绝对值大于临界值时，对多余指标进行删除。相关系数的绝对值大于 0.8 的指标共有 10 对，如表 3.12 所示。

表 3.12　相关系数大于 0.8 的指标筛选结果

序　号	准 则 层	保 留 指 标	删 除 指 标	相 关 系 数
1	准入管理	依法登记	法人资格	0.916
2		合规管理	遵纪守法	0.862
3	内部治理	公益性	组织宗旨	0.823
4		专职人员	领导班子	0.807
5		人事制度	人事管理	0.892
6	业务活动	发展规划	年度计划	0.825
7		项目制度	项目改进	−0.837
8		联络渠道	网站建设	0.861
9	财务管理	公益支出	资金使用情况	−0.928
10		捐赠收入	经费来源	0.923

在准则层准入管理中，指标依法管理与法人资格相关系数绝对值为 0.916，大于 0.8，需要删除其中一个指标。依法登记包括查看名称、住所、宗旨、业务范围和活动地域、法定代表人、活动资金、业务主管单位等，其中若有任何一项发生变更并没有进行变更登记的，即认定为违反规定。依法登记已经包括了对法人资格的考察，因此，两个指标相比较应删除法人资格。合规管理与遵纪守法相关系数绝对值为 0.862，大于 0.8，需要删除其中一个指标。合规管理是指按规定接受登记管理机关和业务主管机关的监督管理，在政府职能部门无违法记录、遵纪守法更加强调的是遵守管理纪律和法律法规，合规管理的内容更加广泛，因此应删除指标遵纪守法。

在准则层内部治理中有三对指标相关系数绝对值大于 0.8，需要进行指标选择。公益性与组织宗旨相关系数绝对值为 0.823，需要删除其中一个指标。公益性是指组织宗旨明确为社会大众或社会中某些人口群体的利益。在华境外非政府组织的组织宗旨必须具有公益性，因此，公益性已经反映了组织宗旨的内容。专职人员与领导班子相关系数绝对值为 0.807。专职人员指标用来测评组织是否具有一支专职人员队伍，能够满足组织开展各类活动的要求，领导班子属于专职人员的组成部分，对专职人员的测评已经能够体现领导班子的信息，因此，删除领导班子指标。人事制度与人事管理相关系数绝对值为 0.892。指标人事制度主要指组织是否已经建立完善的升迁、薪酬、激励等人事制度，人事制度与人事管理内容存在较大的重复，人事管理是人事制度的一部分，因此，保留指标人事制度。

在准则层内部治理中有三对指标相关系数绝对值大于 0.8，需要对冗余指标进行删除。发展规划与年度计划相关系数绝对值为 0.825。指标发展规划主要用来说明是否有与组织宗旨一致的、合理的、详细的年度计划，发展规划已经完全体现了年度计划的内容，因此删除年度计划指标。指标项目制度与项目改进相关系数为 –0.837，绝对值大于 0.8。项目制度主要用来说明是否制定了项目管理制度，项目执行有力，评估科学，项目改进是项目制度内容的一部分，因此，两者之间选择项目制度。指标联络渠道与网站建设相关系数绝对值为 0.861。联络渠道主要用来说明组织与服务对象、志愿者群体有固定的联系平台，信息互动成效显著，网站建设是在华境外 NGO 联络受众的平台之一，因此联络渠道能够更加全面反映指标信息。

准则层财务管理有两对指标相关系数绝对值大于 0.8，需要对指标进行筛选。指标公益支出与资金使用情况相关系数为 –0.928。公益支出主要指公益支出占总收入比例，用来说明组织的公益能力，而资金使用情况是用来说明组织资金用于公益、项目、管理、财务等多个方面的情况。资金使用情况说明内容更加宽泛，但是前面已经设立多个指标来进行测评，因此此处选择公益支出，删除资金使用情况。指标捐赠收入与经费来源相关系数绝对值为 0.923。捐赠收入是指捐赠收入占总收入比例，用于说明组织获取捐赠收入的能力。我国法律规定在华境外非政府组织的经费来源应为捐赠收入，指标经费来源的实际内容与捐赠收入基本一致，而捐赠收入更加明确地说明了指标内容，因此选择删除经费来源。

3. 基于主成分分析的指标筛选

依照主成分分析法理论，当提取的方差总量贡献率大于 85% 时，那么就要保留因子载荷绝对值最大的指标。在指标的选取条件中，本章做了如下设定：①指标对应的第 1 主成分因子载荷绝对值超过 0.8；②选取第 2、第 3、第 4 主成分中因子载荷绝对值最大的指标。

在华境外非政府组织评估指标准则层中，将表 3.10 中的标准化数据代入式（3.28）～式（3.30），运行 SPSS 软件，得到主成分分析结果如表 3.13 所示。准则层准入管理的第 1 主成分方差贡献率为 61.34%，第 2 主成分方差贡献率为 19.65%，第 3 主成分方差贡献率为 14.29%，累积主成分方差贡献率为 95.28%。按照指标选取的条件，保留第 1 主成分中因子载荷绝对值大于 0.8 的活动备案、合规管理，保留第 2 主成分因子载荷绝对值最大的依法登记。准则层内部治理的第 1 主成分方差贡献率为 35.86%，第 2 主成分方差贡献率为 23.69%，第 3 主成分方差贡献率为 20.87%，第 4 主成分方差贡献率为 10.03%，累积主成分方差贡献率为

90.45%。按照指标选取条件，保留第1主成分中因子载荷绝对值大于0.8
的公益性、非营利性、自主性、服务性、人事制度、人才培养、行政机构、
监事会等指标，保留第2主成分因子载荷绝对值最大的自愿者，保留第3
主成分因子载荷绝对值最大的理事会，保留第4主成分因子载荷绝对值最
大的专职人员，删除指标员工状态、民主决策。准则层业务活动的第1主
成分方差贡献率为44.76%，第2主成分方差贡献率为21.54%，第3主成
分方差贡献率为15.59%，第4主成分方差贡献率为11.61%，累积主成分
方差贡献率为93.50%。按照指标选取条件，保留第1主成分中因子载荷
绝对值大于0.8的项目制度、发展规划、对象选择、服务承诺、联络渠道、
投诉处理、权益保障、服务对象、政府部门、工作人员、媒体报道；保留
第2主成分因子载荷绝对值最大的业务拓展；保留第3主成分因子载荷绝
对值最大的职能履行；保留第4主成分因子载荷绝对值最大的媒体报道，
删除指标项目创新、项目规范性、专业能力、质疑回应、新闻发布。准则
层财务管理的第1主成分方差贡献率为34.65%，第2主成分方差贡献率
为26.43%，第3主成分方差贡献率为21.48%，第4主成分方差贡献率为
10.57%，累积主成分方差贡献率为93.13%。按照指标选取条件，保留第1
主成分中因子载荷绝对值大于0.8的公益支出、管理费用、年度收支比、
业务成本、筹资费用率、捐赠收入、投资收入、资产负债率、固定资产比率，
保留第2主成分因子载荷绝对值最大的总收入增长率，删除指标资金使用
情况、经费来源，如表3.14所示。

表 3.13　主成分的方差贡献率　　　　　　　%

序号	准则层	第1主成分方差贡献率	第2主成分方差贡献率	第3主成分方差贡献率	第4主成分方差贡献率	累积方差贡献率
1	准入管理	61.34	19.65	14.29	—	95.28
2	内部治理	35.86	23.69	20.87	10.03	90.45
3	业务活动	44.76	21.54	15.59	11.61	93.50
4	财务管理	34.65	26.43	21.48	10.57	93.13

表 3.14　主成分因子载荷系数

序号	准则	指标	第1主成分	第2主成分	第3主成分	第4主成分	筛选结果
1	准入管理	依法登记	0.389	0.812	−0.347	—	保留
2		活动备案	0.941	0.314	0.253	—	保留
3		合规管理	0.821	−0.357	−0.334	—	保留
4	内部治理	公益性	0.817	−0.328	−0.248	0.017	保留
5		非营利性	0.925	−0.014	0.061	0.008	保留

序号	准则	指　　标	第1主成分	第2主成分	第3主成分	第4主成分	筛选结果
6		自主性	0.836	0.319	0.204	0.075	保留
7		服务性	0.815	−0.384	−0.233	−0.109	保留
8		专职人员	0.327	0.079	−0.267	0.826	保留
9		员工状态	0.723	0.534	0.071	0.032	删除
10	内部治理	志愿者	−0.425	−0.794	0.187	0.416	保留
11		人事制度	0.914	0.015	0.071	0.003	保留
12		人才培养	0.883	−0.297	−0.259	0.015	保留
13		行政机构	0.846	0.295	0.305	0.046	保留
14		监事会	0.803	−0.326	−0.237	−0.117	保留
15		理事会	0.229	0.134	0.672	0.256	保留
16		民主决策	0.623	0.246	0.371	0.197	删除
17		项目制度	0.947	−0.059	−0.309	−0.242	保留
18		项目规范性	−0.687	0.132	−0.176	0.163	删除
19		职能履行	−0.253	0.347	0.669	−0.641	保留
20		发展规划	0.843	0.237	0.146	0.093	保留
21		项目创新	−0.675	0.284	0.078	0.167	删除
22		业务拓展	0.314	0.793	0.118	0.429	保留
23		对象选择	0.853	0.352	0.138	−0.070	保留
24		专业能力	−0.346	0.203	0.637	0.314	删除
25	业务活动	服务承诺	0.954	0.148	0.257	0.132	保留
26		联络渠道	0.887	0.246	0.472	0.253	保留
27		投诉处理	0.829	0.223	0.241	0.317	保留
28		质疑回应	−0.576	0.129	−0.134	0.138	删除
29		权益保障	0.819	0.247	0.323	0.193	保留
30		服务对象	0.907	0.274	0.284	0.215	保留
31		政府部门	0.892	0.195	0.273	0.326	保留
32		工作人员	0.932	0.019	0.265	0.238	保留
33		媒体报道	−0.817	0.142	0.327	0.472	保留
34		新闻发布	0.235	0.314	0.556	0.361	删除
35		公益支出	0.837	0.125	0.253	0.109	保留
36		管理费用	0.925	0.208	0.314	0.166	保留
37		年度收支比	0.829	−0.384	−0.311	−0.089	保留
38	财务管理	业务成本	0.827	0.102	−0.357	0.039	保留
39		筹资费用率	0.933	−0.026	0.182	−0.143	保留
40		捐赠收入	−0.925	−0.094	0.085	0.237	保留
41		筹资收入	0.838	0.134	0.169	0.009	保留
42		投资收入	0.903	−0.189	−0.146	0.128	保留

续表

序号	准则	指标	第1主成分	第2主成分	第3主成分	第4主成分	筛选结果
43	财务管理	总收入增长率	-0.046	0.684	0.416	0.157	保留
44		资产负债率	0.914	-0.215	-0.127	-0.328	保留
45		资金使用情况	0.528	0.254	0.329	0.189	删除
46		现金储备率	0.512	0.135	0.260	0.086	保留
47		经费来源	0.424	0.009	0.192	0.223	删除
48		固定资产比率	0.844	-0.187	-0.326	0.128	保留

4. 最终建立的指标体系

经过海选、初筛，以及运用相关－主成分分析法进行筛选，最终得到既精炼简洁、又能够反映重要信息的指标体系，最终建立的指标体系如表3.15所示。准则层包括准入管理、内部治理、业务活动和财务管理。其中，准入管理对应依法登记、活动备案、合规管理；内部治理对应公益性、非营利性、自主性等；业务活动对应项目制度、职能履行、发展规划等；财务管理对应公益支出、管理费用、年度收支比等。

表 3.15　在华境外非政府组织评估指标

序号	准则层	指标名称	指标释义
1	准入管理	依法登记	登记事项发生变更时，应在30日内向登记管理机关申请变更登记
2		活动备案	在华境外非政府组织开展临时活动，应提前15日内到当地派出所备案
3		合规管理	按规定接受登记管理机关和业务主管机关的监督管理，在政府职能部门无违法记录
4	内部治理	公益性	组织宗旨明确为社会大众或社会中某些人口群体的利益
5		非营利性	组织不以营利为目的，产生的收益为以提供其活动的资金
6		自主性	组织以自身宗旨作为行为出发点，而不受政府、企业及其他利益集团的影响
7		服务性	组织立足于服务社会大众或目标群体，能够为社会提供公共服务
8		专职人员	具有一支专职人员队伍，能够满足组织开展各类活动的要求
9		志愿者	招募组建了志愿者队伍，具有完备的志愿者管理制度
10		人事制度	组织已经建立完善的升迁、薪酬、激励等人事制度
11		人才培养	组织注重对专职人员和志愿者的培养，向社会公开招聘，注重员工培训

续表

序号	准则层	指标名称	指标释义
12	内部治理	行政机构	办公、后勤、财务、人事等行政机构健全，运行良好
13		监事会	监事会由 3 名以上独立监事组成，并积极发挥作用
14		理事会	理事会达到法定人数，每年定期召开会议，作用明显
15	业务活动	项目制度	制定了项目管理制度，项目执行有力，评估科学
16		职能履行	业务范围内开展活动，计划、执行、评测等机制完善
17		发展规划	有与组织宗旨一致的、合理的、详细的年度计划
18		业务拓展	获得政府或社会资助，立足公益与服务开展新项目
19		对象选择	依据组织的服务宗旨和服务能力，公开、公平的选择服务对象
20		服务承诺	主动在受众面广、持久性长的载体上公开服务承诺
21		联络渠道	组织与服务对象、志愿者群体有固定的联系平台，信息互动成效显著
22		投诉处理	组织与服务对象、志愿者群体有完善的投诉处理制度和负责机构
23		权益保障	保障捐赠人权益，组织活动能够充分实现捐赠人的意愿
24		服务对象	服务对象对组织提供服务的反馈，是组织公共服务质量的体现
25		政府部门	组织获得政府部门颁发的重大奖项，无不良行为记录
26		工作人员	工作人员对组织的发展战略、管理制度、工作环境、福利待遇等的态度
27		媒体报道	新闻媒体对组织的宣传报道，是否提高组织的知名度与美誉度
28	财务管理	公益支出	公益支出占总收入比例，用于说明组织的公益能力
29		管理费用	管理费用占总收入比例，用于说明组织管理费用的运用效率
30		年度收支比	年度收入与支出比合理，用于说明组织的年度支出能力
31		业务成本	业务成本占费用比例，用于说明组织控制业务成本的能力
32		筹资费用率	运用于筹集资金的费用，用于说明组织筹集资金的能力
33		捐赠收入	捐赠收入占总收入比例，用于说明组织获取捐赠收入的能力
34		筹资收入	筹资收入占总支出比例，用于说明组织筹集资金的能力
35		投资收入	投资收入占总收入比例，用于说明组织获取投资收入的能力
36		总收入增长率	总收入能否合理地增长，用于说明组织的持续发展能力
37		资产负债率	资产负债率是否处于合理水平，用于说明组织的负债能力
38		现金储备率	现金储备占总资产比例，用于说明组织的短期偿付能力
39		固定资产比率	固定资产占总资产的比例，用于说明组织总资产中固定资产的比例

5. 指标体系构建合理性判定

根据样本 80 家在华境外非政府组织的指标原始数据计算各个指标的方差，将经过相关‑主成分分析法筛选后的指标方差之和 trS_s 和初步海选指标的方差之和 trS_h 代入式（3.31），得到指标体系的信息贡献率为：

$$In = trS_s / trS_h = 358\,955/412\,316 = 87\%$$

相当于 38%（39/101）的指标反映了 87% 的原始信息，根据指标体系的合理性构建判定理论，证明该指标体系是合理的。

　　本章基于相关—主成分分析法构建了在华境外非政府组织评估指标体系。本章主要进行了如下研究：①对在华境外非政府组织评估指标体系的构建原则和评估指标进行分析，指标体系构建必须基于目标性、科学性、系统性、实用性等原则，评估指标包括在华境外非政府组织接受监管、项目管理、业务活动、财务管理等方面的内容。②对在华境外非政府组织的评估指标进行海选和初筛，海选指标来源于现行法律法规、国内外文献、专家采访谈话等，通过海选一共获得 101 个指标。初筛主要依据数据的可获得性和可观测性，对海选指标进行初步筛选。③本章最核心的内容是运用相关—主成分分析法对在华境外非政府组织评估指标进行筛选。首先运用相关性分析进行筛选，使用 SPSS 软件计算不同指标的相关系数，对相关系数绝对值高的指标进行比较分析，删除重复的指标，从而得到更加精简的指标体系。然后运用主成分分析法对指标进行进一步的筛选。主成分分析法的作用在于保证信息不重复前提下，用较少的指标体现全面信息。因此，相关—主成分分析法一方面可以使评估指标精炼、简洁，另一方面可以保证所选出的指标是重要指标。通过层层筛选，最终得到在华境外非政府组织评估指标体系。完成指标体系的构建后，运用筛选后的指标方差之和与海选指标的方差之和进行比较，进行指标体系合理性判定。

第四章　基于模糊综合评价法的在华境外非政府组织分类研究

上一章对在华境外非政府组织分类的指标体系进行了探讨，本章将在此基础上运用模糊综合评价法对在华境外非政府组织如何分类展开研究。

一、模糊综合评价法的基本模型

世界上存在着大量的模糊概念和模糊现象，它们的模糊性并不是由于人的主观认识不足，而是由于事物的一种客观属性。因为界定方法的差异，且不同事物存在由量变到质变的过渡过程，因此，事物之间的边界是模糊的。模糊数学的意义在于处理复杂的系统问题时将精确现象扩大到模糊现象。模糊数学并不是把已经很精确的数字变成模糊，而是用精确的数学方法处理过去无法用数学描述的模糊事物。[138] 因此，模糊数学是用来解决复杂系统问题的精确思维方法。模糊数学的运用可以归纳为四个步骤：首先，对评价目标进行分解，建立多要素组成的模糊集合；其次，构建评语集，设定对要素进行评审的等级；再次，计算隶属度向量，求出各个要素对评审等级归属程度；最后，集合各个要素的权重，计算模糊矩阵，求得评价的定量解值。

（1）评价因素集

在对一个事物进行评价时，如果评价指标或因素为 m 个，分别记为 u_1，u_2，$\cdots$，u_m，那么，这 m 个评价指标或因素构成一个评价指标集或因素集 U，即：

$$U = (u_1, u_2, \cdots, u_m) \tag{4.1}$$

（2）评语集

评语集是评论者对评论对象可能作出的各种评论结果的集合。若根据实际需要将评语划分为 n 个等级，分别记为 $v_1, v_2, v_3, \cdots, v_n$，则这 n 个评价等级（评语）构成一个评价集 V，即：

$$V = (v_1, v_2, v_3, \cdots, v_n) \tag{4.2}$$

（3）权重集

评价因素中每一个因素对评价目标的重要度不同，为了体现各个因素权重的差异，对各个因素 U 应该恰当的分配权重 w_i，引入 U 上的一个模糊子集 W，称为权重集，即：

$$W = (w_1, w_2, \cdots, w_m) \tag{4.3}$$

权重集中的元素满足条件：$w_i \geqslant 0$，且 $\sum_{i=1}^{m} w_i = 1$。

这里运用遗传算法改进层次分析法进行指标权重的测算，最后进行赋权的 α_i，都要满足条件 $\sum \alpha_i = 1$。如果不满足条件 $\sum \alpha_i = 1$，则可以根据 $\dfrac{\alpha_i}{\sum \alpha_i}$ 的方法进行归一化的操作。

（4）确认隶属度并构造评价矩阵

隶属度的确认需要因素集包含的各单因素 $u_i(i = 1, 2, 3, \cdots, m)$ 做单因素评判。从因素 u_i 开始考虑，与之相对应的判断等级 $v_j(j = 1, 2, 3, \cdots, n)$ 的频率分布称为隶属度 $r_{ij}(i = 1, 2, \cdots, m; j = 1, 2, \cdots, n)$。这样就可以得到第 i 个因素 u_i 的单因素判断集合：

$$R_i = (r_{i1}, r_{i2}, r_{i3}, \cdots, r_{ij}) \tag{4.4}$$

因素集中的 m 个因素都可以构造相应的单因素评价 R_i。将这些单因素评价合并在一起，可以构造一个综合评价矩阵 $R \times R$。给出从评价因素集 U 到评语集 V 的模糊关系，评价矩阵 R 可以由单因素的评价 R_i 构成[138]：

$$R = (r_{ij})_{m \times n} = \begin{bmatrix} R_1 \\ R_2 \\ \vdots \\ R_m \end{bmatrix} = \begin{bmatrix} r_{11} & r_{12} & \cdots & r_{1n} \\ r_{21} & r_{22} & \cdots & r_{2n} \\ \vdots & \vdots & \vdots & \vdots \\ r_{m1} & r_{m2} & \cdots & r_{mn} \end{bmatrix} \tag{4.5}$$

可以通过多种方法计算从评价指标到评语集的隶属度，一般采用的方法主要有频率法、等级比重法等。

（5）模糊综合评价模型

矩阵 R 中不同的行表示被评价事物从不同的单因素对应于评价集中各评价等级的隶属程度。如果要对被评价事物进行综合判断，就需要利用权重向量，将不同的行进行综合，从而对被评价事物进行总体评价[138]。这个综合评价结果向量为：

$$B = (b_1, b_2, b_3, \cdots, b_n) \tag{4.6}$$

考虑到各个因素都会对评价结果构成影响，各个因素的重要性表现在权重向量上面，运用矩阵乘法，用权重矩阵 W 乘以评价矩阵 R，模型为：

$$B = W \times R \tag{4.7}$$

二、基于遗传算法改进层次分析法（GA-AHP）的指标权重测算

（一）层次分析法（AHP）指标权重测算

1. 构建多层次分类指标体系

从在华境外非政府组织的准入管理、内部治理、业务活动、财务管理等指标出发，按照层次分析法的要求，构建了以目标层、准则层、子准则层、指标层构成的多层次指标体系。其中准则层指标有 4 个，子准则层指标有 12 个，指标层指标有 36 个，如表 4.1 所示。

（1）目标层：在华境外非政府组织评估得分。

（2）准则层：根据目标层的要求，建立了准入管理 A_1、内部治理 A_2、业务活动 A_3 以及财务管理 A_4 四个一级指标，代表对华境外非政府组织进行评估的四方面内容。

（3）子准则层：通过对在华境外非政府组织分类标准的分析，对一级指标进行分解，选取具有代表性、与一级指标构成约束关系的子因素构成二级指标，指标如下：依法登记 B_1、活动备案 B_2、合规管理 B_3、组织宗旨 B_4、人力资源 B_5、治理结构 B_6、项目管理 B_7、服务质量 B_8、社会影响 B_9、公益能力 B_{10}、筹资能力 B_{11}、发展能力 B_{12}。

（4）指标层：根据指标间的隶属关系，构建三级指标如下：公益性 C_1、非营利性 C_2、自主性 C_3、服务性 C_4、专职人员 C_5、志愿者 C_6、人事制度 C_7、人才培养 C_8、行政机构 C_9、监事会 C_{10}、理事会 C_{11}、项目制度 C_{12}、职能履行 C_{13}、发展规划 C_{14}、业务拓展 C_{15}、对象选择 C_{16}、服务承诺 C_{17}、联络渠道 C_{18}、投诉处理 C_{19}、权益保障 C_{20}、服务对象 C_{21}、政府部门 C_{22}、工作人员 C_{23}、媒体报道 C_{24}、公益支出 C_{25}、管理费用 C_{26}、年度收支比 C_{27}、业务成本 / 费用 C_{28}、筹资费用率 C_{29}、捐赠收入 C_{30}、筹资收入 C_{31}、投资收入 C_{32}、总收入增长率 C_{33}、资产负债率 C_{34}、现金储备率 C_{35}、固定资产比率 C_{36}。

表 4.1　多层次指标体系

目标层	准则层	子准则层	指 标 层
在华境外非政府组织评估得分 O	准入管理 A₁	依法登记 B₁	—
		活动备案 B₂	—
		合规管理 B₃	—
	内部治理 A₂	组织宗旨 B₄	公益性 C₁；非营利性 C₂；自主性 C₃；服务性 C₄
		人力资源 B₅	专职人员 C₅；志愿者 C₆；人事制度 C₇；人才培养 C₈
		治理结构 B₆	行政机构 C₉；监事会 C₁₀；理事会 C₁₁
	业务活动 A₃	项目管理 B₇	项目制度 C₁₂；职能履行 C₁₃；发展规划 C₁₄；业务拓展 C₁₅
		服务质量 B₈	对象选择 C₁₆；服务承诺 C₁₇；联络渠道 C₁₈；投诉处理 C₁₉；权益保障 C₂₀
		社会影响 B₉	服务对象 C₂₁；政府部门 C₂₂；工作人员 C₂₃；媒体报道 C₂₄
	财务管理 A₄	公益能力 B₁₀	公益支出 C₂₅；管理费用 C₂₆；年度收支比 C₂₇；业务成本 / 费用 C₂₈
		筹资能力 B₁₁	筹资费用率 C₂₉；捐赠收入 C₃₀；筹资收入 C₃₁；投资收入 C₃₂
		发展能力 B₁₂	总收入增长率 C₃₃；资产负债率 C₃₄；现金储备率 C₃₅；固定资产比率 C₃₆

2. 数据来源

通过理论分析、文献检索以及专家讨论，上文已经确定了在华境外非政府组织评估的指标体系和层次结构。对于不同层级指标之间的相互关系，通过专家打分进行测算。为了保证数据来源的客观性和专业性，邀请来自湖南大学非营利组织研究中心、世界自然基金会、湖南省民政厅、开福区民政局、中华扶贫慈善基金会等单位的 7 名专家填写《在华境外非政府组织 AHP 评估专家打分表》（见附录 D），判断矩阵数值取平均分。

专家打分表按照 9 级评分标尺设置，总计 14 个表格，其中目标层对应 1 个 4×4 矩阵表格，对应一级指标 4 个因素间相对重要性的两两关系；一级指标层的 4 个 3×3 矩阵表格，对应一级指标下二级指标重要性的两两关系；二级指标层的 7 个 4×4 矩阵表格、1 个 5×5 矩阵表格和 1 个 3×3 矩阵表格，对应二级指标下三级指标重要性的相互关系。

下面以某一位专家的打分表内容为例，分别说明一级指标、二级指标和三级指标的打分情况。如表 4.2 所示，在目标层判断矩阵专家打分表中，该专家认为，"准入管理"与"内部治理"相比较，前者比后者重要程度为稍微重要和相当重要的折中值 4。"准入管理"与"业务活动"相比较，前者比后者重要程度为相当重要，数值为 5。"准入管理"与"财务管理"相比较，前者比后者重要程度为稍微重要，数值为 3。"内部治理"与"业务活动"相比较,前者比后者重要程度为稍微重要,数值为3。"内部治理"与"财务管理"相比较,后者比前者重要程度为同等重要与稍微重要的折中值,数值为1/2。"业务活动"与"财务管理"相比较,后者比前者重要程度为稍微重要与相当重要的折中值,数值为1/4。

表 4.2　目标层判断矩阵专家打分表

目 标 层	准 入 管 理	内 部 治 理	业 务 活 动	财 务 管 理
准入管理	1	1/4	1/5	1/3
内部治理	4	1	1/3	2
业务活动	5	3	1	4
财务管理	3	1/2	1/4	1

如表 4.3 所示,在准则层指标接受监管判断矩阵专家打分表中,"依法登记"与"活动备案"相比较,后者比前者相当重要,数值为1/5。"依法登记"与"活动备案"相比较,两者同等重要,数值为1。"活动备案"与"合规管理"相比较,前者比后者重要程度为相当重要,数值为5。

表 4.3　准则层接受监管判断矩阵专家打分表

接 受 监 管	依 法 登 记	活 动 备 案	合 规 管 理
依法登记	1	5	1
活动备案	1/5	1	1/5
合规管理	1	5	1

如表 4.4 所示,在子准则层服务质量判断矩阵专家打分表中,"对象选择"与"服务承诺"比较,两者同等重要,数值为1。"对象选择"与"联络渠道"比较,后者比前者稍微重要,数值为1/3。"对象选择"与"投诉处理"比较,前者比后者重要程度为相当重要与明显重要的折中值,数值为6。"对象选择"与"权益保障"比较,前者比后者重要程度为相当重要与明显重要的折中值,数值为6。"服务承诺"比"联络渠道",后者比前者稍微重要,数值为1/3。"服务承诺"与"投诉处理"相比为相当重要与明显重要的折中值,数值为6。"服务承诺"与"权益保障"相比为相当重要与明显重要的折中值,数值为6。"联络渠道"与"投诉处理"相比较,前者比后者明显重要,数值为7。"联络渠道"与"权益保障"相比较,前者比后者明显重要,数值为7。"投诉处理"与"权益保障"相比较,前者比后者重要程度为同等重要与稍微重要的折中值,数值为2。

表 4.4　子准则层指标服务质量判断矩阵专家打分表

服 务 质 量	对 象 选 择	服 务 承 诺	联 络 渠 道	投 诉 处 理	权 益 保 障
对象选择	1	1	3	1/6	1/6
服务承诺	1	1	3	1/6	1/6
联络渠道	1/3	1/3	1	1/7	1/7
投诉处理	6	6	7	1	1/2
权益保障	6	6	7	2	1

3. 主特征向量计算

将收集到的专家打分数据进行整理。通过与专家沟通后对不合理的数据进行调整。然后运用 Matlab R2014a 编写《层次分析法矩阵计算主程序实现代码》（见附录 B），对判断矩阵进行测算，得到权重、主特征值和一致性比率。以专家 Y 为例，测算结果如表 4.5 所示，可以得知，在14 个矩阵中有 5 个未能通过单层一致性检验，2 个未能够通过总体一致性检验。

表 4.5　专家 Y 主特征向量计算结果

专 家 Y	主特征值	主特征向量（权重）	单层一致性比率	是否具备一致性	总体一致性比率	是否具备一致性
目标层 O	4.1179	[0.0699 0.2430 0.5376 0.1494]	0.0393	是	0.0442	是
准则层 A_1	3	[0.4545 0.0909 0.4546]	0.1326	否	0.1413	否
准则层 A_2	5.204	[0.8812 0.0790 0.0398]	0.051	是	0.0455	是
准则层 A_3	4.209	[0.1654 0.6208 0.2066]	0.1697	否	0.1783	否
准则层 A_4	3.807	[0.1726 0.5425 0.2849]	0.1701	否	0.0815	是
子准则层 B_4	5.0586	[0.3312 0.3312 0.1297 0.2079]	0.0147	是		
子准则层 B_5	5.1556	[0.0623 0.5248 0.0554 0.6354]	0.0389	是		
子准则层 B_6	5.1413	[0.3058 0.1498 0.5444]	0.1353	否		
子准则层 B_7	5.1065	[0.2178 0.3629 0.3721 0.0471]	0.0266	是		
子准则层 B_8	5.1986	[0.0423 0.0901 0.2359 0.1788 0.4528]	0.0496	是		
子准则层 B_9	5.0868	[0.2821 0.0922 0.0922 0.5336]	0.1217	否		
子准则层 B_{10}	5.0420	[0.1084 0.2444 0.2444 0.4028]	0.0105	是		
子准则层 B_{11}	5.1287	[0.2457 0.1194 0.1194 0.5154]	0.0322	是		
子准则层 B_{12}	5.042	[0.0902 0.2034 0.2034 0.5029]	0.0105	是		

通过计算，7 名专家打分数据一共得到 98 个判断矩阵，其中 38 个判断矩阵没有通过单层次一致性检验，14 个判断矩阵没有通过总体一致性检验（数据见附录 C）。这说明人们的认识有偏差或局限，以及数据获取

有局限，用常规的 AHP 法专家打分难以克服一致性问题。因此，为了克服 AHP 法难以获得一致性的问题，有必要对这一方法进行优化。

4. AHP 的一致性问题

根据层次分析法的基本理论，一般认为，当 CR ＜ 0.1 时，可以判断矩阵具有一致性。但是在层次分析法的实际操作中，因为矩阵由不同的专家打分，即便各个专家能够在相关领域尽量做到专业和客观，但单层一致性比率和总体一致性比率仍然有可能通不过一致性检验。

在层次分析法的设计中，专家打分判断能力非常重要，是将定性问题能否转化为定量问题的关键。层次分析法源于统计学、管理科学、心理学等多学科，广泛应用于安全科学、环境科学、社会管理等领域。层次分析法在应用中比较明显的缺陷是，判断矩阵很难全部通过单层或总体一致性检验，这样就需要专家不断地重新修正矩阵数据。即便修正后的数据能够通过一致性检验，但是这种操作方法无疑还是降低了结果的准确性。层次分析法的数据来源于专家对矩阵的标度，数据信息本质上是专家对相关问题的理解，是将定性问题转化为定量研究的过程。但是专家的打分结果很难保证完全客观，并且往往需要多个专家进行打分后，再综合不同专家的打分情况得到最终结果。而多名专家打分将得到多个结果，这些结果哪些是最优结果很难判断，将这些打分结果进行简单的平均所得到的结论也很难有客观性。因此传统的层次分析法很难克服一致性问题，下面将探讨运用遗传算法对其进行改进。

（二）遗传算法对层次分析法（AHD）的改进

1. 遗传算法与层次分析法的结合

遗传算法（Genetic Algorithm，GA）是一种模拟自然进化过程，依据优胜劣汰、适者生存的进化规律，寻求最优解的计算模型。遗传算法具有直接对结构对象进行操作、较好的全局最优解搜索能力、能够自动调整优化方向等特征，因此具备较强的适应能力，被广泛应用于决策科学、机器学习、应用经济学、信号处理、生命工程等领域。遗传算法的特征使得它适合用于处理数值合成、函数优化等问题。而上面分析过的层次分析法缺乏一致性，可以理解为函数优化问题，在数据获取中多位专家意见的综合，可以通过遗传算法的迭代来实现。

对于遗传算法与层次分析法的结合，一些学者已经进行了探讨。廉恩杰、卢庆龄等（2009）[139] 运用 GA-AHP 法对装甲器材仓库的物流能力进行了评估，他们认为，运用遗传算法改进层次分析法能够解决判断矩阵的一致性问题，提高了主特征向量计算结果的质量，在一定程度上提高了评价工作的效率。在处理装甲仓库物流能力评价的实际操作中，GA-AHP 法高效、精确、快捷，具有一定的推广价值。杨晓、王玉玫（2017）[140] 将层次分析法与遗传算法结合，对导弹的作战任务分配问题进行研究。他们在研究中将导弹作战任务分配问题分解为不同的目标选优，这样就转化为求最优解的问题。运用遗传算法优化层次分析法，然后就得最优解。从实际操作来看，该方法较好地完成了任务分配。通过这些探讨认为，运用遗传算法改进层次分析法已经是比较成熟的做法。本章试图运用遗传算法优化层次分析法解决层次分析法缺乏一致性的问题，提高主特征向量计算的精确度。遗传法的迭代可以通过 Matlab 来实现，这样减少了计算的误差，提高了运算效率。

2. GA-AHP 算法设计

根据遗传算法"优胜劣汰"的思想，这里以专家打分所得到的判断矩阵为初始种群，通过变异、杂交、淘汰等多次迭代之后，最终得到能够全面反映专家打分结论，同时又具有一致性的判断矩阵优良子代，最后再运用这些判断矩阵计算指标权重。运用基本遗传算法理论，结合层次分析法权重测算和软件 Matlab2014 的特点，进行 GA-AHP 算法设计如下。

初始种群：专家打分得到的初始矩阵为个体，那么每一代个体集合为种群。初始种群是指第 0 代种群，这里以 7 位专家打分得到判断矩阵为初始种群，记为 P0。初始种群中个体数量为 7，即种群规模为 7，历代种群数量为 100。

第一代种群：初始种群杂交得到第一代种群，种群规模与初始种群同为 7。

适应度函数：对于优化搜索问题的目标函数，自变量所对应的适应度函数值是遗传算法进行选择操作的依据。在运用遗传算法优化层次分析法计算时，目标是获得合适的一致性比率。CR 为一致性比率，A 为判断矩阵，适应度函数可以表示为 $CR=F(A)$。

基因、编码和解码：基因是指判断矩阵中任意一个元素。在编码和解码方面这里直接采用判断矩阵中的数据作为基因取值，而不使用二进制代码。不采用二进制代码是因为 Matlab2014 处理矩阵运算的能力已经很强大，能够解决实值编码和初始矩阵表示个体基因的运算问题。

子种群：根据不同的特征，每一代种群可以分为杂交种群、变异种群和精英种群。不同特征种群选择不同的遗传操作。

精英种群：种群中适应度值最高的个体称为精英个体，按照遗传算法的参数设置，这里精英个体数量设置为 2%。精英种群是父代种群中由精英个体组成的子种群，精英种群包括两类：一类是纯精英子代子种群，这种不参与杂交；另一类是杂交精英子代种群，是由精英个体相互杂交产生。设定杂交精英子种群与纯精英子种群比例为 1：1。

变异种群： 变异种群是指在不包括精英种群的父代种群中随机抽取个体组成子种群，并通过变异操作生成下一代个体。设定变异个体比例为父代种群的 5%，变异子种群的扩张系数为 1.2。同时保证该子种群中的每个个体均有不小于 1 个子代个体，其余 20% 子代个体由程序随机抽取该子种群中的 20% 父代子个体通过变异生成。

变异： 变异是指子种群中个体通过随机改变矩阵中某个基因而生成下一代的遗传操作。改变矩阵基因时需要保证矩阵的正互反性，因此这里设定所有的变异均为相邻值变异。例如矩阵中某个元素值为 5，通过变异操作使得该元素概率变为 4 或 6，那么跟该元素对应位置的元素也需要做相同的变异，即以相同的概率从 1/5 变为 1/4 或 1/6。

变异概率： 根据上面的算法设定，计算出种群中个体某个基因发生变异的概率为 $10\%/n(n-1)$，其中 n 表示个体矩阵的阶数。

杂交种群： 杂交种群是指个体以杂交的方式相互交换基因生成子代个体，是父代种群中除了变异个体和精英个体外的其他个体组成的子种群。

杂交： 杂交是种群繁殖的重要方式，子种群中的个体通过杂交，将矩阵元素进行交换。按照上面的算法设定，精英子种群占 2%，变异子种群占 5%，那么剩余的 93% 均为杂交子种群个体。考虑到适应度函数 $CR=F(A)$ 相对复杂，如果大量元素杂交，可能导致结构破坏，因此，这里将所有杂交操作都设定为一对元素的杂交。

杂交概率： 根据上面的算法设定，计算出种群中个体某个基因发生变异的概率为 $93\% \times 2/n(n-1)$，其中 n 表示个体矩阵的阶数。

种群生育率： 种群生育率由种群规模除以父代种群规模得到，种群生育率设定为 120%。

选择： 遗传算法中的选择是指按照某种准则对父代种群中的个体进行选择，并保留到子代种群的操作。按照优胜劣汰的选择准则，在父代生成的子代个体中，选择一致性比率最高的那些个体进行淘汰，剩下的个体进入子代继续繁殖。种群生育率为 120%，在种群规模维持 100 的约束条件下，选择操作前，种群规模为 120，选择操作后，20% 的个体被淘汰，种群规模恢复到 100。

停止条件：这里设置当种群繁殖到达 100 代时算法停止，并返回最终的种群个体信息。

多维矩阵：设定二维矩阵表示个体，三维矩阵表示种群，四维矩阵表示种群进化过程。三维矩阵表示为 $\{a_{ijk}\}$，并设定三维矩阵中计算种群中个体的一致性比率、种群个体中各个元素的标准差、几何平均值、算数平均值等运算规则。

合成优良个体：根据算法设定，在 100 代繁殖后，得到最终的子代种群。将终代种群中每个个体在同样位置的要素进行几何平均，得到合成的优良个体矩阵在相应位置上的元素，即：

$$a_{ij} = \left(\prod_{k=1}^{m} a_{ijk} \right)^{1/m} (i, j = 1, 2, \cdots, n) \ n \ 表示矩阵阶数 \qquad (4.8)$$

可以证明，如果一对元素 (a_{ijk}, a_{jik}) 存在互反关系 $a_{ijk} = 1/a_{jik}$ 的所有个体 $k=1,2,\cdots,m$ 成立，则所有个体中该元素的集合平均值 $\left\{ \left(\prod_{k=1}^{m} a_{ijk} \right)^{1/m}, \left(\prod_{k=1}^{m} a_{jik} \right)^{1/m} \right\}$ 的互反关系也成立，即：

$$\left(\prod_{k=1}^{m} a_{ijk} \right)^{1/m} = 1 / \left(\prod_{k=1}^{m} a_{jik} \right)^{1/m} \qquad (4.9)$$

所以，使用几何平均值进行合成最终的优良个体，保证了最终矩阵为正互反矩阵。

3. GA-AHP 计算结果

依据上一节的 GA-AHP 算法设计，运用 Matlab R2014a 编制《GA-AHP 主程序实现代码》（见附录 F），计算出最终结果如表 4.6 所示。结果显示，14 个判断矩阵单层一致性比率和总体一致性比率均小于 0.1，通过了一致性检验。

表 4.6　基于 GA-AHP 的主特征向量计算结果

GA-AHP	主特征值	主特征向量（权重）	单层一致性比率	是否具备一致性	总体一致性比率	是否具备一致性
目标层 O	4.0000	[0.4547 0.1394 0.0855 0.3205]	0.0000	是	0.0004	是
准则层 A_1	3.0000	[0.6491 0.0719 0.2790]	0.0000	是	0.0002	是
准则层 A_2	5.0008	[0.5278 0.3325 0.1396]	0.0005	是	0.0000	是

续表

GA-AHP	主特征值	主特征向量（权重）	单层一致性比率	是否具备一致性	总体一致性比率	是否具备一致性
准则层 A_3	4.0013	[0.2872 0.6348 0.0780]	0.0001	是	0.0004	是
准则层 A_4	5.0008	[0.6738 0.1007 0.2255]	0.0001	是	0.0003	是
子准则层 B_4	5.0032	[0.1654 0.6208 0.0483 0.1654]	0.0003	是		
子准则层 B_5	5.0093	[0.0489 0.3731 0.2048 0.3731]	0.0002	是		
子准则层 B_6	4.0069	[0.6000 0.1000 0.3000]	0.0002	是		
子准则层 B_7	5.0001	[0.0699 0.2430 0.5376 0.1494]	0.0005	是		
子准则层 B_8	5.0056	[0.0480 0.0907 0.2349 0.1793 0.4471]	0.0010	是		
子准则层 B_9	5.0003	[0.1841 0.6573 0.0434 0.1151]	0.0060	是		
子准则层 B_{10}	4.0005	[0.0788 0.3404 0.4117 0.1691]	0.0006	是		
子准则层 B_{11}	5.0000	[0.0636 0.2250 0.5810 0.1304]	0.0007	是		
子准则层 B_{12}	5.0004	[0.1520 0.6238 0.0458 0.1739]	0.0001	是		

一致性比率与矩阵一致性是反比例关系，一致性比率越小，说明判断矩阵一致性越高。经过计算可以得知，运用 GA-AHP 计算所得到的一致性比率比传统 AHP 计算得到的一致性比率有较大程度的降低。本章的研究表明，运用遗传算法优化 AHP 法可以明显提高判断矩阵的一致性。

下面将对传统 AHP 和 GA-AHP 法一致性比率进行比较。表 4.5 为专家 Y 打分数据的主特征向量和一致性比率计算结果，表 4.6 为基于 GA-AHP 的主特征向量和一致性比率计算结果。可以明显看出，基于 GA-AHP 的单层一致性比率和总体一致性比率要明显低于传统 AHP 的计算结果，且全部通过一致性检验。而传统 AHP 虽然通过优化问卷调查，能够增加通过一致性检验的概率，但是 CR 大于 0 的情况依然很难完全避免。

以准则层各因素与目标层的相对重要性判断矩阵为例，遗传算法种群个体的平均一致性比率与繁殖世代数是反比例关系，即种群个体的一致性比率随着繁殖世代的增加而减少（如图 4.1 所示）。这进一步证明了，运用遗传算法优化层次分析法能够增加判断矩阵通过一致性检验的原理。

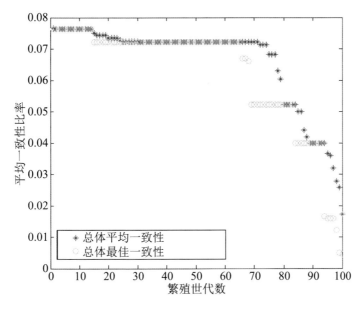

图 4.1 遗传算法种群个体的平均一致性比率与繁殖世代数关系图

（三）各因素指标权重结果解释

通过一致性检验之后，各判断矩阵对应的主特征向量，即各因素的相对权重如表 4.7 所示。

表 4.7 指标体系权重表

目 标 层	准 则 层	权 重	子准则层	权 重	指标层	权 重
在华境外非政府组织评估得分	准入管理 A_1	0.4547	依法登记 B_1	0.6491	—	—
			活动备案 B_2	0.0719	—	—
			合规管理 B_3	0.2790	—	—
	内部治理 A_2	0.1394	组织宗旨 B_4	0.5278	公益性 C_1	0.1654
					非营利性 C_2	0.6208
					自主性 C_3	0.0483
					服务性 C_4	0.1654
			人力资源 B_5	0.3325	专职人员 C_5	0.0489
					志愿者 C_6	0.3731
					人事制度 C_7	0.2048
					人才培养 C_8	0.3731
			治理结构 B_6	0.1396	行政机构 C_9	0.6000
					监事会 C_{10}	0.1000
					理事会 C_{11}	0.3000

目 标 层	准 则 层	权 重	子准则层	权 重	指标层	权 重
在华境外非政府组织评估得分	业务活动 A_3	0.0855	项目管理 B_7	0.2872	项目制度 C_{12}	0.0699
					职能履行 C_{13}	0.2430
					发展规划 C_{14}	0.5376
					业务拓展 C_{15}	0.1494
			服务质量 B_8	0.6348	对象选择 C_{16}	0.0480
					服务承诺 C_{17}	0.0907
					联络渠道 C_{18}	0.2349
					投诉处理 C_{19}	0.1793
					权益保障 C_{20}	0.4471
			社会影响 B_9	0.0780	服务对象 C_{21}	0.1841
					政府部门 C_{22}	0.6573
					工作人员 C_{23}	0.0434
					媒体报道 C_{24}	0.1151
	财务管理 A_4	0.3205	公益能力 B_{10}	0.6738	公益支出 C_{25}	0.0788
					管理费用 C_{26}	0.3404
					年度收支比 C_{27}	0.4117
					业务成本 / 费用 C_{28}	0.1691
			筹资能力 B_{11}	0.1007	筹资费用率 C_{29}	0.0636
					捐赠收入 C_{30}	0.2250
					筹资收入 C_{31}	0.5810
					投资收入 C_{32}	0.1304
			发展能力 B_{12}	0.2255	总收入增长率 C_{33}	0.1520
					资产负债率 C_{34}	0.6283
					现金储备率 C_{35}	0.0458
					固定资产比率 C_{36}	0.1739

从一级指标来看,准入管理、内部治理、业务活动和财务管理在分类管理指标体系中所占权重分别为45.47%、13.94%、8.55%、32.05%。准入管理占权重最大,说明在华境外非政府组织对政府监管的态度是最重要的,是否接收监管、是否配合监管,直接影响到政府监管的质量。财务管理的权重第二,说明监管部门较为关注在华境外非政府组织的财务管理。财务能力是在华境外非政府组织开展各类项目或活动的基础,能够较直接地展示组织的实力。内部治理和业务活动占权重较小,说明相对而言,在华境外非政府组织如何构建组织、开展活动、处理内部事务等所受的关注度比较小。

从二级指标来看,在准入管理中,依法登记权重为64.91%,活动备案权重为 7.19%，合规管理权重为 27.9%。依法登记在接受监管中影响比较大，活动备案相对较小。在内部治理中，组织宗旨权重为 52.78%，人力资源权重为 33.25%，治理结构权重为 13.96%，组织宗旨权重相对较大，而治理结构权重较小。在业务活动中，服务质量权重为 63.48%，社会影响权重为 7.8%，项目管理权重为 28.72%。服务质量权重相对较大，而社会影响权重较小。在财务管理中，公益能力权重为 67.38%，筹资能力权重为 10.08%，发展能力权重为 22.55%。公益能力权重相对较大，筹资能力权重较小。

从三级指标来看，在组织宗旨中非营利性是最重要的，权重为 62.08%。在人力资源中志愿者和人才培养相对重要，权重皆为 37.31%。治理结构中行政机构最重要，权重为 60%。在项目管理中发展规划最重要，权重为 53.76%。在服务质量中权益保障重要度最高，权重为 44.71%。在社会影响中政府部门的态度最重要，权重为 65.73%。在公益能力中年度收支比最重要，权重为 41.17%。在筹资能力中筹资收入最重要，权重为 58.1%。在发展能力中资产负债率最重要，权重为 58.1%。

三、在华境外非政府组织的评估分类

上面运用 GA-AHP 得到在华境外非政府组织的评估指标权重，为本节运用模糊综合评价法进行分类评估奠定了基础。通过选择适当数量的在华境外非政府组织作为样本，设置由 5A 到 A 的五档分类等级，对这类组织进行分类。下面以世界自然基金会为案例，以各个组织的评估得分为依据，尝试对样本中的在华境外非政府组织进行分类。

（一）在华境外非政府组织评估样本

研究样本为 2016—2017 年有注册记录的在华境外非政府组织，评分的依据主要来源是这些在华境外非政府组织公布的简报、中国发展简报、中国社会组织网等公布的信息。首先收集到 276 家在华境外非政府组织的基本资料，再通过深入的调查与分析，对于一些不全面、数据异常的公开信息，从样本中予以剔除。最终选取 80 家在华境外非政府组织进行评估。

为了更好地评估这些组织，可以从它们的主要来源、服务领域、组织性质等进行分析，以了解这些组织的基本情况。80 家在华境外非政府组织样本名录见附件 A，考虑到篇幅限制，这里仅展示部分样本，如表 4.8 所示。

表 4.8 在华境外非政府组织部分评估样本

名　　称	主要来源	服务领域	组织性质
亚洲善待动物组织	中国香港	动物保护	公益类
香港陈一心家族基金会	中国香港	文化、教育	公益类
福特基金会	美国	教育、艺术、科技、安全等	公益类
国际乡村建设学院	菲律宾	扶贫、教育	公益类
亚太信息技术服务研究中心	韩国	技术创新	互利类
盲文无国界组织	德国	残疾人救助	公益类
无国界医生	瑞士	医疗、卫生	公益类
世界自然基金会	瑞士	环境保护、生态保持	公益类
李嘉诚基金会	中国香港	文化、教育、医疗等	公益类
梅里埃基金会	法国	卫生、医疗	公益类
救世军	英国	紧急救助、安全等	公益类
大众汽车基金会	德国	教育、科学	公益类
雅礼协会	美国	教育	公益类
济慈之家	法国	残疾人救助、儿童救助	公益类
中日公益伙伴	日本	环境保护、老龄化等	公益类
利众基金会	美国	文化、教育	公益类
国际克里斯多夫协会	土耳其	医疗	公益类
美国唐仲英基金会	美国	医疗、教育	公益类
台达电子文教基金会	中国台湾	教育、文化	公益类
大骨节病基金会	比利时	医疗	公益类
美国关怀基金会	美国	医疗	公益类
台湾励馨基金会	中国台湾	女性关怀、反家庭暴力	公益类
美国国家地理空气与水保护基金会	美国	环境保护	公益类
美国亚洲志愿者协会	美国	教育、环保	互利类
比尔及梅琳达·盖茨基金会	美国	扶贫、教育、科技等	公益类
慈富行动	美国	扶贫、教育	公益类
全球绿色资助基金会	美国	环境保护	公益类
世界宣明会	英国	儿童救助、公共教育	公益类
国际行动救援	南非	扶贫	公益类
德国阿登纳基金会	德国	文化、教育	公益类
亚洲备灾中心	泰国	救灾	互利类
香港乐施会	中国香港	扶贫	公益类
贡德基金会	英国	环保、教育	公益类
洛克菲勒基金会	美国	环保、文化、教育等	公益类

（二）在华境外非政府组织的评估准备

1.分类评估依据

为了确保分类评估工作的全面性和准确性，必须对评估工作所依据的资料来源进行规定。在华境外非政府组织评估的依据主要源于七个方面：一是依法披露的年度报告（简报）；二是注册管理部门和业务主管部门的日常管理记录；三是行政处罚记录；四是中介服务机构、行业自律组织提供的相关信息；五是相关管理部门、地方政府以及本土非政府组织提供的信息资料；六是媒体报道、群众投诉、举报检查处理情况；七是企业、政府部门、民间组织建立的诚信档案。因此，做好在华境外非政府组织的分类管理工作，需要加强信息资料的日常立卷归档工作，并建立与各相关管理部门联系机制，确保信息顺畅、真实可靠，为科学、客观分类打下基础。具体而言，在华境外非政府组织分类管理应综合分析和评价下列资料：

（1）定期报告；

（2）注册信息；

（3）现场检查报告；

（4）专项核查报告；

（5）其他组织对在华境外非政府组织的评估报告；

（6）举报材料；

（7）新闻媒体报道；

（8）其他检查和调研报告；

（9）日常管理记录；

（10）诚信记录档案；

（11）财政、教育、医疗、审计、司法、工商、税务、海关等业务部门的检查执法记录；

（12）地方政府通报信息；

（13）组织母国总部的报告；

（14）公益受众的反馈；

（15）其他信息来源。

2.评估信息收集

为了真实、客观地反映在华境外非政府组织分类现状，这里邀请了12名专家对在华境外非政府组织模糊综合评价调查表（见附录E）进行填写。12名专家分别来自湖南省政法委、湖南大学非营利组织研究中心、中南大学公共管理学院、开福区民政局、中华慈善基金会等。专家既包括在校的学者、博士，也包括政府机关工作人员和非政府组织的成员。专家评分的结果经过汇总后，得到在华境外非政府组织专家打分评价分值表，并作为在华境外非政府组织评价的依据。

3. 评估计算过程

通过上面对在华境外非政府组织评估的分析，可以将评估的计算过程分为如下三个主要步骤。

第一步：运用模糊综合评价法，依照表4.1构建的评价指标集 $U=\{u_1,u_2,\cdots,u_m\}$ 和表4.7测算的权重集 $W=\{w_1,w_2,\cdots,w_m\}$，将专家打分评价值转化为模糊评价矩阵，得出 $R_{11},R_{12},\cdots,R_{19}$，运用模型 $B=W\times R$，得出二级指标向量 $B_{11},B_{12},\cdots,B_{33}$。

第二步：结合前面的计算和对部分二级指标的打分，可以得到一级指标模糊评价矩阵 R_1、R_2、R_3、R_4，再次运用模型 $B=W\times R$，可以得出一级指标向量 B_1、B_2、B_3、B_4。

第三步：将评语集 $V=$（非常好，好，一般，差，非常差）分别赋值（5，4，3，2，1），运用加权平均法，可以得到 A_1、A_2、A_3、A_4，再乘以一级指标权重 W，最终可以得到模糊综合评价数值 O。

4. 分类等级设置

为了规范对社会组织的评估，我国政府颁布了《社会组织评估管理办法》（2010）。根据该法第八条的规定，对于不同类型的社会组织采取分类评估的办法，即社会团队、民办非企业单位、基金会等采取更加适合自身特点的评估办法。第二十六条规定，社会组织评估结果分为5个等级，由高至低依次为5A级（AAAAA）、4A级（AAAA）、3A级（AAA）、2A级（AA）、1A级（A）。在华境外非政府组织作为在我国境内活动的一类社会组织，该法也同样适用于对其进行评估。上面将评语集（非常好，好，一般，差，非常差）的评分等级分别赋值为（5，4，3，2，1），综合评价得分与哪个数值接近则为相应的评分等级。具体分类等级内涵如下。

5A 级：综合评价分值 $O\geqslant 4.5$。按照要求在公安、民政等单位登记，并及时变更信息；完全按照组织章程、宗旨及各级政府管理条例开展活动；机构设置合理，办公条件齐备，组织运行良好；优秀的志愿者队伍，完备的志愿者管理制度；履行信息公开的义务，向公众、捐赠人公开信息；开展具有创新性、社会效益和社会影响较大的公益项目；建立并执行现金、会费、财产、捐赠和资助管理制度；财务监管制度健全，理事会、捐赠人能够实施有效监督。

4A 级：综合评价分值 4.5 > O ≥ 3.5。按照要求在业务主管部门备案，并获得备案书面材料；有完善的人力资源管理制度，相应岗位配有专职人员；分支机构管理制度合理，开展工作良好；业务范围内开展活动，计划、执行、评测等机制完善；认真编制年度计划，年度计划规划合理，可执行性强；项目事先论证充分，事中执行有力，事后评估科学；捐赠管理制度完善，取得良好社会反响；资助管理制度健全，与受助人合作取得相应成果。

3A 级：综合评价分值 3.5 > O ≥ 2.5。进行了登记，但是存在登记信息变更不及时等现象；在业务主管部门备案，但是存在资料不完整等情况；人力资源管理制度不完善，部分专业岗位缺乏专职人员；分支机构管理制度尚不完善，勉强能够开展工作；信息披露制度待完善，一些信息没有全面、及时公开；年度计划编制部分不合理，一些目标难以实现；能够较好完成现有的项目，有机会参与全国公益评优；捐赠制度不够完善，捐赠社会反响一般；财务监督制度尚不完善，但是没有出现较大的漏洞。

2A 级：综合评价分值 2.5 > O ≥ 1.5。大致按照组织章程、宗旨活动，没有违背政府管理条例；初步建立管理制度，办公条件一般，管理效率较低；志愿者队伍能够完成部分组织使命，管理机制待完善；业务活动执行与计划大体一致，管理机制尚待完善；信息披露存在错披、漏披的现象，相关制度未建立；项目管理制度不完善，在计划、执行、评估中存在问题；建立了财务管理制度，但是执行不够；资助管理制度尚不健全，资助没有取得预计成效。

1A 级：综合评价分值 1.5 > O。没有按照要求登记，或以其他类型组织名义登记；出现违背章程、宗旨的行为，有被各级政府处罚的记录；志愿者队伍仅能发挥有限的作用，缺乏相应管理制度；业务活动不能体现组织宗旨，管理较为混乱；没有建立合理的项目管理制度，项目管理混乱；未能成功建立捐赠管理制度，捐赠未取得相应成果；资助管理制度存在较大漏洞，资助效果不明显；财务监管制度没有建立或没有认真执行，出现过财务问题。

（三）在华境外非政府组织分类评估案例分析

世界自然基金会（World Wide Fund for Nature，WWF）是世界上大型的环保类非政府组织之一，在自然环境保护、可持续发展、生物多样性等领域享有盛誉。选择 WWF 作为研究案例，一是因为该组织具有一定的代表性，作为一家长期在中国内地活动的境外非政府组织，世界自然基金会活动范围广泛，涉及多项公益门类，能够代表这类综合性在华境外非政府组织的基本情况；二是因为该组织的稳定性，世界自然基金会具有完善的内部治理结构和明确的组织愿景，长期从事公益活动，并制定了长期在华发展的战略。

1. 确定评价指标集

对世界自然基金会进行评估，将涉及它的评价因素如接受监管、内部治理、业务活动、财务管理等。在采用模糊综合评价方法进行评判时，应构造评价因素集 $U=$（准入管理，内部治理，业务活动，财务管理）。为了明细概念和便于赋权工作，整个指标评价体系划分为 4 个一级指标、12 个二级指标和 36 个三级指标。对这类涉及多级指标的模糊综合评价，通常是从最底层的指标集开始评价，并将下一级的综合评价结果视作已知的设定值，继续进行上一级的评价。

2. 确定评语集

对在华境外非政府组织的评价中，将涉及的三级指标，例如 C_1 公益性。专家在评价中设有五种评价等级，分别为非常好、好、一般、差、非常差，其评价语集 $V=$（非常好，好，一般，差，非常差）。

3. 确定权重集

确定权重的方法有主成分分析法、专家打分法、德尔菲法等。上面运用 GA-AHP 对在华境外非政府组织权重进行测算，以二级指标组织宗旨为例，因素集 $U=$（公益性，非营利性，自主性，服务性），对应权重集 $W_{11}=$（0.165 4，0.620 8，0.048 3，0.165 4）。

4. 设立隶属度及综合评估过程

按照计算方案，可对世界自然基金会定性评估指标进行计分。整个过程以专家打分的形式来完成，评分的依据为 2015—2016 年世界自然基金会的年度报告、监管信息、诚信记录以及其他公开披露的信息。专家在了解了其内部治理、业务活动、财务管理等基础上，采取综合分析判断法对定性指标进行评议，判断各项指标所处的水平档次，并直接给出评价分数。最终评分取专家打分的平均值如表 4.9 所示。

表 4.9　世界自然基金会专家打分情况表

序号	指　标	同　意　程　度				
		非 常 好	好	一 般	差	非 常 差
B_1	依法登记	0.64	0.30	0.06	0	0
B_2	活动备案	0.56	0.34	0.08	0.02	0
B_3	合规管理	0.52	0.28	0.16	0.04	0

续表

序号	指　标	同意程度				
		非常好	好	一般	差	非常差
C_1	公益性	0.24	0.46	0.20	0.10	0
C_2	非营利性	0.20	0.50	0.16	0.14	0
C_3	自主性	0.32	0.38	0.18	0.12	0
C_4	服务性	0.28	0.42	0.22	0.08	0
C_5	专职人员	0.44	0.32	0.16	0.04	0.04
C_6	志愿者	0.40	0.34	0.18	0.06	0.02
C_7	人事制度	0.24	0.36	0.20	0.16	0.04
C_8	人才培养	0.30	0.32	0.20	0.10	0.08
C_9	行政机构	0.20	0.42	0.24	0.10	0.04
C_{10}	监事会	0.28	0.30	0.30	0.08	0.04
C_{11}	理事会	0.26	0.32	0.26	0.10	0.06
C_{12}	项目制度	0.34	0.28	0.18	0.14	0.06
C_{13}	职能履行	0.38	0.26	0.22	0.10	0.04
C_{14}	发展规划	0.30	0.32	0.24	0.12	0.02
C_{15}	业务拓展	0.42	0.28	0.20	0.06	0.04
C_{16}	对象选择	0.40	0.28	0.22	0.06	0.04
C_{17}	服务承诺	0.44	0.36	0.16	0.02	0.02
C_{18}	联络渠道	0.44	0.26	0.220	0.06	0.02
C_{19}	投诉处理	0.34	0.36	0.24	0.04	0.02
C_{20}	权益保障	0.24	0.36	0.22	0.10	0.08
C_{21}	服务对象	0.38	0.42	0.12	0.06	0.02
C_{22}	政府部门	0.28	0.36	0.16	0.12	0.08
C_{23}	工作人员	0.34	0.32	0.18	0.10	0.06
C_{24}	媒体报道	0.36	0.30	0.28	0.04	0.02
C_{25}	公益支出/总收入	0.26	0.30	0.24	0.14	0.06
C_{26}	管理费用/总支出	0.34	0.24	0.22	0.16	0.04
C_{27}	年度收支比	0.38	0.28	0.26	0.06	0.02
C_{28}	业务成本/费用	0.32	0.28	0.28	0.08	0.04
C_{29}	筹资费用率	0.36	0.28	0.20	0.10	0.06
C_{30}	捐赠收入/总收入	0.30	0.28	0.24	0.10	0.08
C_{31}	筹资收入/总支出	0.22	0.26	0.32	0.14	0.06
C_{32}	投资收入/总收入	0.26	0.32	0.34	0.04	0.04
C_{33}	总收入增长率	0.28	0.30	0.22	0.12	0.08
C_{34}	资产负债率	0.16	0.32	0.14	0.20	0.18
C_{35}	现金储备率	0.34	0.30	0.22	0.08	0.06
C_{36}	固定资产比率	0.38	0.24	0.22	0.10	0.06

由此，可以得到如下模糊评价矩阵。

（1）二级指标组织宗旨的模糊评价矩阵为：

$$R_{11} = \begin{bmatrix} 0.2400 & 0.4600 & 0.2000 & 0.1000 & 0 \\ 0.2000 & 0.5000 & 0.1600 & 0.1400 & 0 \\ 0.3200 & 0.3800 & 0.1800 & 0.1200 & 0 \\ 0.2800 & 0.4200 & 0.2200 & 0.0800 & 0 \end{bmatrix}$$

（2）二级指标人力资源的模糊评价矩阵为：

$$R_{12} = \begin{bmatrix} 0.4400 & 0.3200 & 0.1600 & 0.0400 & 0.0400 \\ 0.4000 & 0.3400 & 0.1800 & 0.0600 & 0.0200 \\ 0.2400 & 0.3600 & 0.2000 & 0.1600 & 0.0400 \\ 0.3000 & 0.3200 & 0.2000 & 0.1000 & 0.0800 \end{bmatrix}$$

（3）二级指标治理结构的模糊评价矩阵为：

$$R_{13} = \begin{bmatrix} 0.2000 & 0.4200 & 0.2400 & 0.1000 & 0.0400 \\ 0.2800 & 0.3000 & 0.3000 & 0.0800 & 0.0400 \\ 0.2600 & 0.3200 & 0.2600 & 0.1000 & 0.0600 \end{bmatrix}$$

（4）二级指标项目管理的模糊评价矩阵为：

$$R_{14} = \begin{bmatrix} 0.3400 & 0.2800 & 0.1800 & 0.1400 & 0.0600 \\ 0.3800 & 0.2600 & 0.2200 & 0.1000 & 0.0400 \\ 0.3000 & 0.3200 & 0.2400 & 0.1200 & 0.0200 \\ 0.4200 & 0.2800 & 0.2000 & 0.0600 & 0.0400 \end{bmatrix}$$

（5）二级指标服务质量的模糊评价矩阵为：

$$R_{15} = \begin{bmatrix} 0.4400 & 0.3600 & 0.1600 & 0.0200 & 0.0200 \\ 0.4000 & 0.2800 & 0.2200 & 0.0600 & 0.0400 \\ 0.4400 & 0.2600 & 0.2200 & 0.0600 & 0.0200 \\ 0.2400 & 0.3600 & 0.2200 & 0.1000 & 0.0800 \\ 0.3400 & 0.3600 & 0.2400 & 0.0400 & 0.0200 \end{bmatrix}$$

（6）二级指标社会影响的模糊评价矩阵为：

$$R_{16} = \begin{bmatrix} 0.3800 & 0.4200 & 0.1200 & 0.0600 & 0.0200 \\ 0.2800 & 0.3600 & 0.1600 & 0.1200 & 0.0800 \\ 0.3400 & 0.3200 & 0.1800 & 0.1000 & 0.0600 \\ 0.3600 & 0.3000 & 0.2800 & 0.0400 & 0.0200 \end{bmatrix}$$

（7）二级指标公益能力的模糊评价矩阵为：

$$R_{17} = \begin{bmatrix} 0.2600 & 0.3000 & 0.2400 & 0.1400 & 0.0600 \\ 0.3400 & 0.2400 & 0.2200 & 0.1600 & 0.0400 \\ 0.3800 & 0.2800 & 0.2600 & 0.0600 & 0.0200 \\ 0.3200 & 0.2800 & 0.2800 & 0.0800 & 0.0400 \end{bmatrix}$$

（8）二级指标筹资能力的模糊评价矩阵为：

$$R_{18} = \begin{bmatrix} 0.3600 & 0.2800 & 0.2000 & 0.1000 & 0.0600 \\ 0.3000 & 0.2800 & 0.2400 & 0.1000 & 0.0800 \\ 0.2200 & 0.2600 & 0.3200 & 0.1400 & 0.0600 \\ 0.2600 & 0.3200 & 0.3400 & 0.0400 & 0.0400 \end{bmatrix}$$

（9）二级指标发展能力的模糊评价矩阵为：

$$R_{19} = \begin{bmatrix} 0.2800 & 0.3000 & 0.2200 & 0.1200 & 0.0800 \\ 0.1600 & 0.3200 & 0.1400 & 0.2000 & 0.1800 \\ 0.3800 & 0.2400 & 0.2200 & 0.1000 & 0.0600 \\ 0.3400 & 0.3000 & 0.2200 & 0.0800 & 0.0600 \end{bmatrix}$$

得出 R_{11}，R_{12}，…，R_{19} 模糊矩阵后，考虑指标相应的权重，进行模糊综合评价，模型为 $B = W \times R$，即：

$$B = \begin{bmatrix} w_{11}, w_{11}, \cdots, w_{19} \end{bmatrix} \begin{bmatrix} r_{11} & r_{12} & \cdots & r_{15} \\ r_{21} & r_{22} & \cdots & r_{25} \\ \vdots & \vdots & \vdots & \vdots \\ r_{91} & r_{92} & \cdots & r_{95} \end{bmatrix}$$

按照模糊综合评价法，将指标体系中的二级评估指标组织宗旨、人力资源、治理结构、项目管理、服务质量、社会影响、公益能力、筹资能力、发展能力，记为 B_{11}、B_{12}、B_{13}、B_{21}、B_{22}、B_{23}、B_{31}、B_{32}、B_{33}，经计算结果如下。

$B_{11} = (0.2256, 0.4743, 0.1775, 0.1225, 0)$

$B_{12} = (0.3318, 0.3356, 0.1906, 0.0944, 0.0475)$

$B_{13} = (0.2260, 0.3780, 0.2520, 0.0980, 0.0460)$

$B_{21} = (0.3401, 0.2966, 0.2249, 0.1076, 0.0306)$

$B_{22} = (0.3558, 0.3293, 0.2261, 0.0563, 0.0326)$

$B_{23} = (0.3102, 0.3624, 0.1673, 0.0989, 0.0612)$

$B_{31} = (0.3468, 0.2680, 0.2482, 0.1037, 0.0333)$

$B_{32} = (0.2521, 0.2736, 0.2970, 0.1154, 0.0619)$

$B_{33} = (0.2196, 0.3098, 0.1697, 0.1624, 0.1384)$

结合专家对二级指标依法登记、活动备案、合规管理三个指标的打分，以及上面的计算结果，可以得到一级指标接受监管、内部治理、业务活动和财务管理的模糊评价矩阵如下。

（1）一级指标准入管理的模糊评价矩阵为：

$$R_1 = \begin{bmatrix} 0.6400 & 0.3000 & 0.0600 & 0 & 0 \\ 0.5600 & 0.3400 & 0.0800 & 0.0200 & 0 \\ 0.5200 & 0.2800 & 0.1600 & 0.0400 & 0 \end{bmatrix}$$

（2）一级指标内部治理的模糊评价矩阵为：

$$R_2 = \begin{bmatrix} 0.2256 & 0.4743 & 0.1775 & 0.1225 & 0 \\ 0.3318 & 0.3356 & 0.1906 & 0.0944 & 0.0475 \\ 0.2260 & 0.3780 & 0.2520 & 0.0980 & 0.0460 \end{bmatrix}$$

（3）一级指标业务活动的模糊评价矩阵为：

$$R_3 = \begin{bmatrix} 0.3401 & 0.2966 & 0.2249 & 0.1076 & 0.0306 \\ 0.3558 & 0.3293 & 0.2261 & 0.0563 & 0.0326 \\ 0.3102 & 0.3624 & 0.1673 & 0.0989 & 0.0612 \end{bmatrix}$$

（4）一级指标财务管理的模糊评价矩阵为：

$$R_4 = \begin{bmatrix} 0.3468 & 0.2680 & 0.2482 & 0.1037 & 0.0333 \\ 0.2521 & 0.2736 & 0.2970 & 0.1154 & 0.0619 \\ 0.2196 & 0.3098 & 0.1697 & 0.1624 & 0.1384 \end{bmatrix}$$

通过上面对指标体系权重的计算可以得知，二级指标的权重为：

$$W_1 = [0.6491 \ 0.0719 \ 0.2790]$$

$$W_2 = [0.5278 \ 0.3325 \ 0.1396]$$

$$W_3 = [0.2872 \ 0.6348 \ 0.078]$$

$$W_4 = [0.6738 \ 0.1007 \ 0.2255]$$

由此可知，二级评估指标隶属度的模糊综合评价为：

$$B_1 = W_1 \times R_1 = (0.6008 \ 0.2973 \ 0.0893 \ 0.0126 \ 0)$$

$$B_2 = W_2 \times R_2 = (0.2610 \ 0.4147 \ 0.1922 \ 0.1097 \ 0.0222)$$

$$B_3 = W_3 \times R_3 = (0.3477 \ 0.3225 \ 0.2212 \ 0.0743 \ 0.0342)$$

$$B_4 = W_4 \times R_4 = (0.3086 \ 0.2780 \ 0.2354 \ 0.1181 \ 0.0599)$$

根据最大隶属度原则，世界自然基金会在一级指标中准入管理的评价为非常好，内部治理的评价为好，业务活动的评价为非常好，财务管理的评价为非常好。将评语集（非常好，好，一般，差，非常差）的评分等级分别赋值为（5，4，3，2，1），运用加权平均法，可以分别得到：

$$A_1 = \frac{5 \times 0.6008 + 4 \times 0.2973 + 3 \times 0.0893 + 2 \times 0.0126}{0.6008 + 0.2973 + 0.0893 + 0.0126} = 4.4862$$

$$A_2 = \frac{5 \times 0.2610 + 4 \times 0.4147 + 3 \times 0.1922 + 2 \times 0.1097 + 0.0222}{0.2610 + 0.4147 + 0.1922 + 0.1097 + 0.0222} = 3.7827$$

$$A_3 = \frac{5 \times 0.3477 + 4 \times 0.3225 + 3 \times 0.2212 + 2 \times 0.0743 + 0.0342}{0.3477 + 0.3225 + 0.2212 + 0.0743 + 0.0342} = 3.8751$$

$$A_4 = \frac{5 \times 0.3086 + 4 \times 0.2780 + 3 \times 0.2354 + 2 \times 0.1181 + 0.0599}{0.3086 + 0.2780 + 0.2354 + 0.1181 + 0.0599} = 3.6572$$

四个一级指标权重 W =[0.4547，0.1394，0.0855，0.3205]，由此可以得到：

O=4.4862×0.4547+3.7827×0.1394+3.8751×0.0855+3.6572×0.3205=4.0706

计算分值与 4 接近，因此评价为好。

（四）在华境外非政府组织分类结果

利用上面的分类方法，对在华境外非政府组织进行逐一评估。计算过程可以用模糊综合评价法计算程序（附录C）实现。由于篇幅所限，这里仅列出评估后的分类结果，如表 4.10 所示。

表 4.10 在华境外非政府组织评估结果

5A 综合评价分值 $O \geqslant 4.5$
比尔及梅琳达·盖茨基金会（4.734 7）、香港乐施会（4.636 8）、世界宣明会（4.623 1）李嘉诚基金会（4.622 8）、列维·斯特劳斯基金会（4.565 3）、洛克菲勒基金会（4.555 7）、美国国家地理空气与水保护基金会（4.551 6）、美国唐仲英基金会（4.546 3）
4A 综合评价分值 $4.5 > O \geqslant 3.5$
国际克里斯多夫基金会（4.485 4）、香港陈一心家族基金会（4.437 2）、美国能源基金会（4.325 8）、华侨基金会（4.321 5）、国际美慈组织（4.283 3）、弗雷德·霍洛基金会（4.253 6）、博源基金会（4.157 3）、世界自然基金会（4.070 6）、上海美国商会（4.065 5）、慈济之家（3.987 6）、国际竹藤组织（3.878 4）、台达电子文教基金会（3.564 2）、中日公益伙伴（3.563 8）、国际行动救援（3.562 1）、美中环境基金会（3.561 5）、美国能源基金会（3.560 7）、佛教慈济慈善事业基金会（3.559 1）、香港凯瑟克基金会（3.548 3）、加拿大和谐基金会（3.523 1）、香港海洋环境保护协会（3.510 9）、香港社会工作人员协会（3.510 5）、国际绿色经济协会（3.500 3）

续表

3A 综合评价分值 3.5 ＞ O ≥ 2.5
美国可持续发展社区协会（3.419 6）、AEA 教育基金会（3.378 5）、雷励青年公益发展中心（3.264 2）、英国海外志愿服务社（3.253 9）、亚洲动物协会（3.243 8）、日本水生态协会（3.227 9）、国际母乳会（3.215 6）、无国界医生（3.179 4）、智行基金会（3.164 7）、美国加州青树教育基金会（3.158 2）、世界未来基金会（3.146 7）、惠黎基金会（3.134 2）、喜马拉雅研究发展基金会（3.125 9）、亚洲城市清洁空气行动中心（3.116 3）、全美华人文化教育基金会（3.103 5）、香港安安国际孤独症教育基金会（3.098 4）、维基媒体基金会（3.065 3）、女工关怀（3.043 9）、美国家庭健康国际（3.037 8）、美国农村发展研究所（3.035 6）、国际私法桥梁（3.034 9）、美国公平劳工协会（3.021 7）、金桥慈善机构（3.021 3）、梅里埃基金会（3.016 6）、半边天基金会（3.014 7）、世界医生组织（3.008 3）、美国浩德国际儿童服务中心（2.978 2）、美国自然资源保护委员会（2.965 8）、世界混农林业中心（2.954 3）、香港建华基金会（2.943 7）、曙光慈善基金会（2.938 1）、香港基督教青年会（2.927 9）、国际教育协会（2.911 6）、国际青年基金会（2.901 6）、格诺威特基金会（2.895 7）、绿色和平（2.886 5）、协康会（2.685 3）
2A 综合评价分值 2.5 ＞ O ≥ 1.5
仁人家园（2.465 4）、全球青年实践网络（2.373 9）、台湾公益资讯中心（2.284 5）、美国公谊服务委员会（1.965 8）、法国发起发展组织（1.876 5）、台湾励馨基金会（1.864 3）、国际鹤类基金会（1.857 8）
1A 综合评价分值 1.5 ＞ O
亚太信息技术服务研究中心（1.435 1）、法国沛丰协会（1.432 7）、国际乡村建设学院（1.843 6）、迪瑞思咨询（1.233 5）、环球协力社（1.211 3）、国际发展企业（1.103 7）

四、基于分类结果的差异化管理制度

根据上面的探讨，以综合评价得分为依据，将在华境外非政府组织分为五类，即：5A 级（分值：O ≥ 4.5）、4A 级（分值：4.5 ＞ O ≥ 3.5）、3A 级（分值：3.5 ＞ O ≥ 2.5）、2A 级（分值：2.5 ＞ O ≥ 1.5）、1A 级（分值：1.5 ＞ O）。根据这五种类别在华境外非政府组织的特征，在准入方式、管理策略和支持方式方面采取差异化的管理策略，如表 4.11 所示。

表 4.11　不同类别在华境外非政府组织的分类管理

管 理 对 象	准 入 方 式	管 理 策 略	支 持 方 式
5A 级（分值：O ≥ 4.5）	直接登记	积极利用，加大扶持，例行监管	大力支持，政府购买，税收优惠
4A 级（分值：4.5 ＞ O ≥ 3.5）	双重管理	积极利用，正确引导，适度监管	大力支持，政府购买，税收优惠
3A 级（分值：3.5 ＞ O ≥ 2.5）	双重管理	积极利用，正确引导，重点监管	适当政府支持与税收优惠

管 理 对 象	准 入 方 式	管 理 策 略	支 持 方 式
2A 级（分值：2.5 ＞ $O \geqslant 1.5$）	前置审批后登记，业务指导	适当防范、加强引导、特别监管	限制为主
1A 级（分值：1.5 ＞ O）	前置审批后登记，业务指导	重点防范、加强引导、特别监管	限制为主，必要时驱逐

（1）5A 级在华境外非政府组织。对于这一类优秀的在华境外非政府组织，管理人员只需要在日常管理过程中对该级别组织的经营情况给予常规性的关注，并按照相关法律的要求进行年度检查。这类优质的在华境外非政府组织能够为我国社会提供准公共物品，以改善一些领域的公共服务供给，是我国政府积极引入的对象。对这类组织可以试点使用注册制，直接进行登记。5A 级在华境外非政府组织可以获得更好的发展机会，降低甚至取消了准入门槛，并在税收优惠、政府购买、政策支持等方面也较其他类型的在华境外非政府组织获得更多的倾斜，体现政府对这类组织的鼓励与支持。

（2）4A 级在华境外非政府组织。这类在华境外非政府组织应适度监管，在日常监管中应提高关注程度，针对组织存在的不规范问题或隐患发出关注函，督促组织规范运作，防范风险。应依法定期对这类组织进行现场检查，检查范围覆盖分支机构。在准入方式方面采用双重管理，需要经过业务主管部门同意之后，才能够在注册登记部门办理准入手续。与上一类在华境外非政府组织类似，这类组织同样能够带来我国社会所需要的公共服务，是政府大力支持、积极利用、引导发展的对象，在税收优惠、政府购买等方面应有所倾斜。

（3）3A 级在华境外非政府组织。这类在华境外非政府组织应重点监管，针对组织中有关不规范问题或风险隐患进行专项检查，检查范围覆盖到组织所有分支机构。针对调查核实的不规范问题向公司发出整改通知，约见组织的理事长敦促进行整改。必要时向地方政府或国外的母机构发出情况通报，督促这类组织规范运作。这类组织虽然存在较多问题，但是仍然具备提供公共服务的能力，因此，一方面我国政府应该对其实施重点监管，另一方面应正确引导，适当地给予政策倾斜和税收优惠。

（4）2A 级在华境外非政府组织。这类在华境外非政府组织应特别监管，要提高现场或非现场检查的频率、范围、规模，由经验丰富的管理人员负责这类组织的监管工作。针对组织存在的不规范问题，发出限期整改通知书，督促组织整改。对于这类组织在准入管理上应该更加严格，要求先审批后登记，并且要求其必须接受业务指导。这类组织或许能够提供某些领域的公共服务，但是对于其自身的不良状况，应适当防范、强化引导，以免造成社会损失。一般情况下，可以考虑限制其发展。

（5）1A级在华境外非政府组织。这类在华境外非政府组织监管力度应该比上一种更大，属于重点防范的对象。应由专业人员牵头成立特别监管小组，对其进行现场核查，核实有关风险和问题。督促其完善治理结构和内部控制，约见理事长就其存在的问题进行谈话，要求其管理层进行在华境外非政府组织相关法律法规培训。向地方政府和该组织母国总部通报情况，督促尽快整改。对于这个类别的在华境外非政府组织在准入管理中要慎重，必须严格审查后才能够登记注册。对于不配合管理的在华境外非政府组织，应该限制其在我国境内活动，必要时可以驱逐出境。

根据对不同类别在华境外非政府组织实施分类管理的要求，需要进一步完善管理机构设置、注册与备案制度、法律法规、多元协同治理、财务审计等。

第五章　基于支持向量机的在华境外非政府组织分类验证

通过上文的探讨，得到了合理有效的适用于在华境外非政府组织评估的指标体系，运用模糊综合评价法进行了评估，并将在华境外非政府组织分为五类。为了更加科学地对这类组织进行分类，本章引入支持向量机法对上一章分类结果进行验证。支持向量机是人工智能方法的一种，具有自学习性、记忆性等特点，适用于解决在华境外非政府组织这类小样本的分类问题。

一、基于支持向量机的分类模型构建

（一）支持向量机的分类思路

支持向量机是基于统计学理论提出来的人工智能学习方法，可以解决小样本的高维度非线性系统的精确拟合问题。运用支持向量机法进行分类预测，可以理解为将数据 x_i 通过非线性映射 Φ 到高维度特征空间 F 中，然后进行线性回归。从而将非线性问题转化为线性问题。

设 $x \in R^n$，R^n 表示某一空间，F 为高维特征空间，$\Phi(x)$ 为不同空间的非线性映射，b 表示偏置水平，w 表示权向量。那么，回归函数式如下：

$$f(x) = [w, \Phi(x)] + b \tag{5.1}$$

一般的分类预测方法可以理解为是在空间 F 中寻找 $f \in F$，从而使得结构风险值最小。

设 $R_{emp}[f]$ 表示经验风险，$\|w\|^2$ 表示置信风险，e_i 表示样本误差值，s 表示样本容量，$C(e_i)$ 表示模型经验损失，λ 表示常数，那么结构风险公式可以表示为：

$$R_{reg} = \lambda\|w\|^2 + R_{reg} = \lambda\|w\|^2 + R_{emp}[f] = \sum_{i=1}^{s} C(e_i) + \lambda\|w\|^2 \tag{5.2}$$

对于机器学习中的损失函数，该问题即可转化为最小化的线性风险泛函的问题：

$$\min \eta = \frac{1}{2} w^T + C \sum_{i=1}^{s} (\xi_i + \xi_i^*) \qquad (5.3)$$

$$\text{s.t.} \begin{cases} y_i - (w, \Phi(x_i)) - b \leqslant \varepsilon + \xi_i \\ (w, \Phi(x_i)) + b - y_i \leqslant \varepsilon + \xi_i \\ \xi_i, \xi_i^* \geqslant 0 \end{cases}$$

其中，ξ_i、ξ_i^* 表示松弛变量，ε 表示预计的精度，$C = 1/\lambda$。为了便于求解，该类问题转化为对偶问题：

$$\max \mu = -\frac{1}{2} \sum_{i,j=1}^{s} (\alpha_i - \alpha_i^*)(\alpha_j^* - \alpha_j)(\Phi(x_i), \Phi(x_j)) + \sum_{i=1}^{s} \alpha_i^* (Y_i + \varepsilon) - \sum_{i=1}^{s} \alpha_i (Y_i + \varepsilon)$$

$$(5.4)$$

$$\text{s.t.} \begin{cases} \sum_{i=1}^{s} \alpha_i^* = \sum_{i=1}^{s} \alpha_i \\ 0 \leqslant \alpha_i \leqslant C \\ 0 \leqslant \alpha_i^* \leqslant C \end{cases}$$

求解得到权向量 w 和偏置水平 b，将其代入式（5.1）得到非线性函数 $f(x)$：

$$f(x) = \sum_{i=1}^{s} (\alpha_i - \alpha_i^*) \left[\Phi(x_i), \Phi(x) \right] + b \qquad (5.5)$$

定义高维空间内积运算核函数表示为 $K(x_i, x_j) = \Phi(x_i)\Phi(x_j)$。对于核函数 $K(x_i, x_j)$ 的选择可以实现某一非线性变化后的线性分类。本章将对径向基核函数、多项式核函数和线性核函数进行比较分析，选择最合适的核函数进行运算。

如图 5.1 所示，运用支持向量机法对在华境外非政府组织进行分类总体思路如下。首先，收集数据并进行归一化处理，将在华境外非政府组织的各项评估指标作为输入向量，将总体评估向量作为输出向量。其次，对样本进行训练，确定核函数和核参数，并不断优化支持向量机的适应性，建立支持向量机模型。最后，进行样本测试，将测试样本数据输入到已经训练好的支持向量机模型，最终得到分类结果。

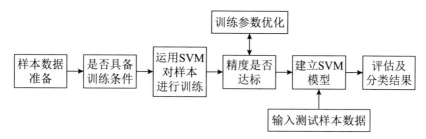

图 5.1　支持向量机法分类总体思路图

（二）支持向量分类机模型

解决非线性 SVM 问题的基本思想是，根据非线性变化，将输入变量 x 转化到某个高维空间中，然后在变换空间中求最优分类面。这种变换可能比较复杂，因此这种思路在一般情况下不容易实现中。但是要注意到对偶问题仅涉及训练样本之间的内积运算：

$$(x_i, x_j), i, j = 1, \cdots, l \qquad (5.6)$$

即在高维空间只需要进行内积运算，而这种内积运算是可以用原空间中的函数实现的，甚至没有必要知道变换的形式。根据泛函的有关理论，只要一种核函数

$$K(x_i, x_j), i, j = 1, \cdots, l \qquad (5.7)$$

满足 Mercer 条件，它就对应某一个变换空间中的内积。

首先，通过非线性映射

$$\Phi : R^n \to H \qquad (5.8)$$

将输入变量映射到高维 Hilbert 空间 H 中。

如果定义

$$K(x, y) = \Phi(x) \cdot \Phi(y) \qquad (5.9)$$

那么支持向量机的目标函数就变为：

$$W(\alpha) = \sum_{i=1}^{l} \alpha_i - \frac{1}{2} \sum_{i=1}^{l} \sum_{j=1}^{l} y_i y_j \alpha_i \alpha_j K\left(x_i \cdot x_j\right) \qquad (5.10)$$

相应的分类函数为：

$$f(x) = \mathrm{sgn}\left[w \cdot \Phi(x) + b\right] = \mathrm{sgn}\left[\sum_{i=1}^{l} \alpha_i y_i K(x_i \cdot x) + b\right] \qquad (5.11)$$

在华境外非政府组织的分类问题本质上是对这类组织进行对比，寻找具有相似特征的组织进行分类。选取支持向量分类机构造在华境外非政府

组织的分类模型。

设 y' 为第 i 个在华境外非政府组织的分类预测值，n 为在华境外非政府组织的总数，a_j 是支持向量分类化训练所得的拉格朗日因子，y_j 为第 j 个在华境外非政府组织的分类标识，即 5A、4A、3A、2A 及 A，$k(x_i, x_j)$ 为核函数，x_i 为第 i 个在华境外 NGO 的分类评价指标，b 为阀值。那么可以得到：

$$y'_i = \text{sgn}\left[\sum_{j=1}^{n} \alpha_j y_j k(x_i, x_j) + b\right] \qquad (5.12)$$

（三）核函数的选择

由模式识别理论可知，当模式在低维空间线性不可分时，可通过非线性映射到高维特征空间，模式就有可能实现可分。但是，如果在高维空间中直接采用这种技术进行分类或回归，则存在非线性映射函数的参数和形式、特征空间维数等难以确定的问题。高维特征空间运算时存在的"维数灾难"是最大的障碍。核函数技术的出现可以有效地解决这个问题。核函数把在华境外非政府组织的分类评价指标从指标空间映射到特征空间，解决了评价指标非线性赋权的问题，克服了现有评价方法采用线性加权法计算评价结果，不能够表达指标与评价结果之间真实关系的缺陷。针对不同问题，选用不同的核函数能够得到不同评价结果。不合适的核函数会影响到评估精确度，本章通过对比不同核函数的计算结果，选择最优核函数，且备选核函数如下。

（1）高斯 RBF 核函数式为：

$$k(x, y) = \exp\left(-\frac{\|x - y\|^2}{2\sigma^2}\right) \qquad (5.13)$$

高斯 RBF 核函数是一种应用较广泛的核函数，属于局部核函数，这类核函数可以将样本映射到更加高维的空间。高斯 RBF 核函数处理大样本和小样本都有较高的效率，且需要的参数少。因此，在华境外非政府组织的分类预测如果在不知道选取何种核函数为最优的情况下，高斯 RBF 核函数可以优先使用。

（2）多项式核函数式为：

$$k(x, y) = (\gamma x_i^T x + 1)^d, \gamma > 0 \qquad (5.14)$$

多项式核函数是一类全局核函数。因为其参数比较多，而参数多会增加模型的复杂程度，因此相比高斯核函数和线性核函数，多项式核函数要更加复杂。

（3）线性核函数式为：

$$K(x, y) = x_i^T x_j \qquad (5.15)$$

线性核函数更多用于线性可分的情况，其特点是参数少、速度快，其特征空间与输入空间的维度是一样的。如果样本的数据是线性可分的，那么线性核的分类效果往往很理想。

（四）核参数确定的方法

核参数的选择一定程度上决定支持向量机模型的质量，不同的核参数得到的评估结果可能存在明显差异。本文以分类判别能力为标准，通过比较不同核参数进行分类时的表现，选择分类精确度最高的核参数。用不同核参数下样本的分类判别能力，即五类在华境外非政府组织判断正确与否的百分比，来确定核函数的相关参数。

设 A 为在华境外非政府组织的分类判别能力，即在华境外非政府组织属于某一类的判断正确百分比。n_i 为在华境外非政府组织的总数，n_1 表示 A 级在华境外非政府组织的总数，n_2 表示 2A 级在华境外非政府组织的总数，n_3 表示 3A 级在华境外非政府组织的总数，n_4 表示 4A 级在华境外非政府组织的总数，n_5 表示 5A 级在华境外非政府组织的总数。A_1 是判断为 A 正确的百分比，A_2 是判断为 2A 正确的百分比，A_3 是判断为 3A 正确的百分比，A_4 是判断为 4A 正确的百分比，A_5 是判断 5A 为正确的百分比。y_i 表示第 i 个在华境外非政府组织分类评估的真实值，y_i' 是第 i 个在华境外非政府组织分类评估的预测值，则有：

$$A = (A_1 + A_2 + A_3 + A_4 + A_5) / 5 \qquad (5.16)$$

$$A_1 = \frac{1}{n_1} \left(n_1 - \sum_{i=1}^{n_1} \left| y_i - y_i' \right| \right) \qquad (5.17)$$

$$A_2 = \frac{1}{n_2} \left(n_2 - \sum_{i=1}^{n_2} \left| y_i - y_i' \right| \right) \qquad (5.18)$$

$$A_3 = \frac{1}{n_3}\left(n_3 - \sum_{i=1}^{n_3}|y_i - y_i'|\right) \tag{5.19}$$

$$A_4 = \frac{1}{n_4}\left(n_4 - \sum_{i=1}^{n_1}|y_i - y_i'|\right) \tag{5.20}$$

$$A_5 = \frac{1}{n_5}\left(n_5 - \sum_{i=1}^{n_1}|y_i - y_i'|\right) \tag{5.21}$$

式（5.16）的作用在于：通过五类样本的分类判断能力最强来确定最优核参数，提高小样本评估指标得分对整个计算结果的影响，改变了样本总体正确率对小样本分类指标的判断正确率反映不充分的问题。

关于核参数的确定步骤，以径向基核函数为例，由支持向量分类机模型式（5.12）、高斯 RBF 核函数式（5.13）可知，两个参数 (γ, σ^2) 的选择对训练的结果模型有很大的影响。其中，γ 是控制对错分样本惩罚程度的可调参数，σ^2 是高斯径向基核函数的参数。

通过对比不同参数下模型对在华境外非政府组织样本的分类判别能力，来确定支持向量机所选择的参数。其中，控制对错分样本惩罚程度的可调参数 γ 以步长 1 在 1 到 10 中间选择，高斯径向基核函数的参数 σ^2 以步长 0.5 在 0 到 3 之间选择，那么 γ 与 σ^2 的组合就有 70 种。对比这 70 种正确分类和非正确分类的判断能力，然后选择分类能力最强的一组参数。

核参数确定的具体步骤如下。

首先，将训练样本的评价指标对应的打分数据、参数 (γ, σ^2) 代入支持向量机模型式（5.1），得到在华境外非政府组织分类的预测值。

其次，将在华境外非政府组织的分类真实值、在华境外非政府组织分类的预测值代入式（5.10）和式（5.15），得到了不同参数下在华境外非政府组织的正确分类和非正确分类的判别能力。

最后，比较不同参数下在华境外非政府组织分类的判别能力，判别能力最强的一组就是最优参数 (γ, σ^2)，进而可以得到指标的支持向量机权重。

应该指出的是，参数范围可以根据实际情况进行调整，这里根据经验设定参数的范围 γ 为 0 到 10，σ^2 为 0 到 3。

在华境外非政府组织分类判别模型的参数优化技术路线图如图 5.2 所示。

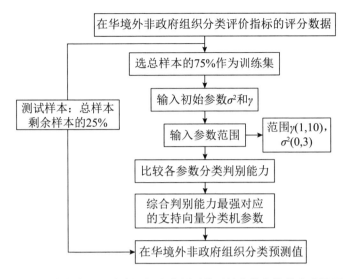

图 5.2　在华境外非政府组织分类判别模型的参数优化技术路线图

二、基于支持向量机的在华境外非政府组织分类实证研究

（一）样本选取与数据来源

通过上一章基于模糊综合评价法对在华境外非政府组织的评估测算，得到 80 家在华境外非政府组织的分类等级和测算评分。按照评估等级由高到低分为 5A 级、4A 级、3A 级、2A 级、1A 级。其中，5A 级样本数量为 8 家，占样本比例为 10%；4A 级样本数量为 22 家，占样本比例为 28%；3A 级样本数量为 36 家，占样本比例为 46%；2A 级样本数量为 8 家，占样本比例为 10%；1A 级样本数量为 5 家，占样本比例为 6%（如表 5.1 所示）。从样本的分布来看，50% 的样本分布在 3A 级和 2A 级附近，符合中间高、两边低的分布特征，没有出现过多样本出现在 5A 级或 1A 级附近的不合理情况，使得不同样本级别能够拉开距离。下文的实验在每个区间样本中选取了 75% 的样本作为训练样本，剩余 25% 作为测试样本。

表 5.1　在华境外非政府组织样本比例表

序　号	样 本 级 别	样 本 比 例 /%	累 积 比 例 /%	区间内样本数／个
1	AAAAA	10	10	8
2	AAAA	28	38	22
3	AAA	46	84	36
4	AA	10	94	8
5	A	6	100	5

1. 训练样本

随机抽取 60 家不同等级的在华境外非政府组织数据作为训练样本，其中 5A 级样本包括世界宣明会、香港乐施会、比尔及梅琳达·盖茨基金会、国际克里斯多夫协会等 6 家；4A 级样本包括华侨基金会、弗雷德·霍洛基金会、博源基金会、国际美慈组织、济慈之家等 15 家；3A 级样本包括国际母乳会、美国可持续发展社区协会、AEA 教育基金会、雷励青年公益发展中心、英国海外自愿服务社、亚洲动物协会、日本水生态协会等 28 家；2A 级样本包括台湾励馨基金会、仁人家园、全球青年实践网络、美国公谊服务委员会等 6 家；1A 级样本为国际竹藤组织、环球协力社、国际发展企业、迪锐思咨询有限公司等 5 家。将收集到的数据进行归一化处理，部分数据如表 5.2 所示。

表 5.2　在华境外非政府组织训练样本

样本等级	5A(共计 6 家)		4A(共计 15 家)		3A(共计 28 家)		2A(共计 6 家)		1A(共计 5 家)	
训练样本	世界宣明会	…	华侨基金会	…	国际母乳会	…	台湾励馨基金会	…	国际竹藤组织	…
依法登记	1	…	1	…	1	…	1	…	0	…
活动备案	1	…	1	…	0	…	1	…	0	…
…	…	…	…	…	…	…	…	…	…	…
公益性	1	…	0.5	…	0.75	…	1	…	0.25	…
非营利性	0.75	…	0.75	…	0.75	…	0.75	…	0.25	…
…	…	…	…	…	…	…	…	…	…	…
项目制度	1	…	0.5	…	0.25	…	0.25	…	0.5	…
职能履行	1	…	0.5	…	0.5	…	0.5	…	0	…
…	…	…	…	…	…	…	…	…	…	…
公益支出	0.5	…	0.25	…	0.25	…	0.5	…	0.5	…
管理费用	0.75	…	0.5	…	0.5	…	0.75	…	0.5	…
…	…	…	…	…	…	…	…	…	…	…

2. 测试样本

选择 20 个在华境外非政府组织作为测试样本，包括美国唐仲英基金会、李嘉诚基金会、列维·斯特劳斯基金会、香港海洋环境保护协会、迪锐思咨询有限公司等，如表 5.3 所示。

表 5.3 在华境外非政府组织测试样本

序号	测试样本	美国唐仲英基金会（1）	李嘉诚基金会（2）	列维·斯特劳斯基金会（3）	香港海洋环境保护协会（4）	香港社会工作人员协会（5）	…	迪锐思咨询有限公司（20）
1	依法登记	1	1	1	1	1	…	0
2	活动备案	1	1	1	0	0	…	0
…	…	…	…	…	…	…	…	…
4	公益性	0.75	1	0.75	0.75	0.75	…	0.25
…	…	…	…	…	…	…	…	…
14	理事会	0.5	0.75	0.5	0.25	0.5	…	0.5
15	项目制度	0.75	0.75	0.75	0.5	0.75	…	0.75
…	…	…	…	…	…	…	…	…
27	媒体报道	0.25	0.5	0.5	0.25	0.75	…	0.25
28	公益支出	0.75	1	0.5	0.5	0.5	…	0.5
…	…	…	…	…	…	…	…	…
39	固定资产比率	0.5	0.75	0.25	0.5	0.25	…	0.75

（二）不同核函数的预测结果

1. 高斯 RBF 核函数

依据上文介绍的核参数搜索方法，计算高斯 RBF 核函数的核参数。根据训练样本数据和分类标识，核参数的参考范围 $\gamma(1,10)$ 、 $\sigma^2(0,3)$ 代入式（5.12），通过比较不同核参数取值情况下对训练样本的分类能力，分类判别能力最强的对应核参数就是最优核参数，核参数的选取数据如表 5.4 所示。

表 5.4 核参数的选取数据表

序号	参数 γ	参数 σ^2	5A 样本判别正确率 /%	4A 样本判别正确率 /%	3A 样本判别正确率 /%	2A 样本判别正确率 /%	1A 样本判别正确率 /%	总样本分类判别能力 /%
1	1	0	85.46	76.12	71.54	80.25	74.58	77.59
2	1	0.5	94.18	83.15	78.56	89.63	85.39	86.18
3	1	1	73.26	65.34	68.45	71.26	66.47	68.96
4	1	1.5	83.15	66.38	61.59	80.45	84.51	75.21
5	1	2	64.93	63.35	72.78	75.37	78.92	71.07
…	…	…	…	…	…	…	…	…
70	10	3	91.59	62.57	64.26	82.44	80.67	76.31

表中第 2 列和第 3 列的数据来源于参数范围 $\gamma(1,10)$ 、 $\sigma^2(0,3)$ ，参数 γ 值以步长 1 在 1 和 10 之间选择，选项为 10， σ^2 值以步长 0.5 到 3 之

间选择，选项为 7，那么 γ 与 σ^2 的组合就有 70 种。

表中第 4 到第 8 列的数据来源于支持向量机分类算法取不同参数时的违约判别能力。其中，第 4 列表示 5A 样本分类判别能力，第 5 列表示 4A 样本分类判别能力，第 6 列表示 3A 样本分类判别能力，第 7 列表示 2A 样本分类判别能力，第 8 列表示 1A 样本分类判别能力，第 9 列表示五类样本的分类判别能力。

由表 5.4 第 9 列可知，当 γ 取 1、σ^2 取 0.5 时，总样本的分类判别能力最强为 86.18%。对应的拉格朗日因子 α 及阀值 b 如表 5.5 所示：

表 5.5　拉格朗日因子及阀值表

序号	取　值	5A 样本	4A 样本	3A 样本	2A 样本	1A 样本
1		0.004 201 66	0.200 740 799	1	0.099 346 227	0.105 144 633
2		0.139 748 572	0.743 308 03	0.345 228 516	0.388 870 224	0.137 123 594
3		0.118 351 595	0.061 182 21	0.986 839 413	0.008 008 929	0.236 891 417
4		0.008 452 22	0.090 829 634	0.663 123 046	0.406 900 083	0.327 909 679
5		0.220 160 42	0.050 158 616	0.627 790 27	0.155 265 728	0.198 920 578
6		0.048 887 833	0.069 768 508	0.696 013 286	0.125 064 032	0.149 617 161
7		0.085 977 75	0.018 802 147	0.848 630 521	0.103 959 41	0.023 907 252
8		0.022 824 315	0.309 641 57	0.942 699 909	0.346 047 26	0.147 705 16
9	训	0.157 516 623	0.023 494 607	0.648 561 124	0.069 770 373	0.086 290 086
10	练	0.057 894 366	0.128 316 714	0.364 356 833	0.116 011 303	0.054 898 777
11	所	0.067 648 502	0.033 488 711	0.248 656 181	0.063 408 895	0.015 305 992
12	得	0.090 329 299	0.170 366 09	0.050 393 556	0.109 970 123	0.385 979 42
13	的	0.035 156 33	0.037 418 167	0.983 097 601	0.137 071 151	0.771 214 983
14	拉	0.070 457 562	0.106 994 295	0.224 877 375	0.037 191 961	0.076 962 654
15	格	0.066 384 418	0.734 357 464	0.269 270 609	0.208 647 672	0.072 787 776
...	朗	...	...	...	...	...
38	日	0.039 048 465	0.336 017 248	0.023 156 26	0.283 974 35	0.159 924 601
...	因	...	...	...	...	...
43	子	0.029 976 656	0.296 001 665	0.216 558 243	0.025 494 205	
...			...	...	...	
45			0.517 870 294	0.187 961 088	0.144 411 957	
...			...	...		
50			0.006 242 028	0.819 715 728		
...				...		
60				0.510 140 186		
61	阀值 b	−0.860 9	−0.893 7	−0.026	−0.893 7	−0.860 9

将上文计算所得拉格朗日因子 α、阀值 b、最优核参数 $\sigma^2=0.5$ 代入式（5.12）得到在华境外非政府组织分类判别模型，分别为 5A 判别模型式（5.22）、4A 判别模型式（5.23）、3A 判别模型式（5.24）、2A 判别模型式（5.25）、1A 判别模型式（5.26），如下所示。

$$y_i' = \mathrm{sgn}\left\{\sum_{j=1}^{n}\alpha_j y_j k(x_i,x_j)+b\right\} \triangleq \mathrm{sgn}\left\{(0.000\,847\,463,0.011\,522\,834,\cdots,\right.$$
$$\left.0.229\,098\,486)(0,1,\cdots,0)\sum_{j=1}^{60}\exp\left[-\frac{\|x_i-x_j\|^2}{2\times0.5}\right]-0.860\,9\right\} \quad (5.22)$$

$$y_i' = \mathrm{sgn}\left\{\sum_{j=1}^{n}\alpha_j y_j k(x_i,x_j)+b\right\} \triangleq \mathrm{sgn}\left\{(0.030\,042\,112,0.153\,959\,536,\cdots,\right.$$
$$\left.0.052\,260\,709)(0,1,\cdots,0)\sum_{j=1}^{60}\exp\left[-\frac{\|x_i-x_j\|^2}{2\times0.5}\right]-0.893\,7\right\} \quad (5.23)$$

$$y_i' = \mathrm{sgn}\left\{\sum_{j=1}^{n}\alpha_j y_j k(x_i,x_j)+b\right\} \triangleq \mathrm{sgn}\left\{(0.167\,885\,181,0.097\,293\,594,\cdots,\right.$$
$$\left.0.213\,937\,653)(0,1,\cdots,0)\sum_{j=1}^{60}\exp\left[-\frac{\|x_i-x_j\|^2}{2\times0.5}\right]-0.026\right\} \quad (5.24)$$

$$y_i' = \mathrm{sgn}\left\{\sum_{j=1}^{n}\alpha_j y_j k(x_i,x_j)+b\right\} \triangleq \mathrm{sgn}\left\{(0.036\,228\,645,0.291\,667\,807,\cdots,\right.$$
$$\left.0.354\,453\,686)(0,1,\cdots,0)\sum_{j=1}^{60}\exp\left[-\frac{\|x_i-x_j\|^2}{2\times0.5}\right]-0.893\,7\right\} \quad (5.25)$$

$$y_i' = \mathrm{sgn}\left\{\sum_{j=1}^{n}\alpha_j y_j k(x_i,x_j)+b\right\} \triangleq \mathrm{sgn}\left\{(0.262\,282\,03,0.607\,903\,118,\cdots,\right.$$
$$\left.0.007\,648\,774)(0,1,\cdots,0)\sum_{j=1}^{60}\exp\left[-\frac{\|x_i-x_j\|^2}{2\times0.5}\right]-0.860\,9\right\} \quad (5.26)$$

将测试样本数据代入式（5.22）、式（5.23）、式（5.24）、式（5.25）、式（5.26），得到在华境外非政府组织分类预测值，结果如表 5.6 所示。

表 5.6　基于高斯核函数的在华境外非政府组织分类预测值

样本	5A 预测值	4A 预测值	3A 预测值	2A 预测值	1A 预测值	预测结果
样本 1	0.676 483 896	0.907 083 755	0.951 174 41	0.275 073 965	0.925 334 678	3A
样本 2	0.962 415 22	0.728 297 963	0.386 353 144	0.952 857 318	0.800 089 485	5A
样本 3	0.994 487 901	1.074 359 594	0.037 492 837	0.625 144 684	1.001 967 004	4A
样本 4	0.389 622 853	1.054 934 834	0.166 384 067	1.036 237 394	0.956 090 971	4A
样本 5	0.772 009 02	1.023 334 552	0.224 180 22	0.932 873 995	0.897 098 233	4A
样本 6	0.893 608 645	0.899 242 839	0.725 654 967	0.841 077 933	0.565 390 463	4A
样本 7	0.992 395 228	0.539 684 542	1.054 929 972	0.042 843 988	1.032 579 596	3A
样本 8	0.970 416 309	0.640 861 502	1.020 871 419	0.990 235 063	0.242 886 452	3A
样本 9	0.465 255 627	0.631 202 755	1.029 300 922	0.716 193 223	0.926 778 312	3A
样本 10	0.975 734 004	0.797 525 769	1.025 884 302	0.156 752 643	0.937 266 858	3A
样本 11	1.006 658 513	0.378 072 876	1.059 343 478	1.026 159 169	0.102 644 305	3A
样本 12	0.047 591 308	0.707 895 292	1.017 352 536	0.851 421 331	0.991 315 529	3A
样本 13	0.050 606 268	0.815 934 164	1.017 664 672	0.846 660 495	0.979 826 991	3A
样本 14	1.012 086 83	0.739 646 999	0.074 120 567	1.073 710 464	0.828 267 757	2A
样本 15	0.459 242 397	0.560 737 29	0.995 923 316	0.873 151 531	0.934 944 734	3A
样本 16	0.258 665 172	0.574 869 159	1.024 579 58	0.892 824 314	0.968 318 420	3A
样本 17	0.300 371 472	0.995 302 657	1.016 421 522	0.716 668 147	0.961 436 738	3A
样本 18	0.927 401 873	0.494 378 127	0.211 307 375	1.031 992 115	0.988 868 848	2A
样本 19	0.882 152 747	0.803 022 11	0.222 329 089	0.827 153 372	0.976 585 987	1A
样本 20	0.779 406 631	0.716 055 351	0.308 320 266	0.983 384 507	1.023 019 414	1A

注：样本名称：1 美国唐仲英基金会、2 李嘉诚基金会、3 列维·斯特劳斯基金会、4 香港海洋环境保护协会、5 中日公益伙伴、6 佛教慈济慈善事业基金、7 加拿大和谐基金会、8 香港社会工作人员协会、9 国际绿色经济协会、10 曙光慈善基金会、11 诺诺威特基金会、12 香港基督教青年会、13 国际教育协会、14 世界混农林业中心、15 半边天基金会、16 世界医生组织、17 国际鹤类基金会、18 国际乡村建设学院、19 亚太信息技术服务研究中心、20 迪锐思咨询有限公司。

　　根据计算程序的设定，预测值取 5A 到 1A 对应五个数字中的最大值，例如样本 1 中 3A 所对应的数值最大，那么预测结果为 3A。从 20 家测试样本的总体情况来看，其中预测结果为 5A 的有 1 家，占样本比例为 5%；预测结果为 4A 的有 4 家，占样本比例为 20%；预测结果为 3A 的有 11 家，占样本比例为 55%；预测结果为 2A 的有 2 家，占样本比例为 10%；预测结果为 1A 的有 2 家，占样本比例为 10%。测试样本预测结果在 5A ～ 1A 五种分类的分布比例与总样本的分布比例相比，预测结果的分布跟总样本相似，多数分类预测结果集中在 4A 和 3A，没有出现多数预测结果分布在 5A 或 1A 等级的不合理情况，呈现中间高、两边低的钟形分布特征。虽然测试样本预测结果与总样本分类分布情况相似，但是具体到某一分类的比例仍然存在一定的差异，比如测试样本预测结果为5A的比例为5%，总样本5A的比例为10%。出现这种情况可能是受样本数量、数据获取等原因的影响，也说明基于高斯核函数的支持向量机分类模型仍然有完善的空间。

2. 多项式核函数

运用多项式核函数预测在华境外非政府组织测试样本分类，在方法上与高斯 RBF 核函数基本相同。多项式核函数相比高斯 RBF 核函数和线性核函数，其参数数量比较多，有三个参数。式（5.14）中 d 是指多项式核函数的最高项次数，取值是 3，第一个 γ 为类别数的倒数，即 γ 为 1/5，式中的第二个 γ 取值为 0。对应的拉格朗日因子 α 及阀值 b 列表受篇幅限制，此处没有列出。计算过程可以通过 Matlab R2014a 编写多项式核函数分类预测主程序实现代码实现（见附录 G）。基于多项式核函数的在华境外非政府组织分类预测值如表 5.7 所示。

表 5.7　基于多项式核函数的在华境外非政府组织分类预测值

样本	5A 预测值	4A 预测值	3A 预测值	2A 预测值	1A 预测值	预测结果
样本 1	0.403 634 378	0.414 210 143	1.267 464 202	1.102 294 183	1.110 584 334	3A
样本 2	1.992 735 26	0.274 188 923	1.062 613 111	0.716 794 286	0.258 216 91	5A
样本 3	1.127 898 515	1.216 148 541	0.415 652 854	1.025 672 464	0.433 780 144	4A
样本 4	1.230 018 106	1.238 134 312	0.572 018 485	0.521 110 015	0.918 502 171	4A
样本 5	0.369 339 182	1.205 747 698	0.165 052 194	0.911 263 377	0.807 666 873	4A
样本 6	0.646 887 904	0.922 950 465	0.999 945 945	0.575 963 18	0.065 111 397	4A
样本 7	0.920 052 451	0.408 698 181	1.178 170 195	0.383 733 054	1.108 675 86	3A
样本 8	0.939 401 963	0.016 070 951	1.208 160 423	1.019 589 038	0.036 937 328	3A
样本 9	0.926 776 26	0.227 498 171	1.057 004 588	0.117 698 364	0.915 688 27	3A
样本 10	1.198 276 467	0.714 904 513	1.332 710 023	0.885 849 941	1.125 491 499	3A
样本 11	1.231 084 053	0.644 037 951	1.501 963 94	1.159 648 098	0.249 856 69	3A
样本 12	0.406 822 46	0.099 945 946	1.108 752 376	0.466 426 655	1.064 117 633	3A
样本 13	0.293 539 927	0.646 645 459	1.239 953 75	0.418 633 633	1.161 065 811	3A
样本 14	0.088 082 522	0.230 718 05	1.400 645 736	1.063 322 469	0.606 433 265	3A
样本 15	0.486 547 331	0.155 698 495	1.191 785 632	0.503 160 788	1.042 180 622	3A
样本 16	0.044 339 19	0.157 925 426	1.198 888 418	0.692 218 816	1.094 361 754	3A
样本 17	0.031 318 159	1.103 732 371	0.075 604 228	1.134 963 353	0.959 683 06	2A
样本 18	0.847 566 731	0.075 939 952	0.210 008 329	1.197 413 215	1.099 286 29	2A
样本 19	0.505 165 678	0.649 198 511	1.020 700 793	0.250 476 801	0.787 754 464	3A
样本 20	0.290 638 198	0.090 307 15	0.630 356 369	1.323 681 227	2.536 542 671	1A

注：样本名称和顺序同表 5.6。

多项式核函数与高斯 RBF 核函数在计算程序中设定相同，预测值取 5A 到 1A 对应五个数字中的最大值。例如，样本 20 中 A 所对应的数值最大，那么预测结果为 1A。从 20 家测试样本的总体情况来看，预测结果为 5A 的有 1 家，占样本比例为 5%；预测结果为 4A 的有 4 家，占样本比例为 20%；预测结果为 3A 的有 12 家，占样本比例为 60%；预测结果为 2A 的有 2 家，占样本比例为 10%；预测结果为 1A 的有一家，占样本比例为 5%。与基于高斯 RBF 核函数的预测结果相似，多项式核函数的多数分类预测结果集中在 4A 和 3A 等级，没有出现多数预测结果分布在 5A 或 1A 等级的不合理情况，呈现中间高、两边低的分布特征。同样，将测试样本预测结果在 5A 到 1A 五种分类的分布比例与总样本的分布比例相比较，预测结果的分布跟总样本相似。虽然测试样本预测结果与总样本分类分布情况相似，但是具体到某一分类的比例仍然存在一定的差异。出现这种情况可能是受样本数量、数据获取等原因的影响，也可能是多项式核的分类模型还不完善。多项式核函数与高斯 RBF 核函数的预测结果大体上相似，唯一的差别在于样本 17 和样本 19 的预测结果，多项式核函数的预测结果显示样本 17 分类为 2A，样本 19 分类为 3A。高斯 RBF 核函数的预测结果显示样本 17 分类为 3A，样本 19 分类为 1A。

3. 线性核函数

运用线性核函数预测在华境外非政府组织测试样本分类，在方法上与高斯 RBF 核函数和多项式核函数基本相同。从形式上看，线性核函数相对简单，不需要设置参数。对应的拉格朗日因子 α 及阀值 b 列表受篇幅限制此处没有列出。计算过程可以通过 Matlab R2014a 编写线性核函数分类预测主程序实现代码实现（见附录 G）。基于线性核函数的在华境外非政府组织分类预测值，如表 5.8 所示。

表 5.8　基于线性核函数的在华境外非政府组织分类预测值

样本	5A 预测值	4A 预测值	3A 预测值	2A 预测值	1A 预测值	预测结果
样本 1	1.130 784 176	0.976 603 72	0.495 767 995	0.886 422 911	1.117 100 848	5A
样本 2	0.851 519 155	0.553 010 132	1.902 777 955	0.834 110 523	1.064 372 826	3A
样本 3	0.997 254 985	1.238 326 529	0.213 347 263	0.906 873 402	1.146 971 374	4A
样本 4	0.156 227 158	1.458 228 616	0.341 548 94	1.213 130 6	1.360 890 177	4A
样本 5	0.463 258 931	1.148 169 595	1.302 725 649	0.965 531 324	0.967 191 596	3A
样本 6	1.047 848 661	1.216 061 498	0.603 820 855	0.958 583 845	1.016 868 055	4A
样本 7	1.105 801 132	1.083 784 831	1.275 035 631	1.177 490 309	0.085 161 009	3A
样本 8	1.124 371 444	0.555 894 498	1.299 532 275	1.130 640 121	0.585 780 047	3A
样本 9	0.596 656 154	0.758 164 017	1.492 568 6	0.774 127 318	1.004 573 839	3A

续表

样本	5A 预测值	4A 预测值	3A 预测值	2A 预测值	1A 预测值	预测结果
样本 10	0.551 680 412	0.472 161 593	1.648 033 615	1.108 339 36	1.356 135 684	3A
样本 11	1.171 463 556	0.026 519 41	1.739 051 926	1.296 400 684	0.610 734 686	3A
样本 12	0.033 527 213	0.994 921 497	1.303 220 824	0.909 817 998	1.124 827 373	3A
样本 13	0.567 053 538	1.011 645 662	1.358 353 836	1.285 352 257	0.992 582 427	3A
样本 14	0.154 209 191	0.796 126 347	1.680 747 52	1.194 766 626	0.845 614 202	3A
样本 15	0.781 978 528	0.724 112 519	1.729 190 257	1.057 271 163	0.839 825 794	3A
样本 16	0.501 357 566	0.532 511 593	1.331 729 272	0.967 986 718	1.068 107 049	3A
样本 17	1.283 917 79	0.652 061 002	0.618 649 886	1.794 365 418	1.075 507 194	2A
样本 18	1.069 614 609	0.191 949 832	0.102 177 635	1.426 126 546	1.216 430 035	2A
样本 19	0.918 985 114	1.311 491 644	0.606 242 652	1.006 487 43	1.426 878 162	1A
样本 20	0.961 691 634	0.214 911 422	2.321 274 392	0.985 871 047	0.902 537 743	3A

注：样本名称和顺序同表 5.6。

　　线性核函数与多项式核函数、高斯 RBF 核函数在计算程序中设定相同，预测值取 5A 到 1A 对应五个数字中的最大值。例如，样本 10 中 3A 所对应的数值最大，那么预测结果为 3A。从 20 家测试样本的总体情况来看，预测结果为 5A 的有 1 家，占样本比例为 5%；预测结果为 4A 的有 3 家，占样本比例为 15%；预测结果为 3A 的有 13 家，占样本比例为 65%；预测结果为 2A 的有 2 家，占样本比例为 10%；预测结果为 1A 的有 1 家，占样本比例为 5%。线性核函数与高斯 RBF 核函数、多项式核函数的预测结果相似，线性核函数的多数分类预测结果集中在 4A 和 3A 等级，没有出现多数预测结果分布在 5A 或 1A 等级的不合理情况，呈现中间高、两边低的分布特征。同样，将测试样本预测结果在 5A ～ 1A 五种分类的分布比例与总样本的分布比例相比较，预测结果的分布跟总样本相似。虽然测试样本预测结果与总样本分类分布情况相似，但是具体到某一分类的比例仍然存在一定的差异。线性核函数与多项式核函数预测结果大部分相似，样本 1、样本 2、样本 5、样本 19 和样本 20 的预测结果存在差异。线性核函数样本 1 分类为 5A、样本 2 分类为 3A、样本 5 分类为 3A、样本 19 分类为 1A、样本 20 分类为 3A，而多项式核函数样本 1 分类为 3A、样本 2 分类为 5A、样本 5 分类为 4A、样本 19 分类为 3A、样本 20 分类为 1A。线性核函数与高斯 RBF 核函数预测结果大部分相似，样本 1、样本 2、样本 5、样本 14、样本 17 和样本 20 的预测结果存在差异。线性核函数样本 1 分类为 5A、样本 2 分类为 3A、样本 5 分类为 3A、样本 14 分类为 3A、样本 17 分类为 2A、样本 20 分类为 3A，而高斯 RBF 核函数样本 1 分类为 3A、样本 2 分类为 5A、样本 5 分类为 4A、样本 14 分类为 2A、样本 17 分类为 3A、样本 20 分类为 1A。从分析来看，基于线性核函数的在华境外非政府组织分类预测结果与多项式核函数和高斯 RBF 核函数差异相对较大，而多项式核函数和高斯 RBF 核函数的分类预测结果比较接近。

（三）分类验证

通过上一节的计算，分别运用高斯 RBF 核函数、多项式核函数、线性核函数对在华境外非政府组织进行分类测试。本节将对三种核函数的测试结果与模糊综合评价法的分类结果进行对比，以验证在华境外非政府组织的分类结果。运用以高斯 RBF 核为核函数支持向量机的分类结果与运用模糊综合评价法的分类结果对比。基于高斯 RBF 核函数的支持向量机分类模型训练完毕，用未经训练的测试样本对学习优化好的支持向量机分类模型进行测试。基于高斯 RBF 核函数的在华境外非政府组织分类预测结果如表 5.6 所示；将预测结果与模糊综合评价法的分类结果进行对比，如图 5.3 所示。图中圆圈表示已经观测到的分类，即运用模糊综合评价法得到的实际等级；三角形表示运用高斯 RBF 核函数的支持向量机法求得的测试等级。如果两种方法的分类结论相同，那么圆圈和三角形就会叠加在一起。图 5.3 中样本名称和顺序与表 5.6 一致。通过 20 个测试样本的对比，测试登记与实际等级吻合率为 80%。支持向量机法和模糊综合评价法有四组样本的测算结果不一致，即图中圆圈和三角形未叠加的样本分别是样本 1、样本 14、样本 17 和样本 20。

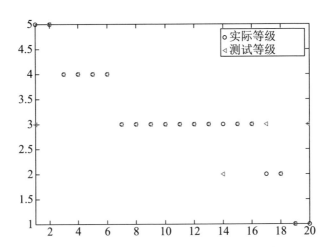

图 5.3　高斯 RBF 核函数 SVM 的分类预测与模糊综合评价法的分类结果对比

运用多项式核函数 SVM 对在华境外非政府组织的分类与运用模糊综

合评价法的分类对比。将基于多项式核函数 SVM 分类模型训练完毕，用未经训练的测试样本对学习优化好的支持向量机分类模型进行测试。基于多项式核函数 SVM 的在华境外非政府组织分类预测结果见表 5.7，将预测结果与模糊综合评价法的分类结果进行对比，如图 5.4 所示。图中圆圈表示已经观测到的分类，即运用模糊综合评价法得到的实际等级；三角形表示运用多项式核函数 SVM 求得的测试等级。如果两种方法的分类结论相同，那么圆圈和三角形就会叠加在一起，反之则不会叠加在一起。通过20 个测试样本的对比，测试等级与实际等级吻合率为 90%。经过对比，多项式核函数 SVM 和模糊综合评价法有两组样本的测算结果不一致，即图中圆圈和三角形未叠加的样本分别是样本 1 和样本 20。

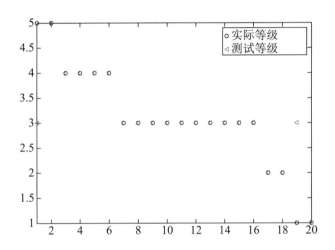

图 5.4　多项式核函数 SVM 的分类预测与模糊综合评价法的分类结果对比

运用线性核函数 SVM 对在华境外非政府组织的分类与运用模糊综合评价法的分类对比。将基于线性核函数 SVM 分类模型训练完毕，用未经训练的测试样本对学习优化好的支持向量机分类模型进行测试。

基于线性核函数 SVM 的在华境外非政府组织分类预测结果见表 5.8，将预测结果与模糊综合评价法的分类结果进行对比，如图 5.5 所示。图中圆圈表示已经观测到的分类，即运用模糊综合评价法得到的实际等级；三角形表示运用线性核函数 SVM 求得的测试等级。如果两种方法的分类结论相同，那么圆圈和三角形就会叠加在一起，反之则不会叠加在一起。通过 20 组测试样本的对比，测试等级与实际等级吻合率为 85%。线性核函数 SVM 和模糊综合评价法有三组样本的测算结果不一致，即图中圆圈和三角形未叠加的样本分别是样本 2、样本 5 和样本 20。

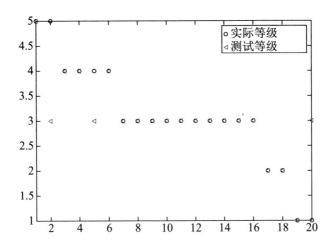

图 5.5　线性核函数 SVM 的分类预测与模糊综合评价法的分类结果对比

　　上文分别就高斯 RBF 核函数 SVM、多项式核函数 SVM 和线性核函数 SVM 的分类预测结果与模糊综合评价法的分类结果进行了对比验证。基于三类核函数的 SVM 分类测试等级与基于模糊综合评价法的实际等级大体上一致。其中，高斯 RBF 核函数 SVM 测试等级与实际等级吻合率为80%，多项式核函数 SVM 测试等级与实际等级吻合率为90%，线性核函数 SVM 测试等级与实际等级吻合率为85%。这说明运用支持向量机对在华境外非政府组织进行分类是有效的。虽然在精确度方面还不是非常理想，但是作为一种具有自学能力、建立在客观数据基础上的方法，它可以避免分类的随意性与主观性，且易于计算机操作。在三类核函数中，基于多项式核函数的支持向量机分类预测与模糊综合评价法的分类结果最接近。在其他条件一定的情况下，可以认定多项式核函数更加适合处理在华境外非政府组织分类的问题。因此，运用支持向量机解决在华境外非政府组织分类问题，多项式核函数是首选的核函数。

下　篇
管 理 策 略

第六章　加强在华境外非政府组织的分类监管

随着全球化的深入，越来越多的境外非政府组织进入中国大陆开展活动。双方的文化沟通和项目互助不断增加，对于中国的发展来说既是机遇也是挑战。中国政府迫切需要厘清思路，完善在华境外非政府组织的监管制度。"监管"一词是指管理主体用强制性的一些手段方法来达到一定效果的过程。监管有两种含义，一种是正式的规则或指示，另一种是基于规则对活动或程序进行调节和控制。本书认为监管是存在于主体与客体之间的相互作用方式，是主体根据法律规定对客体进行调整和把握控制，使其正常运行的行为进程。监管在任何工作制度中都起着基础性的作用。在理想情况下，监管达到良好状态后，机制可以达到一种自我调整状态。因此，本文认为，监管是指主体根据规则对客体进行的调整和控制，使客体维持正常运行的方式。分类监管是监督管理的一种形式，目的是提高监管效率、增强监管执行力。

一、加强在华境外非政府组织分类监管的必要性分析

（一）弥补在华境外非政府组织自身失灵局限性

非政府组织在社会福利和公共服务方面的宗旨可能产生偏差，功利主义的信念和行为导致出现资源分配低效的现象。因为一些非政府组织只需要参与一些志愿活动就能被视为志愿者，所以非政府组织成员成为志愿者的门槛非常低。无论是非政府组织的公益目的还是社会利益，在与个人利益的比较之下，都会被追求个人利益所忽略，而与自身理念背道而驰。

Salamon 在提出非政府组织失灵理论时，总结了非政府组织失去功效的四种表现形式。一是非政府组织竞争机制少、透明度低。根据一项调查表明，受访群众在很大程度上对公益性非政府机构持怀疑态度，认为它们应当提高公信力和透明度。这说明公众对这些机构的信任度普遍偏低。二是信任危机。当前，在非政府组织中频繁出现贪腐、滥用职权等影响其自身信用和权威性的问题，改变了其公正清廉的形象，难以使公众信服。三

是金融危机。一方面，政府是不可能向所有非营利组织提供资金支持的。另一方面，很多组织借开展慈善活动之名行牟取私利之实，加重了非营利组织的财务问题。四是组织机构不完善。虽然非政府组织可以独立于政府存在，但实际上很难与政府没有关联，特别是一些已经通过法定登记程序的组织，仍然与政府有很大关联。同时，一些非政府组织受到体制的限制，没有足够的发展空间。此外，没有有效的机制来管理监督非政府组织的牟利行为。

（二）防范敌对势力可能对中国安全产生的危害

随着进入中国的境外非政府组织数量增多，它们的活动范围逐渐扩大，活动中存在的问题也越来越突出，主要有以下几类：第一，危害国家安全，一些在华境外非政府组织通过驻华机构收集情报，这将危害中国国家安全；第二，宣扬"民主"思想，有一些美国民间组织参与到我们的基层选举、地方自治能力建设等活动中，宣扬西方的民主价值观，又借此机会收集了大量的情报数据；美国国际共和研究所（IRI）是第一个参与我国村民选举的在华境外非政府组织，它的使命是在世界范围内促进"民主"。其在安徽省召开工作会议，讨论安徽省村民选举程序。除此之外，一些境外的非政府组织还参与策划了针对中国政府和社会的一些群体性事件，涉及用极端手段维权，或者采取暴力方式抵制纳税等。这些事件严重影响了我国正常的社会管理秩序和经济发展。

二、改革开放以来在华境外非政府组织监管的三个阶段

改革开放至今，已经有近万家境外非政府组织在中国境内开展各种活动，成为一支不可忽视的力量。我国积极开展对在华境外非政府组织实施有效监管实践，大体上经历了放任发展、探索监管和法治化监管三个阶段，目前正在不断完善和落实对在华境外非政府组织的监管。

（一）疏于管理阶段

从改革开放初到 20 世纪 80 年代末，中国政府对在华境外非政府组织是持欢迎和鼓励态度的，为境外非政府组织进入中国开展活动提供了契机和发展空间。在华境外非政府组织带来的资金、技术、发展理念和管理经验也为我国经济社会发展提供了巨大支持，并日益与中国政府经济发展目标同构。政府主动学习和引进的态度体现在其采取了一系列有效措施，为

在华境外非政府组织的进入和开展项目提供便利条件，并放任其发展。如1980 年发布的《国务院关于管理外国企业常驻代表机构的暂行规定》，为政府发展国际经济贸易交往，管理外国公司、企业和其他经济组织常驻中国的代表机构提供了依据。1987 年 4 月，外经贸部、外交部和财政部上报国务院的《关于同国外非政府组织开展经济技术合作若干问题的请示》，确定了外经贸部的中国国际经济技术交流中心为中国与国际民间组织合作的协调机构，并设立国际民间组织联络处负责具体事务，同时明确了中国政府与国外非政府组织合作的方式和渠道。

（二）探索监管阶段

20 世纪 80 年代末到 2017 年 1 月 1 日，是中国政府探索如何加强在华境外非政府组织监管阶段。受国际社会发生的"颜色革命"的影响，我国政府开始转变对在华境外非政府组织的态度，并对其加强监管。这一时期，我国中央和地方政府开展了法律政策的建设。如国务院在 1989年制定了《外国商会管理暂行规定》，以加强对外国商会的管理，从而促进国际贸易和经济技术的交流与合作。2004 年通过《基金会管理条例》来规范在华境外基金会的组织和活动。同年国家外国专家局发布《外国专家来华工作许可办理规定》，以规范来华外国专家的申请、受理、审批、办理等事项。卫生部 2008 年出台《卫生部业务主管境外基金会代表机构管理规定》、国家外汇管理局 2009 年印发《关于境内机构捐赠外汇管理有关问题的通知》等。在地方政府层面，在华境外非政府组织活动较为活跃的云南省、四川省和西藏自治区等都颁布了相应的管理规定，在实施有效监管的同时便利其活动。然而，这些政策措施仅涉及对小范围内的部分在华境外非政府组织活动监管，大量的在华境外非政府组织仍然游离于政府监管之外，这显然不利于境外非政府组织在中国良性健康发展。

（三）法治化监管阶段

自 2017 年 1 月 1 日起，《中华人民共和国境外非政府组织境内活动管理法》（下称《管理法》）正式施行。在华境外非政府组织的发展进程进入法治化监管阶段。这既是改革开放以来中国政府对在华境外非政府组织监管经验的概括总结，也是新时期不断继续深化改革开放、建设法治中国的必然要求。依法加强对在华境外非政府组织的监管，最大化利用境外非政府组织资源，不断提升我国对外开放水平和法治水平，将成为政府工作的重要任务和主要方向。

三、在华境外非政府组织分类监管的现状和问题

（一）现状概述

　　我国政府主要通过法律法规来加强对在华境外非政府组织的监管。目前，依据《中华人民共和国境外非政府组织境内活动管理法》对境外基金会、海外商会等进行相应的管理，使对在华境外非政府组织的监管有法可依，起到了较好的监管效果。监督管理不仅要严惩在华境外非政府组织的违法犯罪，更重要的是在源头上防范那些非法行为的发生。

　　在地方层面，一些地方政府开展了监督管理在华境外非政府组织的诸多探索。如云南省作为民政部指定的社会组织创建了观测点，从少数民族省份的情况考虑，在打造绿色经济强省、中华民族文化强省和重要的西南开放桥头堡战略目标方面着力，全面布局社会发展，加强政策举措，改革社会组织登记管理体制，优化环境，社会组织总体发展迅速，数量快速增长，质量稳步提高，在经济社会发展中作用逐渐凸显。每万人平均拥有社会组织接近4个，与全国平均水平接近。这项数据与西部各省综合比较，排名第二。在政策方面，该省在对在华境外非政府组织的活动管理、在华境外非政府组织的诚信建设、公共服务和公益事业参与、生态环境保护合作等方面做出了尝试。但是，在华境外非政府组织一直将云南作为特别关照的对象，因为它是边疆少数民族地区的代表。云南省2010年颁布《关于规范在华境外非政府组织活动的暂行规定》，并建立了一系列行之有效的在华境外非政府组织管理制度和服务机制。2012年，云南省又率先出台了西部地区行业协会管理规定。行业协会的双重管理制度被该条例废除，改由民政部门直接管理。四川省也开展了诸多探索。在20世纪90年代初，四川省凉山县已有境外非政府组织在开展活动。据不完全统计，2016年凉山州约有来自10多个国家和地区的近50家在华境外非政府组织。

（二）存在的问题

1. 监管模式门槛过高

　　归口登记、双重责任、分级管理是我国现行的一种双重管理模式。双重管理模式改善了非政府组织成立的条件，但对在华境外非政府组织的准

入门槛更高。根据这类组织的特点，政府要有相关措施管控，但是太严格或太宽松都是不正确的。如果建立严格的准入管理制度，将会对境外非政府组织的健康发展和运行产生负面影响。这一问题导致一些在华境外非政府组织不遵守登记规则，采取各种非法途径甚至非法手段进入中国开展活动。这不仅使其失去了部分合法权益和法律保护，也给有关部门对在华境外非政府组织的监督活动带来了极大的困难。此外，如果登记管理是由一个特定的部门负责，业务活动的监督管理由另一个特定部门实施，则两者需要互相配合协作。登记管理机关是公安部及省级公安部门，但是现行法规和措施并没有对"业务主管部门"做出明确规定。

2. 监管内容模糊

以前，我国传统的组织管理模式是"重进入，轻监督"。政府管理人员往往被社会组织的审查和登记工作压得喘不过气来，无法进行监督。因此，对违法社会组织的查处大多处于半自由放任的状态。一方面，总量监控是缺乏的，对境外非政府组织的具体情况不甚清楚。例如，没有一个部门可以明确中国有多少个境外非政府组织，这些组织有哪些活动和项目；有多少组织参与活动，它们有多少资金和项目；有多少人从这些活动中受益，这些项目有多有效。另一方面，存在监管内容模糊。主要体现在进程中的监管失控和年检系统的虚拟化。对于已经在中国境外合法注册的非政府组织，表现为虚拟的年度审查程序。在这样的背景下，有必要对在华境外的自我管理和外部监督关系进行改革，将二者结合起来，使在华境外非政府组织承担起自己的责任。

3. 监督过程缺位错位

第一，作为相关业务主管单位和注册登记部门，其监管只是名义上的，并不是真正对在华境外非政府组织操作过程进行动态监管，所以它不是"管死"，就是"一团乱"，缺乏一个明确的操作规范和监管标准。但是，目前关于非政府组织信息披露的法律法规并没有建立，这就为在华境外非政府组织在暗箱操作提供了借口。第二，因为没有建立统一的监管机构，各职能部门的监管职责范围没有明确区分，在华境外非政府组织的活动可能受到工商、外事、公安等业务主管单位或多个监管单位监管，降低了行政效率，致使管理混乱。各部门相互推卸责任，形成一个实际上不受监管的"中间地带"。由于缺乏统一部门对境外非政府组织在中国的活动进行全面管理，使其在准入许可、活动规则、税收优惠、人员管理等诸多方面处于尴尬境地。第三，对于从事非法活动的敌对势力，缺乏必要的严厉和迅速的惩罚手段。一些在华境外非政府组织与反华势力勾结，深入调查和收集中国的情报，利用非政府组织的便利特点开展活动，将人员和思想渗透到中国基层政府中。一些外国政府打着环保、救灾、教育等幌子，通过非政府组织窃取我国的政治、军事情报，直接为本国企业和政府服务。一些发达国家的非政府组织有意或无意在发展中国家广泛进行思想文化渗透。更有甚者一些境外非政府组织联合它们自己的政府或代表政府干涉别国内政，推动本国战略，挑起非政府组织与社会政治制度不同价值观的冲突，达到干预思想、西化地区的目的。

四、存在问题的原因分析

（一）监管部门态度不明

因为在华境外非政府组织的特殊性，在管理过程中，监管部门往往有一种矛盾心理。一方面，觉得应发挥其提供公共服务的能力；另一方面，担心其发展过程中失去控制。正是因为这种矛盾的心理，监管部门对在华境外非政府组织缺乏信任。从某种角度来说，监管部门只把在华境外非政府组织作为执行某些决策的工具，发挥弥补空白的作用。当民政部协调起草在华境外非政府组织的管理法规时，一些在华境外非政府组织表示，它们希望继续享受自由活动而不受政府干涉。然而，不损害中国国家安全或社会稳定的书面内容无疑传达了对在华境外非政府组织的不信任心理和防范意识。其隐含的含义是，如果在华境外非政府组织危及中国的国家安全或社会稳定，监管部门将进行干预。因此，为了实现这一目标，监管部门更有必要建立一个有利于在华境外非政府组织在中国活动的管理体系。

（二）监管理念不当

监管理念是对所有监管价值的判断，是政府监督的深层精神支撑和动力，对在华境外非政府组织的监督具有主导和引领作用。应秉承"引导发展、兼容并蓄"的监管理念，促进在华境外非政府组织的全过程全方向监管。但是，在政府的日常监管中，一些工作人员认为注册完成监管便已完成，不愿花时间研究如何提供政策指导和支持。监管与合作的关系未能厘清，一些在华境外非政府组织希望在政府权威的帮助下实施项目，但是自身却不愿意接受监管。政府职责的转变可以体现在以正确的监管理念对在华境外非政府组织进行监管。

（三）沟通障碍

政府各部门分别运作，导致与在华境外非政府组织的沟通存在障碍。一方面，双方的信息是不对称的。到目前为止，我国还没有对在华境外非政府组织在中国运营的详细数据进行普查，以至于不能掌握在华境外非政府组织的理念和宗旨、机构的规模、业务战略以及影响范围等所有重要的信息，也使得监管机构难以对这类组织的活动和影响范围进行有效的监督和科学的评估。另一方面，与传统的项目相比，在华境外非政府组织有不同的项目实施思路和方法。据相关统计，经常与中国政府合作的在华境外非政府组织比例高达 75%。如果加上偶尔的合作，比例可以达到 93.6%。但在合作率高的前提下，公众满意度却相对很低，主要原因之一是政府与在华境外非政府组织的沟通出现了障碍。以世界宣明会在内蒙古的旗社区试点项目为例，由于系统内部产生的依赖性，项目是独立进行的。如果不能及时通知世界宣明会和社区助理，世界宣明会将很难发挥培训、帮助和监督的作用。特别是在进入项目选择和自然村选择阶段，项目办公室的工作计划并不十分明确。在许多情况下，项目办公室会自行安排在自然村的工作，而执行团队和世界宣明会可能并不知道。究其原因，主要是因为旗项目办公室继承了传统的扶贫方式，未能及时转变角色。这种沟通障碍阻碍了许多项目协调工作的及时完成。与此同时，世界宣明会与项目办公室有时对项目的概念，或对操作手册中有关中国社区导向发展试点项目的内容理解存在差异。如果项目委员会提出意见，项目办公室不会立即处理，而是一而再、再而三地拖延，问题很久才得到解决。

（四）奖惩机制不完善

政府管理在华境外非政府组织的奖惩机制尚不完善，一旦在华境外非政府组织产生违纪违规的问题，不能够采取有效行动，从而降低政府监管部门的社会信誉和服务水平。在华境外非政府组织作为一种特殊的社会组织，必须保持自身的公益性、非营利性和非政府性。少数在华境外非政府组织因意识形态、经济利益等原因，成为财团或国外政府的工具，违背了组织宗旨。因此，加强在华境外非政府组织监管必须建立完善的奖惩机制。然而，目前在华境外非政府组织管理中存在一些问题，如缺乏监督和指导。政府在非政府组织注册后，主要通过行政手段来管理，这种管理通常只是年度检查整个活动过程，政府部门缺乏必要的检查方法、社会评价和监督机制以及各种新闻媒体对非政府组织的监督作用，很容易出现一些在华境外非政府组织违法乱纪的现象。

五、国外政府监管境外非政府组织的经验与启示

（一）国外政府监管境外非政府组织的做法

1. 越南模式

（1）登记管理。越南非政府组织事务委员会是负责管理包括许可证的发放在内的国外非政府组织相关事项的单位，同时也是一个友好组织联盟。一个国外非政府组织如果想在越南活动，那么运营许可证、建立项目办公室许可证或建立代表处许可证等就是它开展活动所必备的证件。运营许可证是外国非政府组织在越南制订项目计划、筹集资金和开展活动的必备证件。外国非政府组织必须在法律允许的范围内活动，这样它才有可能获得运营许可证。项目办公室是国外非政府组织的技术部门，主要负责项目具体的实施。申请运营许可证时，国外非政府组织除了必备的条件外，它还必须有经过批准的永久性项目在手上，并且越南政府也能对这个项目进行监管。在申请这个许可证时，所上交的材料应该包括：非政府组织的名称、工作地点、具备的财力和能力、确切的规划以及建立项目办公室的理由、项目办公室所处的地方、开展该项目的目的、相关的法律法规依据、所需要的外籍和越南本国职员的数量、已经被相关部门批准成立该项目的文件、项目办公室负责人的简历。代表处许可证能保证非政府组织在越南开展活动的合法性和官方性，同时代表处被要求设立在越南首都河内。没有确切的法人和明确的章程，国外非政府组织将申请不到代表处许可证。除此之外，非政府组织还必须满足一个条件，那就是至少在越南境内有进行两年的被相关部门批准进行的项目。

越南有关部门也严格限制了发放许可证的时间。非政府组织事务委员会在收到申请运营许可证材料的一个月内、收到申请成立项目办公室材料的两个月内、收到申请成立代表处材料的三个月内，都会告知该非政府组织申请的结果。在等待申请结果的时间里，只要在申请时注明，该非政府组织也可以暂时运营。此外，越南规定了许可证首次发放的时间，即从事调查项目的非政府组织发放运营许可证不超过半年。

（2）税收管理。为进一步鼓励国外非政府组织在越南开展活动，越南在政策方面给了国外非政府组织很多优惠。相关法律规定，国外非政府组织在海关税收可以享受到优惠待遇。比如与项目有关的商品、材料等，以及外国工作人员的家庭生活用品都可以依据相关的政策进行转口和享受关税的优惠。除此之外，依据相关的收入税收政策，国外非政府组织的外

国官员和工作人员来自国外的收入也能享受到免税的优惠。根据越南的财政法规，项目结束或者到财政年度之时，国外非政府组织的财务明细和结算明细都要上报给越南非政府组织事务委员会和项目所属的单位，比如内阁各部、各省市人民委员会、人民组织总部或分支机构等。如果上一个项目或上一年度财务有不妥之处，委员会将会在审计方面对国外非政府组织的日常财政运营提出一定的要求。

（3）日常监管。第一，行政监管。根据相关法律，在国外非政府组织如果设有项目办事处和代表处的情况下，每三个月或每六个月需要向越南非政府组织事务委员会提交项目完成进程和其他工作事项报告。第二，信息公布。相关法律规定，国外非政府组织需要定期向越南有关单位和社会公众公布信息，并向越南非政府组织事务委员会呈交项目运行情况的书面报告，并且越南方面也对呈交书面报告的时间做出了规定，即每隔三个月呈交一次。第三，奖励和处罚。政府各部门和有关单位要在自己的职责范围内监管国外非政府组织开展活动是否遵循了越南的法律法规，并给予它们一定的指导帮助。在发现国外非政府组织违反越南法律的第一时间，上述政府部门应该报告给越南非政府组织事务委员会，并且可以在自己的权限范围内处理违法行为。如果国外非政府组织有违法行为，发证机关可以根据违反的程度对国外非政府组织的运营证进行撤销或部分吊销处理。国外所有的非政府组织在越南境内的所有活动都应该遵守越南国内的法律，任何国外非政府组织违背法律或者没有取得相应的许可证而开展活动，相关管理单位都可以终止或者视情况部分终止它们在越南境内的活动。当然，国外非政府组织对越南作出的贡献也应该上报给事务委员会，以获得一定的奖励。第四，制度便利。国外非政府组织的外籍职员可以享受到办理进出越南签证的便利。如果非政府组织的负责人或其中的全职工作人员和他们的亲属是外籍人员的话，越南方也会为他们办理进出越南签证提供便利。对于特定的项目需要顾问的情况，越南当局也会给他们出入境提供便利。非政府组织在获准设立项目办公室或代表处后，可以在越南法律允许的条件下租用办公室和民用公寓，并可聘请越南国民到办公室工作。国外非政府组织的代表和其中的工作人员能够在越南银行开立自己的开支账户（外币或越南盾）。

2. 俄罗斯模式

（1）针对国外非政府组织的多层次法律管理体系。俄罗斯《修订若干联邦法律文件法》于 2006 年 1 月生效，其对《非营利组织法》和《社会联合组织中》关于国外非政府组织管理的规定进行了修整，对国外非政府组织在俄罗斯开展活动进行了严格规定，并为外国人在俄罗斯设立国外非政府组织分支机构增加了一些必要条款，特别是对登记机关的监督管理和筹资活动进行了严格管理。另外，俄罗斯 88 个政府机构通过的有关非政府组织的法律法规也从 2006 年的 1 363 个增加到 2008 年 9 月的 3 042 个。从这一点可以看出，俄罗斯的法律法规也加强了对外国非政府组织的管理。2006 年后修订的国外非政府组织法律管理制度显得更为规范，同时其限制性也有所增强。俄罗斯政府在其宪法、联邦法律以及当地法律法规中，为外国非政府组织建立了多层次的法律管理体系。

（2）针对在俄国外非政府组织的登记管理。为了满足合法性的要求，国外非政府组织必须提前进行注册。在俄国外 NGO 在注册之前需要了解国外非政府组织的所有权和注册类型。《俄罗斯民法》规定了五种基本的非政府组织，即消费者合作社、公共和宗教组织、基金会、慈善机构和协会。《俄罗斯非营利组织法》和《俄罗斯社会组织法》进一步完善了非政府组织的类别。《俄罗斯慈善法》就是以法律形式赋予了慈善组织存在的合法性。此外，在俄国外非政府组织必须在注册时明确组织的注册类型。2006 年，俄罗斯总统普京成立了负责俄罗斯的国外非政府组织联邦注册服务的注册机构，即总统直属国家注册登记署，该机构根据第 724 号总统令负责登记工作。另外，在俄国外非政府组织的以下活动必须由该登记机关进行登记备案：章程的修改、重组和解散。在俄国外非政府组织进行登记的相关程序必须要由《俄罗斯社会联合组织法》以及《俄罗斯非营利组织法》来确定。

（3）有关国外非政府组织的税收政策。税务管理也是俄罗斯管理国外非政府组织的重要一环。本着合法和科学人性管理非政府组织的原则，俄罗斯《非营利组织法》对以下几种国外非政府组织给予减税免税和关税方面的优惠政策。一是以慈善、文化、教育、科学等为目的的非政府组织；二是以关爱公民健康、宣传体育运动和为立法提供帮助而成立的非政府组织。当国外非政府组织登记注册成功并获得独立法人身份之后，就可以享受到相关的减税免税和关税优惠政策。除此之外，对于可以享受税收优惠政策的国外非政府组织，俄罗斯当局每年都会发布一个清单，在清单上面会把能享受到税收优惠的国外非政府组织都罗列出来。目前俄罗斯政府已为十几家国外非政府组织提供了税收方面的便利。

（4）对国外非政府组织实行多机构立体监督。俄罗斯政府对国外非政府组织的管理由几个部门共同承担，这是一个立体的管理体系。如果国外非政府组织一再拒绝在法定期限内提交报告，或者不更新自己组织的信息，登记机关可以根据以上规定向俄罗斯法院申请暂停该非政府组织在俄罗斯境内的活动，同时该非政府组织在俄罗斯法人名单上将会被除名，它的法人地位也将不复存在。除了登记机关之外，俄罗斯联邦检察官机关、国家其他的检察机关、财政机关、金融监管部门等也会构成监管国外非政府组织的主要政府部门，这一点被明确规定在俄罗斯《社会联合组织法》第38条中。针对国外非政府组织的法律体系、登记管理和税收政策等构成了俄罗斯对国外非政府组织监管的立体监管机构，该系统由几个机构组成。一方面，发证机关监督和检查国外非政府组织的活动是否是在法律允许的范围内进行的；另一方面，俄罗斯联邦检察官机关、国家其他的检察机关、财政机关、金融监管部门等也会参与到对国外非政府组织的监管中来。

3. 美国模式

非政府组织在美国法律里被赋予了很大的活动空间。美国政府主要通过税收政策来调控非政府组织在美国境内活动的开展。为了防止非政府组织从本身宗旨范围之外的活动中获得收益，美国制定了相关的税收条例，即如果某个非政府组织的收入是来自该非政府组织设立目的之外的商业活动，那么该非政府组织不能再享受免税的优惠。美国政府就此将会征收专门的所得税。这一点在美国税收法令的512条款中已有明确规定，这个规定又被称作"无关宗旨商业所得税规则"。

美国税法第501条明文规定，一个组织享受免税必须满足以下三个条件：第一，该组织的设立初衷必须是美国相关税法规定的，或者是完全出于慈善、教育和宗教目的；第二，该非政府组织的净收入不能属于个人，也就是不能为私人谋取财产；第三，国外非政府组织开展活动不能以游说、影响立法或者干预选举为目的。基于上述规定，在美国许多类型的非政府组织都能获得免税资格，不仅包括工会、慈善组织，也包括会员制互益性组织等其他不同类型的组织。上述这些非政府组织可以享受一定的税收优惠政策。但是，如果他们从商业活动中获利，他们必须缴纳适当的税款。另外，如果有私人给予合法的公益组织捐赠，那么这位捐赠者也可以享受税收减免政策，但减免的最高金额不能超过个人净收入的一半。如果私立基金会的投资行为违背了该基金会的公益目标，美国联邦税务法令规定该基金会将会被多征收它应缴税务数目的十分之一。

4. 日本模式

1896年日本制定的《日本国民法典》就包括了第一个关于非政府组织的规定。它以法律的形式规定了注册一个公益法人所该具备的条件，即开展的活动必须是公益性的、不以营利为目的，并且是在政府许可的范围内进行活动。除此之外，该规定还对什么是公益法人制度进行了阐释，并对公益法人进行了分类。日本对非政府组织的立法和监督主要有以下几个特色：（1）政府部门负责。日本首相办公室及十个中央省负责批准与各自职能相关的公益法人实体的建立，并负责维护和监督。如果一个非政府组织的成立宗旨和所开展的活动涉及某些政府部门，那么这些部门将会和非政府组织的负责人一起构成主管部门对非政府组织进行管理。事实上，当地的法务局就是对当地非政府组织负责的主管部门，但是法务局一般具有监管的权力。（2）1998 年颁布的《特定非营利组织活动促进法》确立了"组织自治、事后监督"的原则，以加强对非政府组织法人的合法管理，要求他们每年度呈交工作和审计报告，以及建立税务案件和公共阅读系统，以供公众监督。（3）以健全完备的法律保障非政府组织的合法权益，保证政府和非政府组织合作的有序进行。（4）特殊税收政策。根据"不课法人税"的政策，除了法律规定的 33 种行业外，公益法人所交的税低于 20%，远远低于营利法人的税率（一般高于 30%）。除此之外，它们盈利的 1/5 可以看作捐赠用，可以不缴纳税款。这种特殊的税收政策在一定程度上刺激了非政府组织参加盈利活动，促进了非政府组织自身的发展，同时也能促进日本公益事业更好的发展。

5. 英国模式

1853 年，英国的《慈善法》正式施行。三年后成立的慈善委员会对慈善组织开始进行监管。作为一个独立的国家机构，慈善委员会同时拥有立法权。慈善委员会的经费由政府提供，并且它的首脑是部长级别的，由英国首相直接任命。慈善委员会的职员超过 1 600 人，他们主要负责登记和监督非政府组织的活动，并且酌情支持帮助非政府组织开展活动。并不是所有的非政组织都要接受它的监管，只有当这个非政府组织的年度预算超过 50 000 英镑，它才必须向慈善委员会登记并接受监管。英国议会 1993 年修订的《慈善法》在法律层面给予了该委员会更多的职能。至此，慈善委员会可以依法查看非政府组织的财政状况，包括非政府组织的相关银行账目以及资金的流向。同时，该委员会也可以采取强制手段影响非政府组织章程的制定。英国在英格兰和威尔士地区设立了三个慈善委员会，并在委员会下面分别设置了管理登记事务、调查事务和行政事项的部门。经过公开选拔和内政大臣任命，由五位委员组成慈善委员会的负责人团体，这五个人分别是一名主任、两名法律人士、一名会计、一名主管志愿部门的人。

在英国有 20 万左右的慈善非政府组织受到监管。根据其收入分类，慈善委员会重点关注超过 10 000 个非政府组织。这些非政府组织的资产占了英国全部非政府组织资产的 90% 以上。英国的监管机构并不是采取直接监督的方式，而是建立举报系统。对于一些从事教育、环保、卫生等专业性较强的非政府组织，英国政府会让相关的下属政府部门或一些比较官方的中介组织对其进行资格认证和指导。

为促进慈善非政府组织的良好发展，英国政府除了建立完善扶持体系外，每年还投入数十亿英镑的资金以扶持非政府组织的发展。《政府与志愿及社区组织合作框架协议》是积极推进英国政府和非政府组织加强合作的原则文件，除了这个协议，英国还规定了一些其他的基本原则，比如政府财政支持原则、非政府组织具有独立性的原则、政府和非政府组织协商合作原则、非政府组织得到资金援助机会平等和相关信息公开原则等。英国还设立了一个落实上述协议实施的工作小组，由非政府组织推选出 20 名负责人构成其成员，以确保上述各项原则在实践层面的实施。

在英国，慈善组织和非慈善组织在税收方面的待遇也不同，已经登记在册的慈善机构可以享受减免税的优惠，而非慈善机构是享受不到这种优惠待遇的。

（二）国外政府监管境外非政府组织的启示

结合各国监管非政府组织的做法和我国的具体国情，本书认为，在立法规范、监管主体、准入机制及主要监管方式上，多国采取针对非政府组织的特殊税收政策。我国可以从其中获得到很多的先进经验，启示为以下四点。

1. 监管在华境外非政府组织的首要前提在于制定法律

应该依据相关的法律法规对国外非政府组织进行监管。首先，要建立和完善管理国外非政府组织的各种法律制度。对国外非政府组织的合法监管需要有保护和鼓励措施，同时也要有一定的限制，乃至某些特权的废除。这些监管条例规定要以具体的政策和法律法规形式固定下来。法治性是一个现代化国家应该具备的首要准则。当针对国外非政府组织监管的法治环境建立健全时，对国外非政府组织违法行为的追究才具有合法性。国外非政府组织才会朝更好、更有序的方向发展。其次，要注重监管国外非政府组织相关法律的度，施行不合适的法律会阻碍法治国家的进程。如果法律过于死板或相关规定过于严苛，国外非政府组织会被拒之于门外，事实上会阻碍国家的进步和改革。因此制定和实施适当的法律法规，对于国外非政府组织的良好发展显得尤为重要，也成为该领域法治实现的重要要求。

2. 监管在华境外非政府组织的关键在于采取分类监管

监管国外非政府组织时应该具体情况具体分析，不能只用同一套监管方式，要在分类的基础之上对国外非政府组织使用多样的监管方法。国外非政府组织作为新型的社会组织形式，有其独特的地方，在性质、组织方式、运营系统、组织活动能力以及活动领域也是多样的。与此同时，国外非政府组织很容易被国外敌对势力所操纵。因此，管理国外非政府组织不能过于死板，也不能完全按照一套体系进行。所以，有关部门应采用灵活的管理体系对待不同类别的国外非政府组织，以保证国外非政府组织日常活动的开展不受影响。首先，应该区别对待不同类型的非政府组织和同一非政府组织开展的不同活动；其次，应该有选择性地减少或增多不同非政府组织享受的优惠政策；最后，在治理方式和信息公布方面，对不同的非政府组织要区别对待。

3. 监管的主要方式为多部门合作并引入社会监督

对于国家安全、财政、外交外事、税务、海关等部门，应明确其监管职能的划分，如公安机关可对在华境外非政府组织的办公场所进行查封或扣押。外汇管理机关应对查询在华境外非政府组织的公安机关予以配合并提供所有相关信息。此外，可以根据情况引入社会监督力量。国外非政府组织的活动资金性质应具有公益性，这关系到国家利益和安全等重大问题。基于这个层面，社会公众对这些国外非政府组织在中国开展的活动具备监督权。因此，相关部门应及时向社会公众宣传在华境外非政府组织管理的相关法规，公开其报送的信息和资金来源及使用情况，以实现多元社会主体共同对在华境外非政府组织的活动进行有效监督。

4. 提高信息流通是监管在华境外非政府组织的关键

由对越南模式的分析发现，通过许可证制度，降低了境外非政府组织治理与合作的信息成本，有助于政社互动。目前我国政府与在华境外非政府组织之间的互动关系尚不明确，这可能是因为部分政府部门欠缺对在华境外非政府组织作为第三部门的认识。但是，在社会管理的实践中不难发现，非政府组织在处理公共危机事件中充当着举足轻重的角色。比如，在我国 2008 年四川汶川大地震发生后，部分非政府组织的救援行动得到了社会民众及政府部门的广泛认可和支持。因此，有关部门应积极与在华境外非政府组织开展合作互动，建立合理且适当的沟通合作机制。

六、加强对在华境外非政府组织分类监管的政策建议

（一）建立依法分类监管制度

首先，作为监管的主体，各级政府部门应纠正对在华境外非政府组织的态度，充分吸纳与接受全球治理的先进理念，以维护国家安全和稳定大局出发，保持开放心态，加强党和政府执政能力的建设，适时适当引导在华境外非政府组织朝着有利于中国发展的方向推进。同时消除一切可能的消极作用，并加大监管力度。其次，立法是对在华境外非政府组织加强管理的核心环节。制度是连接理念和行为的中介和桥梁，是法治理念和法治思维的具体化和规范化。在目前情况下，应该以《中华人民共和国境外非政府组织境内活动管理法》为基础，以全过程管理理念为指导，构建完备的在华境外非政府组织法治化监管的制度体系，尽可能将在华境外非政府组织的活动纳入监管体系之中。有必要制定相应的行政法规，结合地方管理基本实践制定地方性法规，加强注册及活动监管，尤其是在华境外非政府组织数量较多且活跃的地区，如云南、北京及四川等。

（二）分类注册与归口管理

根据我国法律规定，在华境外非政府组织可以在中国设立代表机关和进行临时活动备案两种选择。因此，应将这两种制度应用于在华境外非政府组织的管理。如具备设立代表机构条件，应支持和鼓励其设立代表机构；不具备的则进行备案开展临时活动。对于后者，在具备登记条件之后再转为设立代表机构的形式。为实现这种制度安排，政府还应致力于完善分类登记备案的配套制度，尤其是税收优惠制度和责任约束制度。税收优惠制度是在华境外非政府组织寻求合法登记备案的经济动力，也是政府实现在华境外非政府组织法治化监管的重要手段。根据不同的登记备案类型，税收部门可以设立不同的优惠措施，以鼓励在华境外非政府组织登记注册。另外，还需要完善责任约束制度，以惩罚和抵制不登记备案的组织，甚至撤销和取缔不经注册登记组织的活动，规范在华境外非政府组织的制度环境。责任约束还包括对政府不作为的约束，有利于政府树立责任意识，保证工作有效开展。

（三）构建政府主导的多元共治模式

1. 政府主导

以政府为主导的多元共治是突破当前对在华境外非政府组织监管困

境的有效方式，多元共治指的是在政府的主导下，联合社会、企业等多个监督主体对在华境外非政府组织在中国的活动范围和内容进行协调与整合，形成由政社与民间非政府组织组成的多元主体共同监督、协调与运作的管理格局。在多元共治模式下，政府的角色是主导者和协调人，这是因为：构建在华境外非政府组织的监督机制，一方面必须凭借各级政府部门包括非政府组织的自律机制、监督以及制度化等多方面的资源整合；另一方面在深化政治经济改革的大环境下，我国各级政府部门出台的相关规制与政策在对在华境外非政府组织实行监督过程中相对比较重要，并且在某种程度上有必要结合法律、市场与行政手段。我国已经建立起负责解决和研究在华境外非政府组织重大问题的工作协调机制，这既考虑到了登记管理机关的集中统一的优势，还兼顾了业务主管单位之间相互协调和沟通。在与在华境外非政府组织开展互动与协作的过程中，地方各级政府管理部门既要会"干"，也要会"说"，切实履行好自身职责。通过各种宣传方式正确引导在华境外非政府组织，使得在华境外非政府组织能够结合本地实际情况，基本明白哪些能做，哪些不能做，并制定出精准且科学合理的改进方案，找到符合组织自身愿景且与本土社会经济发展之间的平衡点。

2. 社会监督

在华境外非政府组织是集中利用境外资金来为中国社会服务的组织，承担的责任具有公共责任的一面，必须接受政府和社会的监管。政府可以建立社会监督机制，使社会公众、新闻媒体和受益群体有序参与到在华境外非政府组织活动监督之中，以弥补政府监管不足，提高监管水平和效率。信息公开是对在华境外非政府组织展开社会监督的基本前提。社会监督有必要要求在华境外非政府组织借助媒体、互联网等渠道，将组织宗旨、组织章程、活动项目、组织治理机构、财务报告等信息予以公开。公开的方式为无偿向社会提供电子和纸质信息，以便查阅。在此过程中，如果社会公众对在华境外非政府组织提供的信息提出疑问，其必须及时做出回应。这不仅有助于避免非政府组织在资金使用上出现的腐败问题，也有利于社会公众及时对其组织活动进行监督和了解。此外，还可以通过制定涉外活动规范条例定期对在华境外非政府组织进行同行评价。

3. 自我监管

自律既包含着组织追求自身良好形象的要求，也是实现他律的广泛基础。在华境外非政府组织在中国开展活动的过程中，一方面要克服自身利益局限，要加强与各级政府部门的及时沟通；另一方面应加强自身的能力建设，以免于外界因素的干扰。加强对包括政府机构、境外组织以及跨国公司等多种行为主体的监管，可以有效提高它们在决策过程中的公平公正与透明度。基于此，在华境外非政府组织在其内部还应该建立独立的监督管理机构，对组织结构、职能规划、人力资源配备、财务经费获取等相关方面做出科学合理的规定。

（四）完善安全性定期评级和惩戒激励机制

制定分级标准，并明确具体的惩戒激励措施。对于长期从事特定公益事业和公共服务并且拥有良好诚信度的在华境外非政府组织，如果经过常态的评估并得到社会认可，监管部门应在政策、财政和税收等各方面给予最大限度的优惠，并在发展方向、技术、人员等方面给予政策扶植和激励措施，允许其进一步扩大活动范围和领域，以增强其组织的活动能力和影响能力，并借以推动本土非政府组织的发展壮大。同时还要坚持对这些组织进行更为严格的随机财务审查和常态化评估。而对存在违法违规行为的在华境外非政府组织要给予降级，通过警告、行政处罚、课以重税、降低资质、取消注册等惩戒方式对在华境外非政府组织进行规制，并对其活动进行更加严格的限制和监控。要建立"在华境外非政府组织黑名单"，对在境外已经有不良行为表现的非政府组织，要果断拒之门外。一旦发现已在境内注册并开展活动的在华境外非政府组织开展了超出其章程所表述范围的活动并产生了安全风险，应立即取消其合法身份，并勒令停止活动、撤销项目、取消注册资格，甚至驱逐出境。

第七章　完善在华境外非政府组织的分类注册制度

在华境外非政府组织注册制度是指在中国境内开展活动的境外非政府组织依法在国家规定部门进行登记，获取合法身份的过程中所涉及的由一系列法律法规、办事规程、行动准则等内容所组成的规范体系。《中华人民共和国境外非政府组织境内活动管理法》明确要求，境外非政府组织来华开展业务时要到国务院公安部及省级公安厅注册登记，临时活动需要到公安机关备案。这一强制注册登记要求并不是干涉境外非政府组织的具体事务，更不是争夺利益，而是保证其身份、运行程序和服务内容等符合法律的规定，是为了帮助境外非政府组织建立起完整的规范发展机制、市场竞争机制和自我约束机制。实施在华境外非政府组织分类注册，不仅有助于在华境外非政府组织顺利开展合法有益的活动，实现政府和社会组织之间的协调合作，而且有利于化解可能存在的社会冲突及矛盾，增强政府社会管理能力，推动社会管理体制创新。

一、在华境外非政府组织实施分类注册的必要性分析

（一）有利于在华境外非政府组织正常活动与公开宣传

在华境外非政府组织想要在中国境内进行正常活动与公开宣传，就需要获得合法身份，并经业务主管部门的批准。

不可否认，一些在华境外非政府组织是以促进中国境内公益事业和社会可持续发展等为目标和愿景，如若无法获得合法的主体身份，可能导致这些原本能对我国社会发展，特别是能使得一些弱势群体受益的境外非政府组织处于一种困境之中。一方面，由于未获得合法的非营利组织身份，许多境外非政府组织以设立企业或设立外国公司代表处的方式进入中国，因而难以按照非营利组织的税收优惠政策享受税收减免。这导致境外非政府组织利用个人账户处理公务，造成诸多的财务问题。其次，未获得合法身份的境外非政府组织，无法在我国境内进行筹资活动，它们的资金只能从境外获取。在此情况下，这些组织很容易受到资金输入的影响，被一些

动机不纯的西方国家利用，以致危害我国国家安全。此外，合法身份的缺失，导致在华境外非政府组织的员工在户口、档案、福利、社会保障等方面也存在一系列困难。如果能够针对不同性质的组织，采取差异化的登记制度，对于背景相对单纯的在华境外非政府组织，简化登记审批制度，可能更便于其项目活动的开展。另一方面，在华境外非政府组织未获得合法身份就不能对其组织的活动进行公开宣传，以致许多扶贫、环境保护、关注特殊疾病等方面的活动得不到关注，不能引发人们对于贫困人群、生态环境保护、弱势群体的讨论与思考，更无法吸引他们参与到这些有益于社会可持续发展的活动中来，起不到其应有的社会效用。因此，采取在华境外非政府组织的分类注册制度，使那些真心致力于社会发展的境外非政府组织能够获得合法身份，有助于它们在中国正常开展活动与公开宣传，以达到更大社会效益。

（二）有利于防范敌对势力利用境外非政府组织危害我国安全

王存奎（2014）指出，在我国活动的数千家境外非政府组织中，有政治渗透背景的就有数百家，这些境外非政府组织在我国境内开展合法活动的同时，也在不同程度上进行了一些危害我国国家安全的非法活动。受西方政府控制与影响，部分境外非政府组织或是用资金吸引国内民间组织、个人为其开展工作，或是以项目合作、学术交流和访问的方式向我国基层社会灌输西方民主意识，推广所谓的"公民意识"教育，或是以扶贫助学、"维权"救助为借口，进行政治渗透活动。

需要注意的是，自20世纪末期以来发生在中亚、东欧独联体国家的"颜色革命"中，非政府组织都发挥了特殊的作用。大量支持、帮助反对派的工作都是由非政府组织具体实施的。这些非政府组织通过向参与者宣扬西方民主与普世价值，鼓吹使用非暴力手段来抵制其所在国家的合法政权。以美国国家民主基金会为例，它于1983年由美国国会创立，从1995年开始在中国境内开展活动。在此期间，该组织曾多次参与支持"藏独""疆独"等分裂势力活动，对"西藏国际运动""中国援助协会"等违法的反政府组织进行资助，大肆干涉中国内政，极大地危害了我国的国家安全。此外，美国国家民主基金会还资助过很多其他国家的社会组织，并曾为塞尔维亚、格鲁吉亚、乌克兰、吉尔吉斯斯坦等国的政权更替，以及2018年的德黑兰大选风波提供资金援助。2016年5月外交部发言人华春莹在新闻发布会上表示，美国国家民主基金会向反华团体提供资金从侧面印证了中国颁布实施《中华人民共和国境外非政府组织境内活动管理法》的重要性和必要性。中国政府欢迎各国非政府组织到中国依法开展活动，但对那些妄图在中国境内颠覆中国国家政权、危害国家安全以及损害中国国家利益或社会公共利益的组织，中国政府将依法予以处理。

类似于美国国家民主基金会，受强势国家政府控制的境外非政府组织还有许多。它们利用中国对境外非政府组织管理制度上的漏洞，暗地里开展各种违法活动。一些处于法律边缘地带的境外非政府组织过多，导致监管部门对其缺乏了解，也难以对不同性质的境外非政府组织加以区分，这无形中给一些居心叵测的境外非政府组织提供了开展违法活动的空间。因此，对于此类被西方国家利用来干涉他国内政的境外非政府组织，我国政府应当加以重视，不允许其在中国境内注册，限制其在中国的活动并严加监管，以防止危害我国的政治安全与社会稳定。

显然，建立在华境外非政府组织的分类注册制度，可以让诉求正当、活动过程无害于国家安全且有益于社会发展的境外非政府组织合法、正常地开展活动；相反，对那些有着政治渗透背景、企图在中国输出西方价值观念、怀着不正当诉求的境外非政府组织，则不允许其在我国登记注册，并将其列入非法名单。久而久之，可形成取得合法身份境外非政府组织可以在中国境内正常开展活动并获得税收优惠，而对未取得合法身份的境外非政府组织限制甚至禁止其在中国境内开展活动的局面。2016 年 4 月通过的《中华人民共和国境外非政府组织境内活动管理法》，将之前的《基金会管理条例》和《外国商会管理条例》中关于境外非政府组织登记注册管理部门进行了更改。由之前的"国务院有关部门或者国务院授权的组织是国务院民政部门登记的基金会、境外基金会代表机构的业务主管单位"和"成立外国商会，应当向中华人民共和国民政部（以下称登记管理机关）提出书面申请，依法办理登记"等规定，调整为"国务院公安部门及省级人民政府公安机关是境外非政府组织在中国境内开展活动的登记管理机关"。换言之，在华境外非政府组织的注册登记部门，由之前的社会组织登记管理部门——民政部门，调整为了——公安部门。公安部门相对于民政部门拥有更多在维护国家安全方面的信息与经验，因此对于在华境外非政府组织的登记审批工作会更加具有针对性，有利于实现对在华境外非政府组织专门化的管理，并能实现更有效的监管，以防范敌对势力利用其危害我国安全。

（三）有利于改善政府与在华境外非政府组织的关系

塔尔科特·帕森斯（Talcott Parsons）提出，社会系统中不同的要素在各种不同的条件下被理性吸纳，用以解决社会问题。他认为，规范把行动及社会秩序结构了起来，让人的主观意志服从于规则以及价值体系。社会的规范因素使实际社会总体上处于相对和谐的状态，而非战争状态。

我国现阶段处于转型时期，如缺乏完善的"规范因素"，"不和谐"就会出现，而要消除此种"不和谐"，关键是改善制度。因此，要改善政府与在华境外非政府组织的关系，促使双方和谐发展，首先就要改善在华境外非政府组织的注册制度。

此外，中国是一个发展中国家，当前正面临着诸如贫富差距较大、人口老龄化、弱势群体权益需要保护等社会问题。中国的可持续发展需要得到境外非政府组织的帮助，而在华境外非政府组织开展活动也需要中国政府的认可与协助。从政府与社会组织关系的角度来说，以往"一刀切"式的管控观念容易使双方产生误解。我国政府工作人员对于境外非政府组织缺乏正确认识，可能存在着"恶魔化"或"天使化"的极端看法，要么认为在华给境外非政府组织都是西方敌对势力用以对发展中国家进行政治渗透的手段，要么将在华境外非政府组织进入中国开展活动的目的都归于单纯的公益与慈善。而在华境外非政府组织由于不清楚中国政府对于自身的态度，没有登记注册获得合法身份，所开展的活动项目也就处在法律的灰色地带。在这种情况下，在华境外非政府组织便不敢跟政府部门进行合作，政府部门也会由于没有合法性的界定，既不能禁止也不能合作。建立在华境外非政府组织的分类注册制度，可以使那些正规的在华境外非政府组织获得合法身份，并且将所要开展的项目与活动在相关部门进行登记备案。如此，地方政府便可以与在华境外非政府组织展开合作，加深交流，使双方的态度由猜忌转向互信，在工作上互相交流与协助，共同为改善当地经济条件、生态环境、维护弱势群体权益等做出努力，让政府与在华境外非政府组织的关系由竞争走向合作，和谐发展，互利共赢。

二、在华境外非政府组织注册制度的现状及问题分析

（一）在华境外非政府组织发展的现实处境

王存奎（2014）[141] 认为，境外非政府组织进入我国活动主要开始于改革开放之后。它们在我国境内的活动大致可分为三个阶段。第一阶段从20世纪80年代初到80年代末，以对内地部分受灾地区捐赠款物为主，并开始以宣传西方价值观念、培养精英人才为目标，这一阶段主要在我国

高等院校、政府部门中开展活动。第二阶段从 20 世纪 80 年代末到 90 年代中后期，境外非政府组织数量增多，活动内容广泛，国内受援助地区扩大。第三阶段从我国加入世界贸易组织至今，主要致力于谋取合法身份、建立立足点以扩大影响，同时开始重新转向政治方面。

下面将运用 PEST 分析框架详细阐述在华境外非政府组织的现实处境。PEST 分析是指对宏观环境的分析，P 是政治（Politics），E 是经济（Economic），S 是社会（Society），T 是技术（Technology）。

1. 政治环境

2016 年 3 月，全国人大外事委员会主任委员傅莹在十二届全国人大四次会议新闻发布会上表示，境外非政府组织在中国是一个很活跃的群体和重要的中外交流的桥梁纽带，需要一部专门的法律以规范其活动，在法律当中明确违法和禁止的行为，提供一个更加规范的法治环境，而不是阻止或限制境外非政府组织在中国有益的活动。

可以看出，在华境外非政府组织所处的政治环境是有利于其发展的。我国政府非常重视在华境外非政府组织的发展，对于它们在中国境内开展有益的活动，政府的态度是支持肯定的，并致力于为它们提供一个更规范的法律环境。《中华人民共和国境外非政府组织境内活动管理法》的颁布实施，就是其中的一项重要举措。至此，在华境外非政府组织在境内进行注册也有了一项专门的法律依据。但是，也需看到该法仍然存在着一定的缺陷，特别是在注册制度方面，双重管理制度的弊端逐渐显现，许多致力于我国社会经济发展的境外非政府组织难以获得合法身份，进而无法在我国境内开展相关活动。

2. 经济环境

虽然目前的中国经济处在快速发展之中，但是各地区经济发展不平衡，中西部内陆地区和东部沿海地区的经济发展水平差距较大，许多贫困地区在医疗、教育、生产技术、基础设施建设等领域的公共服务供给不足。显然，非政府组织可以通过资金援助来补充贫困地区在上述领域的缺口。另外，我国东部地区虽然经济发展程度较高，但是相比西方发达国家，在科技、信息、金融、商务等领域也还存在着一定的差距，在华境外非政府组织可以带来先进的生产方式和管理理念，有助于夯实东部地区经济发展基础。因此，我国目前的经济环境对境外非政府组织存在需求，并适合在华境外非政府组织发展与正常开展活动。

3. 社会环境

在华境外非政府组织所在国与我国社会在民族特征、文化背景、价值观念、宗教信仰、教育水平以及风俗习惯等方面存在着较大的差异，因此，从社会要素来看，在华境外非政府组织所处环境并不适宜其发展，在华境外组织在中国境内需要减少其在文化、价值、宗教等方面的涉及与输出，重点关注与当下中国社会环境发展相一致的方向，尤其是公益慈善、生态环境、经济社会的可持续发展等方面。

4. 技术环境

在华境外非政府组织最初进入中国内地活动时，中国在医疗、教育、信息等多个领域技术较为落后，技术配套能力差。例如医学领域，在为盲人和视力受损人士提供服务方面享誉全球的狮子会，在刚进入中国时，就面临本土技术人员稀缺，一些业务难以开展的问题。但是随着我国眼科医学的高速发展，全国范围内医疗体系的建立和完善，狮子会曾经担心的技术环境问题已经不复存在。因此，随着科学知识的普及、科技类企业的发展及公民整体素质的提高，技术环境将越来越有利于在华境外非政府组织业务的开展。

（二）在华境外非政府组织注册制度相关政策法规

在华境外非政府组织的注册制度，最初主要是依据《外国商会管理暂行规定》（1989）和《基金会管理条例》（2004），通过这两部法律为外国商会和境外基金会境内分支机构的注册、登记、备案做了制度安排。

2017年，《中华人民共和国境外非政府组织境内活动管理法》正式实施，这是一部针对在华境外非政府组织的专门性与全局性的法律，有利于合法有益的境外非政府组织在中国境内顺利开展活动，有助于我国对在华境外非政府组织的监管。《管理法》相比《境外非政府组织管理法（草案二次审议稿）》有许多新的改变：第一，进一步明确了法律的调整范围，对境外非政府组织的概念进行了更明确的界定，同时在附则中增加规定：境外学校、医院、自然科学和工程技术的研究机构或者学术机构与境内学校、医院、自然科学和工程技术的研究机构或者学术机构开展交流合作，按照国家有关规定办理。第二，正式法对在我国境内设立代表机构、注册期限、招募志愿者和聘用工作人员方面删除了一些限制内容，为合法、友好的境外非政府组织在我国境内开展活动提供了更多便利。第三，适当地简化了临时活动办理程序，境外非政府组织开展临时活动时由中方合作单位按照国家规定办理审批手续并进行备案。第四，加强了日常监管，正式法案中加强了公安机关对境外非政府组织实行监管的相关条款，增加了关于"约谈"和"不受欢迎名单"的监督手段。

总而言之，《管理法》推动了注册制度的完善，但是仍然有许多待进一步完善之处，需要做出更为细化的界定和更有针对性的规定。另外，在华境外非政府组织的注册管理实行的是双重管理制度，对其中所暴露的一些缺陷，则需要采取一些措施加以规避。

（三）现行在华境外非政府组织双重管理制度分析

我国现行的非政府组织登记注册管理制度是归口登记、分级管理相结合的双重管理体制。双重管理体制是指在登记环节上，业务主管单位负责境外非政府组织及其代表机构的初审，登记管理机关负责最终审批登记。在管理环节上，登记管理机关负责对境外非政府组织及其代表机构实施年度检查，对其开展的活动进行监督，对其违法行为依法进行处罚。业务主管单位则负责指导、监督境外非政府组织及其代表机构开展的公益活动，对年度检查进行初审，并配合登记管理机关和其他执法部门查处境外非政府组织及其代表机构的违法行为。这种管理制度在我国现行的管理体系下具有一定的合理性。但是应关注到双重管理制度的局限性，主要是以下方面：一是分散了政府管理部门的权力，管理资源分散到多个部门，难以实行统一的归口管理；二是增加了行政成本，业务主管部门过于散乱，各部门信息未整合和统一，难以有效监管；三是部门权责不明，造成部门之间相互推诿。总体而言，双重管理制度将注册与业务指导隔离开来，不利于监管效率的提高。

（四）地方政府对在华境外非政府组织注册管理的实践探索

1. 以云南的登记备案制试点为例

2007 年，民政部将云南作为在华境外非政府组织登记备案制的"改革观察点"。2010 年，云南省民政厅与省外事办协作，并经报省政府办公厅，颁布施行《云南省规范境外非政府组织活动暂行规定》，建立了全省统一的在华境外非政府组织备案制度。这是我国首个在华境外非政府组织管理的地方性规定。此项制度规定，云南的在华境外非政府组织的备案机关为省民政厅，合作项目备案机关为省外事办，并统一明确了云南境内的在华境外非政府组织的业务指导单位，以及合作项目备案时的业务主管单位。截至 2011 年 1 月 27 日，云南省民政厅已为 25 个在华境外非政府组织在滇代表机构办理了备案手续，发放了备案批准文件及《备案通知书》。这是我国备案制的有效尝试，有助于地方政府全面掌握在本地区开展活动的在华境外非政府组织的情况，从而实现有效的管理。在云南省的登记备案制试点工作中，民政部门不仅负责备案工作，还负责项目的指导工作，这有助于对在华境外非政府组织实行更为统一的管理，将登记注册与后续管理相结合、相统一，避免因注册与管理分离而导致的"踢皮球"现象。这是我国政府管理在华境外非政府组织的应行之道，可扩大试点范围，逐渐在全国各地区实行在华境外非政府组织登记备案制度。

2. 以北京试行境外非政府组织分类管理为例

2015 年 5 月，北京市服务业扩大开放综合试点总体方案经国务院批复后公布。具体而言，北京将通过三年试点，在科技、信息、文教、金融、商务和旅游、健康医疗六大重点领域扩大开放。针对在华境外非政府组织的登记注册问题，方案首次明确：科技、教育、经济三类在华境外非政府组织在中关村设立代表机构，以及境外科技、经济类"民非"可进行试点登记。从试点工作的具体规定来看，此"在华境外非政府组织管理法"在北京试行，实际上是对在华境外非政府组织进行分类管理的一次有益探索，对科技、教育、经济类别的在华境外非政府组织代表机构和"民非"放宽注册难度，在中关村进行试点登记，这有助于在华境外非政府组织为北京的科技、教育事业发展作出努力，有利于社会经济的发展。从全国层面来说，北上广等较发达城市可对科技、信息、文教、金融等领域的在华境外非政府组织扩大开放；而西部欠发达地区则也可以对慈善公益、医疗、教育等领域的在华境外非政府组织降低准入门槛。北京的这一案例实际上是一种登记备案制度与分类管理制度的结合。我国不同地区可依据其经济发展水平、社会文化环境、地理环境等各方面的实际情况，因地制宜，根据地区自身的需求，对不同类别的非政府组织设计不同的注册条件，并进行登记试点。

（五）在华境外非政府组织注册制度中存在的问题

1. 在华境外非政府组织注册条件界定模糊

根据《管理法》的规定，境外非政府组织申请在中国境内登记设立代表机构须符合以下条件：（1）在境外合法成立；（2）能够独立承担民事责任；（3）章程规定的宗旨和业务范围有利于公益事业发展；（4）在境外存续两年以上并实质性开展活动；（5）法律、行政法规规定的其他条件。但是，以上条件中的第 3 项和第 5 项规定较为模糊。首先，第 3 项中"有利于公益事业发展"这项标准无法进行明确的衡量。例如，外国商会是互益性组织，其宗旨是促进企业间的交流与合作。那么，外国商会是否也属于境外非政府组织范畴，这值得商榷。其次，第 5 项"法律、行政法规规定的其他条件"界定模糊。目前涉及在华境外非政府组织的法律法规还有《外国商会管理暂行规定》和《基金会管理条例》，这两项法规仅对外国商会和境外基金会在境内设立代表机构作出了规定，而其他境外非政府组织并没有相关法律法规作为依据，因此无法界定"其他条件"。

2. 在华境外非政府组织注册流程规定不明晰

《管理法》对在华境外非政府组织的注册流程进行了一系列的规定："境外非政府组织申请登记设立代表机构，应当经业务主管单位同意。业务主管单位的名录由国务院公安部门和省级人民政府公安机关会同有关部门公布。境外非政府组织应当自业务主管单位同意之日起三十日内，向登记管理机关申请设立代表机构登记。登记管理机关审查境外非政府组织代表机构设立申请，根据需要可以组织专家进行评估。登记管理机关应当自受理申请之日起六十日内作出准予登记或者不予登记的决定。对准予登记的境外非政府组织代表机构，登记管理机关发给登记证书，并向社会公告。"

可以看出，《管理法》对在华境外非政府组织的注册流程规定得较为详细，尤其该法还对登记部门的审批效率进行了时间上的规定，这有利于注册审批效率的提高。但是，由于该法规定在向公安部门申请登记前，须获得业务主管部门的同意，可是又未对业务主管部门的审批流程、审批人员和审批期限作出规定，使得在华境外非政府组织的注册流程仍然呈现出不明晰的情况。

3. 在华境外非政府组织的注册方式有欠灵活

（1）目前我国政府对在华境外非政府组织采用的是双重管理制度，特别是对于国家安全具有潜在威胁的境外非政府组织，政府部门对其非常警惕。这就导致在华境外非政府组织获得合法身份的门槛相对较高，部分组织不得不转而采取工商注册的形式，或者在其他党政部门的支持下取得各种变相的合法形式，甚至甘冒不登记注册的风险。

（2）对所有在华境外非政府组织采取同一标准。目前的注册制度未对在华境外非政府组织进行有效分类，对于有助于社会发展的境外公益慈善组织和可能影响社会稳定的政治性、宗教性境外非政府组织采用了同样的注册条件。这就导致许多可以向社会提供公共服务的境外非政府组织也难以注册，获得合法身份，从而无法顺利开展活动，进而增加了管理成本。

4. 政府与在华境外非政府组织双方缺乏沟通

（1）政府与在华境外非政府组织的关系未真正由竞争走向合作。政府与在华境外非政府组织之间的了解程度不深，且没有建立有效的交流机制与沟通平台，交流与合作不足。政府与在华境外非政府组织对于对方的态度、意图、价值观念等方面存在误解，在政府工作人员的潜意识中容易将境外非政府组织与西方敌对势力挂钩，没有从为数众多的境外非政府组织中，有效区分带着善意来到中国的组织和怀揣歹心的组织。同时，境外非政府组织对中国的法律、经济、文化环境也不够了解。在没有良好沟通渠道的情况下，双方不能准确得知对方的诉求，容易造成误解，进而难以实现真正的合作。所以，政府与在华境外非政府组织之间缺乏良好的交流与合作成为亟待改善的问题。

（2）目前在我国境内开展活动的境外非政府组织中，虽然存在少数图谋不轨意图不轨的组织，但大多数是真心实意服务于中国社会发展的，我国政府对这些进行合法有益活动的在华境外非政府组织一直持欢迎态度。《管理法》规定，在华境外非政府组织开展临时活动须与中方单位进行合作。可以看出，我国政府有意加强与在华境外非政府组织之间的交流与合作。而在该法的实际实施过程中，在华境外非政府组织也应当严格遵守相关规定，与各中方单位和谐共生，互利共赢。

（六）在华境外非政府组织注册制度中存在问题的原因分析

1. 立法相对滞后

由于立法观念的偏差、立法运用的被动、立法预测的轻视以及信息沟通机制的缺失，我国立法具有滞后性。第一，我国在立法过程中存在着以政策引导改革实践，积累改革经验，最后用法律形式予以确认的思想，不善于运用法律手段推进改革，而习惯运用软约束的政策性文件。第二，我国处在向多元开放社会的转型中，各种社会关系推陈出新，挑战着法律的稳定性，增加了立法者的立法难度。第三，随着社会的发展，一些重大社会矛盾成为立法实践的重点，这些问题难以解决，通过立法对其进行利益博弈需要严谨的立法预测。

《中华人民共和国境外非政府组织境内活动管理法》的颁布推动了在华境外非政府组织管理的合法化。但该法的实际实施情况有待检验，法律的规定还须进一步明确和细化。截至 2021 年 12 月 31 日进入中国境内开展活动的境外非政府组织有超过 7 000 家之多，并还会持续增加，但依法注册的仅有 600 多家。另外，《管理法》依旧沿用了《基金会管理条例》中对境外基金会在境内设立代表机构时的一些规定。但在华境外非政府类别多样，需要通过分类管理的方式进行更加细化的规定。在该法后续的实施和完善过程中，需要增加一系列的司法解释对法律进行进一步明确。

2. 境外非政府组织注册缺乏差异化服务

由于未对在华境外非政府组织进行明确的分类，将慈善公益类、医疗卫生类等合法有益的境外非政府组织，与可能具有政治渗透性的组织放在一起进行审批也是不合理的，这样有可能会将一些真心致力于公益的组织拒之门外。因此，对于在华境外非政府组织不能一概而论，不能"一棒子打死"，应当进行合理的分类。但是，在《管理法》中，并未对境外非政府组织进行分类，使得这种"一刀切"的管理方式在一定程度上也限制了一些有益的境外非政府组织开展活动。

3. 政府与组织双方信息透明度不足

首先，在华境外非政府组织与中国政府之间有着意识形态、文化、宗教背景等不一致的因素存在。在华境外非政府组织除少数与中国政府展开了相关合作之外，大多双方之间并不了解，处在一种竞争的博弈关系之中。在华境外非政府组织无法探知政府对自身的态度，无法预知政府接下来将会制定何种政策。而且，我国针对在华境外非政府组织的法律法规相对模糊，也使得双方信息不透明、不了解。其次，中国政府对于在华境外非政府组织来中国开展活动的动机也存在着一定的猜测，这也是源于双方信息的不透明。而这种不透明在一定程度上源于现行的双重管理制度，各部门分管在华境外非政府组织的注册与其他业务，未将其信息进行整合，既没有一个统一的信息系统，也没有一个专门针对在华境外非政府组织的机构来对其信息进行管理并将政府的各项政策对各组织进行传达。这种信息不透明就造成了双方之间难以进行良好沟通的问题。

4. 相关部门职能划分错位导致权责不明

在《管理法》未正式实施前，我国民政部门是社会组织的管理机构，具有"拟订民政事业发展规划和方针政策，起草有关法律法规草案，制定部门规章，并组织实施和监督检查。承担依法对社会团体、基金会、民办非企业单位进行登记管理和监察责任"的职责。我国外交部则"代表国家和政府办理外交事务，为党中央、国务院制定外交战略和方针政策提出建议，起草外交工作领域相关法律法规草案和政策规划"。《管理法》颁布后，在华境外非政府组织的登记注册管理机构是公安部门，但是业务主管部门各不相同，政府对境外非政府组织的业务管理分散在外事、商务、卫生、环保等各个部门中。这使得地方政府对境外非政府组织信息缺乏了解和掌控，无法进行有效监管，同时也造成了上文所述的中国政府和在华境外非政府组织之间的信息不透明。双重管理制度使得注册与业务主管部门之间权责不明，在行政审批的过程中人为因素过多，未形成规范化、程序化的制度，这在事后的追责过程中也会产生许多问题。

三、国外政府严格境外非政府组织注册管理的经验借鉴

（一）俄罗斯针对境外非政府组织的严格法律规定

俄罗斯政府对境外非政府组织设立程序的规定所采取的是许可制。许可制是指国家对境外非政府组织的设立采取资格准入制度，即严格规定注册的程序，明确注册主管机关，细化注册所需资料，明确注册的情形；政府许可是社团合法存在的前提和基础。数十年来，美欧等西方国家通过在俄罗斯的非政府组织，暗中支持俄罗斯民主反对派。俄罗斯政府为了加大对境外非政府组织的监管力度，打击境外非政府组织在俄罗斯境内的各类违法活动，采取了一系列的措施。1995 年，俄罗斯联邦颁布了《社会团体法》和《非商业组织法》，重新对非政府组织身份进行审核，重新进行注册登记，并加强对境外非政府组织的活动监管。2006 年俄罗斯联邦颁布的《非政府组织法》又进一步完善了非政府组织的登记程序，在登记机关方面，非政府组织的国家登记机关和通过国家登记决议的机关是一致的，即为司法行政方面的联邦执行权力机关或其区域性机关。

从上述法律规定可以看出，俄罗斯政府对于境外非政府组织在俄境内开展活动有着非常细化且严格的登记许可程序。境外非政府组织在俄境内开展活动，必须到俄罗斯联邦中央司法部的非政府组织登记署进行登记，并且境外非政府组织在俄罗斯的分支机构自入俄 3 个月内必须到登记机关进行登记；登记时按照规定提供一系列相关重要文件，并且须定期向登记机关报送财产及其使用目的、实际使用情况等；对于违反了俄罗斯法律或损害了俄罗斯国家利益的，政府有权依法取缔或不予登记。

俄罗斯针对境外非政府组织严格的法律规定在维护国家安全方面取得了一定的成效。不仅有利于对其活动类型进行有效监督，防止外国非政府组织以慈善之名行危害国家安全之事，也为俄罗斯政府加强对境外非政府组织的了解提供了便利，有利于了解在俄境外非政府组织的组织性质、活动内容和具体力量。

（二）越南的三重分类许可和专门性机构的设置

在外国非政府组织的身份管理方面，越南主要依据《关于外国非政府组织在越南开展活动的管理规定》实施管理。所谓外国非政府组织指的是

在越南境外依法设立，希望进入越南从事发展和人道主义援助等非营利性活动的非政府组织、基金会、学会、联合会、学习中心、信托、友好协会等机构或组织。"所有在越南开展活动的外国非政府组织都必须依法取得相应的许可。"而颁发各类许可的前提条件是该外国非政府组织在来源国具有法人地位，有明确的宗旨和目标，并且已经或计划在越南开展相关项目活动。根据外国非政府组织不同的需求特点，越南规定了运营许可、设立项目办公室许可和设立代表处许可等三种形式。越南民间组织的对外交往均由党中央外事部门统管，并设有"非政府组织事务委员会"，委员会专门负责各项非政府组织的事务，并且委员会也规定了境外非政府组织在越南活动时的权利、义务、管理方面的细则，以及对其国内的境外非政府组织实施援助时的管理。

（三）日本基于法人特征的分类注册机制

2000 年，日本政府针对非政府组织开展了公益法人注册制度的改革，之后在 2006 年颁布了《一般社团财团法和公益法人认定法》，取消了政府主管部门的许可制，一般财团法人和一般社团法人直接登记即可成立。同时，此法也规定了财团法人和社团法人应作为一般财团法人或一般财社法人变更登记。如果要享有原有的税收优惠，需要公益认定委员会认定并得到公益财团或公益社团法人资格。对财团或社团的国际非政府组织的要求也一样，均须提交变更申请。从事政府规定公益活动的一般财团或一般社团法人，由公益认定委员会认证，可获得公益财团或公益社团法人资格，并享有税收优惠，但是有义务向公益委员会进行汇报。非营利组织法人不需要公益认证，只须获得地方政府或内阁府认证，每年向认证政府部门报告，并向国税厅单独申请税收优惠。

日本对于非政府组织的分类非常详尽细致，对不同特征的非政府组织做了相对应的规定，因为一般社团法人、一般财团法人、公益财团法人、公益社团法人以及依非营利组织法成立的非营利组织，在资金、税收优惠认证、活动报告义务等方面的要求都各不相同。一般财团和一般社团能够直接进行登记，没有向政府报告的义务，但也不享受税收优惠。

（四）国外政府关于境外非政府组织注册管理的启示

1. 制定和完善法律法规

我国可借鉴俄罗斯对境外非政府组织的管理经验，特别是其近年来通过的《非商业性（非政府）组织法》和《社会团体法》修正案的有关内容。

具体而言，我国可以细化《管理法》的相关规定，进一步明确在华境外非政府组织在我国设立机构的规范和准入门槛，明确规定其允许活动范围和不允许活动范围（涉及国家安全和社会稳定）及相应的处罚措施，并建立重点项目和大额资金的审核制度。同时，我国政府有关职能部门应在《管理法》的基础上，灵活应用现有的法律法规和政策意见，并根据实际需要，研究提出完善该法的建议，对在华境外非政府组织注册的条件和流程进行更为细化和明确的规定，为进一步做好这项工作提供更加有力的法律保障。

2. 设置专门性监管机构

我国政府开始探索在华境外非政府组织的针对性管理，《管理法》中规定在华境外非政府组织的注册和管理部门为国家公安部门，从国家安全的角度考虑，此举具有很强的科学性与可行性，公安部门对于在华境外非政府组织的了解程度更深，资料掌握更全，对危害国家安全事件的防范也有更多经验。另外，我国可借鉴越南设立专门机构管理非政府组织的做法，将民间组织对外交往事务都交由中央外事部门统管，如设置"非政府组织事务委员会"进行专门性的管理，形成权责的统一和信息的整合机制，降低对非政府组织的监管难度及行政成本，提高行政效率，减少行政审批和监管中的人为因素。可进一步在国家公安部门设置专门性的针对在华境外非政府组织的注册及管理机构，由专门性的机构对在华境外非政府组织进行有针对性的管理，并且整合资源，由专门性机构统计在华境外非政府组织的数量，记录其活动内容，并负责其登记注册的审批工作。

3. 采取分类注册方式

陈晓春、施卓宏（2014）对在华境外非政府组织的分类体系，按照组织性质、组织愿景、组织形式、活动领域进行了总结，如表7.1所示。

表7.1　在华境外非政府组织分类体系

组 织 性 质	组 织 愿 景	组 织 形 式	活 动 领 域
互益性组织	经济互益型 社会互助型	①外国商会，②行业协会，③专业协会，④其他互助组织，⑤境外基金会代表机构，⑥公益咨询机构，⑦项目执行机构，⑧带宗教性质的慈善组织，⑨其他公益组织	①企业间交流与合作，②扶贫帮困，③抗灾救灾，④医疗卫生，⑤教育培训，⑥文化传播，⑦技术援助，⑧公益慈善，⑨环境保护，⑩社会服务，⑪法律政治，⑫学术交流
公益性组织	援助支持型 倡导动员型 宗教慈善型		
其他在华境外非政府组织	涉及国家安全，有特殊政治背景、特殊行动目的的在华境外非政府组织		

我国可借鉴越南三种分类许可的方式以及日本根据法人特征将非政府组织进行详细分类的经验，对在华境外非政府组织进行分类管理。越南是在许可的程度和范围上制定差别性的政策，不同类别的组织获得不同的许可程度和范围。我国也可对不同类别的境外组织设置不同级别的准入门槛，给予不同的行政许可条件和政策优惠程度。依据表 7.1 在华境外非政府组织分类体系，寻求一条适合中国国情以及当前国际大环境的分类管理道路。

从表 7.1 中可以看出，对在华境外非政府组织进行分类可以依据组织性质、组织愿景、组织形式和活动领域等几个标准。目前，从我国针对在华境外非政府组织管理的法规来看，是按照组织形式的标准来作了一个初步的界定，但是相关法规只涉及了外国商会和境外基金会代表机构，其他类别的在华境外非政府组织并未进行分类。在《管理法》中，也未对境外组织的临时活动通过分类来进行不同形式的管理。

按照活动领域划分类别较符合我国当前国情和在华境外非政府组织的发展现状，参照前文中北京管理在华境外非政府组织的实践探索。由各省份自行划分类别等级，对适合本省情况的境外非政府组织在实际的备案过程中降低门槛，并提供便利；对涉及国家安全，有特殊政治背景、特殊行动目的的在华境外非政府组织实行禁止活动的规定。

四、完善在华境外非政府组织分类注册制度的建议

创新行政管理方式可以增强政府的公信力和执行力。加快行政体制改革，建设服务型政府要求政府转变职能、理顺关系、优化结构、提高效能，进而形成权责一致、分工合理、决策科学、执行顺畅、监督有力的行政管理体制。因此，我国政府对在华境外非政府组织的管理制度也需要进行注册管理方式上的创新。以分类注册作为改善注册制度的创新手段，提高政府行政效率，让在华境外非政府组织顺利在中国开展合法有益的活动，并且实现对它们的有效监管。

（一）细化和明确法律规定

完善法律法规，依法加强对在华境外非政府组织活动的管理，是法治国家建设的必然要求。这既是中国维护国家安全、确保社会安定有序的合理需要，也是维护在华境外非政府组织的合法权益、引导其依法在华开展活动的负责任的举措。目前我国已正式实施的《管理法》，但是在《管理法》的具体实施过程中，在注册登记环节上，需要通过增加司法解释等方

式进一步细化和明确相关的法律规定。针对前文所叙述的在华境外非政府组织注册条件界定模糊和注册流程规定不明晰等问题，须进一步明确界限和补充规定，尤其是对在华境外非政府组织注册条件中的第 3 项和第 5 项加以明确，对业务主管单位的职责加以详细规定以及对初审流程加以补充。同时地方政府也要出台相应行政法规，具体落实和对接国家的在华境外非政府组织管理法规，并且可根据各地方实际情况的不同，出台适宜本地区的相应行政法规。

（二）构建沟通与对话机制

加强与在华境外非政府组织的沟通与交流，是我国政府与在华境外非政府组织实现和谐发展、互利共赢的需要。政府应当广泛听取在华境外非政府组织的各方意见，通过座谈会、研讨会，与在华境外非政府组织进行沟通与对话，了解它们的诉求，同时也能加深在华境外非政府组织对中国政府以及中国的政策、法律、文化环境的了解，这也有助于其今后在中国境内合法开展活动。同合法、优秀的在华境外非政府组织建立长期合作机制，为其活动与项目提供支持与帮助，共同为中国社会的可持续发展做出努力。

以联合国儿童基金会为例。联合国儿童基金会和中国有着长期的合作关系。1947 年，中国成为联合国儿童基金会在亚洲首个开展援助的国家。2012 年 3 月 17 日，民政部、联合国儿童基金会在北京共同举办儿童社会工作研讨会，会议主要任务是总结儿童社会工作理论与实践成果、分析儿童社会工作形势、交流儿童社会工作经验、探讨今后一个时期儿童社会工作发展思路与对策。2015 年 12 月 9 日，民政部副部长邹铭会见了联合国儿童基金会新任驻华代表花楠女士一行。联合国儿童基金会作为一个致力于帮助全球儿童获得均等机会的境外非政府组织，其与中国政府的扩大交流有利于我国儿童社会工作更好进行，有利于将境外非政府组织的先进管理经验与我国儿童工作实际情况相结合，以求协同合作。

可以看出，扩大政府与合法有益的在华境外非政府组织之间的交流与合作，是今后境外非政府组织在中国发展的趋势，这将有利于加深双方之间的了解以及我国政府与在华境外非政府组织的互利共赢。

（三）设立专门性管理机构和信息收集系统

首先，政府应设立一个专门的机构负责管理在华境外非政府组织，此机构可以由公安部设立和进行直接管理。在华境外非政府组织定期向管理部门提交财务报告，机构要把在华境外非政府组织的信息进行联网统计，并通过建立科学合理的指标体系对在华境外非政府组织的发展水平进行衡量和评估，对在华境外非政府组织在中国的活动进行有效的规范和管理。

其次，建立网上监督举报平台。建立一个开放的针对在华境外非政府的监督网络平台，同时，民众也可以参与到对在华境外非政府组织的监督中，如发现有与网站公布内容不符的情况，特别是在华境外组织是否有在开展活动时进行项目备案以外的内容，如西方价值观的传播、与违法非法组织交往密切等一系列会对我国社会发展产生潜在威胁的情况，可通过监督平台进行举报，再由管理机构进行调查核实。网络平台的建设不仅有利于我国政府对在华境外非政府组织进行管理，也有助于社会增加对在华境外非政府组织的了解，他们开展的积极健康合法的活动也可积极参与，同时在华境外非政府组织也达到了宣传的目的，这对于政府和在华境外非政府组织双方都是有益的。

最后，可由专门性管理机构建立统一的在华境外非政府组织信息数据库系统，改变计划部门互相封锁政府信息的体制，拆除各注册和监管部门的信息围墙，对各部门现有的独立、分散的网络进行重组，建立起统一、集中的在华境外非政府组织信息网络，并且对信息进行分类管理。根据全国性数据库建设的需要，由公安、民政、商务、外交、对外经贸、工商等部门协作，整合民间力量与官方资源，按照明确目标、分清责任、平台共建、信息共享的原则，积极推动信息数据库的建设；做好在华境外非政府组织的分类工作，按照组织背景、组织性质、运作方式、利益相关者、活动领域、社会影响等进行分类，并拟定分类标准，为政府服务与监管提供信息支持。数据库的内容既要包括在华境外非政府组织的基本信息，也要包括其项目实施情况、人员流动情况、与本土组织合作情况等动态信息。此外，要建立全国性的在华境外非政府组织诚信档案系统，并对在华境外非政府组织进行综合评估。对一些公益性强、信誉好的组织给予相应的支持。

完善信息收集、整理、分析、沟通和发布机制，健全信息通报与报告制度，信息的获取化变被动为主动。

（四）简政放权与分类管理有机结合

简政放权需要减少审批事项、简化审批手续，而简政放权的重点是要推进标准的统一。这种简政放权是针对国内事务而言的，其对象是不存在国家安全隐患的我国公民和企业。在华境外非政府组织的登记注册恰恰需要标准的不统一，即实行分类管理。

（1）简政放权是转变政府职能的关键，也是减少政府行政成本，提高行政效率的需要。因此，在管理在华境外非政府组织的过程中同样要求政府简政放权，减少审批事项、简化审批手续、优化服务。而目前对在华境外非政府组织实行的双重管理并不符合简政放权的要求，业务主管部门繁多，审批规定不明。且进行临时活动的组织进行备案时审批事项与审批手续较为严格，须由中方合作单位办理审批手续以及进行备案，而此时中方合作单位办理审批手续的流程依旧不明晰。

（2）对在华境外非政府组织的管理难以实现简政放权的关键在于对国家安全的考虑，而解决的方式便是实行分类管理。此时的分类并不是一种简单依据下的分类，而应当是根据专门性监管机构和各部门的数据整合系统下的实际性分类。分类的标准不能简单地由各组织宗旨和活动领域决定，而应包括该组织在数据库系统中的诚信档案和综合评估结果，须考量该组织境内境外所开展的一切活动是否具有政治渗透性、是否与反华势力有牵扯等一系列具体情况。

将简政放权与分类管理进行有机结合可削减业务主管部门的权力，规定某些类别的在华境外非政府组织的注册审批程序绕过业务主管部门环节直接归入公安部门，由公安部门根据专门性管理机构及整合的数据库系统资料直接对其资格进行审核。

（五）登记备案制与分类管理有机结合

（1）在华境外非政府组织进入地区活动时应到相关部门备案，在华境外非政府组织应具有在境外依法设立或注册的资质，并征得当地相关业务部门的同意，所从事活动须有助于社会的可持续发展。然后，有关部门需要做好项目登记与报备的服务工作，并搭建在华境外非政府组织项目合作服务平台。同时，通过项目的登记备案制加强对在华境外非政府组织的监管。

（2）通过有效的分类，政府能够更细致地了解在华境外非政府组织。对于公益类、环保类、科技类等有益于社会和谐发展的在华境外非政府组织应逐步开放，可直接注册，为这些类型的在华境外非政府组织提供相对宽松的发展环境，以提升其公共服务能力。

（3）应当将上述两种方式结合起来，由专门的管理机构对其进行科学的分类。组织在各地区开展活动时到地方政府进行登记备案，如同前文中北京的分类管理与登记备案制度相结合的试点工作，这是一种因地制宜且具有效率的方式。中国东、中、西部地区由于发展不平衡，各类别非政府组织公共服务的需求也就不同。在现代国家治理体系中，从中央到地方各个层级，从政府治理到社会治理，各种制度安排是一个统一的整体，应互相协调。因此，在华境外非政府组织的管理问题，中央和地方政府应当相互协调，应当给予地方政府按需要设定不同类别在华境外非政府组织备案门槛的权力。将两种方式结合是一条适合目前中国国情的道路，不仅有利于政府对在华境外非政府组织实行更为有效的监管和保护，也有利于两者的合作共赢、和谐发展。

第八章　构建在华境外非政府组织的公共财务绩效分类评价机制

在华境外非政府组织的公共财务绩效评价是指以财务报表及其他有关的资料为依据，运用系统科学的方法对在华境外非政府组织的财务状况和业绩成果进行比较和评价，从而得出结论的过程。在华境外非政府组织的财务绩效目标不是简单的利润最大化，要考虑到组织本身的社会使命、价值追求，更多的是体现其公益能力，是一个多元化问题。公共绩效评价是关于公共部门与公共项目绩效各方面的客观的、高质量的评价，是度量公共项目绩效强弱的工具，是用来衡量具体绩效水平的比如效益、操作效率、生产力、服务质量、客户满意度和成本的指标。由于在华境外非政府组织资金来源特殊，因此必须从财务角度对其进行绩效评价。除了通过一般的财务绩效评价指标如筹资能力、营运能力等评价其财务状况、营运情况以外，还要通过具有针对在华境外非政府组织特点的关键指标，重点掌握其活动领域、资金动向等情况。通过评价来分析其是否有偏离组织使命、目标的非公益性行为，评估其是否有资金流向违反我国法律、危害我国国家安全、损害我国利益的非法活动领域。又因非政府组织的"不以营利为目的"的特点，还要重点评价其公共效益的实现程度、公益能力大小。因此，应以财务绩效评估为依据，对在华境外非政府组织进行分类，完善对这类组织的管理，发挥和挖掘其社会服务的能力。

一、在华境外非政府组织的财务特点

资金是非政府组织得以发展的基础，又是一切财务活动的根本，所有组织开展活动都离不开资金，在华境外非政府组织也不例外。不同于一般的非政府组织，在华境外非政府组织有以下几个方面的财务特点。

（一）资金运作方式特殊

1. 合作参与项目活动

部分在华境外非政府组织并不会直接进入中国，而是通过和中国政府部门以及本土民间组织进行项目合作的方式进行运作，比如提供资金与技术，并负责管理培训等。通常，对于长期项目是在当地成立办事处或项目办公室，并雇佣当地员工。而对于短期项目则是在项目结束之后全都撤走，不会成立专门机构，也不会有专职人员常驻，只是会派人员负责监督与指导，比如英国海外志愿服务社和教育部之间签署的教育交流项目。目前，该组织每年都会选派国际志愿者来中国开展志愿服务。而在经费来源上则是以境外拨款为主，还有相关合作单位和机构一定的资金支持。

2. 间接提供资金援助

有些在华境外非政府组织以资金、技术、物质等方式支持公益事业，并为公益项目的实施提供支持，自身不一定直接参与项目，比如在香港、澳门等地建立总部或分部，由此指导在中国内地的项目运作，这主要包括一些基金会、慈善组织。[142]它们根据项目执行方提交的项目进展和财务报告对项目进行评估，并寻找本地代理人负责项目的实施和管理，或定期现场查看项目实施效果。比如，北京慧灵智障人士社区服务机构80%以上的经费都是来源于境外捐赠，其中德国米苏尔基金会于2003年正式和北京慧灵建立合作关系，每年提供经费额度约60万元。但是在这个过程当中仅针对项目提出建议，并不会深入参与项目日常管理活动。

3. 独立开展活动

在华境外非政府组织中，有一部分选择以外资企业形式在我国工商部门注册登记，其中大部分都是注册成咨询公司或者是国外企业常驻中国代表机构，名称上是以"咨询公司"或"研究中心"为主。这样，在注册入门槛上就要低于社团组织，同时在操作方面也相对简单。比如1997年绿色和平组织决定在香港成立办事处，成为在港注册的合法非政府组织，然后在2003年以"绿色和平咨询"的名义在北京工商部门注册，并建立了北京办事处，在我国开展各种和平与绿色的项目活动。而在资金来源方面则是以香港办事处拨款为主，具体是借助香港汇丰银行进行账户转汇。英国救助儿童会同样是属于在中国工商部门注册的外国企业，在性质上是外企驻我国的非营利性代表机构，并在1999年成立了北京办事处，所关注的对象以弱势儿童为主，旨在维护儿童健康、福利以及教育等方面的基本权利，积极倡导保护儿童的权益。

（二）资金来源特殊

我国法律明确规定，在华境外非政府组织及其代表机构不得在中国境内进行募捐。这就限制了在华境外非政府组织在中国境内的资金来源，从而使得在华境外非政府组织不同于一般的国内非政府组织，它们无法在中国境内进行大量的资金募集活动。在华境外非政府组织的资金基本是来源于海外，其筹资渠道具体包括：第一，由母国政府直接拨款或国外的总部给在华项目进行企业筹资、公开筹资，比如美国的在华境外非政府组织第三大资金来源就是联邦政府，其本国总部资金有 44% 是从基金会获得，有 24% 是公众捐款获得，有 16% 是从政府获得；第二，由国外总部或国际成员组织直接拨款，比如能源基金会以及福特基金会等；第三，通过国内代表机构向国外公益性基金会进行筹资，比如乐施会；第四，以合法的形式在我国境内进行筹资活动，比如与大型跨国集团进行合作，比较典型的就是世界自然基金会与宜家进行合作来筹资。

由于在华境外非政府组织大部分资金来源于境外，资金又是实现组织的项目运作和服务目标的根本，大多数在华境外非政府组织的活动目的受制于资金提供者的利益诉求，因而容易导致其行为背离应有的公益性目的与使命，会威胁到我国的国家安全以及社会和谐稳定，这主要表现在：第一，破坏社会稳定。有的境外非政府组织利用工人失业、农民失地、城市拆迁等中国内政事务制造负面舆论，煽动民众与政府的对立情绪，挑拨民众与政府间的关系，甚至公然支持分裂国家主权的活动，对我国的国家安全、社会稳定与民族团结造成了重大危害。第二，输入西方价值观和意识形态。部分在华境外非政府组织通过文化交流、项目培训以及捐资助学等隐蔽的方式进行文化渗透，以"民主""人权"为幌子，宣传西方民主政治制度，并在国内培植西方代理人。第三，为母国政府收集我国情报。通过公益性项目的开展，利用项目考察调研的形式收集军事、政治、科技以及经济等方面的情报。第四，部分具有宗教背景的在华境外非政府组织通过慈善的名义在老边穷地区以及少数民族地区开展宗教渗透活动，宣扬各种极端宗教思想与理论，以扩大信众。如 20 世纪 80 年代初成立的美国国家民主基金会，它的活动资金主要靠美国政府提供，在很多国家进行政治渗透活动，助推各种分裂活动，推动"颜色革命"。其中，委内瑞拉等拉美国家、伊朗等西亚国家、乌克兰等独联体国家以及缅甸等东南亚国家都深受其害。而在我国，美国国家民主基金会曾是 2008 年拉萨"3·14"事件、2009 年乌鲁木齐"7·5"事件和 2014 年中国香港"占中"事件的幕后推手。[143] 美国国家民主基金会还通过拨款、培训、提供设备等方式资助"藏独""东突"等各种反华分裂势力，插手中国内部事务。据统计，其每年涉华资助总额达到几百万美元。

（三）评价指标特殊

营利组织的经营目标是追求利润最大化，其利润指标是组织衡量绩效的首要标准。为组织提供量化分析的方法，便于进行不同组织之间的比较。而非政府组织是不以获取利润为目的的公益性组织，公共效益才是衡量其业绩的基本标准。然而事实上，不少在华境外非政府组织打着慈善、人权、扶贫、环保等旗号，背离非政府组织本质特征（即非营利性），变相营利，成为个人利益的输送工具。如总部设在美国加州的国际认证管理协会通过虚假宣传，收取高额费用，肆意发授各类证牌证书。还有世界和平慈善基金会的非法集资、中华儒商总会的非法经营、世界杰出华商协会的慈善敛财等。这就需要我们在对境外非政府组织进行财务公共绩效评价时，加强对其非营利性和公益能力的评价，突出其公共效益的实现情况。另外，由于一些有特殊政治背景、特殊行动目的的境外非政府组织将资金用于窃取国家机密、支持反动组织等方面，严重侵害了我国的国家利益，危害了我国国家安全和统一。因此，在对境外非政府组织绩效进行评价时，要设立相关评价指标，重点关注组织的资金流向和组织项目活动有没有偏离其为社会公益事业服务的本质目标，以及是否违反我国相关法律规定。

（四）投入产出形式特殊

对于任何绩效评估来说，要衡量效率、效益，就必须对投入产出进行精确的测定。如果对具体活动投入的估价和度量是模糊的，投入和产出的比例关系也就难以计算，绩效评价也就会出现困难，由此也就难以推出评价的结果。

在华境外非政府组织资源的投入具有两个特殊性。第一，投入资源是无形的，难以计量。无论是个人还是组织，投入活动之中的资源，除了物资、货币之外，更多的是知识、信息，还有制度、法规，这些是无法用货币来计算其价值的；第二，物质性、人力性投入也具有特殊性。非政府组织从事的是公共产品和公共服务的生产与供给，一般不通过市场竞争，从而也就不会自动显示出各种投入的确切价格。

在华境外非政府组织提供服务时，其实现的公共效益（即产出）无论是整体形态还是中间形态都因其特殊性而无法辨别和度量。第一，其整体和最终产出大多是不能看清和感受的，即便是有形的实体，也因为规模庞大，人们不能完全感受到。有些非政府组织的产出本身就是无形的、弥散的、抽象的，如在环保领域的贡献。第二，其活动是系统性的，很少有公共管理活动和公共服务能拆分成单个的事物。正因为如此，非政府组织中个人、团体和组织在持续的、常规的或应急性的管理和服务活动中，也很难弄清楚每一次的努力、付出的辛劳与整个部门管理工作成效之间的确切关系。在华境外非政府组织的产出也就难以测定，财务公共绩效评价指标体系的设计也将受到一定的影响。

二、在华境外非政府组织财务公共绩效分类评价体系框架

多年来，我国对在华境外非政府组织实行双重管理制度，境外非政府组织必须找到合适的政府机构作为挂靠单位才能进行登记注册，"注册难"一直是在华境外非政府组织的最大困扰，大多数境外非政府组织没有取得在华的合法身份。且由于这种"双保险"机制，在华境外非政府组织注册在民政、工商等部门，而业务主管单位又分散在教育、医疗、环保等部门，造成权责混乱、职能交叉、发生问题时互相推诿。因此，政府无法对境外非政府组织实行有效的管理。管理部门对在华境外非政府组织缺乏全面和深入的了解，难以完整掌握在华境外非政府组织的相关信息和数据。对于在华境外非政府组织的财务数据收集更是一大难题，其公开的财务报告的真实性、完整性无法得到确认和监督。多年来，管理部门忽视了对境外非政府组织的绩效评价，这个方面未得到政府、社会以及组织自身的重视，缺乏一套标准的绩效评价体系，加上在华境外非政府组织本身财务及绩效评价的特殊性、复杂性，管理部门目前对在华境外非政府组织的财务公共绩效的评价还远远不够，可以说尚处于起步阶段。

（一）在华境外非政府组织财务公共绩效分类评价的目的

1. 满足内部需求

第一，对在华境外非政府组织进行财务公共绩效分类评价可以使得组织决策者、管理者获取有关信息，全面、准确地了解组织的运作状况，尤其可以反映出资金的配置方向及效率，使决策者做出正确决策，及时调整管理策略，纠正机构重叠、假公济私、滥用善款、贪污腐败、目标偏离等丑恶现象，提高组织运营效率，使组织走上健康持续发展的良性循环道路。第二，绩效分类评价可以从侧面体现出当前正运行着的项目可行性以及有效性，从而给项目调整工作提供反馈和支持。第三，在将评价得出的结果对外公布之后，能够实现在华境外非政府组织与利益相关者的委托代理责任的解除，体现在华境外非政府组织作为公共部门之一的公共效益实现程度，明确其社会使命执行情况，也为其增强社会公信度、筹资能力奠定基础。

2. 满足外部需求

第一，满足广大公众对在华境外非政府组织的了解与认同需求。在将财务信息对外充分披露之后，配合绩效评价结果，可提高其财务透明度与公信力，和组织外部形成良好的互动关系，强化广大公众对于组织的了解与认同程度，同时也可以给善行善举提供更多的途径。第二，更好地满足相关政府部门监管要求。目前在华境外非政府组织已经涉及政治、经济、社会、文化和生态建设等各个领域，如不对其加强有效的管理，势必会给我国的国家安全带来隐患。《中华人民共和国境外非政府组织境内活动管理法》规定，在华境外非政府组织的登记与管理机关是国家公安部门以及省级公安机关，而业务活动主管单位则是国务院相关部门以及省级相关部门。监管部门主要责任是对非政府组织业务的合规性、合法性实施监督，而组织开展各项活动是否符合相关法律、法规的要求，往往可以通过财务数据得到一定的反映。对在华境外非政府组织财务公共绩效进行评价，根据评价结果，可以给政府部门的监管决策提供指导，做出对该组织继续引导、加强管理或抵制取缔的决策。第三，满足资金提供者衡量其支出效益的需求。对于捐赠者来说，通过组织年度工作报告的信息披露，以及组织绩效综合评价结果的公布，可以加深对组织各方面状况的了解，增进对组织的认同尤其是对组织公益能力的肯定，了解组织在项目活动中实现公共效益的程度，提升组织的公信力。如此，可以增强资金提供者的捐赠意愿，从而起到拓宽组织筹资渠道的作用，使组织的生存发展有了资金上的保障，促进其进一步为我国的社会公益事业和公共服务作出贡献。

（二）在华境外非政府组织财务公共绩效分类评价的客体

绩效评价离不开组织的使命、目标，哪些指标能反映组织完成使命、实现目标的状况，则是评价方（下文称之为评价主体）所选定的评价内容（即评价的客体）。非政府组织的首要特征都是不以营利为目的。另外，一个组织的运营状况是否良好、资金状况怎样、有无发展潜力等也是非政府组织乃至营利组织都需要评价的。但不同的评价主体，其具体需求不同，即使是同一信息使用者，在不同的经济行为下，其分析目的也有所不同。而不同的组织之间也存在着评价内容上的差异，从而导致了评价指标的多元化和全面性。本文基于在华境外非政府组织本身的特殊性，确定以下评价客体。

1. 公益能力

公益能力是体现在华境外非政府组织社会公共效益实现情况、组织使命目标完成的能力，是在华境外非政府组织财务公共绩效分类评价的首要内容。非政府组织都是以提供社会服务、实现社会效益为目标的，通过助学、扶贫、医疗、环境保护等领域的公益事业体现其社会价值。不以营利为目的是非政府组织的本质属性，在华境外非政府组织也不例外。然而面对越来越大的资金压力，一些非营利组织为了维持生存，通过各种渠道开展超出自身业务领域，或违背组织性质的经营活动，造成了很多负面影响。非政府组织"不以营利为目的"的含义是指该组织以服务于公益事业、实现社会公共效益为目的，以社会使命作为组织的宗旨。非政府组织运作最为坚实的基础就是实现它们的社会使命，更好地为社会公民服务。同时，从分配上来看，项目进行过程中所得到的收入不能作为利润分配给资金提供者或组织成员。因此，在华境外非政府组织的公益能力主要体现在其资金是否主要投入到各个公益事业项目中，以及具体实现了多少成果。通过评价，对于那些公益能力强的组织，更要鼓励、帮助其稳健持续地运营和发展。对于公益能力差的组织，要从自身改进管理策略以及外部加强引导方面实现提升。

2. 非渗透性

本文将在华境外非政府组织的非渗透性定义为：在华境外非政府组织在我国境内活动过程中，遵守我国法律法规，真正将资金用于我国扶贫、赈灾、环保、卫生、教育等公益活动和公共服务领域，而不开展危害我国家安全、领土完整、民族团结和政治稳定等渗透、破坏活动。由于在华境外非政府组织都有自己特定的组织使命和价值理念，同时由于受政治背景、经费来源等因素的影响，一些在华境外非政府组织所追求的价值目标并不符合我们的国家利益，甚至一些境外非政府组织的活动违反了我国的法律法规，对我国社会的稳定与发展造成了一系列的负面影响。通过对财务报告中公益事业项目支出的具体分析，对支出数额大、支出变动大的项目重点关注，及时发现其资金的异常变动，以判断在华境外非政府组织是否对我国进行了渗透、破坏活动。因此，该评价客体是在华境外非政府组织财务公共绩效分类评价的一个十分关键的指标，是我国政府加强对在华境外非政府组织监管的重要关注点，也是其区别于一般非政府组织的财务公共绩效分类评价的关键之处。

3. 筹资能力

在华境外非政府组织的筹资能力是指境外非政府组织通过自身的努力，基于拨款和自筹经费、经营收入等渠道获取经费的能力。组织的筹资能力如何能够对其生存与发展产生直接的决定性影响。《管理法》明确规定：

"境外非政府组织及其代表机构不得在中国境内进行募捐"。这限制了境外非政府组织在中国境内的资金来源，而非自创收入是所有非政府组织收入的重要来源，因此大部分在华境外非政府组织都面临筹资的巨大压力。

如果想要有效解决非营利组织经费缺乏的问题，正如王名所言，应着力从两个方面展开：第一，拓展筹资渠道与信息来源，通过广泛的宣传与项目申请来获得多种形式的资助；第二，自力更生，在进行公益性活动的过程中，开展一些合法经营活动来赚取资金，但并不以分配利润为目的，努力做到自食其力。我国法律规定，在华境外非政府组织的资金除了从境外合法获得以外，还包括银行存款利息等在中国境内合法取得的其他资金。在降低对拨款依赖性的同时，还要注意不能违背非营利性、实现公共效益的服务宗旨，调整好组织活动的公益性与经营性之间的平衡，这应当是所有非政府组织发展的方向。

通过对非政府组织收入的数额大小、收入的来源构成和筹资费用率等方面的分析，可以较全面地掌握组织的筹资能力。另外，基于在华境外非政府组织的资金大部分来源于境外这一特点，我国政府要对其资金来源渠道和筹资过程进行严格监管。

4. 营运能力

营运能力就是按照投入与产出相比的评价原理，对组织运行的效果、效率、效益等多种产出形式进行综合评价。对于企业等营利性组织，营运能力分析指的是针对企业资金周转相关指标进行分析与结算，明确其资产利用率，其中具体涉及存货周转率以及应收账款周转率等，其能够体现出企业等组织的管理能力与资源利用水平。而对于不以销售行为为主、不以营利为目的的非政府组织，在评价其营运能力时要具体分析，可主要通过营运储备（营运资金）来考量。营运能力体现的是组织的经营运行能力，非政府组织的营运能力表现在要用有限的资金使其服务能力尽可能的增大，公共效益尽可能提升。另外，营运能力不仅体现在组织的公益活动中，也体现在经营活动中，因为开展经营活动已经成为非政府组织解决财务瓶颈的关键方式。

只有营运能力强，才能较好地完成本组织的使命，实现本组织的目标。而对于在华境外非政府组织来说，营运过程中的合法性也是值得我国公安机关和其他有关部门重点关注的。因此对营运能力的分析是评价在华境外非政府组织财务公共绩效一个不可或缺的维度。

5. 发展能力

发展能力反映了组织的发展潜力，通常是指组织的发展趋势和发展速度。通过对一系列相关指标的衡量，我们能判断出非营利事业发展的后劲是否充足。随着经济全球化和社会主义市场经济体制的逐步确立，在华境外非政府组织的发展与壮大已成为必然的趋势，组织之间的竞争也越来越激烈。要想不被社会所淘汰，就需要组织有长远的发展眼光，不断增强自身的竞争力。改革开放以来，在华境外非政府组织在我国发展迅速，在我国的社会、经济、文化发展中扮演着越来越重要的角色。一个发展状况良好的在华境外非政府组织不仅要在本阶段运作得好，而且还要能够健康持久发展，更大规模地为社会提供优质的服务，并为我国的社会经济发展做出贡献。因此，全面考核和评价在华境外非政府组织的发展能力，不仅是组织自身发展的需要，也是我国政府管理在华境外非政府组织的需要，是在华境外非政府组织财务公共绩效分类评价的重要内容之一。

（三）在华境外非政府组织财务公共绩效分类评价的主体

在了解了为什么要对在华境外非政府组织进行财务公共绩效分类评价及评价什么之后，还必须了解由谁来实施这种评价，即评价的主体是谁。本文认为，在华境外非政府组织财务公共绩效分类评价的主体可以由政府相关部门、绩效评估的专业机构及组织自身来承担。

1. 政府部门

党的十八届三中全会审议通过的《中共中央关于全面深化改革若干重大问题的决定》指出，要创新社会治理体制，激发社会组织活力，加强对社会组织和在华境外非政府组织的管理，引导它们依法开展活动。因此，在华境外非政府组织的财务公共绩效分类评价结果是我国政府对其活动进行引导和管理的重要依据之一，是监管境外非政府组织活动的重要手段。

首先，政府部门作为在华境外非政府组织的评价主体有其必要性。我国法律规定，境外非政府组织应按时报送年度工作报告，接受年度检查。境外非政府组织在中国境内开展活动，应当接受公安机关、有关部门和业务主管单位的监督管理。公安机关等部门有权查处境外非政府组织及其代表机构的违法行为。而财务报告往往是反映组织活动最真实的依据之一，对在华境外非政府组织财务公共绩效的评估涉及国家安全，需要国家有关部门的介入，在评估专家的选择上必须要有国家安全机关、外办等涉外机构人员。其次，政府部门作为评价主体相对其他评价主体有着许多优势。一是具有资源优势。政府部门作为评价主体的时间较长，从事同类工作的次数较多，因此拥有一大批经验丰富的专家及相关人员，他们对评价工作程序清楚、技术娴熟，使得评价结果不仅有效性强，而且还能降低评价工作的成本。二是政府部门信息渠道较宽，对境外非政府组织是否存在有悖于我国法律法规的信息敏感。对于在华境外非政府组织的投入产出、资金流向是否正常，可通过财务公共绩效分类评价得到快速检验。这对维护我国国家安全、社会稳定，保障我国经济社会持续健康发展有着十分重要的作用。

2. 专业评估机构

专业评估通常是指聘请评估专家组成绩效考评小组，依据特定的评价标准，对评价对象进行考评，以求得到客观、真实、有效的评价结果。独立的第三方评估机构在信誉、权威性上具有优势，作为公信力的重要来源能够对政府作为评价主体的方式进行补充。《管理法》规定，境外非政府组织在华的代表机构应当执行中国统一的会计制度，并聘请具有中国会计从业资格的会计人员依法进行会计核算。财务会计报告应当经中国境内会计师事务所审计。因此，在进行财务公共绩效分类评价时，专业化的评估机构也是必要的主体之一。在国家安全部门及其他有关部门的参与和统一监管下，以及在资质、专业性、合法性已经被审核通过、被公认的情况下，第三方主体作为评估的外部智力，在评估过程中可以发挥重要的协助、配合作用。

3. 组织内部管理决策和控制部门

为了履行经管资金、财产的监管责任，发现问题，总结经验，改进工作，及时纠正如贪污腐败、挪用资金、筹资困难等一系列的资金问题，在华境外非政府组织领导者及各级管理人员需要对本组织进行财务公共绩效分类评价，也叫作自我评估，即在华境外非政府组织自身充当评估主体进行综合评价。

自我评估具备一定的优势，这主要是因为组织能够更好地了解到自身的运作机制，和局外人参与评估对比而言，在程序上更加简捷有效。自我评估所得到的结果或者是建议也可以在日后项目执行的时候贯彻落实下去。[144]非政府组织在运行的过程中离不开人力、财力以及物力的投入和支持，而这些都是属于稀缺性和排他性的资源，所以必须针对这些资源进行最大化利用，这样非政府组织才能够生存、发展、壮大。由此可见，非政府组织必须加强管理，根据绩效评价结果，采用一定的方法，准确预测、科学决策、有效控制，以获得最大价值，才能担负其公共责任和社会使命。

在华境外非政府组织进行自我评价，这对于组织本身能够深入及时了解本组织的财务状况和运营成果、发展潜力、危机状况等是非常有益的，发现了问题可以及时解决。在进行评价前，查阅各种相关的财务报表（资产负债表、现金流量表等），收集所需的原始数据是一项极其重要的工作。数据的真实性、完整性、连续性决定了评价的有效性。由于评估人员属于本组织，对组织机构熟悉，可在短时间内收集到各种必要的原始数据，这样的一手数据比较真实可靠。这种优势也是其他评价主体无法企及的。但值得注意的是，由于境外非政府组织身份的特殊性和敏感性，即使是组织内部的自我评估，也应接受国家公安机关和有关部门的全程监督和结果审查。

（四）在华境外非政府组织财务公共绩效分类评价的依据

非政府组织的年度工作报告是反映非政府组织财务状况、收支运营情况、组织公共效益、服务成果等的书面报告，可以为报表的使用者提供有用的信息。其基本作用在于：第一，提供本年度资金获得渠道和资金使用情况的信息；第二，在期末显示可留存到以后年度使用资金；第三，报告组织在以后年度的服务持续性与潜力。

由于各非政府组织的特点不同，其报表要求的内容也不尽相同，但反映其基本情况的报表还是可以有统一格式的。在我国《非营利组织会计制度》中明确提出，民间非营利组织出具的财务会计报告需要有业务活动表、资产负债表以及现金流量表，还需要具有会计报表附注等相关内容。

作者在研究中发现，大部分在华境外非政府组织在年度财务会计报告中就只有三大会计报表，很少有会计报表附注和事业项目说明书，尤其对不能以货币计量的信息披露很少，组织的公共服务产生了哪些成果很难准确评判，在评价组织公益能力时将受到影响。因此，在进行评价时，必须依据以下三种形式的报表。

1. 资产负债表

资产负债表又称财务状况表，是反映非政府组织在某一特定日期财务状况的报表。资产负债表是非政府组织会计报表的一个主表，其中对资产和负债的排序依据一般为资产和负债的流动性。资产的流动性按其转化为现金的接近程度为序；负债的流动性按其距偿还期接近程度为序。资产负债表可综合反映非政府组织资产、负债、净资产情况，显示非政府组织某一时期的资产总额，表明非政府组织拥有的经济资源及其分布情况，是分析非政府组织规模实力、运营发展能力的重要资料。还能反映非政府组织某一日期的负债总额及其结构，表明非政府组织未来偿还债务的能力，便于及时发现组织的生存发展危机。为在华境外非政府组织的财务公共绩效分类评价提供重要数据。

2. 业务活动表

业务活动表是反映在华境外非政府组织一定期间财务收支结余情况的

报表。主要内容包括：组织的收入、转账、支出以及其他造成资金余额发生变化的因素。由于我国会计制度针对非营利组织会计核算的基准作出了规定，即遵循权责发生制，同时业务活动表的功能就是针对在华境外非政府组织经营绩效作出评价，因此要把期间费用和业务活动成本区别开来，期间费用主要有筹资费用、管理费用以及其他费用。该表的作用主要有：①利用收入支出表，可以分析非政府组织全部收支的规模及其构成结构，以确定增收节支的重点与方向；②利用收入支出表及其他有关报表资料，分析评价非政府组织的资金来源渠道和收入构成；③利用收入支出表及其他有关资料，观察在华境外非政府组织的资金流向、公益事业项目的投入情况，反映其公益能力、公共效益和资金用途。

3. 事业项目说明书

作为公共部门之一，开展公益事业，提供公共服务、准公共物品，实现社会公共效益是在华境外非政府组织的使命和宗旨。因此，在对其进行绩效评价时，应将社会公共效益摆在首位。也就是说，不仅需要以货币计量的形式记录的信息，还需要很多非货币信息，从而反映组织的活动产生了哪些社会影响，取得了哪些成果。对于在华境外非政府组织的活动情况，还有很大一部分需要从各个事业项目的活动情况表上来反映，比如扶贫救济人数、发放物资的数量、参与项目的志愿人数等，都从非货币计量的角度反映了在华境外非政府组织的非营利性、公共效益实现程度，同时也是分析其活动是否合法、有无渗透和破坏倾向的重要依据之一。

（五）在华境外非政府组织财务公共绩效分类评价的标准

对任何事物进行分类评价都必须设定一个参照物。没有参照物就无法对评价对象的优劣进行判断，评价也就无法进行。在对在华境外非政府组织财务公共绩效进行分类评价时，同样需要确定适当的评价标准。

1. 预算

预算是使用较为广泛的评价标准。因为它具有良好的可比性，同时由于又是量化指标，易于操作。非政府组织的资金来源于捐赠者，使得组织的支出规模和方向受到一定的约束。而往往这种约束在制定项目预算时就已经被考虑进来了，组织管理者对预算支出的改变有可能违背了资金捐赠者的捐赠意图，从而损害到组织的公信力，无法得到利益相关者的支持和认可。

2. 组织的历史平均水平及同类组织水平

以同类型组织的平均水平为标准进行横向比较，能够更好地寻找到组织在某一阶段中的财务公共绩效水平，以及和其他同类组织之间存在的差距。将组织历史平均水平作为纵向指标参照，则可以使我们对组织成长状况有整体掌握。除此之外，若是因为业务活动差异而导致组织无法被归结到某一类组织当中，则组织自身历史数据能够为评价提供更好的说服力。

3. 行业主管部门或政府颁布的政策标准

由行业主管部门或政府颁布的政策标准，多是针对非政府组织的非营利性要求提出的。这种标准一般具有强制性，非政府组织应该共同遵守。比如我国《基金管理条例》第 29 条规定："公募基金会每年应用到公益事业方面的支出应超过上一年度总体收入的百分之七十；而非公募基金会每年应用到公益事业方面的支出应超过上一年度基金余额的百分之八。基金会工作人员的薪酬待遇以及行政办公支出不可以超出当年度总体支出的百分之十。"

三、在华境外非政府组织财务公共绩效分类评价体系的构建

（一）财务公共绩效分类评价体系的构建原则和思路

1. 评价指标体系的建立原则

合理选择指标是财务公共绩效分类评价成功的关键因素。在明确指标体系框架的基础上，合理地设计各项指标，建立在华境外非政府组织财务公共绩效综合评价指标体系，是绩效评价得出正确评价结论的关键所在。一般而言，评价指标体系建立要遵循以下几个原则。

（1）科学性原则。首先，科学性体现在选取的评价指标必须是有效度和有信度的。效度是指标直接与成果相关或代表与所关注的绩效维度的程度。信度是指关于指标真实、客观、准确和可靠程度的一种度量。其次，指标体系应具有完整性，包括影响财务公共绩效的各个主要方面，以便能全面综合反映组织的状况。

（2）目的性原则。最有意义的绩效指标是从组织的使命、目的、目标中产生的。不同性质、不同类型、处于不同发展阶段的组织，其运作特点与目标的要求不尽相同，不同评价主体的期望也不同，因此指标体系的设置应在全面综合的基础上又做到因地制宜。所选择的指标应与组织使命、目的、目标以及评价主体的预期直接相关，应清楚地解释它们反映了组织

财务公共绩效的哪些方面。由于对在华境外非政府组织的资金动向的监管十分重要，本文在设置评价指标体系时，重点考虑了其公益能力和非渗透性两个维度。

（3）系统性原则。系统分析的总体思想是实现整体最优化。这就需要将局部评价和总体评价密切结合在一起，并在指标设置以及个体指标选取的过程中，按照各个指标对实现评价目标的重要性，并兼顾各个指标在体系当中的合理构成以及指标之间的逻辑关联度，合理取舍并合理设置指标权重，从而使得评价指标不但可以突出重点，而且可以保持良好的均衡统一性，最终实现系统的最优化。

（4）低成本原则。由于评价工作是一项复杂的任务，指标越多，收集数据的难度越大，成本也越高，因此基于经济效益的角度考虑指标全面性的同时要注重指标体系的精简性，尽可能删除重复的指标，对于意义相近的指标只选择一个主要指标反映评价内容。在设置指标时要考虑数据收集的难易和成本的高低，用尽量少的指标或成本较低的指标反映尽量多的信息量。

（5）可比性和可操作性原则。可比性具体指的是评价指标需要具备普遍性的统计意义，能够将评价结果进行横向与纵向对比分析。而可操作性则是指在符合评价目的需求的基础之上，从组织实际情况出发，指标概念要清晰，表达方式简单易懂，数据易于采集，评价时便于实际操作。

（6）抵制目标转移的原则。指标的选择不能背离组织的目标。对在华境外非政府组织的财务公共绩效进行评价时更要遵循这条原则，通过适合的评价指标，及时发现以营利为目的的非法经营活动和对我国国家主权、民族团结、领土完整等国家安全造成危害的渗透活动。

2. 评价指标体系的设计思路

一般而言，在建立绩效评价指标体系的过程中，需要先根据既定目标实施因素分析，建立多个层次的评价指标体系，并按照各个层次指标针对总目标贡献度进行权重的赋予，以实施系统加权综合，据此再进行后续的评估。在设计在华境外非政府组织财务公共绩效分类评价体系前，应充分考虑到评价结果的使用者，即政府、投资者、社会公众以及组织决策管理者的需求。在建立在华境外非政府组织财务公共绩效分类评价体系时，以资料获取—指标设置—指标处理—权重确定—模型建立—评价结果为设计的主线，在遵循绩效评价体系指标选择原则的基础上，应充分考虑在华境外非政府组织自身的特点，以便量身定制。

（二）在华境外非政府组织财务公共绩效分类评价机制的构建

1. 构建工作的逻辑模型

评价指标体系的构建是一项复杂而重要的工作，它为构建绩效评价的数学模型奠定了基础。要有效地构建这个指标体系，就要对构建工作的内容及其结果有一个清晰的认识。构建工作的逻辑模型描述了工作逻辑方法，显示了各部分内容之间相互作用的结果。因此建立一个构建工作逻辑模型是非常有用的。如图8.1所示为评价体系构建工作的逻辑模型，即首先通过评价专家进行评价指标选择、评价指标分析及环境影响分析，再由相关工作人员负责原始数据的收集，并需要一定的资金，以此得到相应的数据和结论，最终确定合适的评价方法模型。

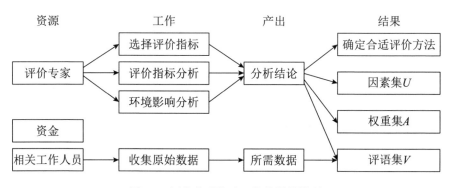

图8.1　评价体系构建工作的逻辑模型

2. 指标设置

在对在华境外非政府组织财务公共绩效内涵及其组织特殊性进行分析的基础上，合理设置各项评价指标，建立在华境外非政府组织财务公共绩效分类评价指标体系，是我们得出正确合理评价结论的关键步骤。

依据以上指标选择原则，结合在华境外非政府组织的特殊性，确定评价客体为：①公益能力；②非渗透性；③筹资能力；④营运能力；⑤发展能力。并选定以下具体指标来构建评价指标体系：

①公益事业效果（q_1）、公益事业支出占总支出的比例（q_2）、公益事业支出较上一年的增长率（q_3）、行政支出占总支出的比例（q_4）；

②单项公益事业支出较上一年变化率（q_5）、单项公益事业支出占全部公益事业支出的比例（q_6）、公益事业项目数量变化率（q_7）；

③总收入（q_8）、经营收入比率（q_9）、自筹经费比率（q_{10}）、财政拨款比率（q_{11}）；

④营运资金（q_{12}）、固定资产周转率（q_{13}）、总资产周转率（q_{14}）；

⑤总资产增长率（q_{15}）、固定资产增长率（q_{16}）、流动资产增长率（q_{17}）、总收入增长率（q_{18}）。

应指出，不同的在华境外非政府组织，由于其使命、目的、目标不同，所设置的指标会有所不同，特别是具体的比率、比例指标。在实际应用中应根据情况实施增删。要使这些指标形成一个完整的、具有特点功能的系统，还要进行以下系统分析步骤，即关键指标分析—层次分析—环境影响分析。

3. 关键指标分析

在财务公共绩效分类评价指标体系中评价指标众多，每一个指标都有自己的功能，都从某一个角度反映着组织的具体状况。但是并不是每一个指标对财务公共绩效分类评价结果的影响程度都是一样的，其中只有少数几个指标对评价效果影响较大。其变化甚至可以起到"牵一发而动全身"的作用，这就是关键指标。对于不同的组织，评价指标体系中的关键指标也会有所不同，但总是存在关键指标的，进而赋予其适当的权重。

一般来说，在华境外非政府组织不以营利为目的，追求公共服务质量、社会效益，且资金多来源于境外。因此，公益能力和非渗透性这两个维度是比较关键的。它包含了对公益事业项目的支出比例、成果和变动情况等，是防止组织目标转移，监督其资金流向的关键维度指标。在分析时，要考察资金流向结构，尤其要留意支出数额变化巨大的领域，及时发现其资金流向或变动的异常。对于这些关键指标，评价权重都不能设置太低。

4. 评价指标的层次分析

对在华境外非政府组织财务公共绩效分类评价指标体系中，每一个要素（即指标）都具有自己特定的功能，但每一个要素并不是孤立的，它们之间存在不同程度的关联。一部分因素有着同一功能，这部分要素便构成了指标体系中的一个子系统。几个子系统同样作用又成为更上一层的子系统，直到大系统本身，全部体现着系统的总目标功能。因此评价指标体系作为一个大系统，进行层次分析是很重要的。结合在华境外非政府组织财务公共绩效分类评价的特性及财务管理的相关知识，在华境外非政府组织的财务公共绩效分类评价指标体系可作分为三层：第一层是总目标功能，即实现对在华境外非政府组织的财务公共绩效分类评价；第二层是维度指标（子系统），包括公益能力、非渗透性、筹资能力、营运能力、发展能力等五个维度指标；第三层是具体的比率、比例等指标（系统要素）。具体如图 8.2 所示。

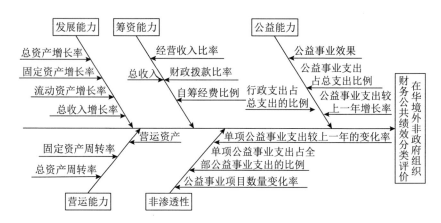

图 8.2　在华境外非政府组织财务公共绩效分类评价指标分层箭线图

值得特别关注的是非渗透性和公益能力的评价指标，这是体现在华境外非政府组织特殊性的关键指标。

非渗透性指标包括单项公益事业支出变化率、单项公益事业支出占全部公益事业支出的比例和公益事业项目数量变化率。单项公益事业支出变化率指用于每一项公益事业的支出较上一年的变化率。若该指标数值很大，则表示该组织用于某个项目上的支出较上一年度的数额有了大幅波动，此时需要公安部门和其他有关部门的重点关注和监察。通过单项公益事业支出占全部公益事业支出的比例，则可以看出该组织是否将资金大量投向某个特定活动，若该指标值非常大，也需有关部门加强对该项事业活动运行的严密监控。公益事业项目数量变化率表示的是某组织今年所进行的公益项目较上一年在数量上的变化，体现了组织的资金使用是否正常。一般来说，一个正常组织的指标值不会很大。

公益能力是所有非政府组织区别于营利性组织的绩效评价指标。该指标下的公益事业效果、公益事业支出占总支出的比例以及公益事业支出较上一年的增长率、行政支出占总支出的比例等，都反映了该组织有多少资金真正用于符合该组织社会使命的公益事业上，为公益事业付出、投入了多少，以及公益事业的完成情况、成果，体现了境外非政府组织的非营利性，反映了境外非政府组织履行公共责任、实现公共效益的能力。

5. 环境影响分析

在华境外非政府组织的财务公共绩效分类评价指标体系也如同所有系统一样，与外部环境有着相互依存、相互影响的关系。具言之，外部因素主要有以下几种。

（1）政策。国家颁布的各项政策法规是非常重要的影响因素。因为政策是一种重要的管理手段，是调节各种平衡关系的杠杆，政府通过政策可以改变、调整资源分配，突出组织特定的社会目标。比如我国 1989 年颁布的《外国商会管理暂行规定》和 2004 年颁布的《基金会管理条例》，是我国早期对在华境外非政府组织管理的法律依据，其针对境外非政府组织的准入、登记注册和资金监管方面都不够规范。而 2017 年正式实施的《管理法》使我国政府对在华境外非政府组织法治化、规范化管理有了针对性的法律。除此之外，通用的法规如《公益事业捐赠法》《国家安全法》等以及出台的相关政策，也对在华境外非政府组织的在华活动起到了规范导向作用。因此，评价体系指标的设置都必须考虑政策的影响。

（2）社会环境。社会环境的范围极大，它从侧面影响着在华境外非政府组织财务公共绩效分类评价体系，构建时要予以考虑。例如在一个反映救助组织的社会公共效益的指标中，被救援人数、被救助人数年增长率在贫困地区和在发达地区的作用肯定是不同的。

（3）外部组织。在我国境内，不同的在华境外非政府组织在运作过程中其绩效是不同的。在进行财务公共绩效分类评价时，特别是在华境外非政府组织自身作为评价主体进行评价时，要善于学习和借鉴先进技术和管理经验，包括国内非政府组织和企业（营利组织）的绩效评价经验。

（三）在华境外非政府组织财务公共绩效分类评价的技术

1. 评价的方法

财务公共绩效分类评价的方法比较多，可以从不同的角度来分类。在一般财务管理理论中，财务评价分析方法可以分为如下几种。

（1）杜邦分析法。即利用各主要财务比率、比例指标间的内在联系，对组织的财务状况及经济效益进行综合分析的系统评价方法。

（2）沃尔评分法。该方法由著名企业财务绩效综合分析专家亚历山大·沃尔（Alexande Wole）提出。他选择七种财务比率，分别给予权重，确定标准比率与实际比率比较，评出每项指标得分，最后求出总评分。

（3）综合绩效评价。即利用数理统计方法得出综合评价。该方法来源于一般营利组织（企业）内部的绩效评价，其主要内容包括两个构成部分，一个是财务绩效定量评价，另一个是管理绩效定性评价。在这里面，前者是针对企业在既定期间之内的盈利能力、债务风险、资产质量以及经营增长等实施定量分析与评价。而后者则是以企业财务绩效定量评价作为基础，借助专家评议的形式针对企业既定期间之内的经营管理水平实施定性分析和综合评判。而在华境外非政府组织的财务公共绩效分类评价是在结合非政府组织自身特点和财务特点的基础上，借鉴企业综合绩效评价方法来实现的。

而在系统工程的领域中，绩效评价的方法主要有如下几种。

（1）德尔菲法。德尔菲法也叫作专家意见法或专家函询调查法。具体是以系统程序为基准，通过匿名发表意见的形式，也就是团队成员间不可以互相讨论，也不产生横向联系，只可以和调查人员有互动，以反复填写问卷、反复交换信息、统计处理和归纳综合，以集结问卷填写人的共识及收集各方意见，可用来构造团队沟通流程，应对复杂任务难题的管理技术。

（2）价值分析法。把各个指标得到的评价值按指标在各项中的重要程度给出权重，再把每项指标的评价值乘以权重后相加得到评价结果。

（3）综合法。包括关联矩阵法和模糊综合评价法，其做法是根据具体评价对象，先确定其评价项目，进而确定多评价项目的相对重要度（权重），系统的综合评价就是多评价值的加权。模糊综合评价法是一种多指标综合评价方法，具体做法是将多种因素制约的事物或对象、难以量化的问题形成总体评价。简而言之，评价过程包括以下几个方面步骤。

首先，针对影响评价目标相关因素作出逐级分解，把每级因素都整合为模糊集合，这些集合就是因素集。其次，明确评审等级，把具体等级如优、良、差等应用到因素集模糊评价中。再次，借助对比排序与模糊分析的方式，针对每个隶属度作出分析，同时针对同一层次的隶属度作出评价，由此获得隶属程度，构成完整的模糊层次评价关系，即模糊关系矩阵。通常模糊关系矩阵对应每一层次各因素的隶属程度。最后，根据各个因素的权重分配进行计算，并求出评价值。根据在华境外非政府组织财务公共绩效分类评价的复杂性和目的性，本文选用综合评价法对其进行分析评价。由于模型的背景对象及其关系、指标评价等级数值均具有模糊性，需要运用模糊数学的理论指导进行定量计算，故本文选用模糊综合评价法。

2. 评价模型的构建流程

在华境外非政府组织财务公共绩效分类评价模型设计过程分成系统分析、系统设计、模型验证几个阶段，具体流程如图 8.3 所示。

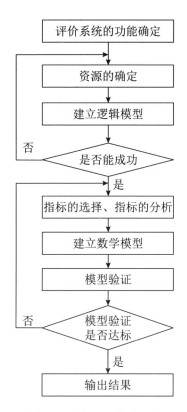

图 8.3　在华境外非政府组织财务公共绩效分类评价模型构建流程图

（四）在华境外非政府组织财务公共绩效分类评价的数学模型

模糊评价法是近年来推广应用的一种综合评价方法，所建立的评价矩阵就是非政府组织财务公共绩效定量评价的数学工具。

1. 综合评价的三要素

综合评价的三要素是指：

（1）因素集 $U=\{u_1,u_2,\cdots,u_n\}$，它由被评价对象的各因素组成；

（2）判断集 $V=\{v_1,v_2,\cdots,v_m\}$，它是由评语组成的集合；

（3）单因素判断，即对单个因素 $u_i(i=1,2,\cdots,n)$ 的评判（即单因素评价），得到 V 上模糊集 $(r_{i1},r_{i2},\cdots,r_{im})$。

对于因素集 U 有两种情况，若对某维度指标进行评价（即一级评价）时，则因素集中各因素为其比率、比例指标等，即第三层次指标。若为实现总目标进行综合评价（即二级评价），则因素集 U 中的各因素为维度指标。

判断集 V 中各元素是某一个指标的评语，一般可分为五级，即优秀、良好、平均、较低、较差。要进行定量计算还需要对它们进行量化。评语等级量化可按表 8.1 所示（标准等级），也可分为三级：很好、较好、较差。或者比标准等级更多。不管怎样分，要注意两点：一是等级对应数据要简单，数字不要太烦琐，以减小计算难度；二是对应等级数量变化要均匀变化，即变化率为常数，这也是为了运算简便。如标准等级量化后最佳取值可分为 0.9，0.7，0.5，0.3，0.1，即 V={ 优秀，良好，平均，较低，较差 } $\rightarrow \begin{pmatrix} 0.9 & 0.7 & 0.5 & 0.3 & 0.1 \end{pmatrix}$ =E。

表 8.1　分类标准等级量化表

标准 等级	系　　数
优秀	0.8 ～ 1
良好	0.6 ～ 0.8
平均	0.4 ～ 0.6
较低	0.2 ～ 0.4
较差	0 ～ 0.2

2. 分类评价矩阵

对单个因素 u_i（i=1,2,$\cdots$,n）的评判而得到 V 上模糊集 $(r_{i1}, r_{i2}, \cdots, r_{im})$ 中，元素 r_{ij} 表示对第 i 个评价项目作出第 j 等级的可能性大小即概率，又称为隶属度。若按标准等级划分则共有 5 个隶属度（j=5），记作 $R_i = (r_{i1}, r_{i2}, \cdots, r_{im})$。对于每一个指标，各个专家给出的评语构成了一个完备群，根据概率的古典定义，r_{ij} 的值可按下列方法求得：

$$r_{ij} = \frac{d_{ij}}{\sum d_{ij}}$$

式中，d_{ij} 表示第 i 个评价项目评定为第 j 评价等级的人数，$\sum d_{ij}$ 表示总人数。若有 n 个评价项目，每个项目都有 m 个隶属度，则得到如下矩阵 R：

$$R = \begin{pmatrix} r_{11} & r_{12} & \cdots & r_{1m} \\ r_{21} & r_{22} & \cdots & r_{2m} \\ & & \cdots & \\ r_{n1} & r_{n2} & \cdots & r_{nm} \end{pmatrix}$$

R 被称为评判矩阵，它是由所有对单因素评判的 F 集组成的。由于各因素重要度不完全相同，所以还要对各要素加权。

权重集 $A = \begin{pmatrix} a_1 & a_2 & \cdots & a_n \end{pmatrix}$ 表示对各因素的权重分配。A 与 R 相乘得 $B = A \cdot R$ 就是综合评价的数学模型，即是对各因素的综合评价。式中，

$B = A \cdot R = \begin{pmatrix} b_1 & b_2 & \cdots & b_n \end{pmatrix}$，$b_j$（$j$=1, 2, $\cdots$, m）是 r_{1j}, r_{2j}, $\cdots$, r_{nj} 的函数，叫作评判函数。

如果是进行单项维度指标评判（一级评判），则可将 B 与模糊集 E^T 相乘，即 $N = B \cdot E^T$，则可将 $|N|$ 与预先设定期望值 N_0 进行比较，即可得到评价结果。

如果是对组织财务公共绩效进行综合评价，则还需要进行二级评判。B_i 为第 i 个指标的评价函数，i=1, 2, $\cdots$, n，本例中 n=5。

$$C = A \cdot B = A \cdot \begin{pmatrix} A_1 \cdot R_1 \\ A_2 \cdot R_2 \\ A_3 \cdot R_3 \\ A_4 \cdot R_4 \\ A_5 \cdot R_6 \end{pmatrix} = A \cdot \begin{pmatrix} B_1 \\ B_2 \\ B_3 \\ B_4 \\ B_5 \end{pmatrix}$$

这里 C 是二级评判函数，A 是第二次设定的权重。同理，$N = C \cdot E^T$ 得到的结果再与设定值比较。

一般来说，确定各指标的权重是一件不容易的事情。本文推荐使用一种既简便又可行的方法——逐对比较法。具体做法是：邀请若干名专家，采用德尔菲法，将每一个指标与另一个指标逐一进行比较。若认为该指标重要性大于另一个指标，则该指标记 1 分，另一指标记 0 分；若认为两指标同等重要，则各记 0.5 分；自己相比较可得 1 分。依此类推。最后将每一个指标的总得分除以参与比较的各指标得分总和，即得该指标权重。下面举例说明，设 C_1, C_2, C_3, C_4 为待比较指标，先列出表 8.2。

表 8.2　指标权重比较表

指标 \ 比较指标	C_1	C_2	C_3	C_4	总　分
C_1	1	1	1	1	4
C_2	0	1	1	1	3
C_3	0	0	1	1	2
C_4	0	0	0	1	1
总分	1	2	3	4	10

将每一个指标的得分除以总分就得到该指标的权重数，故权重集 A = $\begin{pmatrix} a_1 & a_2 & a_3 & a_4 \end{pmatrix} = \begin{pmatrix} 0.4 & 0.3 & 0.2 & 0.1 \end{pmatrix}$。如果专家人数较多，意见难以统

一，就要采用隶属度最大原则，将每一个指标的权重都取最大值，然后进行归一化。

3. 模型的验证

以上所构建数学模型的运算结果是否能客观、准确地评价对象的真实情况，还需要对其进行验证。验证的方法可采用对比法，即将本组织前期稳定运行阶段的各指标数据代入模型进行运算，得到的结果与实际比较，如果与当时状况不吻合，说明该模型存在缺陷，需要对模型进行修正。

修正模型时应首先检查各指标的数据是否真实、完整、连续、准确。在所有的指标数据中如果有一个数据有重大错误都有可能导致评价失效。而后要检查指标选取是否得当，既不能选不相关或不重要的指标，又不能遗漏有作用的指标。最后还要通过计算"贴近度"来检查权重分配。所谓贴近度就是对两 F 集接近程度的一种度量。这里要求解的就是综合评判的逆问题。具体做法是：当我们已得到评价矩阵 R 以后，要考察权重集 A 是否适当。那么我们请专家们重新给出几个权重集 $\{A_1, A_2, \cdots, A_s\}$，注意 s 不能太大，3 到 4 个即可。$J=\{A_1, A_2, \cdots, A_s\}$ 叫作权重备择集，再分别求出它的输出结果 $B_i=A_i \cdot R$。然后，取所评价的组织历史年度已作结论的评价值 B 代入贴近度的计算公式：

$$M(B_i, B) = 1 - \frac{1}{4}\sum_{i=1}^{m}|B_j(u_i) - B(u_i)|$$

若存在 $(B_i, B) = \max(B_i, B)$，则认为 A_i 是 J 中最佳权重。

四、案 例 分 析

本章以中国台湾慈济慈善事业基金会（以下简称慈济会）为例，介绍在华境外非政府组织财务公共绩效分类评价指标体系及其模型的实际运用，以其 2019 年组织年度报告为依据，对其进行财务公共绩效评价。

（一）慈济会组织概况

该组织于 2008 年 1 月 14 日由台湾佛教慈济慈善事业基金会投入 1 亿人民币作为初始资金，成为全国第一家由在华境外非政府组织所成立的基金会，接受国家宗教事务局作为主管。其服务范围涉及医疗、教育、人文、扶贫救助、环境保护等领域。该组织进入大陆以来，以"教富济贫，济贫教富"为使命，以"净化人心，和谐社会"为目标，进行了大量的灾后救助、希望工程捐赠、济贫和环境保护等慈善工作，取得了较好的成果。慈济会所推动的慈善、医疗、教育、人文四项，统称为"四大志业"，另有骨髓捐赠、环境保护、小区志工、海外赈灾，此八项事业同时推动。其活动领域广，活动范围也涉及大陆各个地区。

（二）慈济会 2019 年度运作状况

1. 慈济会 2019 年公益事业项目具体情况及效果

2019 年，慈济会在有关部门的支持下，以诚以情，为爱付出，按年度工作计划，持续在各地开展慈善、医疗、教育、人文、环保等项目，包括天津爆炸的后续关怀、助学金的提供、寒冬送暖等，各项善行未曾停歇。在其公布的 2019 年度工作报告中，可以得到其每项公益事业具体的救济人数、发放物资数、职工人数等体现其公共效益的信息。慈济会 2019 年度公益事业项目具体情况及效果简介如下。

（1）2019 年与各地民政部门合作，在岁末寒冬之际，对大陆 18 个省市、自治区开展冬令发放，惠及 63 542 人，使贫困、病弱、残疾的民众深刻感受到社会温暖。

（2）在天津爆炸事件中，关怀 921 人，救济 437 人，为受灾的乡亲送上慰问金共 472 000 元。

（3）在甘肃进行援建，推动甘肃靖远县百姓安居乐业的迁村工程；在贵州成功援助了罗甸县第一中学和西花小学，提升了贫困地区的教育环境。这两所学校现已开始扩大招生。

（4）通过当地民政部门，在大陆 17 个省市对贫困家庭进行了精神上的关爱和物质上的帮助，受助者达 882 位，补助金额达 896 007 元，帮助受助人群重新树立了积极面对困难的勇气和信心。

（5）与苏州市市容管理部门合作开展关爱环卫工人项目，为苏州市一线环卫工人提供安全、安心、安身的全方位关怀。为 6 189 名环卫工人体检，开展健康讲座 117 场。该项目荣获苏州市政府颁发的第二届苏州慈善奖。

（6）在各地教育局的安排下，与学校合作，务实补助学费和生活物资，让贫困学生安心就学。项目惠及全国 17 个省市。

从上述列举的慈济会 2019 年慈善项目的具体开展情况，可以得到其2019 年公益事业的成果，体现了该组织的公益能力、社会公共效益的实现情况。同时可以看出：该组织慈善项目涉及范围广、服务到位、成果显著，体现了该组织慈善关爱的本质属性。

2. 慈济会 2019 年度财务状况

慈济会 2019 年度财务状况及营运情况可以通过其年度工作报告中的资产负债表、业务活动表、公益支出完成情况表体现出来。详细情况如表 8.3、表 8.4、表 8.5 所示。

表 8.3　慈济会 2019 年度资产负债表　　　　单位：元

资　　产	数　　额	负债和净资产	数　　额
流动资产	396 742 902.36	流动负债	17 485.62
长期投资		受托代理负债	16 849 831.06
固定资产	562 175.97	非限定性净资产	380 280 810.52
无形资产		限定性净资产	156 951.13
资产合计	397 305 078.33	负债和净资产合计	397 305 078.33

表 8.4　慈济会 2019 年度业务活动表　　　　单位：元

项　　目	数　　额	合　　计
收入		
捐赠收入	130 587 115.78	
其他收入	142 193 29.75	
收入合计		144 806 445.53
费用		
业务活动成本	110 327 892.74	
管理费用	2 836 992.48	
其他费用	9 489.57	
费用合计		113 174 374.79
净资产变动额		31 632 070.74

表 8.5　慈济会 2019 年度公益支出完成情况

项　　目	数　　额
上年度基金余额 / 元	348 805 690.91
本年度总支出 / 元	113 174 374.79
本年度用于公益事业的支出 / 元	110 327 892.74
本年度工作人员工资福利支出 / 元	1 709 560.35
本年度行政办公支出 / 元	1 127 432.13
本年度公益事业支出占上年度基金余额的比例 /%	31.63
本年度工作人员工资福利和行政办公支出占总支出的比例 /%	2.51

3. 慈济会 2019 年度组织财务公共绩效综合评价

评价工作的程序按本文所给出的流程图 8.3 所示。聘请若干评价工作经验丰富的专家及相关工作人员，收集必需的数据（主要包括 2019 年度及 2018 年度工作报告中的相关数据）。专家们根据评价系统的总功能，按指标选择原则，并根据该组织的特点选定指标，经过系统分析得出以下评价指标体系。

（1）公益能力 P_1：公益事业效果（q_1）、公益事业支出占总支出的比例（q_2）、公益事业支出较上一年的增长率（q_3）、行政支出占总支出的比例（q_4）等。

（2）非渗透性 P_2：单项公益事业支出变化率（q_5）、单项公益事业支出占全部公益事业支出的比例（q_6）、公益事业项目数量变化率（q_7）等。

（3）筹资能力 P_3：总收入（q_8）、经营收入比率（q_9）、自筹经费比率（q_{10}）、财政拨款比率（q_{11}）等。

（4）营运能力 P_4：营运资金（q_{12}）、固定资产周转率（q_{13}）、总资产周转率（q_{14}）等。

（5）发展能力 P_4：固定资产增长率（q_{15}）、流动资产增长率（q_{16}）、总收入增长率（q_{17}）等。

（三）对指标的一级评判

1. 公益能力

公益能力（P_1）的因素集 $U=\{q_1,q_2,q_3,q_4\}$，评语集 $V=\{$优秀，良好，平均，较低，较差$\}$。专家们根据各指标数据并参考预算、组织历史水平、同行水平、政策法规等评价标准，通过反复讨论、充分协商后给出各单因素评判，然后得到其评价矩阵：

$$R_1=\begin{pmatrix} 0.6 & 0.3 & 0.1 & 0 & 0 \\ 0.7 & 0.1 & 0.1 & 0.1 & 0 \\ 0.6 & 0.2 & 0.1 & 0.1 & 0 \\ 0.5 & 0.2 & 0.1 & 0.1 & 0.1 \end{pmatrix}$$

采用逐对比较法或隶属度最大原则得到权重集 $A_1=(0.4\quad 0.2\quad 0.3\quad 0.1)$，得：

$$B_1 = A_1 \cdot R_1 = (0.61\quad 0.22\quad 0.1\quad 0.06\quad 0.01)$$

$$N_1 = B_1 \cdot E^T = (0.881)$$

$$|N_1| = 0.881$$

按以上程序继续计算非渗透性（P_2）、筹资能力（P_3）、营运能力（P_4）、发展能力（P_5）的评价结果。

2. 非渗透性

设非渗透性（P_2）的评价矩阵为：

$$R_2 = \begin{pmatrix} 0.6 & 0.3 & 0.05 & 0.05 & 0 \\ 0.6 & 0.25 & 0.15 & 0 & 0 \\ 0.5 & 0.3 & 0.1 & 0.05 & 0.05 \end{pmatrix}$$

权重集 $A_2 = (0.4 \quad 0.3 \quad 0.3)$，得：

$$B_2 = A_2 \cdot R_2 = (0.57 \quad 0.285 \quad 0.065 \quad 0.035 \quad 0.015)$$

$$N_2 = B_2 \cdot E^T = (0.871)$$

$$|N_2| = 0.871$$

3. 筹资能力

设筹资能力（P_3）的评价矩阵为：

$$R_3 = \begin{pmatrix} 0.6 & 0.4 & 0 & 0 & 0 \\ 0.6 & 0.2 & 0.2 & 0 & 0 \\ 0.5 & 0.2 & 0.1 & 0.1 & 0.1 \\ 0.5 & 0.3 & 0 & 0.1 & 0.1 \end{pmatrix}$$

权重集 $A_3 = (0.3 \quad 0.25 \quad 0.2 \quad 0.25)$，则

$$B_3 = A_3 \cdot R_3 = (0.56 \quad 0.285 \quad 0.07 \quad 0.05 \quad 0.05)$$

$$N_3 = B_3 \cdot E^T = (0.785)$$

$$|N_3| = 0.785$$

4. 营运能力

设营运能力（P_4）的评价矩阵为：

$$R_4 = \begin{pmatrix} 0.3 & 0.4 & 0.2 & 0.1 & 0 \\ 0.4 & 0.3 & 0.3 & 0 & 0 \\ 0.5 & 0.3 & 0.1 & 0.1 & 0 \end{pmatrix}$$

权重集 $A_4 = (0.35 \quad 0.25 \quad 0.4)$，则

$$B_4 = A_4 \cdot R_4 = (0.405 \quad 0.335 \quad 0.185 \quad 0.075 \quad 0)$$

$$N_4 = B_4 \cdot E^T = (0.712)$$

$$|N_4| = 0.712$$

5. 发展能力

设发展能力（P_5）的评价矩阵为：

$$R_5 = \begin{pmatrix} 0.5 & 0.3 & 0.2 & 0 & 0 \\ 0.4 & 0.4 & 0.1 & 0.1 & 0 \\ 0.6 & 0.3 & 0.1 & 0 & 0 \end{pmatrix}$$

权重集 $A_5 = (0.4 \quad 0.2 \quad 0.4)$，则

$$B_5 = A_5 \cdot R_5 = (0.52 \quad 0.32 \quad 0.14 \quad 0.02 \quad 0)$$

$$N_5 = B_5 \cdot E^T = (0.768)$$

$$|N_5| = 0.768$$

（四）对组织财务公共绩效的二级评判

在一级评价的基础上，再对慈济会的财务公共绩效进行综合评价，即二级评判。二级评判模型为：

$$C = A \cdot B = A \cdot \begin{pmatrix} A_1 \cdot R_1 \\ A_2 \cdot R_2 \\ A_3 \cdot R_3 \\ A_4 \cdot R_4 \\ A_5 \cdot R_6 \end{pmatrix} = A \cdot \begin{pmatrix} B_1 \\ B_2 \\ B_3 \\ B_4 \\ B_5 \end{pmatrix}$$

式中，A 是二级综合评判时给出的权重集。因素集 $U=\{P_1, P_2, P_3, P_4, P_5\}$，评语集 $V=\{$ 优秀，良好，平均，较低，较差 $\}$。

设给出的权重集 $A = (0.25 \quad 0.25 \quad 0.15 \quad 0.2 \quad 0.15)$，则可求得慈济会 2015 年度财务公共绩效的得分：

$$C = A \cdot B = A \cdot \begin{pmatrix} 0.61 & 0.22 & 0.1 & 0.06 & 0.01 \\ 0.57 & 0.285 & 0.065 & 0.035 & 0.015 \\ 0.555 & 0.285 & 0.07 & 0.05 & 0.05 \\ 0.405 & 0.335 & 0.185 & 0.075 & 0 \\ 0.52 & 0.32 & 0.14 & 0.02 & 0 \end{pmatrix}$$

$$= (0.537 \quad 0.284 \quad 0.11 \quad 0.05 \quad 0.014)$$

$$N = C \cdot E^T = (0.7535)$$

$$|N| = 0.7535 > 0.6$$

（五）分类评价结果

在得到各指标及组织财务公共绩效评价的量化结果后，将它们与评价标准进行比较。比较的标准不仅要参照标准等级的量化结果、国家法律法规政策的要求，还要与同类组织的财务公共绩效进行综合对照，使其具有客观性。本文参照的标准等级及评语如表 8.6 所示。

表 8.6　分类标准等级

分　　级	综合评价值	评　　语
第 1 级	≥ 0.8	优秀
第 2 级	≥ 0.6	良好
第 3 级	≥ 0.45	平均
第 4 级	≥ 0.3	较低
第 5 级	< 0.3	较差

通过财务公共绩效综合评价得出的分数再与标准比较得出结论：慈济会的公益能力、非渗透性为优秀，筹资能力、营运能力、发展能力均为良好；该组织的财务公共绩效综合评价结果亦为良好。这说明慈济会的支出绝大部分用于公益慈善事业，资金流向正常，没有发生目标转移，符合其作为非政府组织实现公共效益、提供公益服务的宗旨。更重要的是，公益事业项目的数量、金额都没有发生异常变化。非渗透性指标评价结果为优秀，说明该组织没有进行破坏国家安全与社会稳定的渗透活动。筹资能力、营运能力和发展能力从评价分数上来看均为良好，说明组织的经营较好，还有一定的提升空间。综上所述，慈济会总体状况是良好的。因此，根据这样的评价结果，大陆应继续支持和鼓励该组织在大陆的活动与发展，继续引导和督促其坚定不移地为大陆公益事业做出贡献。另外，社会公众和资金提供者可以做出继续捐赠的决定，且组织自身应进一步加强管理，实现财务状况、发展潜力的提升。

五、完善在华境外非政府组织财务公共绩效分类评价机制的建议

对在华境外非政府组织的财务公共绩效进行分类评价，既有利于政府掌握其资金构成和资金用途，也有利于组织发现自身问题，改进管理策略，还有利于资金提供者和社会公众了解组织提供的公共服务内容，以及实现公共效益的真实情况。然而，目前我国对在华境外非政府组织的管理还刚

刚步入正轨，通过上面的分析发现，在华境外非政府组织财务公共绩效分类评价体系在实际运用过程中还存在一些困难，因此我们需要根据实际情况提出相应的改进和完善措施。在对在华境外非政府组织财务公共绩效评价指标体系和模型的实际应用中可以发现，由于目前我国对在华境外非政府组织的法治化、规范化的监管刚刚步入正轨，2016 年正式颁布的《中华人民共和国境外非政府组织境内活动管理法》还缺乏配套措施和细则的落实。在评价过程中数据的收集还存在困难，境外非政府组织自身公布的年度工作报告往往存在缺失，难以从官方获取必需的数据。且由于处罚机制的不健全，以及评价主体与评价对象存在着信息不对称，已公布数据的真实性、完整性、连续性等难以保证，这对绩效评价的前期工作造成了很大的阻碍。

（一）完善分类评价的相关法律法规

健全的法律法规体系是境外非政府组织在华活动并有效进行财务公共绩效分类评价的保障和基础条件。2016 年以前，我国针对在华境外非政府组织的立法相当滞后，仅有《外国商会管理暂行规定》《基金会管理条例》两部法规对境外非政府组织在华活动提供了监管依据。并且这两部法规实质上是按照组织的形式，将在华活动的境外非政府组织简单地分为境外基金会和外国商会两种类型进行管理，对于多数在华境外非政府组织的管理一直无法可依。2016 年，《中华人民共和国境外非政府组织境内活动管理法》经十二届全国人大常委会第二十次会议表决通过，这是我国第一部针对境外非政府组织的正式立法，对其准入登记、活动规范、监督管理等做出规定，并明确限定了其在华活动的合法资金来源。但在一些配套法规、实施细则上还存在不足，仍需我国进一步完善相关的法律法规，从而形成一个规范、完整的法律监管体系，甚至有必要制定在华境外非政府组织绩效评价方面的针对性法规，从法律上严格规定在华境外非政府组织财务公共绩效评价的必要性，促进其绩效评价工作走上法治化、规范化的轨道。

（二）建立统一的监管体系

由于《管理法》延续了登记注册时"双重管理"的规定，不便于对境外非政府组织的监管，因此我国应建立一个统一的在华境外非政府组织监督管理体系，建立健全管理协调工作机制，理顺相关管理体制。建立健全各有关职能部门之间的相互协作机制，畅通信息渠道，推动地方公安机关主动加强与业务主管单位的协作配合，形成管理合力。有必要的话可直接设立专门的在华境外非政府组织管理局，负责监督管理在华境外非政府组织，从而更加有效地实现在华境外非政府组织的动态过程监管。并在注册管理中逐步废除双重管理制度，实现注册登记与业务主管的统一，做到"谁登记、谁主管"，规避管理中责任推诿现象，明晰权责，便于绩效评价工作开展过程中的组织配合以及数据的收集。

（三）发展第三方评价机构

建立一个完善的在华境外非政府组织财务公共绩效评价体系，除了需要有法律和制度的保障外，还需要建立一个独立于政府与非政府组织的、隶属于社会的第三方专业评价机构。第三方机构作为公信力的重要来源能够对政府管理方式进行补充。独立评价机构的公信力并不来自政府的授权，而应来自评价机构在长期发展过程中所积累的自身形象和行业信誉。如美国的全国慈善信息局（NCIB）是美国最早成立的民间评估机构之一，具有公认的权威性。而我国的《管理法》规定：境外非政府组织代表机构应当执行中国会计制度，聘请具有中国会计从业资格的会计人员依法进行会计核算，财务会计报告应当经中国境内会计师事务所审计并予以公开。

因此，绩效评价工作的改进还需要培养专业评估人才。绩效评价的过程和结果能否科学、客观、有效，人才是关键。为了财务公共绩效评价的客观性与公正性，相关主管单位应对具有中国会计从业资格的会计人员、中国境内的会计师事务所进行资质和政治性审核，或组建一个政治素养良好、专业能力强、职业操守佳的负责在华境外非政府组织财务公共绩效评价的人才队伍，以提高在华境外非政府组织财务公共绩效评价的技术水平，推动评价工作的顺利开展。

（四）加大组织内部治理机制建设力度

必须加强在华境外非政府组织自身的内部治理制度建设，如规范董事会运作机制、健全治理结构、创新经理人和员工的激励约束机制、薪酬设计模式，使其早日走上规范化发展路径，为财务公共绩效评价提供坚实的制度支撑。通过完善的内部治理机制，对组织外部的绩效评价做出适当反应，并在其引导下，实施组织内部绩效评价，提高组织运营效率，实现决策管理目标。另外，非政府组织缺乏回应资金提供者、政府和社会公众多方期望的能力，没有评价自身绩效的能力，这在多数国家都是不争的事实。加强在华境外非政府组织内部治理机制建设，实际上就是加强组织自我评估的能力，从内部评估角度入手提高组织绩效评价的能力，优化在华境外非政府组织的财务公共绩效评价。

（五）加强在华境外非政府组织的信息披露

由于在华境外非政府组织所承担的公共责任是面向社会的，又因为其身份的特殊性，资金大部分来源于境外，对我国的国家安全和国家利益有着十分重要的影响。因此，境外非政府组织在华活动所涉及的各种财务事项和资金的来源及去向，包括跨境的资金流动和在中国境内的资金收支，都应以便于公众知晓的方式及时公开，实现财务透明化，便于接受公众、资金提供者和我国政府的监督。

1. 完善组织年度工作报告体系

从已公布的在华境外非政府组织的年度报告上来看，提供的财务信息无论是数量还是质量都存在不足，大多缺乏格式规范的会计报表附注和事业项目情况说明书。作为评价在华境外非政府组织财务绩效的数据来源和重要依据，在华境外非政府组织的财务报告应具有真实性、完整性、规范性，能反映一定会计周期内组织的财务状况和营运成果。尤其要对反映组织"公益能力""非渗透性"指标的数据应重点披露。包含货币数据与非货币数据，应建立资金来源和用途报告说明制度，为在华境外非政府组织进行财务公共绩效的评价提供有效信息。尤其当前在华境外非政府组织财务报告中具体项目的财务情况没有单独列出来，不能把握组织单项公益活动资金流动状况，应要求其提交单项公益活动的财务报告，以不断完善在华境外非政府组织的工作报告体系，提高在华境外非政府组织财务公共绩效评价的准确性和有效性。

2. 加强工作报告的审核

《管理法》明确规定，境外非政府组织代表机构应当于每年1月31日前向业务主管单位报送上一年度工作报告，经业务主管单位出具意见后，于3月31日前报送登记管理机关，接受年度检查。除了要定期检查，政府还应建立重点项目和资金审核制度，禁止境外非政府组织开展与政党、军队、司法、"维权"及基层选举等有关的破坏我国国家安全的活动。对于从事与民族、宗教及我内部人员培训的项目要报主管部门审批；对于境内人员、组织接受境外非政府组织的数额较大的资助，必须接受公安部门的检查和业务主管部门的审核，做好现金流量的控制，跟踪监控大额资金的去向，建立重点项目和大额资金的审核制度，实现对单个项目全过程的动态监管。同时，加强对财务信息真实性的审核，建立对财务信息真实性审核评估机制，发挥审计部门的审计监督作用，并建立严格的信息失真惩罚制度，为绩效评价的开展提供真实可靠的数据。

3. 建立信息公开披露制度

虽然我国《管理法》规定境外非政府组织代表机构应当将年度工作报告在登记管理机关统一的网站上向社会公开，然而调研中发现，在中国社会组织网上"涉外社会组织"一栏已无在华境外非政府组织年报的公布，而大多数在华境外非政府的官方网站上也未公布其年度工作报告。因此，要加快在华境外非政府组织信息系统和数据库建设，为绩效评价提供信息支持。应完善信息收集、整理、分析、沟通和发布机制，健全信息通报与报告制度。政府应督促在华境外非政府组织在其官网上按时公布年报，并加快建立统一的在华境外非政府组织年报公开渠道，不仅要面向捐赠者、组织成员和政府机关，而且还要面向社会公众，接受公众的监督检查。并在有关媒体公布其定期和不定期报告，必须对不按规定发布信息的在华境外非政府组织给予一定处罚。通过统一的信息公开渠道使境外非政府组织在华活动公开化，并方便财务公共绩效评价主体获取评价所需资料。

第九章　创新政府与在华境外非政府组织的分类合作模式

本章所讨论的在华境外非政府组织与政府合作模式，就是指在华境外非政府组织包括外国商会、基金会、智库机构和社会团体等公益类、互利类的境外非政府组织，根据自身的情况和中国各级政府（国务院、各省级、地市级政府等行政机关）的实际情况，在经济、文化、教育、民生等不同领域相互进行合作配合，并依据组织的章程和宗旨，依法、规范、有序地在中国开展活动和业务的方式方法。通过归纳总结，在华境外非政府组织与政府的合作模式主要分为政府支持、政府委托和政府购买三种类型。本章从分类管理的理念出发，将探讨在华境外非政府组织与政府的合作模式。

一、中国政府与在华境外非政府组织加强合作的必要性分析

随着改革开放的深入和市场经济的不断发展，人民群众对于政治、经济、文化等方面的需求与日俱增。政府积极寻求为人民提供更好更完善的社会服务，这使非政府组织获得了发展机遇。在华境外非政府组织作为一类特殊的非政府组织，我国政府越来越意识到在管理、服务、监督等多方面开展合作的重要性。2014年12月22日召开的十二届全国人大常委会第十二次会议作出制定《境外非政府组织管理法（草案）》的说明。2015年7月27日时任公安部部长郭声琨在上海会议上强调，中国政府高度赞赏境外非政府组织的积极作用，希望境外非政府组织继续关注和关心中国的发展，深入了解中国国情，自觉遵守中国法律，充分发挥在理念、人才、管理、资金等方面的优势，根据本组织的章程和宗旨，依法、规范、有序地开展活动，以更加务实的态度在华开展交流与合作，以更加积极的姿态共同参与到中国现代化建设中来。在2016年召开的二十国集团民间社会（C20）会议上习近平主席指出，中国将积极提供有利环境，欢迎并支持境外的非政府组织来中国开展交流与合作。2017年1月1日正式实施的中国首部针对境外非政府组织的法律——《中华人民共和国境外非政府组

织境内活动管理法》为境外非政府组织的管理提供有力支撑。非政府组织作为非营利性、志愿性的社会组织，成员间具有共同的目标和价值理念，能够深入群众之中，参与到社会公共服务之中，弥补政府在公共服务上的不足。而在华境外非政府组织经过了较长时间的发展，具有专业性较强、发展比较成熟的特点，具有一定的公信力，因此也顺应形势、把握机会，越来越多地与中国各级政府展开合作。

（一）政府治理多元化的需要

经过多年的发展，中国的市场经济架构基本成熟，改革逐渐进入"深水期"。而活跃在我国境内的在华境外非政府组织正日益成为影响经济、政治、文化、社会发展的一股不可忽视的力量，在多个领域与中国政府的治理形成了良性互补。在这一时期，我国社会结构、政府管理方式、调控方式等也在逐渐改变，政府逐渐谋求向服务型政府转型。在管理手段上也更侧重以宏观管理为主，微观管理为辅。政府职能的逐渐转变，使得政府、企业和社会组织之间的互动更加多元，有效地解决了当前社会中的许多问题，填补了政府工作的薄弱地带和空白，缓解了政府的工作压力，提高了工作效率，降低了公共服务的成本，使得政府机构能够更好地集中力量从更大的格局出发，发挥好宏观调控的职能。同时，在华境外非政府组织经过多年发展具有较为灵活的组织模式和架构，效率较高，而且能够有效针对不同地区和区域的特点进行灵活调整。因此，出于政府治理多元化的需要，中国政府已高度重视境外非政府组织在华活动的服务管理工作。这些都表明，中国要加强国家治理体系现代化的建设，融入全球治理的进程之中，推进社会经济全面发展，实现中华民族的伟大复兴，就必然要开拓多元治理的途径，加强多方合作，充分利用在华境外非政府组织的力量，解决中国的现实问题。

（二）有利于维护国家安全

在华境外非政府组织已经成为我国社会公共服务领域一股不可小觑的力量，为我国的政治、经济、文化、社会发展做出了有益贡献。虽然主流是好的，但是还需要看到，一些在华境外非政府组织在中国境内活动"动机不纯"。例如某些在华境外非政府组织会通过其在中国的代理者获取国家秘密情报，影响中国的国家安全和政治稳定。还有个别在华境外非政府组织秘密支持国家分裂势力和恐怖组织，严重威胁到了中国的国家安全。部分在华境外非政府组织积极参与到中国基层选举和自治活动的过程中，会"夹带私活",宣扬西式民主价值观念,或者通过教育援助、学术交流、演讲等方式,对中国的政治文化进行渗透。还有部分在华境外非政府组织利用国内的工人下岗、拆迁、医患矛盾等社会问题大做文章,造谣生事,煽动民众情绪,影响政府工作,破坏社会稳定。在华境外非政府组织与政府之间的互信问题也由此而生,影响了双方的合作。而正是出于对国家安全的考虑,政府部门更应当分清主流、支流,不断提升与在华境外非政府组织的合作深度和广度,在合作中加强监管,主动介入一些与民生息息相关的非政府组织项目中,促进在华境外非政府组织健康发展。

(三)在华境外非政府组织的自身发展需要

我国政府有关部门对在华境外非政府组织的管理模式和手段也比较落后。现阶段,我国依旧对在华境外非政府组织实行"双重管理"的模式,实行"归口登记""分级管理"的体制,这样就使得对在华境外非政府组织的登记造册和日常业务管理的管理机关的分离。虽然这样的制度能有效地加强对在华境外非政府组织的准入管控,防止其过度发展和恶性竞争,但是也带来了很多问题,往往出现管理单位混乱、权责不明、权力分散的现象,一旦发生问题,各个管理部门就会"踢皮球"。同时,由于中西方文化的差异,由此诱发的文化冲突自然也不容小觑。再加上资金、自身条件的限制,因此,在华境外非政府组织想要有进一步的发展,必然要加强与官方的合作交流,找到相对和谐的合作方式,保证在华境外非政府组织与中国政府间合作构成必要的协同性,减少矛盾冲突的爆发,进一步促进在华境外非政府组织的自身发展。

二、中国政府与在华境外非政府组织合作模式的关键点

(1)规范性和灵活性并重。根据《中华人民共和国境外非政府组织境内活动管理法》的规定,国务院公安部门及省级人民政府公安机关是在华境外非政府组织的主管部门,而国内非政府组织则由民政部门负责管理,相对来说在华境外非政府组织的管理更为严格。在华境外非政府组织往往在国外已经经历了很长一段时间的发展,在开展公共服务中有着自己的优势和经验。因此,中国政府也有与在华境外非政府组织合作的主观意愿,愿意学习其先进经验,并在合作中不断创新手段和方法。一方面,更好地为中国人民服务,减少政府在公共服务上的负担;另一方面,政府也通过不断调整政策,制定相关举措实现合作模式创新,有效地增加民间组织公

共服务的积极性，通过合作交流，更好地改进在公共服务中的问题。

（2）合作目标明确，应用性强，更偏重于民生领域。我国对在华境外非政府组织的性质有一定的限制，即为非营利性、非宗教性和非政治性。在政府选择合作的在华境外非政府组织时，往往希望这类组织能够为我国提供资金援助、技术支持以及人才培养等帮助，而这一类合作通常在扶贫、救灾、环境、卫生等民生领域。

（3）合作模式中的跨文化交流性。众所周知，在华境外非政府组织在进入中国的同时本身就带有文化底蕴，在和中国政府进行项目合作时其自身的文化也在我国传播。中国有历史悠久的传统文化，而欧美国家则有现代西方文化。当在华境外非政府组织强化与中国政府的合作时，二者的文化代表着各个地方的风俗习惯，是跨文化交流的典型代表。一方面，中国政府积极发扬中华传统文化和现代文化，使得世界各地的人们都能够正确了解到中国的文化发展史；另一方面，在华境外非政府组织也积极宣扬本土文化，使得两者在合作模式的构建过程中文化交流呈现出愈加明显的跨界性。

三、中国政府与在华境外非政府组织合作模式现状及问题

目前，中国政府与在华境外非政府组织合作中的模式按照不同的标准可以有多种划分。本文采取的是从项目运营中政府与在华境外非政府组织的关系角度来进行分类的方式，具体来说可以分为政府支持、政府委托、政府购买三种模式。以下就对这三种模式的现状及主要存在的问题进行详细分析。

（一）政府支持模式的现状及问题

1. 模式介绍

所谓政府支持模式，指的是政府和在华境外非政府组织结成密切的合作关系，政府给予其强有力的支持，例如在政策上给予优惠，在人、财、物上给予支持。这些组织通过机构设置等多元化的合作手段，在不同领域中积极配合政府工作，能够有效地贯彻政府的目的和策略，积极地参与到公共事务的处理当中，完成公共服务任务的转移和承接，从而形成良好的竞合关系。例如在环保领域，随着经济的不断发展，环境污染已经成为一个严峻的问题，政府需要解决。但是政府不是解决这一问题的单一主体，还需要全社会的参与。政府需要在华境外非政府组织能够肩负起一部分职

责，帮助政府唤起公众对环保问题的关注，更好地宣传政府的环保理念。例如中国政府和自然之友之间的合作。自然之友的目标是促进公众环保意识的提高，积极推动社会环境的改进。可以说自然之友是最早致力于环境保护的在华境外非政府组织之一，影响也非常大。它积极寻求与中国政府的合作，通过政府的经费和政策、资源支持，可以更好地开展相关活动，争取在活动中获得政府的理解和支持。除了环保领域之外，在扶贫助残领域内许多在华境外非政府组织也在政府的支持下开展活动。这里，我们选择狮子会作为案例进行具体分析。

2. 实践案例

狮子会与中国政府的合作是政府支持模式的典范。狮子会是目前世界上最大的服务型非政府组织，它成立于 1917 年，总部设在美国。其强调自己不涉及宗教、政治和种族。在发展中重视借助其影响力，借助政府的力量实现工作目的。其团体会员广东狮子会是经国务院特别批准、在广东省民政厅登记注册、具有独立法人资格的社会公益慈善志愿服务组织。

在组织构建和合法性问题上，目前狮子会在中国已形成具有中国特色的非政府组织系统。狮子会建立了企业法人制度，完善了监事会和理事会机制，定期召开狮子会全国代表大会，定期进行学院培训。整个组织的运作类似政府机构，其会员中也有不少中共党员和政府工作人员，构建起了与政府对话沟通的机制和危机公关渠道。在中国狮子会新地区的组织建设中明确强调，必须有省级党委政府支持，达到省（或自治区、直辖市）残联认为具备条件，向中国残联及联会提交成立中国狮子联会某地代表处的书面申请，在获得中国残联及联会的批准，取得同意成立的正式文件后才可以成立。可以说，狮子会是本土化最为彻底的境外非政府组织之一，其诸多活动受到了中国残联的大力支持。

在项目合作问题上，狮子会在项目设立阶段就积极与政府有关部门沟通，倾听他们的意见和建议。在人才培养和技术指导、学术调查方面也给予政府部门大力支持，取得了政府的信任。无论是合作实践还是效果上，政府都给予了狮子会较多的支持。尤其是中国残联与狮子会的合作关系尤为密切，成为地区残疾人帮扶事业和公共服务的有力补充。例如，在政府的帮助下，广东狮子会对广东北部和西部的贫苦中老年人进行了免费白内障手术，帮助一万多名失明患者脱病脱贫。2010 年广东狮子会和深圳狮子会在全国十余个省市发起"红色行动"，并荣获由国家卫计委、中国红十字总会、中国人民解放军总后勤部卫生部联合颁发的"全国无偿献血促进特别奖"。2015 年在全国助残日时，狮子会与中国残联联合举办温馨工程，发动各级残联、社区街道、残疾人广泛参与，并获得民政部社区助残项目经费 100 万元，打开了联会层面承接政府服务的通道，其活动的影响力和实际效果前所未有。

3. 模式存在的问题

（1）政府干预过度，官办性质浓厚

中国政府的支持对于在华境外非政府组织来说尤为重要。我国采取的模式是，中国政府为境外非政府组织提供一定的人、财、物以及政策方面的支持，并对其进行监督管理。这一模式的优点在于能够保证境外非政府组织运作的规范性、合法性，但是缺点是管理效率较低，行政导向较强，在华境外非政府组织缺乏独立性，甚至与其之前坚持的理念相互产生矛盾。同时在实际运作中，政府往往将自己当作一个管理者，过多地干预在华境外非政府组织的运作，将在华境外非政府组织作为自己的一个管理对象，以"大政府"的态度审视在华境外非政府组织。

（2）境外非政府组织依旧面临"双重管理"

由于境外非政府组织依旧处于"双重管理"状态，上级主管部门可能的干预实际上为此类组织的组织架构和运作带来一些不确定因素。根据《中华人民共和国境外非政府组织境内活动管理法》的规定："国务院公安部门和省级人民政府公安机关，是境外非政府组织在中国境内开展活动的登记管理机关。国务院有关部门和单位、省级人民政府有关部门和单位，是境外非政府组织在中国境内开展活动的相应业务主管单位。"公安机关还有户籍管理、国籍管理、出境入境管理、外国人在华活动管理等管理职责。这部法律规定公安部和各个省的省级机关都是在华境外非政府组织的等级管理机关，而对其日常业务的管理则没有明确归属，这样就使得对在华境外非政府组织的登记造册和日常业务管理的管理机关的分离。虽然这样的制度有效地加强了对在华境外非政府组织的准入管控，防止其过度发展和恶性竞争，但是也带来了很多问题，往往出现管理单位混乱、权责不明、权力分散的情况和面临"双重管理"的困境，一旦发生问题，各个管理部门就会"踢皮球"。同时对于具体的等级登记的划分并不明确，不同地域不同层级的公安部门的等级效力是否等同，不同的登记管理部门是否会影响活动范围等都没有明确的规定。

（二）政府委托模式的现状及问题

1. 模式介绍

所谓政府委托模式，指的是政府将自己所具有的某一项职能以委托的方式，或者是以授权的方式转移给在华境外非政府组织行使。在中国，这种形式大多是政府与各个行业专业协会之间的合作，一方面政府通过这种手段密切与行业的联系，实现信息收集和密切联络；另一方面能够有效地缓解自己的负担，获得更多、更专业的支持和帮助，这也是目前使用较多的在华境外非政府组织与政府合作的模式之一。除了行政机构，非政府组织也会通过接受官办性质的事业单位、社会组织的委托和授权，且双方结成合作关系。在项目中官办性质的事业单位和社会组织起着穿针引线的引导作用，项目的执行则多是由在华境外非政府组织实施。在华境外非政府组织受到政府的委托，从而行使原本属于政府的部分公共职责，为社会大众提供公共服务，从而更好地减轻政府的压力，实现和谐社会的目标。通过政府职权的下放，这也使得政府的职能更加民营化、社会化、市场化。政府委托在华境外非政府组织提供公共服务，其中很大一部分原因在于它们与社会大众的联系更密切，对于民间需求了解更清楚，与政府部门相比，在某些事务上更为灵活，能够有效地满足社会大众的需要。此外，对于在华境外非政府组织来说，其自身的资源优势也往往是政府不具备的，它们可以利用这些优势提供社会服务，有效减少政府的压力。政府在公共服务上具有导向作用，能够决定资金的分配和投资的方向，因此，对于部分公共服务职能，政府不需要设置相关机构，可以直接委托在华境外非政府组织开展工作。在华境外非政府组织也能够在公平的市场化竞争中获得政府的支持和帮助，通过合同签订的方式，在获得资金支持后履行义务，从而为大众提供公共服务。

2.实践案例

政府委托模式在境外非政府组织活动的多个领域都得到了广泛应用。例如在儿童文化教育领域，部分地区由于受经济、政治、文化、科技等多方面条件的限制，当地政府无法凭借一己之力完成贫困地区文化教育事业的蜕变。因此，对于部分经济较落后地区，政府部门会委托授权给世界宣明会，并由其积极筹款，通过在华境外非政府组织与中国政府的合作与互动，有效筹集了大笔资金，用于贫困地区的儿童文化教育事业，使得它们的文化教育能够拥有良好的环境和氛围，并享有必要的基础设施设备。不仅如此，政府部门还委托世界宣明会"代表儿童"通过强有力的线上线下双重推广，加大在华境外非政府组织对中国贫困地区儿童文化教育的宣传力度，使得资金筹集的速度和数量都稳步提升。可见，委托授权是组织间合作模式的重要组成部分，其价值是不容小觑的。

一些注重教育的专业境外非政府组织选择了与高校合作的模式来开

展工作。许多境外非政府组织往往选择与高校、科研机构进行合作的模式，一方面能够在年轻人中传播理念、吸纳人才，另一方面能够依托高校的力量，为专业的发展提供支持。其中比较典型的是德意志学术交流中心（Deutscher Akademischer Austausch Diens，DAAD），目前拥有北京、广州、上海和香港四个中心。随着中德两国关系的发展，双方在文化交流、教育合作、联合办学等方面逐渐深入。一般来说，双方在进行合作时往往采用项目委托的合作方式。例如在 1988 年，DAAD 与上海市有关高校合作，成立了上海中德学院。中德学院的运作得到了德国巴伐利亚州科艺部和德国汉斯·赛德尔基金会的政策和经费支持，并参照德国兰茨胡特应用技术大学相关专业的教学计划实施教学。随着 DAAD 逐渐适应中国内地的环境，其合作伙伴也逐渐扩展，就连教育部和中国国家留学基金委员会都成为其有力的合作伙伴，并能够为 DAAD 在中国的合作项目开展提供政策和行政上的支持。具体来说，DAAD 作为独立的境外非政府组织，它和中国高校之间的合作主要集中在提供奖学金、文化交流、教育公共服务、校友服务、信息咨询等方面，具体见表 9.1。学校在教学中借鉴德国应用技术大学的教学经验，开创了"高等职业技术教育"的新模式。将德国的职业教育体系与中国职业教育需求结合，对中国的职业教育发展起到了有力的推动作用。

表 9.1　DAAD 与中国高校合作项目列表

	合 作 机 构	中国国家教育部和留学生基金委员会
奖学金发放	1. 合作对象	211、985 高校的研究生、有突出贡献的老师和学者
	2. 项目名称	1. 硕士奖学金 2. 博士生和博士后奖学金
	3. 资助时间	短期 1～3 月，中期 1～3 年，长期 4～6 年
	4. 资助金额	每月 700～2300 欧元
国际教育合作	1. 合作机构	全国 20 多所高校
	2. 项目名称	1. 在华课程项目 2. 本科 Plus 课程 3. 暑期学校项目在中国 4. 国际交流项目（ISAP） 5. 一体化国际课程 6. 专业领域项目 7. 特别项目
德语、日耳曼语言文学交流	项目内容	1. 派遣 DAAD 讲师，目前在华的 DAAD 讲师有 36 位 2. 举办中德语言活动
信息咨询	1. 合作机构	DAAD 各联盟学校和 DAAD 驻华办事机构
	2. 项目内容	德国高校日

续表

合 作 机 构		中国国家教育部和留学生基金委员会
校友项目	1. 合作对象	受 DAAD 资助的学生和老师、学者
	2. 合作内容	1. 建立中国校友数据库 2. 提供校友服务 3. 校友相关活动报道

数据来源：DDAD 资助项目在中国，http://www.daad.org.cn/zh/home/daad-in-china/daad-geforderte-programme-in-china.

3. 模式存在的问题

（1）文化冲突导致工作上的分歧

合作双方的理念差异导致的交流不畅。当在华境外非政府组织与中国政府采用政府委托的模式进行合作时，二者的文化代表着风俗习惯，容易诱发文化视角的冲突和分歧。对于习惯了"大政府模式"的中国人来说，往往认为非政府组织缺少官方背景，那么也就缺少可靠性。在华境外非政府组织在运营理念上，与中国政府甚至很多本土非政府组织之间都有较大差异。一般情况下，为了解决好不同区域文化的矛盾性，通常会采取委托授权的方式，政府将相应权力全权委托，并对活动内容和质量提出要求，从而控制授权方对合作领域的参与力度；而在华境外非政府组织作为独立法人，在自负盈亏的情况下运作项目，保证双方合作能够达到互利共赢。但是这一模式的缺陷在于，一旦政府监督不力，或者在华境外非政府组织运作能力不足，则容易导致双方产生纠纷。

（2）政府主导，效率不高

由于政府管理部门缺乏相关经验，在进行委托管理的时候存在一些风险。在招标方面上，由于委托模式本身还是由政府主导的，因此其管理主体还是政府。政府选择被委托的在华境外非政府组织践行社会服务，以及购买社会服务时必须公开自己的相关预算、购买价格、购买数量以及其他指标情况，签订的合同也必须清晰明了、条理分明，每一个项目都要进行罗列和公开。而在实际操作中，中国政府往往会直接使用"非制度化"的程序，直接将工作委托给某个组织，合同也不清晰，整个过程都是内部化的，具有较强的不确定性。此外，对于许多在华境外非政府组织来说，其不仅要承担日常的工作，还要接受政府的规定性任务，比如学习公民道德规范、接待领导等。在这方面，许多在华境外非政府组织不仅缺乏应对经验，而且也增加了运营成本，甚至逐渐出现了盈利化、官僚化的倾向，导致工作效率不高。

（三）政府购买模式的现状及问题

1. 模式介绍

所谓政府购买模式，就是通过外包的方式，将本来属于政府职能提供的公共服务通过市场经济的方式进行让渡，把民营部门或非政府组织引入到公共服务部门当中，这也是欧美等发达国家在公共服务中的一个创新举措。在这一模式中，政府往往是通过合同的方式，将项目交给具备合法资质的在华境外非政府组织，使其完成市场化过程。一般来说，这种模式又可以细分为竞争型和合作型两种模式。在竞争型的政府购买模式中，多个非政府组织需要通过竞标等方式获取项目，政府从多家组织中选择最适合的，从而有效提升工作效率。而在合作型的政府购买模式中，政府往往会根据实际情况，与某一个特定的非政府组织建立合作关系，在某一服务领域深耕开拓，并为其提供相应的资金和政策支持，从而更有效地开展公共服务工作，满足人民需求。随着全球化速度的加快，资源的调配速度也逐渐加速。社会文化建设的不断推进，加速了社会福利项目的建设。政府购买模式有效地提高了资源利用率，节约了社会成本。随着双方相互信任的加深和合作的成熟，这一模式也逐渐成为中国政府与在华境外非政府组织合作的重要模式之一，已经被中国各界人士广泛认可。这种模式有效缓解了现阶段中国政府的资金缺口大、政府公共服务水平不高、政府转型所带来的种种问题，有效满足了社会大众对于公共服务水平和质量的多元化需求，因此被广泛使用。

2. 实践案例

近年来，政府购买模式逐渐成为境外非政府组织和中国政府合作的重要形式之一。尤其是 2015 年国务院颁布了《关于做好政府向社会力量购买公共文化服务工作的意见》，在政策上给予这一模式的推广更多支持和部署。其中比较典型的是国务院扶贫办和亚洲开发银行等合作实施的农村扶贫项目。国务院扶贫办面向全国公开招标，最终有 6 家非政府组织中标，与国务院扶贫办在江西开展扶贫项目。再例如世界宣明会在云南永胜的扶贫工作中就采用了这种模式。永胜县位于我国西南地区的云南省境内，该县少数民族人口众多，经济发展相对落后。由于该地区贫困人口数目较大，因此，永胜县政府已经着力于加大扶贫项目的开展力度，尽可能拨出大份额的政府资金用于农林牧渔业的综合生产。然而，该县政府的投入力度有限，常常无法有效保证永胜县贫困人口生活水平的提高，政府部门会将该县公共服务部分的工作外包。世界宣明会在永胜县政府面向非政府组织开放扶贫资源的招标工作中获得了购买标的，使其作为在华境外非政府组织的典型代表，加强在华境外非政府组织与县政府间的合作，并通过对扶贫工作的有效评估，投入了大量的人力资源、物力资源和财力资源，使得该地区的服务外包力度大幅度提升，突破非政府组织与政府合作的又一个高度。

除此之外，还有按需采购的政府购买模式，在这种模式中，政府向非政府组织购买公共服务是根据实际需要，是在一些特殊领域和专业组织进行合作，且不需要公开竞标，这在医疗卫生领域使用的比较多。例如 HIV 的预防和治疗，由于这一工作不可预见性较大，而且又比较隐蔽，卫生疾控部门开展此项工作存在困难，加上在华境外非政府组织在这个领域工作经验比较丰富，因此我国卫生部门也积极支持以非政府组织为主导的 HIV 快速检测项目的开展，以向提供协助的相关非政府组织支付一定费用的方式，购买包括行为干预、基线调研、检测咨询等相关服务。

3.模式存在的问题

（1）项目合作方式有待规范

政府购买模式的缺点在于对整个当地的市场化条件要求较高，需要成熟开放的经济政治环境。虽然这一模式应用不多，但却代表着未来的一大发展趋势。随着政府职能转变的呼声越来越高，非政府组织参与政府购买公共服务的模式成为热门。从中央到地方，都在支持社会组织购买社会服务，并推出许多优秀政策，推出成功项目作为示范。在不同的地区和行业中，政府购买在华境外非政府组织社会服务的方式也不尽相同，有的采取公开招标、社会服务项目购买、项目资助等方式进行的，有的则是直接进行项目申请或意向商谈等。由于社会公共服务非常繁杂，有些非常具有专业性，而有些则具有延展性，因此有时候一项服务项目并不是由一家在华境外非政府组织就能够完成，甚至要联合各地、全国乃至全球的多方势力进行服务购买。而有些机构一味地追求接项目，盲目壮大，承担多种服务项目，但实际上管理、人员和资金都难以跟上，最终提供的服务也不够完善。长此以往，有些在华境外非政府组织为了抢服务、分蛋糕，甚至会以拉关系、行贿等手段进行畸形的、违法的竞争。

（2）缺乏合理的评估体系

由于缺少科学的评测机制，在双方达成合作关系之后，许多政府部门只是一味地谈合作，却忽视了事中监督和事后评测，甚至对在华境外非政府组织的活动内容、情况、范围等都缺乏有效的了解、根据和监督。而对于在华境外非政府组织本身来说，它们缺少了监督，也就意味它们必须依靠自律。而政府部门由于没有办法对其效果进行评测，因此往往导致很多项目最后不了了之，项目效果是否达到预期、工作中是否符合各项规定、各项指标是否实现了透明化公开都难以保障。这样看似是对在华境外非政府组织放松了管制，但没有任何评测也使得那些优秀的在华境外非政府组织的优势难以突出，无法展现其在专业、管理上的独到之处；而政府还是缺乏对于在华境外非政府组织的了解，没有加强对在华境外非政府组织的信任，这样的制度缺失从根本上不利于未来在华境外非政府组织的发展。

四、中国政府与在华境外非政府组织合作模式存在问题的原因

（一）政府支持模式存在问题的原因分析

1. 合作中互信不足

在政府支持模式的合作中，政府更多地应当将自己定位为"合作伙伴"，从而起到监督和引导的职能。而在实际运作中并非如此，这根本上是由于对于在华境外非政府组织缺乏一定的了解，对其认知不够全面、客观，甚至有些部门还保留着冷战思维。而有些则为了缓解公共服务的压力和提升政绩，不分青红皂白地接受在华境外非政府组织的项目合作和资金支持。即使在华境外非政府组织没有过分的政治宗教意图，这也难以形成长效机制，难以对当地的公共服务发展起到根本性的促进作用。对于一些地方政府官员来说，在华境外非政府组织还是一个新鲜事物，他们不够了解其运作机理，再加上在华境外非政府组织的出现往往意味着新的组织和社会力量的诞生，政府担心其壮大会影响自身的管理能力和权威，以至于将所有的在华境外非政府组织视为"狼子野心"，主观上认为它们的活动会对中国的社会秩序产生危害，对国家安全会带来重大隐患，因此对其在行政上进行过度干预，由此严重破坏了双方合作互信的基础。正是由于在华境外非政府组织和政府之间缺少足够的相互信任，即使在合作中建立起互信关系和合作模式也不够牢固。再加上没有制度的保障，因此在遇到问题的时候只能够依赖于"人治"，完全依靠个人关系，这也致使双方合作中问题频发。

2. 政府支持能力不足

政府在社会转型中往往会暴露出一些问题。长期和政府部门打交道的

在华境外非政府组织有"合作不顺"的感觉，因此对政府也存在不信任和不理解。在采用政府支持模式合作中，很多在华境外非政府组织在中国发展中本土化改造不足，不适应中国国情，往往在与政府的合作中自以为是，一味地以过去的成功经验为依据，不实事求是学会变通，出现问题时更拒绝与政府进行有效沟通。此外，中国政府选择合作对象的时候，往往更倾向于具有官方背书的非政府组织，虽然这些组织往往难以真正满足各方面的需求，但是它们拥有更多的资源优势和人脉优势。

（二）政府委托模式存在问题的原因分析

1. 缺乏有效的沟通渠道

在《管理法》颁布前，我国对在华境外非政府组织的定义和管理都比较模糊，缺少针对性的在华境外非政府组织管理机制，特别是对于一些涉及宗教和人权的组织更是非常敏感。在政府委托部分职能时，由于在华境外非政府组织缺乏与政府之间有效交流的平台和渠道，政府管理部门对于在华境外非政府组织从事活动、性质、资金来源、使用情况等不了解，同时又缺乏相关的从事在华境外非政府组织管理人才，不了解国际惯例，甚至不了解中国自己的相关法律条例，没有构建专业的资料库，并组织专门的人员对其进行评估和管理，缺少对于政府与在华境外非政府组织合作模式的科学绩效评测体系，给政府与在华境外非政府组织的合作带来很多难题。

2. 非政府组织自身失灵

所谓非政府组织自身失灵，指的是非政府组织在运作中偏离为社会公众服务的宗旨，片面地追求经济效益，从而给社会带来负面效益的现象。在中国政府与在华境外非政府组织合作中，非政府组织失灵往往是双方合作中的"绊脚石"。另外，在华境外非政府组织的活动一般都是在公共服务领域展开的，公共服务领域牵扯到的面广、人多、事杂，许多问题处理起来既烦琐难度又大，而且往往是与人民群众密切相关，一旦处理不好，就会导致许多后患。这些问题在网络上会被快速传播、发酵，对境外非政府组织本身和政府都会产生严重的负面影响。目前在中国，社交网络渗透率已达 90%，各大主要城市都有 5G 网络覆盖，一旦有任何负面消息，都将有可能导致政府和在华境外非政府组织的公共舆论危机。部分网民很可能任意发布尚未证实的虚假信息，有时甚至恶意制造虚假信息，有些将过时信息或虚假信息在微博上大量流传，信息真假也难以分辨。这些问题都导致境外非政府组织在发展中存在很多困难。

（三）政府购买模式存在问题的原因分析

1. 相关法律监管落实中存在盲区

《管理法》的实行填补了规范缺失和秩序空白，明确了由公安机关作为登记管理机关，解决了在华境外非政府组织的身份确定难题，为在华境外非政府组织的管理提供了有力支撑。同时，坚持服务与管理并重，将在华境外非政府组织纳入法治化管理之中。有了这部法律，也可以对一些打法律"擦边球"的在华境外非政府组织的不法行为进行惩处。由此，使在华境外非政府组织与中国政府的合作进入新的阶段。

虽然《管理法》对在华境外非政府组织的合法身份已经有了明确的规定，但是这部法律在实施中依然存在执行的问题。例如在这部法律出台之前，在华境外非政府组织想要在中国境内开展活动，往往采取变通的方式，也就是在工商机构注册成为外商独资企业，从而取得合法身份。但是《管理法》针对已经获得外商独资身份的在华境外非政府组织的处理是非常模糊的，加上公安系统和工商系统根本是两个完全不同、自成体系的系统，如果注销这些外商独资企业的在华境外非政府组织，后续的一系列手续问题怎样解决、怎样实现过渡依旧是一个难题。由此，在华境外非政府组织在采用政府购买模式与中国政府进行合作时，特别是政府项目采购中使用招投标的方式来进行项目的承包时，对承包方身份的审查和认可尤其需要重视。由于相关法律的出台导致了有关规定的变化，也给在华境外非政府组织的主要合法身份的转变提出了一定的挑战，从而降低了境外非政府组织在政府购买模式中的参与度，不利于政府购买模式的发展。

2. 双方的价值目标矛盾

由于在华境外非政府组织的运作和管理方式经历了在西方国家的长时间实践，因此各方面的经验已经比较成熟，在观念上也比较超前，这对于处在转型过程中的中国政府管理部门来说是一个巨大的挑战，甚至是一种观念上、文化上的激烈碰撞。对于在华境外非政府组织来说，虽然它们"出身名门"，其背后的非政府组织母体发展历史久远，积累了丰富的经验，但是对于许多刚刚在中国落地的在华境外非政府组织来说，它们还不够了解中国本土的情况，在文化、资源和合作环境上有颇多的不适应之处。特别是对于中国这样领土辽阔、民族众多、情况复杂的大国来说，在华境外非政府组织的总部很难实现各个地区的资源平衡，总部派来的人员的工作经验也不适应中国各个地方的情况。而由于在华境外非政府组织自身的非营利性质，其短期内难以实现有效的开支平衡。特别是对于一些小型的在华境外非政府组织来说，其资金补给甚至都成了问题，生存压力巨大，尤其是在政府采购模式中往往涉及的是比较大型的项目和服务，导致在华境外非政府组织难以承担；其次是人力资源严重缺乏，难以保证优质服务人员的稳定性，也很难吸收到高素质的专才加入。再加上许多在华境外非政府组织在建立之初机制不完善、管理落后，最终往往缺乏自我管理能力，难以发挥理事会和监理会的作用。

在中国也存在着许多非政府组织，这些组织大多具有强烈的"中国特色"，它们不仅是符合法律法规而成立的组织，而且有相当一部分是受到行政机关委托进行工作的组织，甚至有些本身就是政府创立的组织，其在人员归属、机构编制上仍隶属于政府或党组织，例如红十字会、残疾人联合会等，其负责人均由党组织来进行任免。它们尽管在组织上已经不属于行政部门，但是它和政府之间具有千丝万缕的联系。在国家行政部门开展相关工作的时候，由于双方在价值观念上的趋同，政府使用采购模式时往往更倾向于找这些本土的非政府组织来进行合作，这也往往影响着在华境外非政府组织在中国的生存和发展。

五、国内外政府与境外非政府组织的合作经验借鉴

（一）国外政府与境外非政府组织的合作经验和模式借鉴

1. 俄罗斯与在俄境外非政府组织的合作经验和模式

（1）合作经验

早在 20 世纪初期，俄罗斯的在俄境外非政府组织就开始活动，其中比较著名的有"灯塔"组织等。在苏联时期，政府实行高度的集权统治，加上第二次世界大战后的"冷战"，因此境外非政府组织在苏联的活动几乎停滞。这一状况一直持续至 1991 年的苏联解体。随着俄罗斯民主化的不断推进，境外非政府组织在俄罗斯的发展也不断深化。

自 20 世纪 90 年代以后，由于俄罗斯一直处于政治动荡和经济衰退的局面中难以自拔，政府对境外非政府组织的管理力度不足，管理局面比较混乱。依照俄罗斯的相关法律规定，境外非政府组织想要在俄罗斯开展活动，必须建立分支机构或代表机构，能够形成独立的法人实体且须向俄罗斯有关部门进行登记，并获得政府部门的许可和担保。境外非政府组织在俄境内的一切活动必须要在法律允许的范围之内进行，且不得向本土的非政府组织提供资金帮助。因此，境外非政府组织在与俄政府的合作中更多

的是在合法性问题上进行。对于政府部门来说，这样能够更好地对境外非政府组织进行管控，保障境外非政府组织的纯粹性，防止国外敌对势力通过境外非政府组织进行渗透，以减少境外非政府组织工作中的随意性和不规范性，同时也帮助境外非政府组织更好适应俄罗斯的本土国情，更好开展工作。

（2）合作模式

俄罗斯政府在与境外非政府组织的合作中，非常注重对境外非政府组织的资金监管。俄政府颁布了一系列的相关法律法规，对境外非政府组织的资金活动进行严格监管。例如境外非政府组织有 20 万美元以上的现金收入需要接受政府监督；境外非政府组织需要在每年的 4 月 15 日之前向政府负责非政府组织登记的部门公布自己的资金来源、使用目的和实际使用账目等；境外非政府组织的分支机构需要在每年的 11 月之前向俄政府公布年报，并提交下一年度的预算情况；每个季度还需要向有关部门就资金的具体使用情况进行通报。此外，根据《俄罗斯非营利组织法》的有关规定，境外非政府组织需要通过信息公开等方式接受社会的监督，这一方式也促使俄政府强化了对境外非政府组织的监督和管理，有效地了解境外非政府组织在俄的具体活动情况，防患于未然，一旦发现问题也可以及时的处理。

2. 越南与在越境外非政府组织的合作经验和模式

（1）合作经验

越南的相关法律规定，境外非政府组织总部需要设立在越南本土以外的国家，在总部所在国家具有法人资质，在越南国内设有办事处或代表机构，组织本身不具备营利性、宗教性和政治属性，其组织形式包括基金会、研究所、高等学校、信托基金等。境外非政府组织的运作目标是要促进越南的国家发展，为越南提供相应的人道主义支持。近年来越南的境外非政府组织越来越多，与越南政府的合作也越来越多。在管理上，越南政府负责登记管理的机构是非政府组织事务委员会的常设机构——越南友好联盟。通过这一组织，越南政府与许多在越境外非政府组织建立起了多层级、功能性的纽带联系。在该机构的领导下，境外非政府组织也可以获得一些相关的议题和项目。同时，越南政府在与境外非政府组织合作中往往通过建立项目办公室的手段进行合作。项目办公室属于境外非政府组织在立项地区的常规技术型办公地点，一个项目办公室负责一个或多个地区的具体项目。同时，境外非政府组织在项目开展中还需要及时向越南政府和社会公开发布有关信息，披露活动事项的细节，以实现信息的透明化和公开化。

（2）合作模式

越南的境外非政府组织与越南各个层级的政府之间建立了良好的合作模式。境外非政府组织也成为当地政府项目开展中经常选择的合作伙伴，特别是基层政府和群众自治组织，尤其愿意和境外非政府组织进行合作。其中比较典型的是越南妇联。在境外非政府组织和当地政府的合作中，境外非政府组织将其先进的经验和技术传播给当地政府机构或合作伙伴，在双方的努力下，实现项目运作的本土化，也培养了越南本土的项目方和员工。在境外非政府组织的帮助下，越南本土机构不断学习新的经验和技术，管理能力稳步提升；而境外非政府组织也能够在合作中根据本土情况更好地进行自我改进，同时吸引其他项目合作方，获取更多的资源和项目，以实现双方共同发展。由此，越南政府与境外非政府组织已建立起了良好而紧密的合作关系。

（二）乐施会与中国政府合作的案例

1. 乐施会简介

乐施会于 1896 年在英国成立，其总部设在英国，原名为英国牛津饥荒救济委员会。成立之初是为了能够突破德国的封锁，实现同盟国之间的粮食救济。战后逐渐发展成为一家以促进国际发展、弱势群体救助、人道主义救援为目标的国际非政府组织，并在世界范围内开设海外分会，目前是国际上影响非常广泛的组织。随着我国改革开放的深入，政府逐渐放开了对于经济和社会的严格管制，乐施会逐渐将重心放在中国内地，并与中国政府和其他非政府组织展开了密切的交流与合作。截至 2016 年 3 月，乐施会的内地项目超过 3 000 个。目前，乐施会在昆明、贵阳、兰州、成都、北京等多地都设立有管理办事处，负责与当地的有关部门、企业、机构和社会团体进行项目合作。

2. 乐施会与中国政府的合作

乐施会很注重加强与中国官方的合作。在乐施会的中国内地项目中，参与式工作方法称为其"王牌"，采用项目参与的模式来进行与政府的合作。项目从设立到执行的全过程都严格按照流程进行意见调研、社区公示和监督评测，并且邀请地方政府参与其中，通过联合宣讲、推动立法、提供政策建议、学术调查研究等方式，与公检法、民政局、街道办事处、妇联、文联、公立医院、学校等各个政府部门和具有官方背景的社会组织结成密切合作关系。

近年来，随着越来越多的国际非政府组织进入中国内地，中国内地也在逐渐强化对非政府组织的管理，同时也更重视与其进行合作。长期以来，乐施会的官方合作对象不仅局限于国务院扶贫办、民政部、外交部等高级机构，也与地方的县、乡政府保持了密切的联系。例如在 2016 年巴黎召开的气候大会上，乐施会总干事 Winnie Byanyima 与中国代表团团长解振华进行了友好交流。乐施会在与中国政府的合作中，不仅提供了大量的资金援助，其资金投入占其总支出的一半左右，而且以项目合作等方式在人道主义救助、扶贫、教育等方面与各级政府展开了多元化的合作。经过长时间的稳定合作，中国各级政府与乐施会建立了较为良好的信任关系。中国政府认同了其在内地的工作方式方法，也需要其实现对社会公共服务的补充。乐施会在政府的管理框架内开展工作，为和谐社会建设作出了有益贡献，也获得了官方和民间的诸多荣誉。

2008 年 5 月 12 日，位于中国西南部的四川汶川地区发生了强度高达 8.0 级的地震。由于该地区地形崎岖，人员进出并不便捷，因此，乐施会迅速在灾区开展紧急救援工作，为汶川地震筹得资金 1.72 亿港元。在救灾活动中，乐施会与中国政府进行了多次交涉和讨论，最终达成合作意愿，由两支在华境外非政府组织派遣大队人马直入汶川灾区，为灾区人民做好社区减防灾工作。除了提供了大量的物资援助，还通过心理干预的方法，使汶川地区的人们能够及时在地震灾害后得到心理缓解。

（三）经验总结

政府部门在与国际非政府组织进行合作的时候，一般都会依据本国的实际需要来进行合作模式的选择。而非政府组织想要发展壮大，真正实现自己的目标和意图，也必须遵守本国法律，深入了解本土情况、国民需求和人文风俗等。无论是采用哪种合作模式，其最终目的都要求非政府组织要有利于本国国民和本国国家的发展，顺应本国的国家利益。在华境外非政府组织已经在中国发展了几十年，虽然在与政府合作中往往会出现一些问题，但是可以借鉴现阶段较为成功的境外非政府组织项目的有益经验，为我所用，以解决所面临的合作困局。

1. 注重合作中的合同签署

在许多发达国家，非政府组织是公共服务的重要参与者之一，它能够凭借自身的有利条件与政府开展良好的合作关系，政府也平等地对待所有参与公共服务的非政府组织，并通过资源补贴的方式给予其必要的支持和帮助。但是在公共服务中非政府组织与政府首先要建立相互信任、平等尊重的关系，并能够以文件的形式明确合作内容，在双方合作中重视协议合同的签署。双方合作前首先签订完善的合同协议，达成合作伙伴关系，并以明确的法律条文规范双方行为，一旦出现问题，可以根据合同和法律解决争议。明确双方责任，在较为成熟的合作机制中，政府和非政府组织才能够各司其职，更好地开展公共服务。

2. 注重合作中的矛盾调解

在我国，政府管理部门在与在华境外非政府组织合作中需要建立专门的沟通协调机构。良好的沟通和协调能够保证事半功倍，及时、准确、高效地协调沟通工作，能够提高资源的调配效率，明确双方合作的目标，保证双方一心，尽快解决问题。一些发达国家不仅仅是为境外非政府组织提供了较为完善的法律框架，使得它们在工作中有法可依，能够在框架内有序地开展工作；同时还因为文化差异而可能出现的种种问题，设立相应的政府和境外非政府组织的沟通部门。这样在双方合作中一旦出现矛盾，就能够有仲裁部门和矛盾调解部门出面解决，不仅能够保护非政府组织的合法权益，而且能够提高政府的工作能力，维护人们的切身利益，有效地促进公共服务水平的提升。这一方面需要在华境外非政府组织加强对本地情况的了解，加强调查研究，熟悉中国国情，熟悉中国的行政制度和办事风格；另一方面也需要政府部门开阔眼界，以国际化的视野、科学的理念来推进合作。

3. 注重事后检查和评估

制度是合作良好运作的保障。没有科学、完善的监督和评测，政府和在华境外非政府组织在合作中就缺乏规范，如果不能在出现偏差或问题苗头阶段就将其发现并解决，最终会酿成更大的问题。在华境外非政府组织由于发展不成熟，在组织上可能本身就存在很多问题，因此政府需要构建科学、完善的监督和评测机制。在政府与在华境外非政府组织的合作中，从登记到监督、评测等各方面都要不断完善，保证服务真的能够落到实处。针对需要政府中间监督和评估的方面，要重点进行检查。同时要实现过程监控和入口监控的密切结合，在资格审定和项目运作等方面及时地进行监督管理。一旦发现在华境外非政府组织有资金使用问题等情况，立刻取消其优惠政策；在年检中发现其存在违法情况等要立即根据相关法律进行查处。同时还要不定期地查看组织的财务工作和管理人员变动情况，对在华境外非政府组织实现全面监管。在合作项目评测上，政府部门也可以发挥社会舆论的监督作用，积极发动群众，并利用在华境外非政府组织的行业自律机制，要求在华境外非政府组织实现账目和项目进展情况的信息透明化，能够及时接受社会公众的质询，不能够以任何理由拒绝提供相关信息。

在全社会形成合力，对在华境外非政府组织实现有效监管。

六、完善在华境外非政府组织与政府分类合作模式的路径

（一）在华境外非政府组织与政府分类合作模式的设计理念

（1）坚持共生互信，求同存异

在任何合作中，要想结成良好的伙伴关系，首先要在理论上达成共识。对于政府部门来说，在与在华境外非政府组织合作中，应当从自己的职能出发，从民众的需求出发，认识到在华境外非政府组织也是社会管理的主体，能够分担政府的压力，为社会大众提供有效的社会公共服务。只有实现了双方相互信任、求同存异，政府才能够给予境外非政府组织更多的资源支持，例如权力让渡、出台支持政策、资金支持、技术支持等。而有了政府的支持，在华境外非政府组织的公信力也会得到相应的提高，同时民众也愿意相信境外非政府组织，愿意给其更多的信任，愿意参与到在华境外非政府组织的项目和活动中来，这样在华境外非政府组织才能够获得更大的发展机会。在当前我国经济转型的关键时期，政府也正在逐渐改变对在华境外非政府组织的僵化管制，积极鼓励境外非政府组织为社会公共服务作出更多贡献。

对于在华境外非政府组织来说，既然来到中国开展活动，就必然要遵守中国的法律，做到尽职尽责。不仅要按照相关法律法规行事，更要积极配合政府的工作，相信政府，信任政府，在政府的引导下进行工作。[145]在华境外非政府组织应当积极主动地熟悉中国特色的社会主义制度，了解政府机构的组织结构、机制框架、权力资源分配和工作流程等，逐渐在组织内部培养一批善于与政府部门打交道的专业公关人才，以保障信息交流的顺畅。而针对已经获得的活动成果，境外非政府组织也应当善于让政府部门看到自己的成绩，甚至通过技术培训、学术交流等活动与政府共享活动成果。此外，由于历史原因和境外非政府组织的自身特性，国家对于境外非政府组织特别敏感，在华境外非政府组织可以利用自身在专业、人才和全球化上的优势，开发自身的优势项目，并避免被卷入一些敏感问题。在项目的设计和执行阶段要积极与政府部门接洽，出现问题时善于交流沟通，防止与政府形成不必要的对抗。

（2）明晰角色定位，厘清权责关系

政府作为国家的权力机关，其权力来源于全国人大，来自民众的授权，

是公共政策的制定者、执行者和利益矛盾的协调者。而在华境外非政府组织同样是公民权利的代理者，能够帮助公民实现利益表达和利益协调。近年来，随着境外非政府组织的发展，其领域逐渐从公益向社会公共事务方面延伸，谋求为公民提供更多的社会公共福利和服务。因此，在政府与境外非政府组织的合作中，明晰角色定位，厘清权责关系就显得尤为重要。只有这样，才能够使得政府和境外非政府组织结成具有良性互动的行动主体。

一般来说，政府与在华境外非政府组织的合作涉及三个方面：首先是政府对社会各类事务的管理与协调；其次是社会各界对政府行为的保障和监督；最后是政府与境外非政府组织在合作中实现对社会的共同治理，以提高全体社会成员的福利。在双方的合作关系中，境外非政府组织不能逾越界限，直接越权行使政府的职能；只能凭借自身的优势，通过授权、订购服务、社会监督等方式完成政府职能"补充"的功能。其中境外非政府组织能够为政府提供的资源多在信息、技术、人才、传播媒介等方面。而政府也能够在合作中提高效率、节约资源，提高自身的社情民意满意程度。因此，政府和境外非政府组织正是通过不同的合作策略实现共同的目标，使得整个社会的运转更加有效。

（3）理顺利益关系，加强交流沟通

在政府与境外非政府组织的合作中，协调处理好双方的利益关系是两者合作的关键点。政府和境外非政府组织虽然具有一致的目标，但是在利益上却有所不同，两者既有共性又有个性。政府作为国家权力机关，要最大限度地保障社会公共利益的实现，维护社会的稳定和谐。而在华境外非政府组织往往是专业性的，侧重于某一领域，且其价值观念往往与西方国家的社会价值观趋同，它代表和整合的是某部分群体的利益，追求的是这部分群体合法权益的保障和实现。因此，在现实工作中两者之间会出现一些利益冲突，这就需要双方在坚持目标一致和利益共享原则的基础上，加强交流，通力合作。而在华境外非政府组织在工作中要强化本土化理念，要有大局观，既重视自身的发展，又能够在出现矛盾和利益冲突时与政府积极合作，与政府部门相互协作、相互支持，实现双方合作的共赢。

（二）在华境外非政府组织与政府分类合作模式的设计思路

稳定的合作模式需要有健全的制度支撑。在合作中的主体要能够保障职能的实现，需要在完善的机制和体制下，获得合法性的身份和地位，在各项工作中都有章可循，进而有条不紊地开展工作。就目前中国政府和在华境外非政府组织的合作模式而言，构建制度化的合作模式尤为关键。如图9.1所示，在双方合作中，法律和制度是在华境外非政府组织参与活动、开展项目的保障；双方常规化、制度化的组织体系是实现双方合作模式确立的保障，也是双方活动的指导。目前实行的在华境外非政府组织管理制度存在很多的问题。政府应当积极为在华境外非政府组织的分类管理建立完备的法律基础，简化注册程序，降低准入门槛，积极调动在华境外非政府组织的积极性，从税务的角度对公益性的在华境外非政府组织提供免税支持。在法律上构建起平等的合作模式，明确双方责任和义务，形成有效合作机制，促进双方共同发展。在全面认识基本情况和作用的基础上，加强对整个管理机制的理顺和整合，对注册程序、管理部门、活动范围、组织形式、违法后果等方面进行更好的明确。由于在华境外非政府组织活动范围广、涉及方面广，因此在管理上可以实行中央—省级的两级管理机制。前者把握大方向，实现扎口管理，防止政令繁多，内容重合；后者要因地制宜，凭借其专业优势和地域熟悉的优势，全面掌握在华境外非政府组织的动态，应对突发的种种危机，确保宣传和危机应对工作的顺利。同时，政府还要不断修订在华境外非政府组织的相关管理法律，根据制度准入的相关限定，及时剔除不守法的在华境外非政府组织。

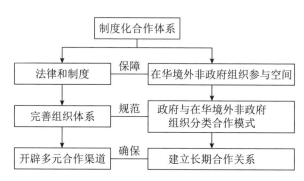

图9.1 境外非政府组织与中国政府的制度化合作体系

在此基础上，政府和在华境外非政府组织可以形成"管理和服务并重"的分类合作模式，如图9.2所示。在管理和服务并重机制中，政府通过一定的规则和流程，将自身的一部分职能让渡给在华境外非政府组织，允许其从事规定范围内的社会公共服务活动。政府在合作中对在华境外非政府组织进行管理和指导，引导其为社会公众提供良好服务，使得其成为政府决策和政策执行的有力支持者，同时也促进了双方合作模式的有章可循。

尤其是要加强专业性监督，根据在华境外非政府组织的特性、活动宗旨和领域，找到其普遍规律，进行分类管理，以提升管理效率。这也是目前在华境外非政府组织管理的难点，这需要管理部门结合 2017 年颁布的《管理法》中注册、归口管理的相关内容，实现注册和管理机制上的协调一致和信息共享。

同时，服务作为双方合作的共同目标，政府要实现对在华境外非政府组织的支持和服务，能够为其工作的开展营造良好的政策环境。完善分类注册机制，减少不必要的行政干预，实现对在华境外非政府组织的资金和政策支持，充分发挥境外非政府组织的作用。甚至还可以设立专门的服务联络机构，加强双方互联，增进了解，寻找合作新突破。在华境外非政府组织参与社会公共服务，虽然是为政府提供良好的职能补充，但也应当熟悉政府的沟通和处事方式，以多元化的合作方式与政府进行积极接洽。

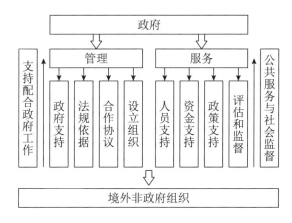

图 9.2　政府和在华境外非政府组织的合作伙伴模式

在双方合作中，双方还应当加强互相监督。政府应以审计、行政、法律等手段加强对境外非政府组织的监督，防止其越界发展，产生自利行为，引起社会民众的反感，造成政府与民众的间隙，更防止国外反华势力的干涉。例如在乐施会的扶贫项目中，乐施会与当地各级政府通力合作，在区、县、乡镇、村等各个层级政府中都设立了工作站。在工作中无论是项目设计还是项目执行，包括其中的项目修改计划等都会邀请扶贫办和政府参与其中，同时政府在支持之余在其中也扮演了监督的角色，促进项目的规范运作，杜绝徇私舞弊、利益寻租的可能。而境外非政府组织在主动接受政府监督、主动汇报之外，也应当对政府在合作中的行为进行监督，从而保证双方合作的规范化。

（三）完善政府支持模式下的具体措施

1. 建立协调管理机构

在许多发达国家，为了促进政府和境外非政府组织的良好合作，往往会采用以下两种方式：一是境外非政府组织在政府内部成立常设部门；二是政府选任官员到境外非政府组织中参与工作。这两种方式在执行中往往都有涉及中央政府和高级官员的，这些机构和官员的介入能够对政府和境外非政府组织的合作起到良好的引导和保障作用。而在采取政府支持模式的合作过程中，目前中国政府还没有成立相关的机构，依旧采用的是公安部门和地方相关部门双重管理的方式，在合作中项目的审批也需要经过双重审批。因此在将来，中国政府可以成立在华境外非政府组织的协调管理机构，这一机构应当具有较高的级别，具有明确的议事协调职能和专业性。其职责在于建立政府和在华境外非政府组织的良性沟通和协调机制，保证在华境外非政府组织与政府工作的统一性，贯彻合作协议，运用激励技巧、协作技巧、协调技巧、宣传技巧和引导技巧等，做双方交流的良好桥梁。目前狮子会在这方面就有所创新，与中国残联结成密切合作关系，开展了一系列的合作项目。而中国狮子会的联合办公室直接就设立在中国残联总部的大楼之中，会长汤小泉同时也是中国残联的理事长。但狮子会在项目合作中仍坚持自主建会、独立运作的宗旨，一切依法依合同办事，并接受社会监督，获得了官方和民间的双重认可。这样的合作模式可以说是打通了政府与境外非政府组织合作的"最后一堵墙"。

2. 实现境外非政府组织本土化

在政府支持模式中，在华境外非政府组织应该实现本土化，在与政府合作中多倾听政府的意见，多了解政府的组织架构，多了解基层政府组织在相关工作领域已有成绩和经验；同时顺应中国法律法规的要求，依法治会，依法活动，有效地支撑自身的迅速发展，摸索出一条中国特色的发展道路。真正做到汲取国内外各类社会组织的精髓，顺应志愿服务国际化的潮流，立足中国本土，扎根社区，服务于中国的社会建设，在世界舞台上展示中国社会发展和文明进步的成果。同时，在华境外非政府组织在与政府进行合作的时候还要让公众了解自己、认可自己、信任自己，增强组织的公信力和影响力；加强对自己的形象运作，让政府真正放心地把部分权力委托下放给自己，例如建立自己的官网、微博、微信，实现信息公开，保证信息的透明化；通过媒体进行宣传、召开宣讲会等，树立自己积极的形象，展现自己的社会责任感。这样，有了群众基础，在与政府进行合作的时候会更顺畅，也改变了政府对在华境外非政府组织不稳定、不持久、没名气的认识。

3. 发挥桥梁作用

在华境外非政府组织在与政府合作中，应该根据中国的实际情况，充分发挥自身的优势，借鉴国外的成熟经验，实现多方共赢。这其中，要加强与国内非政府组织的合作，发挥国内非政府组织的桥梁作用是非常关键的。一方面，在华境外非政府组织和国内非政府组织需要在理论上达成共识，在有健全制度支撑的情况下建立良好的合作关系，构建制度化的合作体系。根据《管理法》的相关规定，保障各项工作都有章可循，进而有条不紊地开展工作。在日常管理中，国内非政府组织要参与政府制定关于境外非政府组织的政策中，传递在华境外非政府组织的诉求，影响政府决策。同时还应将国家的相关政策、法规传达给在华境外非政府组织，督促它们有效地贯彻和执行，两者同舟共济，形成良好的合作交流关系。另一方面，在实践中境外非政府组织和国内非政府组织要相互倾听，在华境外非政府组织应通过国内非政府组织多了解中国的实际情况，多了解国内非政府组织在相关工作领域已有的成绩和经验；同时国内非政府组织也应多学习在华境外非政府组织的先进经验，在差异中求团结，真正做到去粗取精，立足中国本土，顺应国际潮流，促进非政府组织服务得更高效、更便利，促进中国非政府组织服务水平的全面提升。

4. 加强信息舆论宣传

在华境外非政府组织在中国的业务活动涉及的领域比较多元，内容也比较繁杂，因此在政府支持模式中信息舆论宣传要更加具有针对性，注重传播效果，针对不同受众的特征和偏好，开展强化宣传，搭建公众与政府之间的信息交流渠道，提高在华境外非政府组织在社会大众心目中的认知程度，这对于活动的开展也大有裨益。尤其现在是数字化时代，社交网络全面覆盖公众生活，在华境外非政府组织可以通过社会化媒体，结合自身特征和目标开展宣传，有效整合、组合社会化媒体，实现精准传播、数字化传播；要注重宣传效果和服务宣传，塑造自身品牌，打造具有特色、令人耳目一新的视觉化形象符号；还要创新宣传，更好地推动在华境外非政府组织与政府、社会大众的交流。

（四）完善政府委托模式下的具体措施

1. 在华境外非政府组织需要树立合作新观念

在政府采取委托模式的合作中，在华境外非政府组织的工作也是非常重要的。中国正在以更加开放的姿态融入国际之中，近年来中国正在谋求行政机构的职能改革，这对于在华境外非政府组织是一次重要的发展机遇。而在华境外非政府组织在合作模式上也更加多元，不仅仅局限于政府委托等合作模式，也开始谋求深度的合作伙伴关系，以建立长期的合作，并实现项目共同运作、风险共同承担、信息共同享有、价值共同创造的局面。

在华境外非政府组织应当转变观念，并树立合作新观念。在华境外非政府组织想要在中国落地生根、开花发芽，就要遵守中国的法律和规章制度，适应本土的政治、文化、伦理观念和民风民俗，找到与政府合作的最佳结合点，以自己的实际行动打消政府对在华境外非政府组织的疑虑，增强双方的互信。境外非政府组织应将自身的理念嫁接在中国文化之中，进一步将组织传统的价值观与中国的核心文化思想相融合；在当前发展环境利好下，明确自己的定位，将自身定位为国家治理体系和治理能力现代化的有机组成部分、社会治理的重要主体和依托。要大力提倡志愿精神和志愿服务，优先发展公益慈善类和社区服务类组织，重点扶持和资助社区服务，以更加多元化的方式加强与政府的合作。在华境外非政府组织必须在中国现有的法律框架内进行活动，坚守组织的初心。而对于在合作中遇到的困难和不合理之处，也应当通过正规的途径进行申诉，依据合理的制度进行诉求的伸张，不可以通过行贿、非法游行、煽动群众等方式表达诉求。例如，狮子会与中国残联的合作，残联发挥了政治把关、业务支持、资源协调的指导和协调作用，为中国狮子联会的健康发展提供了坚实的保障。

2. 签订合作协议需要确定合作的目标和职责

根据《管理法》的规定，县级以上的政府部门应当为境外非政府组织提供政策垂询、活动指导等方面的支持，相关项目的备案将一一登记在案并上网公示。根据这一规定，未来各级政府在与境外非政府组织合作中签订的合作协议将更加规范，并且会主动接受社会的监督和指导。在政府委托模式中，双方在签订合作协议中地位是平等的，双方在委托模式合作过程中应充分发挥自身优势，履行各自的职责。同时，政府在社会政策制定、政策管理、资源调配等方面具有优势，要在合作中起到引领和指导作用，同时还要加强监督；而在华境外非政府组织则更具有灵活性，在人才、技术上有优势，资源上也有国际非政府组织的支持和帮助，因此可以积极推动中国政府工作方式的转变，培养一批从事国际合作的非政府组织和专业人才，尤其要重视对中国基层组织建设人才的培养。但是应当注意的是，按照《管理法》的规定，境外非政府组织不能在中国国内设立分支机构，但可以设立代表机构。因此境外非政府组织应当及时了解相关法律法规的变动，避免不必要的麻烦，以提高在政府委托模式中的工作效率。

3. 在华境外非政府组织需要加强自身管理

境外非政府组织虽然不以营利为目的，但由于部分地区组织发展较快，会员人数过多，面临管理上的挑战，再加上中国地大物博，不同的地区有不同的特点，和不同地区政府合作需要灵活变通。在坚持多元合作的同时，还应当促进治理结构的更加完善、选举制度的更加成熟、财务及会务管理的更加规范。打铁还需自身硬，完善的治理结构有助于在在华境外非政府组织与政府合作中实现规范化和制度化，能够以更加守法和规范的姿态展示给各级政府自己服务于公益事业的决心，以增加双方的互信、提高自身品牌的美誉度。同时在合作中，规范的制度也能够促进双方行为的规范，令政府吃下"定心丸"。

4. 出台政策需要克服文化差异

随着《管理法》的出台，我国对于在华境外非政府组织的管理日渐正规，在华境外非政府组织的合法权益也有了更好的保障。但是，在政府委托模式的应用过程中还往往存在着文化差异带来的问题。例如《管理法》规定，在华境外非政府组织的登记管理机关要制作在华境外非政府组织的合作项目目录和活动领域清单，实现相关信息的透明化。政府相关部门要对在华境外非政府组织提供相应的免费咨询和指导。但是在实践中，由于中国当前正处于发展转型期，发展迅速，各种新事物层出不穷，合作目录和活动领域清单的更新往往比较滞后。

（五）完善政府购买模式的具体措施

1. 政府部门需要加强绩效评估

在采取政府购买模式中，应建立境外非政府组织合作项目考核和追责机制，对各级重要项目的领导岗位，应在离任前聘请第三方进行审计。同时加强绩效管理与评估体系中管理与评估两个维度的建设，使其能有效分析多种情境模式下不同绩效评估方式带来的具体效果，从而制定出真正作用于在华境外非政府组织与中国政府合作的绩效管理评估体系。

2. 实现管理透明化

在采取政府购买模式的合作过程中也要注重信息的交流与沟通，将公共事务自我管理与整治优化的相关流程充分透明，尤其会采用年检、不定期抽样检查、会计审计等方式，以实现透明化的管理机制，使得在华境外非政府组织的绩效评估体系能够借助公平公正的制度设定。同时完善非政府组织与政府合作的信息公开，从而促进境外非政府组织与政府之间的协调与互动。

3. 引入第三方评估机制

在政府购买模式中，还可以引入第三方外部评测机构，以加强专业性和信息分析能力，并将审计结果定期向社会公布，推动在华境外非政府组织内部实现自律自查。综合运用"互联网＋"技术，促进对捐赠人服务能力、资金募集使用能力、数据收集运用能力和信息及时公开能力的全面提升，真正发挥境外非政府组织的作用，促进我国公共服务品质的提升。

4. 加强境外非政府组织的财务管理

任何组织的生产和运作都需要有经济基础，需要以社会资源和财富为支撑。这对于在华境外非政府组织来说同样适用，尤其是在采用政府购买模式的过程中。但是它的财务管理目标不是通过资金的运转来获取企业的最大效益，而是为了完成在华境外非政府组织的自身宗旨，财务管理只是对活动起支持和支撑作用，确保活动开展的规范和稳妥，约束组织内部的种种行为，使得在华境外非政府组织的活动能够按部就班地逐渐开展，从而实现根本目标。尤其是因为在华境外非政府组织筹集的资金具有多元性和无偿性，所有权形式也比较特别，因此需要建立全面的预算机制，通过良好的风险管控，真正做到物尽其用。

第十章　促进在华境外非政府组织的差异化跨文化管理

"跨文化管理"这一概念是随着全球化和跨国公司的兴起而产生的，是企业为成功地进行跨国经营和实现利润最大化而采用的管理方法。实践证明，不仅跨国公司需要正视文化差异、开展跨文化管理，非政府组织更应认识到文化整合和差异化管理的重要性。对于在华境外非政府组织而言，要想成功地融入中国本土文化、开展活动，实行跨文化管理必不可少。在华境外非政府组织的跨文化管理是指在中国境内活动的跨国（境）非政府组织以识别不同文化区域的差异为基础，以差异管理、文化融合、本土策略等方式适应文化环境，从而缩小文化差异、克服文化冲突，为组织赢得更大的发展空间。在华境外非政府组织来我国开展活动，其管理人员、项目资金等都来自境外，内部运作方式和规章制度等也多采用所在国的传统方式和习惯。面对其母国与我国巨大的文化差异，在华境外非政府组织跨文化管理必然体现出多元性和变革性特征。

一、在华境外非政府组织面临的文化差异

（一）在华境外非政府组织面临的中外文化差异

在华境外非政府组织来我国开展活动时，虽然带来了先进的管理理念和技术，但其能否成功地"进驻"我国，关键取决于在华境外非政府组织能否顺利地完成"本土化"这一蜕变。本土化的前提是要充分了解两国的文化差异。由于社会发展进程不同，各国沿袭下来的社会制度、历史传统、风俗习惯、经营理念不同，在华境外非政府组织面临着我国本土文化与其母国文化之间的巨大差异。

1. 沟通方式的差异

在华境外非政府组织的管理者和员工来自不同的文化背景，其语言、价值观、行为方式各异，因此，跨文化沟通和交流是管理的重点和难点。不同的文化具有不同的语境、沟通方式以及用语习惯等。在华境外非政府组织各方员工在这些方面的显著差异经常导致沟通不当、沟通无效等情况

出现，严重时还会产生误解和冲突，直接影响着组织目标的实现。

以中西方为例，中国人主张"中庸""无为"，说话委婉含蓄，并认为直言不讳是鲁莽与不文明的表现。中国人不提倡锋芒外露，尽可能地避免直接冲突，以此来保持和谐的人际关系。西方人则多采取实事求是、直言不讳、详细明确、直截了当的沟通方式。他们不过多地考虑人际关系因素，重视自由表达观点，认为即使发生冲突也是正常的，因为这种争执是对事不对人的。这种差异最典型的就是体现在会议中。在会议或谈判中，中方参会者往往扮演"倾听者"的角色，沉默寡言。这种沉默的内涵很丰富，即有可能代表赞同或抗议，也可能是保留意见。西方人士不了解这种沉默背后的真正含义，往往会陷入尴尬和疑惑，认为对方是不想沟通下去了。

正因为两种沟通方式的差异，在华境外非政府组织的外籍员工总认为中方员工说话模棱两可，面对不同意见采取回避或沉默的方式应对，没有合作的诚意。实际上中方员工只是受文化的局限，不敢或不愿当面提出反对意见，害怕破坏和谐关系。面对外籍员工直言不讳的说话方式，中方员工也会觉得不给面子，不尊重自己，两者很容易产生误解和冲突。

2. 工作态度的差异

态度是人们对某一事物、人物、情境作出特定反应的一种倾向。态度在某种程度上直接决定了人们的行为，并且态度具有明显的文化特点。工作态度主要是从人们在工作目标、职场人际关系、财富、时间等方面体现出来。西方国家的员工信奉拼命干活、拼命享受的价值观，他们追求从自身的努力工作中得到更多的物质满足和乐趣。中方员工较为缺乏主动性，工作节奏慢，特别是作为在华境外非政府组织的成员，需要极强的志愿性和公益性和高度的责任感。中方员工懒散的工作作风遇上外方人员严苛的工作作风，两者合作十分困难。

从职场人际关系方面看，欧美文化认为人们精神生活和社会生活应当存在于工作场所以外。因此，欧美国家的员工将工作和生活之间的界限划分得十分明确。在工作时他们全身心地投入，工作之外要求保留绝对的私人空间。对于他们来说，上下级、同事关系纯粹是因工作任务需要而形成的，因此他们极力反对在工作单位结成人与人之间的亲密关系。我国自古就是一个重情的"人情社会"，人们热衷并擅长与他人交往。在华境外非政府组织的中方员工将职场看成人际交往的重要场所，和谐的上下级、同事关系是工作的重要内容。因此我们经常可以看到在下班后中方员工经常一起去聚餐、唱歌，而外方员工则是选择保留个人空间，这种行为经常被认为是不合群，不愿融入集体。

工作上的成就感反映了人们是仅仅将工作当成维生的手段，还是当成自我追求、自我满足的一项毕生事业。在华境外非政府组织的西方员工是典型的高成就需求者，他们刻苦工作以在职业领域出人头地，实现追求财富、自我满足等为目的。中方员工多将工作看成谋生的手段，身兼数职的情况时有发生。

3. 组织结构的差异

组织结构是指组织全体成员为实现组织目标，在管理工作中进行分工协作，在职务范围、责任、权利方面所形成的结构体系。根据管理幅度的广度和宽度，可以将组织结构大致分为扁平形和金字塔形。扁平型的组织结构管理层级少，管理幅度宽，下放的权力多。金字塔形的组织结构管理层级多，管理幅度窄，权力的集中程度高。影响组织结构的因素很多，权力距离是其中一个重要因素。

在新中国成立之前的历史发展过程中，我国的政治制度是高度集权的封建专制制度。新中国成立初期，我国实行的也是政府占绝对主导地位的集体主义经济。长久以来，人们已经习惯了权力集中。因此，我国是典型的权力距离较大的国家，表现在组织结构上就是多采取金字塔形，层级分明，权力集中。下级的主要工作职责和范围是为了完成上级所交代的任务，主动性、独立性较差。在制定组织发展目标时，领导者的个人意见起着引领全局的作用，把控组织的发展方向。因此，一个精明能干的领导者对组织来说是至关重要的。

欧美国家是权力距离相对较小的国家，他们对管理的理解更多倾向于授权与协调，内部层级的观念比较模糊。因此，员工对管理特权、领导者独裁的接受程度较低，组织结构是扁平化的利益驱动型。这种组织结构和组织文化更有利于发挥个人优势和挖掘个人潜力。领导者的作用主要体现在合理的授权，给予员工充分的尊重和自由，让物尽其用、人尽其才。因此，我们经常可以看到在华境外非政府组织的外籍管理者，在布置任务时往往只是交代大纲和总体方向，其他的由下属自己把握。而中方下属面对下放的权力显得力不从心，总是要事事请示、汇报，让领导感到很烦，不愿将工作任务交给中方员工。

4. 激励方式的差异

激励是管理的基本职能，也是领导者的重要任务。激励方式和手段多种多样，既有金钱激励又有精神激励，还包括批评等反向激励。同样的激励方式对不同的员工对产生不同效果，在某种文化中行之有效的激励方法在另一种文化内可能作用有限。如果在华境外非政府组织不能根据内部员工的多元文化背景设计出多层次的激励措施，就无法调动大多数员工的积极性，形成更强的团队凝聚力。

一般来说，欧美国家的员工多注重工作成果、物质奖励，导致工作竞争十分激烈。中方员工注重"人和"，和谐的人际关系、人性化的企业文化、良好的后勤保障更能保证他们工作的积极性。此外，欧美的组织文化强调"以人为本"，他们重视个人的自我实现和发展，因此培训是其常用的激励手段。员工重视短期内容易实现的激励内容，并将其看成职位晋升的重要途径。在重视集体主义的中国，需要考虑到个人利益与集体利益的权衡，员工一般把个人发展放在组织的长远发展中，对突出人才的专门培养和提拔可能会适得其反。例如，某一跨国机构在中国设立分支机构后沿袭了在其母国行之有效的激励手段。每月推选出优秀员工，对表现良好的员工给予个别奖励和重点培养，连续两次获得优秀奖励的员工可以越级提拔。同时在通知栏处公告业绩最差的 5 位员工。本以为通过这些举措可以增加员工之间的竞争，优胜劣汰，也可以调动员工的积极性，便于选拔优秀人才。可是，部分员工因为认真工作被评为优秀员工后，其工作表现就下降到了一般水平，受到越级提拔的员工也跟原同事、原领导处理不好关系，自动要求降职或调职。业绩最差的几位员工在名单公示之后竟先后提出了辞职申请。其中原因就是中国人注重集体观念与价值，优秀员工表现欠佳是不愿意被其他员工孤立起来，而受到公示的员工认为这是对他们的羞辱和不尊重，所以选择辞职。因此，激励方式的差异直接影响到在华境外非政府组织的管理水平和效率。

5. 经营理念的差异

经营理念是支撑企业经营最基本的价值取向、行为规范和根本宗旨的总和。它是文化在经济方面的具体反映，不同的文化产生不同的经营理念。管理者的经营理念直接影响和改变着组织未来的发展方向。虽然经营理念难以用具体的指标描述，但一般可以从组织的追求目标、对待风险的态度、在创新上的投入等方面进行分析。

组织目标上的分歧决定着管理者是着眼于未来、愿意为将来投资、倾向于接受长期目标，还是倾向过去和现在的，将经营重点放在短期目标上。日本是典型的长期取向国家，国家和企业愿意为将来进行投资，每年的利润并不重要，最重要的是逐年进步以达到一个长期的目标。美国的公司更关注季度和年度的利润成果，管理者的绩效评估也更关注短期利润。中国关注长远发展沿袭已久，在华境外非政府组织要适用我国社会的长期取向。

在决策时对待风险的态度也反映出中外管理者在经营理念上的较大差

异。在传统势力强大、保守气氛的社会里，人们往往更不情愿为尝试新事物而冒风险，而新兴国家则恰恰相反。西方国家喜欢冒险的行为由来已久，从新航线的开辟到美洲大陆的发现无不体现着冒险精神。我国是大陆为主的国家，农业种植是人们主要的社会实践生产活动。人们敬畏自然，也形成了"靠山吃山，靠水吃水"的相对保守心态。体现在组织的经营管理中，西方管理者决策时倾向于选择风险大、收益大的方案。中方管理者则趋向于风险小、收益也小的方案。

创新观念是西方管理文化的灵魂。他们鼓励创新，鼓励奇思妙想，着重培养敢为人先的组织精神。因此，他们对市场有着敏锐的洞察力和超前意识。他们也更喜欢吸收新鲜事物，愿意在创新方面投入较大的资金和技术支持，将组织的发展进步和创新能力紧密联系。中国的传统文化有知足常乐、见好就收的思想观念。因此，在华境外非政府组织中方员工或管理者不愿意在创新方面过多投入。

（二）在华境外非政府组织文化差异的原因分析

1. 价值取向的影响

价值取向是指个人对客观事物及对自己行为结果的意义、作用、效果和重要性的总体评价。通俗来说，它是人们区别好坏、分辨是非的基本原则和总体看法，它指引人们的行动。每个人的价值观不是一朝一夕形成的，它是组织成员在本国历史传统、风俗习惯、民族文化等因素长期地、潜移默化地影响下形成的。价值取向一旦形成则趋于稳定，不轻易改变或受到影响，并持续、深刻地影响着人们对事物的态度和反应。

我国集体主义传统由来已久，古代"天下为公""宗族大家长制"无不体现着我国集体主义的价值取向。现代的社会主义核心价值观更时时刻刻强调着集体利益高于个人利益，这就决定在华境外非政府组织的中方员工在组织中更渴望的是团队的认可和归属感。集体的和谐、稳定对其来说是影响工作效率的关键。而外籍成员往往推崇的是个人主义文化，组织需要十分尊重他们的利益和意愿，管理重点也应是如何调动个人积极性。因此，价值取向的差异导致在沟通上中方员工喜欢"和稀泥"，而西方员工喜欢直言不讳，也造成了在激励机制上评先进、奖个体的方式对中方员工行不通。

此外，价值观中的长短期取向主要决定了人们是习惯制定长远目标还是多采取短期行为。长期取向的文化着眼于未来，愿意为将来投资，倾向于接受长期目标。这种社会时常考虑人们的行为将会如何影响后代。在短期取向的文化里，价值观是倾向过去和现在的，人们尊重传统，活在当下。因此，这带来了双方在组织目标、决策原则等经营管理方面的差异。

2. 传统文化的影响

在华境外非政府组织管理面临的文化差异，一定程度上源于传统文化差异。在历史发展过程中，不同的地理环境、气候环境决定了人们生产、生活习惯的不同，再加上各种历史的偶然因素，形成了人类世界丰富多彩、风格迥异的传统文化。传统文化影响人们对"个人与集体""人与自然"等关系的看法及评价，由此使人们对权力的集中程度、对工作的热爱程度方面存在不同态度。

受历史发展进程的影响，我国传统文化使人们比较习惯集中的权力，服从领导的命令和安排。西方的近现代资本主义传统文化要求解放个性，人们习惯分散的权力，体现在组织结构上就是中西方员工对金字塔形和扁平化组织结构的不同适应。西方传统文化将人看成经济人，并认为经济动机是决定一个人行为的决定性动机。在社会关系中，它将个体之间看成竞争关系。它主张通过契约来维系人与人之间的关系，鼓励彼此之间的竞争，强调实现个体价值的重要性。我国传统文化强调发挥集体的作用，重视协调与合作。因此在工作态度和激励方式上外方员工重视时间和效率，倾向接受物质奖励；中方员工重视人际关系，尽可能避免竞争。

此外，约定俗成的风俗习惯是传统文化的重要内容，是影响人们日常行为的重要因素。风俗习惯表现在饮食、服饰、节庆、居住、礼节、婚姻、丧葬等各个方面，虽然不像法律那样具有强制约束性，但却深刻地影响着人们的行为。各个民族在风俗习惯上的差异也深刻地影响着人们的思想和行为。例如，很多国家都忌讳13这个数字；印度、泰国等国握手只能用右手，因为他们认为左手是不清洁的；西方国家的人不喜欢被劝酒、夹菜；日本、韩国不喜欢过于亲密的肢体接触。

3. 制度文化的影响

制度文化是文化与制度的统一，它是人类在社会实践过程中所结成的各种社会关系的总和，是人们创制出来的有组织的规范体系。组织的制度文化主要包含组织的外部宏观制度与内部管理制度等两方面的内容。外部宏观制度主要包括国家的行政管理体制、法律法规和民间的礼仪风俗等内容；内部管理制度主要包括员工行为准则、晋升培训制度等。

西方发达国家注重"法治"精神，是典型的契约文化。因此，我们可以看到西方国家的法律体系十分完备，不管是在社会生活中还是在商业经营活动中，都有详细的法律规定。西方非政府组织发展起步早、发展速度快，有关非政府组织方面的法律规定十分全面、详细。正因为这样，境外非政府组织从最开始的登记成立到正式运营、开展活动都是在法律环境比较严格和完善的条件下进行的，其经营管理是典型的"法治"。而我国本土非政府组织的发展起步较晚，社会认知度不高，在资源方面由于过度依赖政府而导致独立性不强，因此在华境外非政府组织的中方管理者难以避免具有"人治"的思维方式。

制度文化还会直接影响人们对组织规章制度的态度。外方人员一般会以法律条文作为行为依据，依靠严格的规章制度和法律条文对组织进行强制性的约束和规范，管理者制定决策往往依靠的是组织成文的规定。而中国民间组织与政府关系密切，长期以来都是依靠国家计划和上级指令行事，因此，在华境外非政府组织的中方人员习惯于听上级的指令，个人经验是决策的重要依据。如果领导者对形势判断发生改变，或是对前任领导者的评价发生改变，甚至个人主观意志发生改变，组织的目标、管理风格随时都有可能产生变化，这也是严格按照规章程序办事的外方人员不能接受的，由此产生的冲突是不可避免的。

4. 需求偏好的影响

需求偏好由人们的心理偏好决定。心理偏好实际上是潜藏在人们内心的一种情感倾向。在面临各种需求时，人们总会优先甚至是下意识选择这个而不是那个，这就是心理偏好在起作用。

需求偏好是在不同的文化背景下形成的，因此呈现出群体的差异性。在组织管理中，体现为员工对薪酬待遇、规章制度、激励手段都有不同的反应和偏好。诸如日本、希腊等国的员工，他们推崇明确、清晰的规章制度，并非常乐意接到主管的具体指令，偏好于回避工作中的模棱两可。而中方员工在面对工作上的不确定性和模糊性时能进行合适得宜的处理。因此，如果在华境外非政府组织对中方员工管得过死、过细，效果无疑是适得其反的。此外，英国、德国等国的员工多注重工作成果、物质奖励，工作竞争十分激烈。对于他们来说，最好激励方式就是奖金和职位晋升。而和谐的人际关系、良好的福利保障等对中方员工来说激励作用更大。

需求偏好还体现在社会成员对产品和服务的不同选择上。在华境外非政府组织来我国开展活动，它们希望通过提供多种产品和服务赢得民众的支持和信任，实现"本土化"，完成组织目标。但在华境外非政府组织提供的产品和服务能否被公众接受，这不仅由产品和服务本身的特点和质量决定，还由社会公众的需求偏好决定。一方面，由于文化在不同程度上影响人们对产品和服务的需求偏好，那些在国外受欢迎的不一定适应我国的国情、民情；另一方面，国家意识形态存在差别，甚至存在对立的。因此，在华境外非政府组织所提供的公益、教育、医疗、环境类的准公共物品不一定符合我国公众的需求偏好，这就会让在华境外非政府组织的管理层在目标定位、经营理念上产生分歧。例如，地球之友为贯彻其保护自然环境的宗旨，曾联合其他组织竭力反对美国进出口银行向中国三峡工程贷款，称三峡工程将对环境造成极其严重的破坏，会使华中地区的野生动物面临灭绝的危险，最后迫使美国进出口银行放弃贷款。

5. 思维方式的影响

思维方式是指人们思考问题时惯用的逻辑推理方式以及解决问题时惯用的方法，它是典型的文化产物，带有强烈的文化特色。因此思维方式虽然存在个体差别，但一般来说呈现群体的差异性。思维方式是造成在华境外非政府组织各成员在行为模式、决策原则等方面差异明显的重要因素。

由于中国和欧美、日韩国家长期以来的逻辑思维和哲学观念不同，导致中外思维方式存在着明显的差异。我国思维方式趋向于综合思维，强调全局意识，讲究整体优先，遵循从整体到部分的逻辑思维方式，喜欢做定性分析。西方深受古希腊哲学和欧洲启蒙运动的影响，讲究逻辑严谨，其思维方式偏重分析思维，喜欢从微观层面入手解决问题，对事物一般做定量分析。这也是为什么中方员工做事讲程序、讲理据、重集体，而西方人员在沟通时摆数据、讲效率。

此外，思维方式也带来了双方决策上的差异。在华境外非政府组织的中方员工一般采用归纳式的逻辑方法，在制定决策前会十分谨慎并全面考虑问题，在解决问题前要了解各方面的细节，认真研究、反复推敲，最后经过集体努力找到解决方案。而外籍管理者通常采用演绎式逻辑推理，他们时间观念强，注重决策的时效性，在解决问题前先进行大致分类，然后评估各种信息，大多数参与决策者各也会执一词、据理力争，最后择优选出最终方案，整个过程十分迅速。

（三）在华境外非政府组织文化差异对管理的消极影响

在华境外非政府组织在我国面临的文化差异来自历史传统、民族心理、价值偏好等多方面的原因。文化差异的客观存在，势必会造成文化冲突。当母国文化与东道国文化相互交叉、碰撞时，两者之间差距越大，潜在冲突就越激烈，跨文化管理的难度就越大。

1. 破坏组织的和谐关系

不同的文化背景决定了组织成员多元化的价值观念和信仰体系，而这又反过来决定了他们对组织不同的需要和期待，管理难度加大，也使新的组织文化在短时间内难以形成。即使新的组织文化形成之后，员工也会不同程度地保留个人特色，并不能完全消除原有的文化差异，因此内部成员之间难免相互影响和制约、相互渗透和干扰，导致中外籍员工在行为模式上存在很大的差别。例如在组织结构上，我国文化趋向于金字塔型结构，权力层次多，等级森严。而西方文化趋向于扁平化的组织结构，权力层次较少，讲究人与人之间的平等。中方管理者认为，给予员工太大权力会破坏秩序，而外方人员认为这体现的是对员工的信任和尊重。因此，在华境外非政府组织双方不能达成一致，短时间内不能形成平等、宽松的文化氛围，和谐的关系也难以形成或保持。

对于外籍管理者来说，如果不能正视文化差异的客观存在，学会尊重彼此不同的文化传统和风俗习惯，而是盲目"移植"其母国管理模式，试图通过打压、消除异质文化来处理文化冲突，势必会造成上下级关系紧张的局面，彼此之间的距离加大。管理者与员工的距离加大会对彼此间的沟通产生重要影响。当这个距离大到一定程度，自下而上的沟通就会中断，双方的误会也会越来越深，严重破坏外籍管理者与本地员工之间的和谐关系。

2. 组织沟通障碍

跨文化沟通是指不同文化背景的人们之间的沟通行为。良好的沟通能够帮助在华境外非政府组织更好地解决文化冲突，彼此之间建立理解与信任，提高管理效率。但在华境外非政府组织内部沟通方式和语言之间的差异性会给沟通带来误解、矛盾，甚至引发冲突。

语言沟通障碍是导致沟通效果和管理效率降低的另一个因素。语言沟通包括口头语言沟通和非口头语言沟通。英语是目前世界上使用最为广泛的语言。对于在华境外非政府组织的管理者来说，能够熟练地使用英语进行口语交流是必备的能力之一。文化差异会造成语言沟通的障碍和误解。在华境外非政府组织中一线员工的英语水平参差不齐，沟通短路的情况更是频频出现。如果双方不了解对方的语音语调、空间距离、肢体语言所代表的含义，就可能导致非口头语言沟通障碍。例如在沟通过程中，竖大拇指在中方员工看来是表示赞赏，是"很棒"的意思。但是在希腊则表示的是够了，是厌恶的意思，如果对他们做了这个手势就有可能引发误会。

沟通方式的差异在一定程度上折射出文化的差异。例如，欧美管理者和员工在沟通时一般喜欢用数据说话，简单明了。而中国员工在表达自己的意见和看法时一般都不会直入主题，往往喜欢绕圈子，这在外籍员工看来无疑是在浪费时间。文化差异给组织沟通带来的负面影响不仅仅是由于语言的不通、语境的误解所造成的。不同的文化传统、不同的思维方式、不同的沟通习惯这些都有可能造成双方理解上的困难，使他们难以准确接收到对方所发出的信号，造成组织沟通的不畅通和共享机制的缺位。

3. 决策失误和组织低效

文化是影响个人行为准则的重要因素。由于中外文化底蕴不同，这种差异必然会体现于双方管理者的决策行为之中。决策原则、经营理念、行为偏好等各方面的差异使在华境外非政府组织的决策活动变得尤为困难。外方管理者更加聚焦公益项目本身，而中方管理者相对更加关注地方政策及地方政府的倾向。外方组织更注重个人主义和竞争，中方组织更加注重集体主义。在组织结构方面，中方更加接近金字塔形，领导在决策中起到决定性作用。而西方常采取的组织结构是扁平形，他们讲究信息共享，很多决策往往会请各阶层代表参与讨论，甚至是由下至上的，这样可方便照顾各个群体的利益。也因为一线员工往往是掌握信息最全面的人，因此最有决策和发言权。

曾经有机构针对几十家中美合资企业的双方管理者进行了问卷调查。结果显示，双方管理者对对方都持有某些偏见，这些偏见尤其体现在对对方决策风格的消极评论上。美方管理者认为，中方管理者的决策风格是要么不作决策，要么就是一致决策。他们认为在中国，员工把经理地位看得很高，每件事都要由上级来决策，其他人只是需要等待指示、听从指令。一旦开会讨论，他们很快能达成一致，会上也没人提出反对的意见。而中方管理者则认为，美方管理者在制定决策时喜欢争论，喜欢"唱反腔"，不给对方留面子。

如果没有对这两种不同的决策方式进行更好的协调，双方管理者都只根据其母国的文化背景作出价值判断，遵循自己惯用的决策方式，那在决策方案上很难达成一致意见，双方在决策问题上都会闹得很不愉快。如果外籍管理者凭借更高的职位和更大的权力强硬做出了选择，可能会引发员工的情绪抵触，让他们消极怠工，决策方案在执行过程中的偏差和低效几乎不可避免。更重要的是，如果管理者没有对在华境外非政府组织面临的文化差异有一个清晰的定义和准确的把握，没有在新形势、新环境下做出因地制宜、因时制宜的决策，而是盲目搬抄以前的模式、经验做出决策，那无论是决策的制定还是执行都将陷入困境，最终只会导致组织目标难以实现，造成组织的低效。

4. 加大人力资源管理难度

由于人才选拔、晋升、激励、培训等方面的差异，在华境外非政府组织的人才问题已经成为组织发展的瓶颈，导致了人才供需的不平衡和短缺，人力资源管理面临巨大的挑战。

在人才选拔上，外方是把能力放在第一位，量才而用，而中方注重德才兼备，重视人的政治素质、历史背景和人际交往能力。在晋升上，中方偏重于考虑员工的资历、经历和学历，员工工作能力再突出，也需要达到一定年限才能晋升，否则会引起其他同事的不满，也是对老同事的不尊重。而外方则认为，员工只与他们的工作表现有关。工作表现突出，可以破格、越级提拔；工作绩效不高，工作年限再长也存在被辞退或降级的危险。对于有能力的外籍员工来说，他们担忧在中方人员的管理下没有晋升的空间，而中方员工则担忧表现不佳，随时都有可能被新人取代。再加上在华境外非政府组织缺乏弹性的激励制度，没有根据不同的文化背景设计不同的激励手段和方式，因此，在华境外非政府组织在选拔、培养人才上陷入了困境，难以招募到优秀的人才。

在华境外非政府组织目前普遍存在对培训投入不足、力度不够的现象。他们重视技能培训，忽视跨文化培训；重视外派人员跨文化培训，忽视中国员工的跨文化培训；重视管理人员的跨文化培训，忽视普通员工的跨文化培训。这样做不可能引起员工足够的重视，也培养不出能够在多元化文化背景下出色工作的员工。

5. 延缓本土化进程

文化差异造成文化冲突事件对在华境外非政府组织造成的最严重后果是影响其本土化进程的推进。在华境外非政府组织的本土化过程就是缩小文化差距，进行文化融合的过程。对内，能否适宜地处理成员内部之间的文化差异，求同存异，保证组织的高效；对外，能否积极与本土文化相融合，赢得当地政府和民众的信任和支持，提高竞争力。这直接关系到在华境外非政府组织能否成功地在当地"站稳脚跟"，影响着本土化进程的推进。

文化差异会造成管理者的期望目标和员工对组织的期望目标之间存在不一致，造成员工对组织使命的质疑和反感，可能会导致组织内部效率低下，竞争力不强。从母国派来的管理人员来到中国进行经营、管理活动，不管是其经营理念还是思维模式，都必然带有母国文化的深深烙印。来到截然不同的文化环境下，必然会收到异质文化的冲击，文化困惑性加大。若不能正确理解文化差异的客观存在性和不可避免性，及时调整心态，个人就无法适应海外生活。在工作中有可能会带着情绪处理与其他文化背景职工的关系。这种非理性的态度很容易遭到员工非理性的报复，结果会让彼此误会越来越深，对立与冲突越来越激烈，以至于组织管理陷入困境。此外，如果外方管理人员带着文化优越感，在与外部沟通、打交道的过程中，不去主动了解本地的风土人情、法律法规，不尊重当地的宗教信仰、风俗习惯，那在华境外非政府组织提供的准公共物品和服务不能被公众接受和认可，无法完成本土化这一过程，更无法实现组织目标。

二、在华境外非政府组织跨文化管理模式的构建

跨文化管理强调理顺文化差异、价值观认同、个体激励、团队沟通等组织行为之间的相互关系。在此基础上，应控制文化冲突，将其转化成促进组织发展和进步的积极因素。目前，国内外较为流行的跨文化管理模式有三种，分别是凌越式、折衷式、融合式。不同的跨文化管理模式会给管理带来截然不同的效果。在华境外非政府组织需要根据内外部环境，因地制宜选择合适的跨文化管理模式。

凌越（Beyond）式是指组织内一种文化凌驾于其他文化之上，处于绝对优势地位，组织决策及行为均受这种文化支配，其他文化被压制。这种方式的优点是能在短期内形成"统一"的组织文化，便于决策的执行。缺点是不利于博采众长，而且因其他文化受到压抑，极易使其成员产生反感，加剧冲突。

折衷（Compromise）式是指不同文化间采取相互妥协、退让的方式，有意忽略、回避文化差异，从而做到求同存异，维系组织内的和谐与稳定。但这种和谐与稳定的关系较为脆弱，只有当彼此之间文化差异较小时才适应。

融合（Synergy）式是指不同文化间在承认、重视彼此差异的基础上，相互尊重、相互补充、相互协调，从而形成一种和谐统一的、全新的组织文化。这种统一的文化不仅具有较强的稳定性，而且极具"杂交"优势，它综合了各种文化的优势，从而使组织更具创造力和竞争力，有更强的适应能力和应变能力。

基于对上述三种跨文化管理模式的分析和研究，结合在华境外非政府组织在我国面临的文化差异，如若采取凌越式的跨文化管理模式，在我国传统文化对个体有着深刻影响的前提下，压制本土文化、移植母国文化作为组织的主流文化，这会让员工一时难以转变自己的行为、思想。若依靠

强制力执行，会招来员工的反感和反抗，在华境外非政府组织很难真正赢得员工的信任和支持。第二种折衷式适合于母国和东道国文化差距较小情况，以回避换取组织短时间的和谐、稳定，其潜在的矛盾和冲突是不可避免、一触即发的。融合式的跨文化管理能通过构建一种全新的组织文化保障组织的长久、稳定，这种新的组织文化是包含组织内部各文化特色和优势的，是对各文化的综合和升华；又能博采众长，使组织具有创造力和适应力。因此在华境外非政府组织的跨文化管理模式应该是融合式的，在华境外非政府组织的跨文化管理框架如图 10.1 所示。

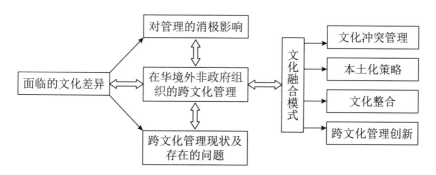

图 10.1　在华境外非政府组织的跨文化管理框架

在华境外非政府组织面临的文化差异是实行跨文化管理的前提和基础，在华境外非政府组织跨文化管理要在充分了解和把握自身所面临的文化差异这一前提下进行，只有掌握了所面临的文化差异数量、种类、具体表现形式，才能有的放矢，找出原因，提出针对性解决措施。对于在华境外非政府组织来说，面对组织内外部多样、杂乱的文化差异，文化整合是融合式跨文化管理模式的重要内容。

在华境外非政府组织面临的文化差异给管理带来的是消极影响，因此要求在华境外非政府组织实行跨文化管理，这是在华境外非政府组织跨文化管理必要性的体现。文化差异给在华境外非政府组织的管理工作带来了挑战，如组织和谐关系遭到破坏、沟通受阻、决策失误、组织低效、人才问题成为瓶颈、本土化进程缓慢。这些管理难题只有依靠创新跨文化管理方式才能有效解决。

随着在华境外非政府组织成员逐步意识到文化差异对组织和管理的重要影响，在华境外非政府组织跨文化管理现状是机遇和挑战并存，既有促进跨文化管理进一步发展、深化的积极因素，又有跨文化沟通和培训效果不佳、跨文化冲突事件不断、本土化进程缓慢等问题的存在。因此，文化冲突管理、本土化策略是在华境外非政府组织跨文化管理的重要内容。

综上所述，本书将文化融合模式总结为文化冲突管理、本土化策略、文化整合、跨文化管理创新等4个方面，各个方面下设4个维度。这16个维度是在华境外非政府组织跨文化管理的基本内容和应采取策略手段的依据。

1. 文化冲突管理

文化差异的普遍存在导致了文化冲突的不可避免性。价值观念、行为方式、激励机制、个人偏好等各方面的差异都有可能产生文化冲突。文化冲突对管理有着极大的负面作用，它破坏和谐的人际关系，给成员的沟通、合作带来阻碍。因此，如何对文化冲突进行有效的调控和管理是跨文化管理的重点。

（1）组织结构

组织结构是组织的全体成员为实现组织目标，在管理工作中进行分工协作，在职务范围、责任、权力方面所形成的结构体系。文化背景影响权力距离的大小，权力距离则关系成员对权力集中和分散的不同态度。权力距离小，员工对管理特权、领导者独裁的接受程度较低，组织结构多为扁平化结构；权力距离大，员工较为习惯集中的权力，组织结构多为金字塔型。对于在华境外非政府组织来说，不仅是要在扁平式组织结构或金字塔式做出正确的抉择，更要处理好组织结构纵、横向设计的权责关系，做到权责匹配、分工合理。

（2）规章制度

规章制度主要表现为员工对明确、严格的规章制度的接受程度。虽然这受个人偏好的影响，但个体偏好仍由所处文化背景决定，因此呈现出文化群体的差异性。西方国家制度文化盛行，他们办事讲法规、讲章程，因此在华境外非政府组织外方人员往往制定严格、具体的规章制度来进行管理。而中国是个讲人情、做事强调灵活应变的国家，在华境外非政府组织中方员工习惯松散的管理，过严的纪律、规章制度反而会压抑他们的积极性。解决此类冲突就是要制定一个既能保证有效运转、维护组织正常秩序，又能避免管得过严过死、留有一定灵活度的组织制度。

（3）激励机制

组织的激励机制关系着员工们的积极性和创造力能否最大限度地被调动起来，激励机制设计是否得当直接影响组织效率和目标的实现。它主要体现在绩效评估和人员激励等方面。外方管理一般只重结果，不看过程。他们注重物质奖励，忽视精神奖励，所以一般多以工作业绩为评判标准给予金钱、职位晋升等奖励。而中国员工注重人际关系的和谐、集体的归属感、领导的认可、同事的尊重等，精神奖励对其来说意义重大。因此需要进一步加强双方融合，针对各方的特点，采用正确的激励方式。

（4）组织目标

任何一个组织都是为了一定的目标而存在的。组织目标是管理者和组织成员的行动指南，它决定了组织的发展方向，是组织决策、效率评估、员工考核的基本依据。由于文化背景不同，管理者在制定组织目标和发展战略时态度各异。最典型的就是在华境外非政府组织的中外双方管理者在长短期目标上经常产生分歧。中方管理者更倾向于可持续发展，愿意为了将来而投资；外方管理者注重短期利益，不愿错失眼前的机会。因此，管理者要全面衡量内外部条件，努力缩小彼此之间的分歧，注重目标的现实可行性，这样才能保证目标被全体员工所接受，并自觉转化成自己的行动指南。

2. 本土化策略

本土化策略是指在华境外非政府组织通过采取各种有效策略积极融入我国本土，以适应环境来获得更大的发展空间，即"入乡随俗"。本土化过程是在华境外非政府组织融合母国文化与本土文化，形成新的组织文化的蜕变过程。

（1）人力资源本土化

人是组织最重要的资源，人力资源本土化是最根本、最深刻的本土化。最初采用这一策略的是跨国公司，因为雇用当地员工支付的工资更低，导致利润更高。后来他们发现跟外派经理相比，本土人员更熟悉当地的法律法规、人文环境，能迅速开展工作，因此也更高效。在华境外非政府组织置身于与母国截然不同的外部环境下，要想在中国站稳脚跟，必然需要一批熟悉中国政治、经济、文化、法律、风土人情的人才，使组织的各种行为符合中国的国情，更好地"入乡随俗"，以提高影响力和竞争力。

（2）跨文化培训

语言是要明确传递信息的，语言沟通不畅会导致员工之间、部门之间、上下级之间协调配合困难。在华境外非政府组织的跨文化培训，首先，要进行语言的培训。语言培训不仅包括简单的文字符号学习，更重要的是学习不同语种的用语习惯、肢体语言、用语禁忌等非正式语言，这样双方才能更加准确地把握对方传递的信息，提高沟通的有效性和准确性。其次，跨文化培训要加强双方成员在风俗习惯、宗教信仰、风土人情等潜在文化层面的相互了解、学习，以提升员工的跨文化沟通和交际的能力。

（3）社会责任

社会责任可以理解为个人或组织对整个社会的良性发展需要承担的责

任。在华境外非政府组织，具有显著的公益性、志愿性，其宗旨就是发挥救援、扶贫、环保等作用。积极履行社会责任既是其成功完成本土化的重要方式，更是其最终目标。在华境外非政府组织可以通过提供就业岗位、给予资金、技术扶持等方式履行社会责任。这样才有利于塑造良好的社会形象，提高公信力，以及公众的支持和信任，为自身发展创造有利条件。

（4）战略联盟

在华境外非政府组织和我国本土非政府组织既存在竞争关系又存在合作关系。它们可能在同一领域争夺有限的资源，但同时两者又可以优劣互补，进行合作。在华境外非政府组织给我国本土非政府组织带来了丰厚的资金、先进的技术以及成功的管理经验；而本土非政府组织则有着东道主的优势，它们更容易获取资源，赢得公众的信任和支持。在华境外非政府组织和本土非政府组织结成战略联盟，既有利于境外非政府组织完成"引进来"这一过程，又能帮助本土非政府组织发展壮大，早日实现"走出去"目标。

3. 文化整合

文化整合是异质文化之间通过接触、交流、吸收和渗透，以双方文化的交叉点为基础，结合其中的积极因素，进行整合再创造，形成新文化。这种全新的组织文化既包含原有文化的特色和优势，又不等同于几种文化的简单相加。

（1）经营理念

经营理念是支撑企业经营最基本的价值取向、行为规范和根本宗旨的总和，它直接关系到组织的计划、协调、决策等各方面。因此，经营理念的冲突给组织带来的负面影响无疑是全方位的。经营理念的分歧主要体现在对待长短期利益、风险、创新等方面的态度上。如若管理者不能在经营理念上协调一致，那组织的政策、制度很难保持延续性和一致性，有时候甚至会朝令夕改，带给员工困惑，也会加大执行难度。

（2）思想观念

思想决定行为。在华境外非政府组织中外双方员工在行为模式上的差异都源自思想上的差异。例如，中方员工在与上级的沟通和交往中往往十分拘谨，经常保持沉默，这常被上级误以为是不友好的表现，其实是受根深蒂固的等级观念影响。思想观念上的差异主要是管理者往往以自我为中心，盲目使用"自我参照"原则，实行单一标准。思想观念背后折射的是文化优越心理。管理者认为母国文化优于其他文化，看不到其他文化的合理性和闪光点。整合员工在思想观念上的差异要求双方不能以己度人，要学会换位思考，相互理解。

（3）组织沟通

组织沟通既包括语言的沟通，又包括思想的交流和意见的交换。沟通有效与否就是看双方能否准确接收到对方传递的信息。上级能否听取并采纳下级意见，下级能否准确把握上级指令并有效执行，部门间能否互相协调、配合，都有赖于组织沟通。整合组织沟通就是要整合沟通方式，构建畅通的沟通渠道，既要构建正式渠道，又要允许非正式渠道的存在，兼顾沟通的时效性和准确性。

（4）行为方式

行为方式具有鲜明的个人特色，在不同的文化背景下则呈现群体的差别。外方人员工作讲究效率，喜欢用数据说话，中方人员顾及人情，用事实说话；外方人员计划性强，而中方人员习惯走一步看一步。如不对双方截然不同的行为方式进行协调、整合，双方都只按照自己的行为方式采取行动，不与他人配合共同完成工作，组织必将成为一盘散沙，毫无竞争力可言。整合行为方式要求在华境外非政府组织的中外员工都能了解彼此的行为方式，相互调整配合，共同达到合作的最优状态。

4. 跨文化管理创新

创新是发展的重要驱动力，卓有成效的管理是建立在大胆创新的基础上。在华境外非政府组织面临着组织内外部巨大的文化差异，还有随时可能爆发的文化冲突难题，传统的管理思路已不适应，只有创新跨文化管理方式，才能解决难题。

（1）价值观念

价值观是人们区别好坏、分辨是非的基本原则和总体看法，它推动并指引一个人做出决定并采取行动，它对人们的影响是深刻的、持久的。中方员工的集体主义价值观使他们更注重集体的荣誉与和谐，他们的整体竞争力强，但由于集体要求人人尽可能保持一致，所以中方员工中拔尖人才较少；西方的个人主义价值观鼓励发挥个人才干，他们彼此之间竞争激烈，集体意识差。对员工之间不同的价值观念，在华境外非政府组织不仅要进行兼容、整合，更要在此基础上进行加工再创造，要创造出一种能为全体成员所共同认可、严格遵守的行为规范和价值观念。

（2）本土化策略

如今，本土化策略被跨国组织广泛运用。它能满足跨国经营因地制宜、因时制宜的要求，让组织以最小的成本获得最大的社会效益。本土化策略关系在华境外非政府组织能否在我国赢得生存和发展的空间，能否得到社会的认可和支持，因此有必要针对不同的地域特点、不同的社会需要和群体偏好，对本土化策略进行适时的调整和创新，让在华境外非政府组织能够适应内外部环境，更好地"入乡随俗"。

（3）组织制度

组织制度是全体成员必须遵守的行为准则，它包括各种章程、条例、守则、规程、程序、办法、标准等。它明确了人与人之间的分工和协调关系，并规定各部门及其成员的职权和职责，起着规范和指导作用。在华境外非政府组织的制度要在我国文化的土壤里和法律的框架下制定和运行，一旦脱离，要么与实际情况不符难以推行，要么凌驾于法律法规之上，根本不可能实施。因此，制度创新要求以我国本土的法律环境为依据，适应本土文化。

（4）管理方式

采取不同的管理方式会得到截然不同的管理结果，因此有必要对管理方式进行创新，逐步摸索出能使组织保持最优状态的管理方式。

三、完善在华境外非政府组织差异化跨文化管理的建议

（一）正确认识文化差异

跨文化管理的首要任务就是要正视文化差异的客观存在性和不可避免性。文化差异不以人的意志为转移，也不是靠刻意忽视或强势压制所能解决的。在华境外非政府组织成员应正确认识文化差异的起源、具体表现、可能带来的影响，这是实施跨文化管理的前提。正确认识文化差异包含三层意思：一是尊重彼此的文化；二是学会换位思考；三是学习其他文化。

由于在华境外非政府组织员工来自不同的国家和地区，每个员工都希望自己的民族文化和地区特色能够得到其他员工的尊重，特别是需要来自管理阶层的尊重。因此，尊重彼此文化是认识文化差异、处理文化差异的重要前提。尊重其他文化，就是要善于发现其他文化的合理性。每一种文化都有其合理性和优势所在，不能出于文化优越感等心理因素对其进行否定。

换位思考是对各方员工提出的更高要求，它是保证员工们友好相处、有效沟通的重要途径。换位思考要求成员从对方的角度而不是从自己角度去思考问题，他们要做的不是试图改变彼此的文化，而是有意识地去理解和利用彼此的文化，从而克服文化优越感，克服"自我中心主义"，实现

相互理解，避免或解决文化冲突。

文化差异的第三层含义是要学习其他文化。每一种文化都有其优劣点，在华境外非政府组织要承认并尊重文化的多样性，在彼此的碰撞和交流中总结出其他文化的精粹，取长补短，共同进步。

（二）建立共同的组织和管理文化

经过融合形成共同的组织文化，这是跨文化管理的最终目的。这个共同的组织文化不是对组织内部多种文化的简单综合，它是建立在多种文化的交集基础上，经过长时间的踫撞、磨合逐步形成的一种全新的集体文化。这种共同的组织文化不仅可以深入人心，而且可以更好地凝聚人心，缩小文化差异，减少文化冲突。具体来说，在华境外非政府组织可以建立以人为本、积极进取、和谐友善的组织文化。

以人为本就是要将管理对象从以物为中心、以资本为中心转向以人为中心，把尊重人、爱护人作为组织的基本出发点。管理者要尊重每一个员工的人格和自由，让每一位员工都能感受到组织的尊重和关注，从而将中外籍成员分散的利益和价值取向统一到组织整体的利益和价值标准上来。这样他们就会产生归属感、凝聚力，由此带来团队精神和敬业精神。

在华境外非政府组织要想在激烈的外部竞争中得到发展，就必须把积极进取的价值观灌输给每一个人。组织效率的高低不仅依赖于先进的技术和一流的管理，全体成员的责任心、积极性和创造力更是起着举足轻重的作用。在积极进取的组织文化的影响下，员工们可以放下分歧和成见，共同为完成组织目标而努力。

和谐友善的组织文化要求在华境外非政府组织形成一种部门、同事乃至上下级之间相互信任、轻松自由的氛围。不管是重视和谐关系的中方员工，还是注重工作效率的外方员工，这种组织文化可以给予他们一个好的工作环境，让他们可以通过充分的沟通相互协调、合作，共同完成组织目标。

此外，管理文化是组织文化的重要内容。在华境外非政府组织要根据组织实情和所处文化环境，对组织内外的文化差异进行有效整合，然后根据双方文化的交集点及员工对对方文化的容忍度，建立双方都能接受的共同管理理念和管理模式。例如，刚柔结合的组织结构、具有高度灵活性和针对性的人才培养机制和绩效考核机制、跨文化激励机制等，这些都能调动员工的工作动力和热情，激发他们的创造力和竞争力，促进组织的发展壮大。

（三）加强跨文化管理队伍建设

提高跨文化管理能力关键是要建立一支跨文化的管理队伍。现阶段在华境外非政府组织跨文化管理人才缺乏，管理水平有待提高，这要求在华境外非政府组织要加强对跨文化管理人才的建设。在人才的选拔、培训、晋升等各个环节中都要注重对其跨文化管理能力的考察和培养。在完善跨文化管理队伍的建设中，要保证这支跨文化管理队伍具备本土化和多元化两个特征。

人力资源的本土化是最根本、最深刻的本土化。本土人才为组织开展活动提供智力支持，使人力资本以最有效的方式促进组织的发展。雇用一批熟悉本地民俗民情的员工，既有利于在华境外非政府组织迅速开展工作，打开市场，消除总部外派人员的文化适应问题，又能缓解就业压力，树立自身良好的社会形象。

此外，在华境外非政府组织面对内部各成员间巨大的文化差异，以及不可避免的文化冲突，必须建设一支多元化的管理队伍，对来自不同文化背景下的员工进行多元中心管理。这支队伍应该具有代表性，各个管理人员应该来自组织内部不同的文化群体，代表不同的文化背景和特征，这样才能兼顾各方利益。在各方参与下制定的决策也充分考虑了文化复杂性，便于理解和执行。

（四）提高组织沟通效率

沟通是协调组织中的个人、要素之间的关系，使组织成为一个整体的凝聚剂，同时也是组织与外部环境进行联系和交流的桥梁。由于语言障碍、表达方式各异等原因，在华境外非政府组织员工之间的沟通显得尤为困难，管理者应该重视跨文化沟通，充分考虑不同文化背景的沟通习惯，予以引导、整合。

跨文化沟通首先要做的就是减少组织层级，尽可能缩短信息传递链，实现信息共享，避免信息延误、失真。在华境外非政府组织可以通过有意识地建立各种正式及非正式、有形的及无形的跨文化沟通组织与渠道，比如论坛、贴吧、公众微信平台等，以此构建立体互通式的沟通网络。这个沟通网络能让每个员工都有大量的机会表达、交流意见。它既能将管理者所做的决策准确传达给员工，又能对员工的反馈意见、建议进行收集，实行双向沟通。其次，管理者应努力创新沟通模式，拓宽沟通的渠道，丰富沟通的方式、方法和内容。除了传统的例会、座谈会、书面报告、电子邮件等交流形式，可以结合最新的互联网技术搭建微信、微博等新颖的沟通平台，也可以建立非正式讨论小组、兴趣小组等实体沟通平台。在华境外非政府组织应在长期的实践中探索出高效的沟通方式，将其制度化、程序化，以此保证沟通机制的长效。

（五）针对性的跨文化培训

跨文化培训是整个跨文化管理中关键的一环。通过跨文化培训，在华境外非政府组织的领导者能合理控制和科学管理组织内部的文化差异，同时也能提高员工应对差异、处理差异的能力。

首先，应重视文化差异和敏感度的培训，要让每个员工都明白社会文化因素对组织日常经营管理的影响，增强中外双方员工对相互文化的识别和适应能力。培训的内容包括对双方民族文化的认识和了解，通过向成员传授各自国家社会文化特征的相关知识，特别是有关的价值观念、社会结构、礼仪规范、风俗习惯等方面的知识，使大家能够清楚地了解各国文化之间的差异，培养成员的文化差别意识与理解能力。这样可以让大家在心态上有所准备和调整，避免将本国的文化心态和方式强加于人，做好容忍和应对文化冲突的心理准备。

其次，应重视沟通技能培训。语言不仅是交流的工具，也是文化的载体，沟通技能培训首先是对语言的培训，掌握一种文化离不开对其语言的学习。反过来，理解了文化的内涵对学习语言是大有裨益的。对于在华境外非政府组织成员来说，只掌握基本语言是远远不够的，他们应该尽可能地认知那些隐形的无声语言，了解彼此文化之间更为深层的东西。例如不同文化背后的不同用语习惯、用语禁忌、表达方式、肢体语言等。

最后，增加工作技能培训，减少因管理体制、工作习惯、管理方法等差异而出现的导致员工不适应组织要求的情况。中方员工可能对当地环境比较了解，但业务能力较差；而外方人员对市场机会有较强的敏感性，但跨文化管理能力不足。因此，在华境外非政府组织必须在业务、技术及跨文化管理能力方面，进行有针对性的培训。

（六）完成本土化进程

本土化是在华境外非政府组织跨文化管理的重要环节，能否顺利地完成本土化这一过程关系着跨文化管理的成败。完成本土化进程可以通过加强公信力建设以及和本土非政府组织结成战略联盟这两个重要途径进行。

公众信任是重要的社会资本。在华境外非政府组织之所以能够进入我国境内设立机构，顺利开展工作，既离不开政府的扶持，又少不了公众的支持，所以必须积极履行社会责任，回馈社会。加强自身的公信力建设对于在华境外非政府组织来说也是其累积社会资本，促进可持续发展的重要手段。在华境外非政府组织可着力于推动经济发展，创造就业岗位，提供资金、技术援助等，这既可加强公众的认同，同时也为自身的可持续发展创造了条件。在华境外非政府组织要赢取公众的信任资本，首先，在内部管理上要加强自律，建立严格的监督管理制度；其次，在财务上，要加大公开、透明的力度，接受社会公众、媒体的监督；最后，要准确把握公众的心理偏爱，提供符合社会需求的准公共物品。

全球治理背景下在华境外非政府组织的跨文化管理可以看成是"本土化"过程中的跨国合作。现阶段，在华境外非政府组织和我国本土非政府组织在比例上明显呈现不协调、不对称的关系。虽然本土非政府组织尚不成熟，还相对羸弱，但其却有"东道主"的优势，在社会影响力上也有着境外非政府组织所没有的优势。而境外非政府组织先进的技术、理念正是本土非政府组织所缺失的，因此双方结成战略联盟，选择互惠合作，优势互补是实现双赢的重要手段。双方可以通过设立一个流动的项目管理部门实现人员的交流以及信息和技术的共享。在开展项目时，从各自的员工中机动地抽调有相关方面经验和优势的人员共同参与，一旦任务完成，即可回到原有部门，这既可以保证合作的效率，又不影响各自正常的工作。

第十一章　分类推动在华境外非政府组织的公信力建设

　　"公"就是指社会公众，包括政府、捐赠者、受助者、媒体、普通公众；"信"就是指信任、信用、信赖，也就是因信任而产生的认可与赞同。在华境外非政府组织公信力是指在华境外非政府组织及其从事的公益活动在运行过程中，获取中国本土社会公众信任和认同的程度。在华境外非政府组织的公信力建设是指在华境外非政府组织为了持续健康发展和组织公信力的提升，积极开展公益活动，增强公益供给，采取各种措施、通过各种路径获得公众和政府关注、信任、支持的一系列过程。在华境外非政府组织公信力体系中，捐赠者、受助者、政府、媒体、普通公众等社会公众是信任关系中的委托人，在华境外非政府组织是信任关系中的受托人。政府通过掌握在华境外非政府组织的相关信息决定它是否值得信任。为了保持这种信任关系，政府会制定法律法规来管理在华境外非政府组织。在华境外非政府组织的组织行为直接决定信任关系，在华境外非政府组织的项目开展情况和组织自律能力是政府和公众在决定要不要信任它们时需要充分掌握的信息。通过对在华境外非政府组织进行分类、统计和管理，掌握它们的组织性质和使命、活动目标和项目开展情况等，从而掌握在华境外非政府组织的相关信息，推动其公信力建设。

一、在华境外非政府组织公信力建设的必要性分析

　　对任何社会组织来说，公信力都是一个核心议题。由于非政府组织承载着"德性完美的神话"，担负着维护人类心灵净土的责任，因此，社会公众对非政府组织的公信力有更高的期望。公信力对于非政府组织就如同荣誉对于一个人的生命。非政府组织的核心价值就是建立公信力，对在华境外非政府组织来说就更是如此。

（一）公信力是在华境外非政府组织获取社会资本的前提

　　根据社会资本理论，信任是社会资本的重要组成部分。弗朗西斯·福

山（Francis Fukuyama）指出，信任具有润滑剂的作用，可以使一个组织的运作更有效率。社会公众和政府对在华境外非政府组织的信任程度决定着该类组织能够拥有多少社会资本，影响着在华境外非政府组织的生存与持续发展。因此，较高的公信力可以增加在华境外非政府组织的社会资本。另外，信任产生和加强了合作，没有信任就不会有合作。在华境外非政府组织在中国本土是一类特殊群体，赢得社会公众和政府的信任极其重要，在华境外非政府组织努力通过各种途径提升其在中国社会公众和政府心中的公信力，增强其获取社会资本的能力，增加社会资本的存量。

（二）公信力是在华境外非政府组织促进自身持续发展的要求

公信力是非政府组织和公益事业的生命线，非政府组织自身的发展需要以保障和践行公信力作为基本准则和前提条件。在华境外非政府组织的持续发展需要社会公众的信任，如果失去了社会公众的信任，就将失去持续发展的基础。非政府组织作为为社会公众提供公共服务的组织，其公益目标都是通过与社会公众建立信任和合作关系来实现的，而其活动的有效性及影响力都是以其公信力水平为基础。社会公众对于非政府组织的评价也主要是看该组织公信力水平的高低。非政府组织的公信力就是社会公众对非政府组织的信任程度，反映了社会公众对该组织的满意度和信任度。因此，在华境外非政府组织维持组织持续健康发展的关键就是提升组织的公信力水平。如果在华境外非政府组织与中国本土社会公众之间的信任关系遭到破坏，那么将会影响其在社会公众心中的信誉和影响力，无论怎么作为，都会受到社会公众的质疑和批评。

（三）公信力是在华境外非政府组织获取政府支持的条件

非政府组织通过聚集社会各方面的力量，在解决扶贫济困、教育、医疗、环保等问题上可以发挥政府和其他组织难以替代的积极作用。因此，政府大力支持和扶持非政府组织，鼓励其积极参与社会问题的解决。但是从颁布的《管理法》来看依旧是严格管理，这就表明政府基于某些原因对于在华境外非政府组织采取防范的态度。提升在华境外非政府组织公信力的关键方面要通过提高自身专业素质、保持业务水平等途径，获得政府的信任，进而获得法律上的合法地位。政府的支持是在华境外非政府组织开展活动的强有力后盾，只要有了政府的支持，在华境外非政府组织在运营项目时就可以获得更高的公信力水平，保持项目顺利运营。

（四）公信力是在华境外非政府组织增强社会协同能力的保证

事物是普遍联系的，一个组织要想发展就必须和外界加强沟通和联系，以换取自身所需要的资源，包括信息、信任。社会协同就是要协调整合社会各种资源，为我所用，为达到目标不断努力。在华境外非政府组织为实现组织目标，达成组织使命，就要加强与政府的合作、沟通，获得组织所需要的合法性；还要加强与非政府组织同行之间的互相交流与配合，不断增强组织的社会协同能力。公信力是在华境外非政府组织树立良好社会形象、获取社会资源、实现组织目标的基本前提。在华境外非政府组织要加强组织公信力建设，提升组织的公信力，从而获得政府和公众的支持和信任，增强组织的社会协同能力。

二、在华境外非政府组织公信力的现状

从实践情况看，在华境外非政府组织在华获得了较高的公信力，为该类组织在华的持续发展奠定了基础。

在华境外非政府组织在中国改革开放初期开始来华开展活动，迄今已40多年，为中国社会进步、经济发展作出了积极贡献。据《中国发展简报》（2015）报道，在中国长期活动的境外非政府组织已达1 000个左右，再加上开展短期合作项目的组织数量，总数可能多达6 000个。该类组织活动范围涉及扶贫、医疗卫生、教育、环保、动物保护、助残、文化、司法等20多个领域，每年通过境外非政府组织流入中国的活动资金可达数亿美元，在华境外非政府组织在中国的社会影响力日益增强。特别是在医疗卫生、扶贫和环保领域，尽管政府有大量的资金投入，但实践中仍有较大的资金缺口，因此获得在华境外非政府组织的资金支援显得十分重要。

在华境外非政府组织在华的活动地点多为较贫困的偏远地区，如云南、西藏、四川。该类组织带来的不仅是资金和技术，更重要的是观念、专业知识，以及解决贫困和各种社会问题的新理念，包括参与式扶贫、能力建设、环境可持续性发展、小额信贷、项目评估和管理、弱势群体救助及发展生态旅游等，对改变贫困落后地区的社会面貌具有重要的参考与借鉴作用。特别是现在非常流行的生态旅游，对促进落后地区的经济发展具有重要作用，参与式扶贫成为中国政府扶贫工作的指导方法，可持续发展的理念成为当今中国的热门话语。

从实践来看，在华境外非政府组织开展的活动项目绝大部分都取得了预期的成效，达到了项目的目标，该类组织发挥的有益作用得到了当地民众的普遍赞誉，并得到了中央政府和当地政府的肯定与认可。2015年9月22日，习近平在接受美国《华尔街日报》采访时指出："中国肯定境外非营利组织的积极作用，欢迎和支持他们来华发展，我们愿继续提供必要的便利和协助。中国重视境外非营利组织在华活动的服务管理工作，依法规范他们在华活动，保障他们在华合法权益。"[1] 这有力证明了在华境外非政府组织在华获得了较高的公信力，特别是福特基金会、香港乐施会、世界健康基金会、世界宣明会、世界自然基金会、比尔及梅琳达·盖茨基金会、国际小母牛组织等境外非政府组织在中国享有很高的知名度。它们开展的公益项目深入民心，获得了社会公众的信任，特别是在扶贫领域和医疗领域。

在扶贫领域，世界宣明会自1982年以来在中国开展扶贫工作，工作成果得到了多方肯定。2001年《中国的农村扶贫开发》白皮书中提到了国际非政府组织在中国扶贫领域的贡献，世界宣明会就在其中。2005年11月，世界宣明会广西扶贫项目夺得"中华慈善奖"，奖项由民政部和中华慈善总会共同颁发；2006年9月，世界宣明会陕西扶贫办获得陕西省民政厅和陕西省慈善协会共同颁发的"三秦慈善奖"；2010年1月14日，世界宣明会广西特殊儿童项目在"柳州市首届十大慈善人物"评选活动中，荣获柳州市慈善会和柳州晚报联合颁发的"柳州市首届慈善事业特别贡献奖"；2016年10月20日，世界宣明会"儿童友好家园项目"获颁京港慈善合作典范奖。在医疗领域，上海儿童医学中心是上海市政府与美国世界健康基金会的合作建设项目。2015年7月，来自贵州的小昕在上海儿童医学中心接受了心脏手术。小昕的父亲蒙先生说："非常感谢上海儿童医学中心挽救了我儿子的生命。""老家医疗条件有限，我们得知上海儿童医学中心治疗小儿先心病是全国最先进的，就不远千里带孩子来求医，手术很成功，谢天谢地！"显然，在华境外非政府组织在中国的积极贡献得到社会各界的认同，赢得较高的公信力。

此外，有研究表明，还有极少数境外非政府组织在华开展非法活动，对中国的国家安全和社会稳定构成威胁。其原因是有些组织资金主要来自母国政府，开展的活动受到母国政府意志的左右，影响到了组织自身的独立性。也有一些组织打着人权的幌子挑起事端。极少数境外非政府组织在华开展的非法活动使得整个境外非政府组织的公信力以及形象受到了一定的影响。但是必须客观认识到，在华境外非政府组织的主流是好的。

三、分类推动在华境外非政府组织公信力建设的路径

在华境外非政府组织已高度重视组织公信力的建设，并通过各种路径获得和提升组织的公信力。本节主要研究在华境外非政府组织公信力建设的路径，通过系统分析，概括总结出了如下的基本路径。

（一）与政府合作

政府的信任与支持是在华境外非政府组织合法性的重要保障。政府作为权威部门，对于很多资源，尤其是公信力资源，具有垄断性优势。因此，在华境外非政府组织若能得到政府的支持与认可，就能够快速地获得公信力优势。所以，在华境外非政府组织应重视与政府的关系，寻求与政府的合作，获得政府的支持与认同，从而获得合法性地位。

1. 合作的现状和目的

实践表明，政府被在华境外非政府组织认为是最重要的合作伙伴，包括中央政府和地方政府。为获得在中国发展的机会，在华境外非政府组织都积极主动与政府合作。中国共产党与中国政府组织系统内的各相关机构是多数在华境外非政府组织首选的合作伙伴，与之建立合作关系有如下目的：①获得在华的合法性与合法身份，如争取相关政府部门作为其业务主管部门从而获得在民政部注册的机会；②通过中国政府部门的官方渠道开展项目，如通过民政部开展扶贫救灾工作、通过环保部开展环境保护的项目、通过教育部开展教育培训和学术交流活动等；③借助于中国党政部门的权威以减少在中国开展活动的障碍，保持项目的顺利实施等；④在政府部门制定有关在华境外非政府组织的相关政策时，及时提出意见，影响政策的制定，使制定的政策有利于境外非政府组织在华的顺利发展。

合法性是在华境外非政府组织开展活动的基本前提条件。《管理法》未正式执行之前，有关境外非政府组织管理的立法层次较低，没有一部统一的法律，只有《外国商会管理暂行规定》和《基金会管理条例》有专门的管理条例，这导致大多数的在华境外非政府组织无法正常注册与登记，有的寻求在工商部门注册与登记，有的就不登记直接开展活动，这是大多数在华境外非政府组织面临的现状。

政府作为公共权力部门，在与境外非政府组织开展合作时，政府所具有的合法性可以为在华境外非政府组织的活动提供很多便利。同时，政府所具有的强大行政资源可以减少项目进行的障碍，为其活动打下良好的基础。有政府的支持与认可，在公众心中就有了好的印象，与政府的合作可

以提高在华境外非政府组织的公信力，甚至决定着在华境外非政府组织的公信力水平。所以，在华境外非政府组织大部分都想方设法积极寻求和政府的合作，有的通过和政府相关部门签订合作备忘录以建立合作关系，获得政府的信任与支持，从而获得组织的合法性。

同时，长时间以来政府也认识到了在华境外非政府组织的重要作用，在华境外非政府组织是中国建设公共服务体系的重要力量，是为公众提供公益服务的重要载体。当前由于政府自身资源的有限，而迫切需要解决的社会问题又较多，公共服务产品供给不足，特别是公众普遍关注的教育、医疗、就业等民生问题，人民群众需求强烈。中国政府高度重视关系人民切身利益的医疗、教育、就业等社会事业的持续健康发展，不断推进基本公共服务均等化。因此，只要在华境外非政府组织的活动目标有利于中国社会、经济发展的根本利益，有利于社会公共利益，政府也有和境外非政府组织合作的意愿和动力，也会营造良好的环境引进急需的境外非政府组织，利用在华境外非政府组织的资金、技术和经验来发展当地的社会经济，改善民生，进而也对在华境外非政府组织的活动因势利导、趋利避害，使之开展的公益项目符合当地的实际情况，符合国家利益。

2. 典型案例

来自美国的非政府组织世界健康基金会创立于 1958 年，是在国际上享有盛誉的非营利的健康教育组织，其宗旨是帮助人们长期有效地自助，拯救人类生命，减轻病人痛苦，帮助社区改进健康护理。世界健康基金会来到中国开展活动迄今已有 30 多年。如今中国已成为世界健康基金会在全世界第二大项目区，有北京办事处和上海、武汉两个办公室，该基金会在中国开展的项目取得了预期的成效。该基金会在中国的成功模式也在向其他国家和地区推广。世界健康基金会在中国的合作项目遍及所有省区市，涵盖先进医疗设备捐助、重点学科研究、医护人员培训等各方面，正在开展的项目有儿童癫痫关爱项目、老年关爱项目、全国偏远地区医护人员培训项目、宫颈癌预防教育项目等。其致力于传播先进的医学理念和服务，积极努力为广大中国患者服务，不断为中国公众提供急需的医疗方面的准公共物品。1998 年，世界健康基金会与上海市政府合作建成了上海儿童医学中心。正式运营以后，世界健康基金会高度重视对医院人员的培训，每年还选派多名医护人员到世界知名的医院去进修，并邀请世界知名专家来华进行培训、交流及示范。在医疗设备方面，世界健康基金会还不断捐赠先进的医疗设备，以提升上海儿童医学中心的医疗水平。

目前上海儿童医学中心已经成为上海乃至全国顶尖的儿童专科医院，是中国最先进的儿科医疗中心和国家级儿科医学培训基地。该医院集科研、医疗、教学于一体，担负着上海及全国各地患病儿童的医疗工作。据了解，该中心小儿先心病手术成功率超过 97%、小儿白血病五年无病存活率超过85%，均达到世界顶尖水平。成千上万的中国患病儿童在这里重获新生，为中国无数个家庭带来了新的希望。

（二）与中国本土非政府组织合作

当前，中国本土非政府组织的类型主要分为官办型和民间草根型。官办非政府组织具有一定官方背景，在获取组织所需资源方面具有独特的优势。民间草根型非政府组织是民间自发组织成立的草根组织，在获得资源方面能力有限。

1. 合作的原因与现状

在华境外非政府组织和中国本土非政府组织都是非政府组织，都具有非政府组织的基本特征，这为境外非政府组织与中国本土非政府组织的合作提供了基础。在华境外非政府组织通常选择具有党政背景的中国非政府组织作为合作伙伴，如中国青少年发展基金会、中国扶贫基金会、中国妇女发展基金会、中国民间组织促进会等官办非政府组织。这些官办非政府组织有着重要的官方背景，组织内部机构健全，有全国性的组织网络和较丰富的社会资源，在中国具有较高的知名度和较强的实力。它们在特定领域从事公益活动，开展了一些知名的公益项目，如中国扶贫基金会发起的"爱心包裹项目"。这是一项全民公益活动，致力于改善贫困地区农村小学生的生活条件。中国扶贫基金会还通过与中国邮政合作，使人们可以很方便地在中国邮政实现慈善捐赠。现在"爱心包裹项目"覆盖了所有的贫困县，该项目在 2010 年获得了民政部颁发的"中华慈善奖"，是最具影响力的慈善项目。在华境外非政府组织也非常重视扶持中国草根组织的发展并同它们发展成合作伙伴。通过资金资助和能力建设项目等方式支持草根组织的发展，并根据草根组织的实际状况邀请草根组织参加境外非政府组织在中国开展的各种公益项目。

中国本土非政府组织由于是本土的组织，熟悉本土的社会环境，其开展活动的经验自然对在华境外非政府组织具有重要的借鉴意义。同时，中国本土非政府组织，特别是草根组织大多数面临资源瓶颈，尤其是项目资金。它们有开展公益项目的动机和欲望，但开展活动的资金缺乏，急需获得外部的资金支持。而在华境外非政府组织资金雄厚，在双方合作的过程中，在华境外非政府组织提供资金、技术、理念，本土非政府组织提供人力，负责双方合作项目的日常运作，这样既发挥了在华境外非政府组织的自身优势，又充分调动了本土非政府组织的积极性，同时也提高了本土非政府组织独立开展项目的能力，有利于本土非政府组织尤其是草根组织的可持续发展。

在华境外非政府组织对中国本土非政府组织的能力建设高度重视，对本土非政府组织的能力建设项目进行了资助，资助包括日常行政费用、人员培训、办公设备等费用。正如北京恩玖非营利组织发展研究中心自成立以来借助境外非政府组织的资源推动能力建设，在亚洲基金会、美国福特基金会、美国麦克利兰基金会支持下开展非营利组织论坛，共举办22期，累计有919人次参与；2002年，在美国福特基金会、美国麦克利兰基金会的资助下，恩玖启动"中国NPO培训与能力建设项目"，主要通过引进国际已有经验和自行开发相结合的方法研制了20个培训课程和评估工具。在华境外非政府组织通过提供资助来引导与其合作的中国本土非政府组织的活动，并对其进行监督与评估。在华境外非政府组织特别重视对项目进行评估，根据预定的项目目标，对项目的适当性、效益、社会影响和持续性进行评价。例如，国际计生联对中国计划生育协会项目点进行的评估，美国国际小母牛项目组织对中国项目点的评估。另外，境外非政府组织也加大对中国本土非政府组织的技术支持，通过向中国派遣专家和技术人员，以及在中国境内外培训中方人员的方式，将特定方面的专业知识与技术传入中国并予以实际运用。

2. 合作的典型案例

在实践中，在华境外非政府组织提供资金、技术和项目及负责项目验收、评估，而本土非政府组织提供人力及负责具体的项目运营，这样的合作模式很普遍。打工族文书处理服务部1998年通过工商部门登记注册在广州番禺成立。番禺打工族文书处理服务部是一家典型的为农民工提供服务的中国本土非政府组织，具有非营利性、非政府性、自治性、志愿性和公益性等特征。该服务部根据农民工的需求来开展业务。它主要通过为农民工提供法律咨询与援助、进行职业安全健康教育、开展文化与休闲娱乐活动、推动企业履行社会责任等方式积极维护农民工的合法权益，帮助农民工解决日常遇到的困难。番禺打工族文书处理服务部作为草根非政府组织，没有政府资金支持。服务部积极动员和寻求组织所需的资源。服务部开展的项目得到了非政府组织同行、受助者和社会的好评，也得到了他们的支持。由于突出的组织业绩也得到了境外非政府组织的支持。服务部的资金大多是由境外非政府组织提供，如美国福特基金会、美国亚洲基金会、香港社区组织协会等境外非政府组织提供资金给番禺打工族文书处理服务部，以资助服务部开展涉及政策建议的公民社会项目。项目由番禺打工族文书处理服务部独立运作，提供资金资助的境外非政府组织在必要时给予指导，并对项目根据预期的目标进行评估。

（三）重视与目标群体的沟通

1. 原因和现状

随着参与意识大大提高，社会公众对非政府组织的活动越来越关注。组织信息是否透明、日常运营是否规范、资金使用是否合理等问题受到公众的高度关注。社会公众的参与，不仅能为非政府组织提供一定的人力、物力、财力，还能通过信任机制的建立来监督和约束非政府组织的行为。社会公众的参与和监督本质上是非政府组织运行的一种他律机制。公众与非政府组织之间的日常互动可以监督非政府组织履行使命、承担义务，这是非政府组织公信力建设的外部保障。

在华境外非政府组织来到中国开展项目，首先要了解中国的实际情况，摸清中国在哪些领域急需帮助，犹如一个企业，在生产产品之前，首先要分析产品的目标群体，即产品的客户群。目标群体是在华境外非政府组织开展活动的对象，目标群体的需求、心声、现状为组织的活动提供指引，使组织的活动切合实际，取得预期的成效。在华境外非政府组织高度重视与目标群体的沟通，在项目开展之前重视在将要开展项目所在地区的调研、考察。所谓"没有调查就没有发言权"，调研考察获得第一手的资料，为项目的顺利开展提供了基础。重视目标群体的参与，在项目开展中及时听取目标群体的反馈和意见，并做出及时调整。在对项目的考核和评估过程中，重视目标群体对项目效果的评价，把目标群体作为评估主体之一，提出后续项目的改进建议，保障项目高效运营。

在华境外非政府组织深入所要开展项目的区域，对所要开展的项目进行可行性研究，了解当地的社会需求，根据实际情况做出相应的调整，积极同当地的民众沟通与互动，真实地宣传所要开展的项目及项目对当地民众带来实实在在的成果，引起民众对项目的关注，取得当地民众对项目的支持，动员当地的民众积极参与和配合，这为项目的成功实施奠定了群众基础，给民众留下"想老百姓之所想"的良好印象，最终获得民众对在华境外非政府组织的信任，其结果必然为在华境外非政府组织带来较高的公信力水平。

2. 典型案例

香港乐施会是一家人道主义救援机构，致力于消除贫困以及与贫穷有关的不公平现象。内地是乐施会的重点工作地区，它在昆明、贵阳、兰州、成都、北京都设有项目办公室。1987 年至 2016 年乐施会在内地开展赈灾与扶贫工作，项目超过 3 000 个，地域遍及全国 31 个省市及地区，投入资金总额超过 12 亿港币，得到了党和政府的支持和肯定。2014 年，乐施会"乐施米义卖活动"获得"京华公益奖"年度项目奖。2015 年乐施会在第二届公益金橘奖评选活动中获得"金橘奖"。

香港乐施会非常重视实地调研，对项目进行可行性评估。2010 年初，西南地区发生严重旱灾，香港乐施会积极响应，其评估团队迅速进入灾区走访调研，及时了解灾区民众急需解决的问题，同时对灾情进行评估。根据了解到的灾区实情，乐施会与受灾省份的扶贫办、民政等政府部门共同商讨救灾对策，并决定首批投入 50 万元开展救援项目。这些项目包括为禄劝县灾民提供水桶，作为异地背水的工具，并考虑用水管引水；为云南楚雄市 6 个乡镇 36 个村委会发放水桶，并向受灾最严重的 5 个村组、2 所学校提供人畜饮水应急设施建设；在广西巴马县西山乡，针对政府送水经费缺乏，乐施会提供了一个月的送水费用。通过这些项目，有近 35 000 名受灾群众因此受益，乐施会的这些善举在西南地区广受好评，为灾区群众解决了实际难题，灾区民众和当地政府给予了很高的评价。

（四）健全完善组织内部治理

美国著名心理学家马斯洛（Abraham Maslow）认为："杰出团队的显著特征，是具有共同的愿景与目标。"好的团队具有较为明确的价值理念与目标。团队成员对这种价值与目标的认同感是良好团队治理的体现。非政府组织作为公民社会的促进者，不仅要关注组织目标人群的诉求，同时也应该关注组织成员自身的发展。因此，组织内部治理对非政府组织来说具有特别重要的意义。只有在充分关注组织建设及组织成员自身发展的情况下，才能够留住人才，这对在华境外非政府组织来说也是如此。

1. 在华境外非政府组织的组织内部治理现状

在华境外非政府组织大多数来自欧美发达国家，这些组织资金雄厚，经过长时间的发展，机构健全，职能部门完善，各部门各司其职，日常运营有条不紊。显然，完善的内部治理为在华境外非政府组织的项目开展提供了组织保障。

在华境外非政府组织的组织内部治理是非政府组织领域的典范，表现在：①好的治理结构。由于非政府组织的产权并不属于非政府组织，而是属于社会大众，因此需要通过一种机制来确保非政府组织的执行管理人员不去损害公众的利益。这种机制就是组织的治理。在华境外非政府组织大部分都设有理事会（董事会）、高级管理层（秘书长）和监事会机构，形成相互分立与制衡的格局，这也是非政府组织治理结构的主要内容。②组织结构和职能分工明确。境外非政府组织的组织结构设计与职能分工保障了项目运作的专业性及组织规模的扩大与持续发展。③专职工作人员与专业人才供给充足。境外非政府组织的人才培养体系与就业体系建设完善，人才输出充足，加上设有合理的组织激励，吸引了专业的组织管理、项目运作、财务管理等方面的人才。④员工年龄结构较为合理。我国非政府组织的人员构成并没有特定的年龄结构限制。而在华境外非政府组织往往根据自身组织和业务需求来挑选团队成员，并组建功能全面的团队，以充分发挥不同年龄段成员特有的优势。⑤组织薪酬结构合理。在华境外非政府组织拥有合理的绩效评价体系及薪酬结构设计，工作人员薪酬设计较为合理，组织物质激励完善。同时给团队成员提供了较为清晰的职业生涯发展路径，团队成员较为稳定。⑥组织决策机制较为科学，决策过程民主，执行效率高。⑦财务状况与组织信息透明。由于非政府组织不以营利为目的，组织的资金主要来自于政府、捐赠和服务收费，而且还享受减免税的待遇。因此，为保证非营利性，在华境外非政府组织将组织信息，尤其是财务信息保持透明。⑧开展的活动与组织的宗旨与使命一致。非政府组织是为了实现组织的宗旨与使命而开展项目与活动的。在华境外非政府组织所开展的项目和活动服务于组织的目标。在华境外非政府组织完善的内部治理给外界留下了"专业、靠谱、实力强"的组织印象，这样容易获得公众的肯定和信任，使公众放心与其接触，并支持境外非政府组织项目的开展，从而获得较高的公信力。

2. 典型案例

多数在华境外非政府组织在开展项目的省份都设立了项目办公室或办事处，负责管理和组织开展的项目及对外联络和筹集资金。其项目办公室或办事处的内部机构设置虽然略有差异，但都设有行政、人事、财务等各个具体部门。有的项目办公室或办事处内部没有部门划分，而是所有的事务合作处理，共同负责。总体看来，在华境外非政府组织设立的项目办公室或办事处规模不大，精简干练。在华境外非政府组织内部治理完善，确保其自身较强专业能力的发挥，保障其活动项目取得预期的效果。

世界自然基金会是全球知名的环保非政府组织。在中国，世界自然基金会设有 1 个办事处即北京办事处，8 个地区办公室即长沙办公室、昆明办公室、西安办公室、成都办公室、武汉办公室、东北办公室、上海办公室、西宁办公室。这些办公室设有行政、人事、财务等各个具体部门，人员精干。这些办公室都有其所属的管理范围，负责对所属区域的项目进行管理，负责协调和解决项目开展过程中遇到的问题，以保证项目正常有序开展。如长沙办公室负责湖南、湖北、江西、安徽四省在内的长江中游地区的项目，开展了携手保护生命之河、汇丰水资源计划、江豚保护等项目。随着社会的发展，当前，企业有加入公益事业、积极履行社会责任的强烈意愿。为了与有意愿加入公益事业的企业合作开展公益活动，世界自然基金会专门成立了企业发展与合作部，与那些愿意积极承担社会责任的企业成为合作伙伴，一起为公益事业的发展贡献力量，这些合作伙伴包括汇丰银行、佳能、家乐福、可口可乐、长江商学院、经典牛奶、广汽传祺等。

（五）组织信息公开透明

1. 组织信息公开透明的重要性

就公开透明对非政府组织的重要性来讲，公益领域对于公开透明的需求超过市场领域，其主要原因在于："在市场领域内，产品的购买者和消费者为一体，购买者可以通过自身的需求来影响产品提供方的行为。而在公益领域内，公益产品及服务的购买者（捐赠者）和使用者（受助者）是分离的，不是简单的供需主体之间的交换关系。公益组织作为公益产品和服务的供给方需要同时面对捐赠者和受助者两个需求群体，因此公益组织需要通过各种途径，让捐赠者能够了解公益产品和服务的情况，包括受助者的需求是否及如何得到满足等方面的内容。在这个过程中容易产生信息不对称的问题，捐赠者可能无法理解资金使用的价值或效果所在，进而影响其对基金会的信任及支持程度。"[146] 因此，公开透明是非政府组织日常运营必不可少的环节，公开透明是为了缓解信息的不对称，以建立非政府组织与社会公众以及捐赠方之间的联系。公开透明既是公信力本身的内容之一，也是展现非政府组织其他方面运作情况的手段和工具，社会公众和捐赠者是通过非政府组织公开的内容与非政府组织建立联系的。因此，公开透明是非政府组织向社会呈现组织运作情况的关键途径，是赢得公众信任的关键环节。

非政府组织应该是"透明的玻璃口袋"。非政府组织管理和运行的透明性是组织可持续发展的根本动力，也是非政府组织公信力的基础保障。在华境外非政府组织通过享受税收减免等方式获得公益资产，有义务向公众提供组织真实全面的信息，特别是财务收支状况，进而提高在华境外非政府组织的透明度，增强公众对组织的信任，从而促进境外非政府组织在我国的可持续发展。

组织信息尤其是财务信息公开透明对在华境外非政府组织的公信力提升至关重要。公众只有了解组织，清楚组织的日常运作和所做的事情以及资金收支情况，在华境外非政府组织才能获得公众的信任与支持。在华境外非政府组织需非常注重组织日常管理的公开透明，实现在华活动公开化，在中国开展的各种活动需有全面的记录，如活动的性质和领域、时间和地点、资金数额及来源、合作伙伴以及活动效果与评价等。除了按要求定期向政府主管部门提交报告外，还向社会公开。在华境外非政府组织应及时通过组织的官方网站披露组织的信息，积极提供组织财务审计报告，自觉接受民政部门的年审检查，如发布组织年报，披露资金来源、收支账目、项目进展情况等。在华境外非政府组织在中国的财务要实现透明化管理，及时公布在华开展活动所涉及的跨境资金流向和资金分配，这样便于公众监督组织、关注组织，从而逐渐获得公众的信任与支持。

2. 典型案例

亚洲动物基金会是一个以改善动物生存环境为目的的非营利性慈善机构，总部设在中国香港，在中国成都和越南河内设有黑熊救护中心。亚洲动物基金会项目总监乔博理说："非政府组织的管理透明度，直接牵涉公信力。透明也是对公众的尊重和负责，我们非常看重。"亚洲动物基金会非常重视组织信息的公开透明，在其官方网站公布了组织的基本信息：管理、愿景、使命、价值观、赞助人、大使及社会名流、员工状况、开展的项目、办事处、联系方式、创始人的博客，以及公众非常关注的财务状况。财务状况按运营支出、全球收入（按来源、按捐赠分类）、全球支出（按项目）进行公布，每年都会定期更新，公布的信息非常详细，公众很容易就能查到。

（六）增强组织公益供给

1. 公益理念对非政府组织的重要性

公益性是非政府组织的本质特点，良好的公益理念可以赢得社会公众对非政府组织的关注，赢得公众的支持和信任。公益理念决定着组织的使命。彼得·德鲁克认为，非政府组织应该以使命为先。使命是一个非政府组织的命脉，它回答的是一个非政府组织为什么做自己所做的事，它存在的原因与目的是什么等问题。当前，中国一些非政府组织缺乏人才的关键之一就在于这些组织的使命不明确，组织无法靠使命来吸引和留住优秀的人才。在华境外非政府组织发展历史悠久，经过了长时间的发展已日臻成熟，并不断发展强大，具有良好的公益理念，组织使命、宗旨、发展方向和战略规划明确。因此，组织所涉足的领域很明确，对其所要开展的项目很清楚，组织开展的活动紧紧围绕公益理念及组织使命和宗旨来展开，具有很强的目的性。再加上其较强的专业能力，开展项目的效率在非政府组织领域突出，其业绩成为非政府组织领域的标杆，得到了社会各界的赞赏。

2. 在华境外非政府组织在中国公益供给的现状

在华境外非政府组织获得较高公信力的一个重要原因就是其提供的服务质量高。服务质量越高，效率越高，效果越好，就越容易获得公众的信任。从实践来看，目前境外非政府组织在华的众多公益项目大多取得了预期的成效。在华境外非政府组织在改革开放之后纷纷来到中国，迄今已有40多年，现在每年投入到中国的资金在数亿美元，项目涉及环保、医疗卫生、教育、扶贫、救灾等领域，这些都是中国政府目前急需大力投入的领域。该类组织在中国各领域开展的众多公益项目，对目前的中国来说，作用毋庸置疑，为中国的社会进步、经济发展作出了积极贡献。很多在华境外非政府组织，例如英国救助儿童会、香港乐施会、世界宣明会等，在进入中国后主要是在中国西南、西北这些相对贫困落后地区开展参与式扶贫、小额贷款、环境保护、社区发展、教育、卫生等项目，起到了知识传播、观念改变、典型示范、增进社会融合、专业人才培养、增加就业、资金资助等作用。在华境外非政府组织在中国西南、西北开展的项目为当地人们解决了很多的难题，获得了很高的赞誉。这么多境外非政府组织在中国境内开展活动，实实在在的受益者首先是中国，在一定程度上改变了中国一些地区贫困落后的面貌，这其中的利害关系不言自明。

当前，由于中国政府财力及资源的有限以及亟待解决的社会问题众多，在环保、医疗、扶贫、救灾、教育等领域仅仅依靠政府的力量和资源投入是远远不够的。这些社会问题的解决是一个长期的过程，而在华境外非政府组织恰恰在这些领域实践经验丰富、理念更新、技术先进，在中国大有可为，可开展公益项目的领域众多。在华境外非政府组织在中国这些薄弱领域贡献的公益供给及服务有效地缓解了中国政府的压力，开展项目的社会效果有目共睹。尽管随着中国经济实力增强，国内也出现了很多有实力的非政府组织，但是从整体而言，无论是资金实力还是管理水平其与在华境外非政府组织还存在着较大差距。

3. 典型案例

在华境外非政府组织在中国的卫生和教育等领域发挥了举足轻重的作用。

在卫生领域典型的案例是北京协和医学院，其由美国洛克菲勒基金会于1917年捐资创办。中国是洛克菲勒基金会最早和最重要的海外工作地区。洛克菲勒基金会在中国的得意之作就是建立了北京协和医学院及其附属医院。自1916年到1947年的32年间，该基金会给北京协和医学院的拨款总额为4 465万美元，用于北京协和医学院的创建、维持和发展。现在的北京协和医学院是中国最为优秀的医科大学，多年来该校为中国培养了大批优秀的医学人才，为中国医学教育、医学研究和医疗卫生事业的进步和发展作出了杰出的贡献，为广大的患者带来了希望，在中国和世界享有很高的知名度。

在教育领域典型的案例就是遍及中国的逸夫楼，由邵逸夫基金会捐资建立。邵逸夫基金会由香港著名企业家邵逸夫先生于1973年在香港设立，是一家私人慈善机构，其宗旨是促进教育、医疗和艺术事业的发展。改革开放后，邵氏基金会向中国内地教育捐赠巨额资金，大力支持中国内地教育事业的发展，截至2012年10月赠款金额累计达47.5亿港币。中国教育部与邵氏基金会合作，采取捐款与项目单位资金配套的做法，共同建立了大学、中学、小学、职业技术学校、师范学校的6 013个项目，涉及项目有图书馆、教学楼、科技楼、艺术楼、学术交流中心等，为中国内地的教育事业作出了杰出的贡献，极大地改善了内地高校的办学条件。

（七）与高等院校合作

1. 与高校合作的原因及现状

高校及科研院所这些从事教育与科研的专业机构拥有很强的知识生产与传播能力，在中国社会中具有独特地位，在教育培训、科研、对外交流、影响公共政策以及开展社会活动等方面具有特殊的影响力。高校及科研院所等机构自然成为在华境外非政府组织的重要合作伙伴。通过同中国高等院校开展合作，在华境外非政府组织可以向高等院校的专家学者及知识分子群体传输公益理念，宣传组织宗旨和目标，推广在中国开展的公益项目。有的在华境外非政府组织需要开展一些科学研究项目，高校及科研院所具有丰富的科研经验及学术资源，与高校及科研院所合作，利用现有的资源，可以推进科研项目的进展，还可以减少时间及成本。此外，一些在华境外非政府组织在项目开展过程中涉及一些专业技术方面的问题，比如环境保护、医疗卫生等，需要结合高校的专家和技术。因此争取高等院校的支持，同他们合作开展科学研究，进而通过高等院校的特殊影响力赢得更多人对在华境外非政府组织的关注和支持，影响政府对在华境外非政府组织的态度和管理政策，从而大大提升了在华境外非政府组织的公信力。

在华境外非政府组织开展同高校、科研院所这类机构的合作通常以知识讲座、学术研究、学术交流、资助学者出版著作，以及教学实践等方式进行。在华境外非政府组织通过资助中方科研人员及专家学者以学术会议、访问交流、培训等名义出国，不仅可以促进相互交流和了解、开阔中方人员眼界、提高中方人员专业素质，而且可以借此发展与中方人员的友好人际关系，更好地推动以后的合作。近年来越来越多的高等院校成为在华境外非政府组织的合作伙伴。如美国大自然保护协会与清华大学、昆明理工大学、昆明植物研究所等都有合作；美国福特基金会资助王名领导的清华大学非政府组织研究中心，资助其出版了一系列有关非政府组织的专著以及实证调研考察；2016 年 1 月 23 日，清华大学与比尔及梅琳达·盖茨基金会签署了合作备忘录，双方在北京联合成立"全球健康药物研发中心（北京）"。

2. 典型案例

德意志学术交流中心（DAAD）最早成立于 1925 年，总部在波恩，当时它代表了德意志联邦共和国 239 所高校和 122 个大学生组织团体，当前是全球范围内最大的非政府、非营利的国际教育交流机构之一。德意志学术交流中心北京办事处成立于 1994 年，其主要合作伙伴是中国教育部、中国国家留学基金委员会以及中国的大学和其他教育、学术机构。DAAD 还在上海和广州都设立了信息中心，免费为中国学者和学生提供在德国留学和进行科研的信息。DAAD 广州信息中心设在中山大学，成立于 2002 年，除免费提供在德国学习和研究的咨询服务和奖学金信息外，还定期在华南各大高校举办留学讲座，并每年组织"留德校友聚会""赴德行前准备会""德国高校日"等活动。

为了加强中国和德国高校间的关系，DAAD 资助了德国和中国高校之间的诸多项目。以资助个人的形式资助德国教授和学者到中国高校工作，并为两国间的学术交流提供资助。这其中包括资助的 30 名 DAAD 讲师，他们分别任职于相关大学，为内地和香港地区的德语系及与德国相关的专业提供德语方面的支持。三位德国讲师长期给不同专业的中德合作项目提供长期支持，短期讲师会定期到中国高校执教，德国学者也会通过学者交换项目（WAP）在中国高校进行短期的授课和研究。除了该个人资助项目，

DAAD 现在还资助若干在高校研究机构项目内的合作项目。

（八）实施本土化策略

在华境外非政府组织采取本土化策略以促进其在中国持续发展。在华境外非政府组织本土化的形式有多种，如增加中国公民在其驻华组织机构工作人员中的比例，吸收中国公益性社会组织为其成员，或者是境外非政府组织驻华机构依据中国法律法规注册为中国组织机构。在华境外非政府组织实施本土化策略是其在华的发展需要，使其具有了更多的中国成分，减少其活动开展中的障碍，更方便其在华开展活动，方便本土组织成员向社会介绍和宣传组织，避免境外身份引起公众的排外倾向，有利于公众了解和关注组织的活动，甚至参与到组织的项目中来，从而易于获得公众的支持和信任。通过分析和总结，在华境外非政府组织主要实施以下三种本土化策略。

（1）在驻华机构中增加中国本土员工比重

这种本土化策略不改变组织的境外身份。在机构中增加中国本土员工的比重、让机构中的中国本土员工承担着越来越多的工作份额，显得非常重视中国本土员工，给予中国本土员工更多的满足感。境外非政府组织在中国开展活动，其工作人员由来自境外人员与中国本土人员两部分构成。来自境外的员工通常是由总部选派或在境外招聘派遣到中国工作的，中国本土员工则是按一定的标准在中国招聘的中国公民。本土工作人员因为熟悉本地实际情况，有利于与外界进行沟通，方便组织工作的开展。从实践中发现，随着境外非政府组织在华活动的不断发展，大部分在华境外非政府组织都经历了工作人员构成本土化的过程。

（2）吸收中国本土非政府组织为其成员

中国本土非政府组织加入同领域的国际非政府组织，在保持自身独立性的同时遵循该国际非政府组织的宗旨与理念，认同该国际非政府组织的使命，开展工作上的合作。这种策略使得国际非政府组织可通过中国会员组织将组织活动扩展到中国，并在资金、经验、技术等多方面提供支持。中国计划生育协会成立于 1980 年 5 月 29 日，该组织是以倡导人民群众计划生育、生殖健康为目标的全国性、非营利性社会团体。国际计划生育联合会（简称国际计生联）是在计划生育和生殖健康领域享有高知名度的国际非政府组织，其总部设在英国伦敦。国际计生联 1952 年成立于印度孟买，由印度、德国、中国香港、荷兰、新加坡、瑞典、英国和美国等 8 个国家和地区的计划生育协会创建。到目前为止，该联合会连接着 180 多个国家和地区的计划生育协会。1981 年 11 月中国计划生育协会成为国际计生联准会员，1983 年被国际计生联批准为正式会员，1986 年成为国际计生联亚太地区成员之一。

四、对本土非政府组织公信力建设的启示

当前，我国非政府组织普遍面临的问题就是公信力不足，主要表现在：合法性不足、管理者问题、组织信息不透明、违背组织公益性宗旨、组织项目运作效率低等。同时还存在一些影响我国非政府组织公信力建设的因素，如登记注册门槛高、政府监管缺位、信息公开制度缺失、组织自身能力不足等。特别是"郭美美事件"发生以来，公众对我国非政府组织更加不信任，非政府组织的公信力急剧下降，严重影响了我国非政府组织的生存和发展。根据我国非政府组织的现状，从我国国情和文化背景出发，本章认为境外非政府组织在华公信力建设经验对我国非政府组织的公信力建设具有启示作用，特别是对中国非政府组织走出去公信力困境具有重要的参考意义。

（一）建立健全法律法规

非政府组织具有基本的合法性才能获得政府和公众的信任。在华境外非政府组织为了获得所需要的合法性积极与中国政府合作。因此，我国非政府组织公信建设需要有良好的法律环境。政府要对现行法律法规包括《社会团体登记管理条例》《民办非企业单位登记管理条例》《基金会管理条例》的合理性和有效性重新审视，结合实际情况进行修改和完善，以适应我国非政府组织发展的需求，努力构建一个能覆盖整个非政府组织包括社会团体、民办非企业单位、基金会以及未登记注册组织的法律体系。要尽快制定非政府组织基本法，提高非政府组织的立法层次，以法律形式对非政府组织的性质、法律地位、管理体制、监督体制、运行机制等做出全面细致的规定，为非政府组织的发展提供法律和制度保障。在非政府组织基本法的基础上，制定非政府组织基本法的实施细则，注重非政府组织相关法律法规的配套建设。对不同类型的非政府组织分别制定专门的法律法规，使得非政府组织的管理有法可依。法律法规要具体详细，具有可操作性，不能笼统，形成一整套完善、科学、权威的法律法规体系，为我国非政府组织的公信力建设营造良好的法律环境。

（二）改革注册登记制度

当前，中国非政府组织面临的一大难题就是登记注册难，主要是现行的双重管理体制，登记注册门槛较高。首先，要改革双重管理体制，实行直接登记，具体可以这样执行：对于能够确定业务主管单位的非政府组织，由业务主管单位负责登记；对于无法确定业务主管单位的非政府组织，由民政部门统一登记注册。同时，实施"备案制"，通过备案制将大量未能登记注册的非政府组织纳入政府管理体系；对于在工商部门登记注册的非政府组织，民政部门要与工商部门建立信息共享制度，允许那些已经获得工商登记的非政府组织在民政部门进行登记管理，从而获得真正的非政府组织身份。其次，要从实际出发降低非政府组织成立的条件。修改现行的《社会团体登记管理条例》中的一些苛刻规定，适当降低非政府组织成立的条件，如降低要求的资金标准、会员数量等。最后，要允许非政府组织之间开展竞争。引入竞争机制，通过竞争促进服务质量的提高，实现资源的优化配置。打破已有的限制，允许同一区域或领域内有多家非政府组织存在，对于服务效率不高的非政府组织予以淘汰。

（三）健全信息公开制度

在华境外非政府组织非常重视组织信息的公开透明，通过各种途径发布组织的信息，尤其是财务状况。积极公开组织相关信息，增加组织的透明度，这是我国非政府组织公信力建设的关键一环。

（1）颁布关于非政府组织信息公开的专门法规，形成非政府组织信息公开的刚性约束，监督和规范非政府组织的信息公开行为。当前，我国非政府组织由于处于发展的初级阶段，还没有认识到信息公开的重要性，再加上信息公开需要一定的资金和技术，缺乏信息公开的积极性。加强信息公开法规建设，不仅要给非政府组织信息公开形成外在压力，还要对非政府组织信息公开形成统一的标准，明确规定需要公开的内容、范围、方式、程序、途径等具体问题，特别是公众高度关注的资金收支明细情况。具体信息要包括捐赠物资的流向、资金使用情况、行政费用的比例和金额、项目开展情况、人员构成及薪酬情况等。保障非政府组织信息公开渠道畅通，公众的知情权得到切实保证。

（2）建立信息公开的责任追究制度，对责任追究的主体及权限、责任追究的标准与内容、责任追究的方式与程序等作出详细明确规定。要建立信息公开的惩戒机制，对不按规定公开信息或公开的信息不完整的，给予处罚。通过惩罚，保证信息公开的质量。要充分利用大众媒体的监督作用。

（3）建立非政府组织信息公开的培训制度。政府要开展以信息公开为主题的免费培训活动，可以由各地民政部门负责实施。培训内容包括信息公开对非政府组织公信力建设的重要性的宣传、信息公开的具体内容、信息公开的平台及载体等。政府要指导非政府组织进行信息公开网络的建设，为信息公开网络的建立、维护及管理提供技术和资金上的支持，保障信息公开网络建设以高标准进行。

（四）加强自身能力建设

在华境外非政府组织主要来自欧美发达国家，经过长时间的发展，组织自身能力不断增强。我国非政府组织要不断加强自身能力建设，更有效地为社会提供公共服务，从而赢得公众的信任，提升组织的公信力。首先，我国部分非政府组织由于缺乏强烈的使命感，总是被动盲目地开展活动，难以获得公信力，影响可持续发展，因此要重新审视非政府组织的使命，强化组织的使命意识，以使命增强组织的凝聚力和社会影响力。重视组织品牌建设和营销，建立以使命为中心的组织文化。只有拥有强烈使命感的非政府组织才能赢得公众的信任。其次，要完善非政府组织管理制度。第一，要完善组织人力资源管理系统，重视组织成员的奖励、惩罚，调动人员的工作积极性。加强对组织成员的培训，不断提高人员特别是基层人员的素质和工作能力，招聘认同组织使命和理念的人员。第二，加强向社会筹集资金的能力，特别是要争取个人捐赠者。对于有条件的非政府组织可以设立专门筹款的部门，加强与企业的合作，扩展资金来源。第三，要引入项目评估制度，严格执行和落实的审查，及时总结项目经验，对于效率不高的项目要加强指导。

（五）加强与政府的合作

在华境外非政府组织为了获得中国政府的支持与认可，高度重视与中国政府的关系，寻求与政府的合作，获得政府的支持与认同，从而获得合法性地位。我国本土非政府组织更应该加强与政府的合作，努力满足政府对非政府组织的要求，积极参与到政府相关政策的执行中。随着中国政府改革的不断深入，政社分开的步伐不断加快，政府原先承担的某些社会管理职能需要我国非政府组织来承接，非政府组织所起到的作用越来越突出，这对我国非政府组织来说是重大历史发展机遇，为我国非政府组织加强与政府的合作奠定了基础。近年来，我国大力推动政府向社会组织购买公共服务的政策，努力增加公共服务的供给，提高公共服务的质量和效率，从而实现政社分开，促进政府职能的转变。我国非政府组织要努力提升自身能力和竞争力，在政府向社会组织购买公共服务的过程中发挥自身优势，努力获得政府的认可，从而获得服务项目的中标机会。对于成功中标的服务项目，要根据政府的要求不断提高服务的品质和满意度，赢得政府对组织的信任。

附　　录

A 80家在华境外非政府组织样本名录

（1）亚太信息技术服务研究中心

（2）美国国家地理空气与水保护基金会

（3）美国可持续发展社区协会

（4）仁人家园

（5）华侨基金会

（6）洛克菲勒基金会

（7）弗雷德·霍洛基金会

（8）国际克里斯多夫协会

（9）博源基金会

（10）AEA 教育基金会

（11）雷励青年公益发展中心

（12）国际美慈组织

（13）英国海外志愿服务社

（14）亚洲动物协会

（15）加拿大和谐基金会

（16）日本水生态协会

（17）全球青年实践网络

（18）国际母乳会

（19）无国界医生

（20）上海美国商会

（21）智行基金会

（22）济慈之家

（23）台湾励馨基金会

（24）美国加州青树教育基金会

（25）世界未来基金会

（26）惠黎基金会

（27）法国沛丰协会

（28）美国公谊服务委员会

（29）台达电子文教基金会

（30）台湾公益资讯中心

（31）喜马拉雅研究发展基金会

（32）亚洲城市清洁空气行动中心

（33）国际竹藤组织

（34）香港陈一心家族基金会

（35）全美华人文化教育基金会

（36）香港安安国际孤独症教育基金会

（37）中日公益伙伴

（38）维基媒体基金会

（39）法国发起发展组织

（40）国际行动救援

（41）女工关怀

（42）美国家庭健康国际

（43）美国农村发展研究所

（44）国际司法桥梁

（45）美中环境基金会

（46）香港乐施会

（47）美国公平劳工协会

（48）比尔及梅琳达·盖茨基金会

（49）金桥慈善机构

（50）梅里埃基金会

（51）半边天基金会

（52）美国能源基金会

（53）世界医生组织

（54）佛教慈济慈善事业基金会

（55）美国浩德国际儿童服务中心

（56）香港凯瑟克基金会

（57）列维·施特劳斯基金会

（58）美国自然资源保护委员会

（59）世界混农林业中心

（60）香港建华基金会

（61）曙光慈善基金会

（62）迪锐思咨询有限公司

（63）美国唐仲英基金会　　　　　（64）李嘉诚基金会
（65）香港海洋环境保护协会　　　（66）香港社会工作人员协会
（67）香港基督教青年会　　　　　（68）国际教育协会
（69）国际鹤类基金会　　　　　　（70）国际发展企业
（71）国际乡村建设学院　　　　　（72）国际青年基金会
（73）国际自然保护联盟　　　　　（74）国际绿色经济协会
（75）格诺威特基金会　　　　　　（76）环球协力社
（77）绿色和平　　　　　　　　　（78）英国无国界卫生组织
（79）协康会　　　　　　　　　　（80）世界宣明会

B 层次分析法矩阵计算主程序实现代码

```
% 表 1
M1=[1,1/4,1/5,1/3;4,1,1/3,2;5,3,1,4;3,1/2,1/4,1]
[B,C]=eig(M1)
[eigvaluemax,I]=max(C(:))%eigvaluemax 是最大特征值，I 是最大特征
值所在的列数
eigvector=B(:,I)/ sum(B(:,I))
CI=(eigvaluemax-length(M1))/(length(M1)-1)
RI=[0.58,0.89,1.12,1.24,1.32,1.41,1.45,1.49,1.52,1.54,1.56,1.58,1.59]
CR=CI/RI(length(M1)-2)
% 表 2
M1=[1,7,3;1/7,1,1/5;1/3,5,1]
[B,C]=eig(M1)
[eigvaluemax,I]=max(C(:))%eigvaluemax 是最大特征值，I 是最大特征
值所在的列数
eigvector=B(:,I)/ sum(B(:,I))
CI=(eigvaluemax-length(M1))/(length(M1)-1)
CR=CI/RI(length(M1)-2)
% 表 3
M1=[1,2,3;1/2,1,3;1/3,1/3,1]
[B,C]=eig(M1)
[eigvaluemax,I]=max(C(:))%eigvaluemax 是最大特征值，I 是最大特征
值所在的列数
eigvector=B(:,I)/ sum(B(:,I))
CI=(eigvaluemax-length(M1))/(length(M1)-1)
CR=CI/RI(length(M1)-2)
% 表 4
M1=[1,1/3,5;3,1,6;1/5,1/6,1]
[B,C]=eig(M1)
[eigvaluemax,I]=max(C(:))%eigvaluemax 是最大特征值，I 是最大特征
```

值所在的列数

```
eigvector=B(:,I)/ sum(B(:,I))
CI=(eigvaluemax-length(M1))/(length(M1)-1)
CR=CI/RI(length(M1)-2)
% 表 5
M1=[1,5,4;1/5,1,1/3;1/4,3,1]
[B,C]=eig(M1)
[eigvaluemax,I]=max(C(:))%eigvaluemax 是最大特征值，I 是最大特征
```

值所在的列数

```
eigvector=B(:,I)/ sum(B(:,I))
CI=(eigvaluemax-length(M1))/(length(M1)-1)
CR=CI/RI(length(M1)-2)
% 表 6
M1=[1,1/5,5,1;5,1,7,5;1/5,1/7,1,1/5;1,1/5,5,1]
[B,C]=eig(M1)
[eigvaluemax,I]=max(C(:))%eigvaluemax 是最大特征值，I 是最大特征
```

值所在的列数

```
eigvector=B(:,I)/ sum(B(:,I))
CI=(eigvaluemax-length(M1))/(length(M1)-1)
CR=CI/RI(length(M1)-2)
% 表 7
M1=[1,1/7,1/5,1/7;7,1,2,1;5,1/2,1,1/2;7,1,2,1]
[B,C]=eig(M1)
[eigvaluemax,I]=max(C(:))%eigvaluemax 是最大特征值，I 是最大特征
```

值所在的列数

```
eigvector=B(:,I)/ sum(B(:,I))
CI=(eigvaluemax-length(M1))/(length(M1)-1)
CR=CI/RI(length(M1)-2)
% 表 8
M1=[1,6,2;1/6,1,1/3;1/2,3,1]
[B,C]=eig(M1)
[eigvaluemax,I]=max(C(:))%eigvaluemax 是最大特征值，I 是最大特征
```

值所在的列数

```
eigvector=B(:,I)/ sum(B(:,I))
```

```
CI=(eigvaluemax-length(M1))/(length(M1)-1)
CR=CI/RI(length(M1)-2)
% 表9
M1=[1,3,4,2;1/3,1,2,1/3;1/4,1/2,1,1/4;1/2,3,4,1]
[eigvaluemax,I]=max(C(:))%eigvaluemax 是最大特征值，I 是最大特征
值所在的列数
eigvector=B(:,I)/ sum(B(:,I))
CI=(eigvaluemax-length(M1))/(length(M1)-1)
CR=CI/RI(length(M1)-2)
% 表10
M1=[1,1/3,1/3,1/5,1/7;3,1,1/3,1/3,1/4;5,3,1,2,1/3;5,3,1/2,1,1/3;7,4,3,3,1]
[B,C]=eig(M1)
[eigvaluemax,I]=max(C(:))%eigvaluemax 是最大特征值，I 是最大特征
值所在的列数
eigvector=B(:,I)/ sum(B(:,I))
CI=(eigvaluemax-length(M1))/(length(M1)-1)
CR=CI/RI(length(M1)-2)
% 表11
M1=[1,1/6,6,2;6,1,8,6;1/6,1/8,1,1/4;1/2,1/5,4,1]
[B,C]=eig(M1)
[eigvaluemax,I]=max(C(:))%eigvaluemax 是最大特征值，I 是最大特征
值所在的列数
eigvector=B(:,I)/ sum(B(:,I))
CI=(eigvaluemax-length(M1))/(length(M1)-1)
CR=CI/RI(length(M1)-2)
% 表12
M1=[1,1/3,1/5,1/4;3,1,1/2,3;5,2,1,5;4,1/3,1/5,1]
[B,C]=eig(M1)
[eigvaluemax,I]=max(C(:))%eigvaluemax 是最大特征值，I 是最大特征
值所在的列数
eigvector=B(:,I)/ sum(B(:,I))
CI=(eigvaluemax-length(M1))/(length(M1)-1)
RI=[0.58,0.89,1.12,1.24,1.32,1.41,1.45,1.49,1.52,1.54,1.56,1.58,1.59]
CR=CI/RI(length(M1)-2)
```

% 表 13

M1=[1,1/5,5,1/3;5,1,1/4,2;5,4,1,5;3,1/2,1/5,1]

[B,C]=eig(M1)

[eigvaluemax,I]=max(C(:))%eigvaluemax 是最大特征值，I 是最大特征值所在的列数

eigvector=B(:,I)/ sum(B(:,I))

CI=(eigvaluemax-length(M1))/(length(M1)-1)

RI=[0.58,0.89,1.12,1.24,1.32,1.41,1.45,1.49,1.52,1.54,1.56,1.58,1.59]

CR=CI/RI(length(M1)-2)

% 表 14

M1=[1,1/5,1/4,1;5,1,8,5;1/5,1/8,1,1/6;1,1/5,6,1]

[B,C]=eig(M1)

[eigvaluemax,I]=max(C(:))%eigvaluemax 是最大特征值，I 是最大特征值所在的列数

eigvector=B(:,I)/ sum(B(:,I))

CI=(eigvaluemax-length(M1))/(length(M1)-1)

RI=[0.58,0.89,1.12,1.24,1.32,1.41,1.45,1.49,1.52,1.54,1.56,1.58,1.59]

CR=CI/RI(length(M1)-2)

C 判断矩阵计算结果

专家 Y	主特征值	主特征向量（权重）	单层一致性比率	是否具备一致性	总体一致性比率	是否具备一致性
目标层 O	4.1179	[0.0699 0.2430 0.5376 0.1494]	0.0393	是	0.0442	是
准则层 A_1	3	[0.4545 0.0909 0.4546]	0.1326	否	0.1413	否
准则层 A_2	5.204	[0.8812 0.0790 0.0398]	0.051	是	0.0455	是
准则层 A_3	4.209	[0.1654 0.6208 0.2066]	0.1697	否	0.1783	否
准则层 A_4	3.807	[0.1726 0.5425 0.2849]	0.1701	否	0.0815	是
子准则层 B_4	5.0586	[0.3312 0.3312 0.1297 0.2079]	0.0147	是		
子准则层 B_5	5.1556	[0.0623 0.5248 0.0554 0.6354]	0.0389	是		
子准则层 B_6	5.1413	[0.3058 0.1498 0.5444]	0.1353	否		
子准则层 B_7	5.1065	[0.2178 0.3629 0.3721 0.0471]	0.0266	是		
子准则层 B_8	5.1986	[0.0423 0.0901 0.2359 0.1788 0.4528]	0.0496	是		
子准则层 B_9	5.0868	[0.2821 0.0922 0.0922 0.5336]	0.1217	否		
子准则层 B_{10}	5.0420	[0.1084 0.2444 0.2444 0.4028]	0.0105	是		
子准则层 B_{11}	5.1287	[0.2457 0.1194 0.1194 0.5154]	0.0322	是		
子准则层 B_{12}	5.042	[0.0902 0.2034 0.2034 0.5029]	0.0105	是		

专家 G	主特征值	主特征向量（权重）	单层一致性比率	是否具备一致性	总体一致性比率	是否具备一致性
目标层 O	4.3260	[0.0788 0.3369 0.4602 0.1241]	0.1087	否	0.1221	否
准则层 A_1	3	[0.6000 0.1000 0.3000]	0.0263	是	0.0462	是
准则层 A_2	5.3343	[0.2235 0.3214 0.4551]	0.0836	是	0.0746	是
准则层 A_3	4.3799	[0.1611 0.6540 0.1849]	0.1266	否	0.1423	否
准则层 A_4	4.3799	[0.8151 0.0502 0.1347]	0.1266	否	0.1423	否
子准则层 B_4	5.0991	[0.3235 0.3164 0.1619 0.1982]	0.0248	是		
子准则层 B_5	5.6238	[0.0620 0.5202 0.0813 0.3365]	0.156	否		
子准则层 B_6	5.2785	[0.3012 0.1774 0.5214]	0.0696	是		
子准则层 B_7	5.6222	[0.1643 0.3910 0.4085 0.0362]	0.1556	否		
子准则层 B_8	5.3057	[0.0449 0.1026 0.2916 0.1968 0.3640]	0.0764	是		
子准则层 B_9	5.5433	[0.2739 0.0810 0.0922 0.5528]	0.1358	否		
子准则层 B_{10}	5.3046	[0.1296 0.2378 0.2374 0.3951]	0.0762	是		
子准则层 B_{11}	5.1393	[0.2549 0.1242 0.1384 0.4825]	0.0348	是		
子准则层 B_{12}	5.0626	[0.1350 0.2474 0.2107 0.4069]	0.0156	是		

专家Z	主特征值	主特征向量（权重）	单层一致性比率	是否具备一致性	总体一致性比率	是否具备一致性
目标层O	5.0645	[0.5625 0.2271 0.1299 0.0805]	0.3548	否	0.3987	否
准则层 A_1	3.7089	[0.6798 0.2203 0.0999]	0.3545	否	0.6112	否
准则层 A_2	6.4377	[0.4633 0.3650 0.1717]	0.3594	否	0.3209	否
准则层 A_3	4.3369	[0.5895 0.3310 0.0796]	0.1123	否	0.1262	否
准则层 A_4	4.0159	[0.4221 0.2048 0.3731]	0.0053	是	0.006	是
子准则层 B_4	5.0556	[0.8008 0.0570 0.0711 0.0711]	0.0139	是		
子准则层 B_5	5.0883	[0.7554 0.0693 0.0778 0.0976]	0.0221	是		
子准则层 B_6	5.0556	[0.3758 0.4831 0.1411]	0.0139	是		
子准则层 B_7	5.6727	[0.0999 0.2980 0.1881 0.4140]	0.1682	否		
子准则层 B_8	5.3353	[0.0649 0.0649 0.2501 0.1372 0.4828]	0.0838	是		
子准则层 B_9	5.042	[0.1404 0.2107 0.0803 0.5685]	0.0105	是		
子准则层 B_{10}	5.1508	[0.1746 0.2620 0.2171 0.3463]	0.0377	是		
子准则层 B_{11}	5.0966	[0.1632 0.2141 0.1079 0.5148]	0.0241	是		
子准则层 B_{12}	6.2016	[0.0828 0.3239 0.2561 0.3372]	0.3004	否		

专家C	主特征值	主特征向量（权重）	单层一致性比率	是否具备一致性	总体一致性比率	是否具备一致性
目标层O	4.4256	[0.4547 0.1394 0.0854 0.3205]	0.1419	否	0.1594	否
准则层 A_1	3	[0.6491 0.0719 0.2790]	0.0263	是	0.0462	是
准则层 A_2	5.2319	[0.5278 0.3325 0.1396]	0.0580	是	0.0580	是
准则层 A_3	4.0813	[0.2872 0.6348 0.0780]	0.0271	是	0.0304	是
准则层 A_4	4.0813	[0.6738 0.1007 0.2255]	0.0271	是	0.0304	是
子准则层 B_4	6.4533	[0.2462 0.3375 0.0759 0.0969]	0.3633	否		
子准则层 B_5	5.293	[0.1481 0.3520 0.0559 0.1035]	0.0732	是		
子准则层 B_6	5.8769	[0.1301 0.4560 0.4139]	0.2192	否		
子准则层 B_7	5.4221	[0.2314 0.4202 0.0835 0.0690]	0.1055	否		
子准则层 B_8	5.2156	[0.1391 0.2860 0.0968 0.0647 0.4134]	0.0539	是		
子准则层 B_9	5.5439	[0.1770 0.4460 0.0861 0.0369]	0.1360	否		
子准则层 B_{10}	5.3745	[0.1933 0.5067 0.0618 0.0411]	0.0936	是		
子准则层 B_{11}	5.7748	[0.0899 0.0687 0.2622 0.3104]	0.1937	否		
子准则层 B_{12}	5.6384	[0.1182 0.3551 0.1462 0.0647]	0.1596	否		

专家 W	主特征值	主特征向量（权重）	单层一致性比率	是否具备一致性	总体一致性比率	是否具备一致性
目标层	4.2179	[0.0636 0.2250 0.5810 0.1304]	0.0726	是	0.0816	是
准则层 A₁	3.0055	[0.4330 0.1005 0.4665]	0.0028	是	0.0048	是
准则层 A₂	5.5420	[0.2166 0.3265 0.4569]	0.1355	否	0.1210	否
准则层 A₃	4.1767	[0.1978 0.6283 0.1739]	0.0589	是	0.0662	是
准则层 A₄	4.1767	[0.1520 0.6283 0.2197]	0.0589	是	0.0662	是
子准则层 B₄	5.0651	[0.7176 0.1030 0.1057 0.0736]	0.0163	是		
子准则层 B₅	5.1556	[0.5871 0.0554 0.0712 0.2864]	0.0389	是		
子准则层 B₆	5.3491	[0.2721 0.1518 0.5761]	0.0873	是		
子准则层 B₇	5.5058	[0.2423 0.3876 0.3101 0.0600]	0.1264	否		
子准则层 B₈	5.4414	[0.0388 0.0954 0.2628 0.1610 0.4420]	0.1103	否		
子准则层 B₉	5.8100	[0.0543 0.0594 0.2176 0.6687]	0.2025	否		
子准则层 B₁₀	5.0946	[0.1137 0.2176 0.2310 0.4377]	0.0237	是		
子准则层 B₁₁	5.3238	[0.2339 0.1242 0.1274 0.5145]	0.0809	是		
子准则层 B₁₂	5.0443	[0.1070 0.2020 0.2382 0.4528]	0.0111	是		

专家 L	主特征值	主特征向量（权重）	单层一致性比率	是否具备一致性	总体一致性比率	是否具备一致性
目标层	4.4256	[0.5587 0.2372 0.1156 0.0885]	0.1419	否	0.1594	否
准则层 A₁	3	[0.6000 0.1000 0.3000]	0.0263	是	0.0462	是
准则层 A₂	5.2319	[0.3128 0.4478 0.2394]	0.0580	是	0.0580	是
准则层 A₃	4.0813	[0.4547 0.1394 0.4060]	0.0271	是	0.0304	是
准则层 A₄	4.0813	[0.5941 0.0855 0.3205]	0.0271	是	0.0304	是
子准则层 B₄	6.4533	[0.5837 0.0759 0.0969 0.2436]	0.3633	否		
子准则层 B₅	5.293	[0.1481 0.3520 0.1594 0.3405]	0.0732	是		
子准则层 B₆	5.8769	[0.4854 0.2068 0.3078]	0.2192	否		
子准则层 B₇	5.4221	[0.2314 0.4202 0.1525 0.1960]	0.1055	否		
子准则层 B₈	5.2156	[0.1391 0.2860 0.0968 0.0647 0.4134]	0.0539	是		
子准则层 B₉	5.5439	[0.1770 0.4460 0.1230 0.2540]	0.1360	否		
子准则层 B₁₀	5.3745	[0.1933 0.5067 0.1029 0.1971]	0.0936	是		
子准则层 B₁₁	5.7748	[0.1586 0.2622 0.3104 0.2688]	0.1937	否		
子准则层 B₁₂	5.6384	[0.4733 0.1462 0.0647 0.3160]	0.1596	否		

专家 S	主特征值	主特征向量（权重）	单层一致性比率	是否具备一致性	总体一致性比率	是否具备一致性
目标层	4.0214	[0.0788 0.3404 0.4117 0.1691]	0.0071	是	0.008	是
准则层 A_1	3.7361	[0.4753 0.0627 0.4620]	0.3681	否	0.6346	否
准则层 A_2	5.4505	[0.1496 0.3463 0.5041]	0.1126	否	0.1005	否
准则层 A_3	4.2606	[0.6573 0.2275 0.1151]	0.0869	是	0.0976	是
准则层 A_4	4.2606	[0.1841 0.6573 0.1585]	0.0869	是	0.0976	是
子准则层 B_4	5.1629	[0.4221 0.3090 0.1169 0.1520]	0.0407	是		
子准则层 B_5	5.3097	[0.0921 0.5147 0.0491 0.3441]	0.0774	是		
子准则层 B_6	5.1413	[0.3058 0.1498 0.5444]	0.0353	是		
子准则层 B_7	4.8332	[0.2488 0.3437 0.3546 0.0529]	0.0417	是		
子准则层 B_8	5.1141	[0.0543 0.1012 0.2198 0.1659 0.4588]	0.0285	是		
子准则层 B_9	5.6059	[0.2179 0.1322 0.1375 0.5124]	0.1515	否		
子准则层 B_{10}	5.013	[0.1048 0.2212 0.2630 0.4110]	0.0032	是		
子准则层 B_{11}	5.1647	[0.3173 0.1148 0.1289 0.4390]	0.0412	是		
子准则层 B_{12}	5.2076	[0.1016 0.2569 0.1670 0.4745]	0.0519	是		

D 调查问卷 1

问卷编号（调查员填写）：　　　　　　　　填写日期：

在华境外非政府组织 AHP 评估调查表

尊敬的专家：

您好！

　　非常感谢您在百忙之中填写在华境外非政府组织 AHP 评估专家打分表。您的观点对我们的研究非常重要，完成表格需要一定时间，在此对您的支持表示衷心的感谢！本研究由国家社科基金资助，主要研究在华境外非政府组织的活动情况、类别以及管理政策，研究成果仅用于研究报告和学术论文的写作，不做任何其他用途。

　　为了方便您填写表格，以下原理和具体做法供您参考。

　　层次分析法（AHP）是把复杂问题中的各种因素划分为相互联系的有序层次，使之条理化，根据对一定客观现实的主观判断结构把专家意见和分析者的客观判断结果直接而有效地结合起来，将一层次元素两两比较的重要性进行定量描述。在进行各数据的成对比较中，AHP 所使用的基本评价尺度是由语言叙述评比，包括"同等重要""稍微重要""相当重要""明显重要""绝对重要"等。采用以 1、3、5、7、9 和介于其中的折中值 2、4、6、8 为数值尺度，如下表所示。

成对比较标准	语言描叙	内　　容
1	同等重要	两个要素具有同等的重要性
3	稍微重要	认为其中一个要素较另外一个稍微重要
5	相当重要	根据经验与判断，强烈倾向于某一个要素
7	明显重要	实际上非常倾向于某一要素
9	绝对重要	有证据确定，在两个要素比较时，某一个要素非常重要
2、4、6、8		用于上述标准之间的折中值
上述数值的倒数		甲要素与乙要素比较时，若被赋予以上某个标度值，则乙要素与甲要素比较时的权重应该是那个标度的倒数

表 1　目标层判断矩阵

	j	1	2	3	4
i	O	接受监管 A_1	内部治理 A_2	业务活动 A_3	财务管理 A_4
1	接受监管 A_1	1			
2	内部治理 A_2		1		
3	业务活动 A_3			1	
4	财务管理 A_4				1

表 2　一级指标接受监管判断矩阵

	j	1	2	3
i	A_1	依法登记 B_1	活动备案 B_2	合规管理 B_3
1	依法登记 B_1	1		
2	活动备案 B_2		1	
3	合规管理 B_3			1

表 3　一级指标内部治理判断矩阵

	j	1	2	3
i	A_2	组织宗旨 B_4	人力资源 B_5	治理结构 B_6
1	组织宗旨 B_4	1		
2	人力资源 B_5		1	
3	治理结构 B_6			1

表 4　一级指标项目活动判断矩阵

	j	1	2	3
i	A_3	项目管理 B_7	服务质量 B_8	社会影响 B_9
1	项目管理 B_7	1		
2	服务质量 B_8		1	
3	社会影响 B_9			1

表 5　一级指标财务管理判断矩阵

	j	1	2	3
i	A_4	公益能力 B_{10}	筹资能力 B_{11}	发展能力 B_{12}
1	公益能力 B_{10}	1		
2	筹资能力 B_{11}		1	
3	发展能力 B_{12}			1

表6 二级指标组织宗旨判断矩阵

i	j	1	2	3	4
	B_4	公益性 C_1	非营利性 C_2	自主性 C_3	服务性 C_4
1	公益性 C_1	1			
2	非营利性 C_2		1		
3	自主性 C_3			1	
4	服务性 C_4				1

表7 二级指标人力资源判断矩阵

i	j	1	2	3	4
	B_5	专职人员 C_5	志愿者 C_6	人事制度 C_7	人才培养 C_8
1	公益性 C_5	1			
2	非营利性 C_6		1		
3	自主性 C_7			1	
4	服务性 C_8				1

表8 二级指标治理结构判断矩阵

i	j	1	2	3
	B_6	行政机构 C_9	监事会 C_{10}	理事会 C_{11}
1	行政机构 C_9	1		
2	监事会 C_{10}		1	
3	理事会 C_{11}			1

表9 二级指标项目管理判断矩阵

i	j	1	2	3	4
	B_7	项目制度 C_{12}	职能履行 C_{13}	发展规划 C_{14}	业务拓展 C_{15}
1	项目制度 C_{12}	1			
2	职能履行 C_{13}		1		
3	发展规划 C_{14}			1	
4	业务拓展 C_{15}				1

表10 二级指标服务质量判断矩阵

i	j	1	2	3	4	5
	B_8	对象选择 C_{16}	服务承诺 C_{17}	联络渠道 C_{18}	投诉处理 C_{19}	权益保障 C_{20}
1	对象选择 C_{16}	1				
2	服务承诺 C_{17}		1			
3	联络渠道 C_{18}			1		
4	投诉处理 C_{19}				1	
5	权益保障 C_{20}					1

表 11 二级指标社会影响判断矩阵

	j	1	2	3	4
i	B_9	服务对象 C_{21}	政府部门 C_{22}	工作人员 C_{23}	媒体报道 C_{24}
1	服务对象 C_{21}	1			
2	政府部门 C_{22}		1		
3	工作人员 C_{23}			1	
4	媒体报道 C_{24}				1

表 12 二级指标公益能力判断矩阵

	j	1	2	3	4
i	B_{10}	公益支出／总收入 C_{25}	管理费用／总支出 C_{26}	年度收支比 C_{27}	业务成本／费用 C_{28}
1	公益支出／总收入 C_{25}	1			
2	管理费用／总支出 C_{26}		1		
3	年度收支比 C_{27}			1	
4	业务成本／费用 C_{28}				1

表 13 二级指标筹资能力判断矩阵

	j	1	2	3	4
i	B_{11}	筹资费用率 C_{29}	捐赠收入／总收入 C_{30}	筹资收入／总支出 C_{31}	投资收入／总收入 C_{32}
1	筹资费用率 C_{29}	1			
2	捐赠收入／总收入 C_{30}		1		
3	筹资收入／总支出 C_{31}			1	
4	投资收入／总收入 C_{32}				1

表 14 二级指标发展能力判断矩阵

	j	1	2	3	4
i	B_{12}	总收入增长率 C_{33}	资产负债率 C_{34}	现金储备率 C_{35}	固定资产比率 C_{36}
1	总收入增长率 C_{33}	1			
2	资产负债率 C_{34}		1		
3	现金储备率 C_{35}			1	
4	固定资产比率 C_{36}				1

E 调查问卷 2

问卷编号（调查员填写）：　　　　　　填写日期：

在华境外非政府组织模糊综合评价调查表

尊敬的专家：

您好！

非常感谢您在百忙之中填写在华境外非政府组织模糊综合评价调查表。您的观点对我们的研究非常重要，完成表格需要一定时间，在此对您的支持表示衷心的感谢！本研究由国家社科基金资助，主要研究在华境外非政府组织的活动情况、类别以及管理政策，研究成果仅用于研究报告和学术论文的写作，不做任何其他用途。

填写问卷时，根据在华境外非政府组织的实际情况，对指标的内容描述进行打分，同意程度分为"非常好""好""一般""差""非常差"五个选项，总共三十九个问题。例如第一项：如果该组织"登记事项中任何一项发生变更都依法变更登记"，那么同意程度就选择"非常好"，否则按照同意程度的不同选择其他项。

序号	指　标	内 容 描 述	同 意 程 度				
			非常好	好	一般	差	非常差
1	依法登记	登记事项中任何一项发生变更都依法变更登记					
2	活动备案	业务活动依法在业务主管部门备案					
3	合规管理	依照行政法规和组织章程展开各项工作					
4	公益性	经常开展公益性活动，受益面大					
5	非营利性	未向理事、捐赠者或投资者分配利润					
6	自主性	主要活动不受外国政府、企业或财团影响					
7	服务性	组织的主要活动立足于为社会提供服务					
8	专职人员	专职人员队伍能够满足组织开展各类活动的要求					
9	志愿者	优秀的志愿者队伍，完备的志愿者管理制度					

续表

序号	指标	内容描述	同意程度				
			非常好	好	一般	差	非常差
10	人事制度	已经建立完善的升迁、薪酬、激励等人事制度					
11	人才培养	向社会公开招聘，注重员工培训					
12	行政机构	办公、后勤、财务、人事等行政机构健全，运行良好					
13	监事会	监事会由 3 名以上独立监事组成，并积极发挥作用					
14	理事会	达到法定人数，每年定期召开会议，作用明显					
15	项目制度	制定了项目管理制度，项目执行有力，评估科学					
16	职能履行	业务范围内开展活动，计划、执行、评测等机制完善					
17	发展规划	有与组织宗旨一致的、合理的、详细的年度计划					
18	业务拓展	获得政府或社会资助，立足公益与服务开展新项目					
19	对象选择	公开、公平地选择服务对象					
20	服务承诺	主动在受众面广、持久性长的载体上公开服务承诺					
21	联络渠道	有固定的联系平台，信息互动成效显著					
22	投诉处理	有固定的投诉处理制度和负责机构					
23	权益保障	保障捐赠人权益，捐赠人的意愿得到充分实现					
24	服务对象	受众对服务非常满意，很少有投诉					
25	政府部门	获得政府部门颁发的重大奖项，无不良行为记录					
26	工作人员	工作人员普遍对组织感到满意					
27	媒体报道	经常正面宣传，有较好的信誉度					
28	公益支出 / 总收入	公益支出占总收入比例适当					
29	管理费用 / 总支出	管理费用占总支出比例适当					
30	年度收支比	年度收入与支出比合理					

续表

序号	指　标	内　容　描　述	同　意　程　度				
			非常好	好	一般	差	非常差
31	业务成本 / 费用	业务成本占费用比例合理					
32	筹资 费用率	运营于筹集资金的费用比率适当					
33	捐赠收入 / 总收入	捐赠收入占总收入比例合理					
34	筹资收入 / 总支出	筹资收入占总支出比例合理					
35	投资收入 / 总收入	投资收入占总收入比例合理					
36	总收入 增长率	总收入增长率处于合理水平					
37	资产 负债率	资产负债率处于合理水平					
38	现金 储备率	现金储备率处于合理水平					
39	固定资 产比率	固定资产比率处于合理水平					

F GA-AHP 主程序实现代码

```matlab
% 求最优适应度函数
% 输入变量：pop: 种群，fitvalue: 种群适应度
% 输出变量：bestindividual: 最佳个体，bestfit: 最佳适应度值
function [bestindividual bestfit] = best(pop,fitvalue)
[px,py] = size(pop);
bestindividual = pop(1,:);
fitvalue=-fitvalue;
bestfit = fitvalue(1);
for i = 2:px
    if fitvalue(i)>bestfit
        bestindividual = pop(i,:);
        bestfit = fitvalue(i);
    end
end


function [objvalue] = cal_objvalue(pop)
[row,cul]=size(pop);
objvalue=[];
for i=1:row
[B,C]=eig((reshape(pop(i,:),sqrt(cul),sqrt(cul)))');
[eigvaluemax,I]=max(C(:));
eigvector=B(:,I)/ sum(B(:,I));
CI=(eigvaluemax-sqrt(cul))/(sqrt(cul)-1);
RI=[0.58,0.89,1.12,1.24,1.32,1.41,1.45,1.49,1.52,1.54,1.56,1.58,1.59];
CR=CI/RI(sqrt(cul)-2);
objvalue=[objvalue CR];
end
objvalue;
```

```
% 交叉变换
% 输入变量：pop：父代种群数，pc：交叉的概率
% 输出变量：newpop：交叉后的种群数
function [newpop] = crossover(pop,pc)
[px,py] = size(pop);
newpop =[];
for i = 1:2:px-1
   if(rand<pc)
     cpoint = round(rand*py);
      if cpoint <= 0;
        cpoint = 1;
      end
     newpop(i,:)=pop(i,:);
      newpop(i+1,:)=pop(i+1,:);
     rep=newpop(i,cpoint);
     newpop(i,cpoint)=newpop(i+1,cpoint);
     newpop(i+1,cpoint)=rep;
     ccul_=rem(cpoint,sqrt(py));
     rrow_=(cpoint-ccul_)./sqrt(py);
     newpop_=(reshape(newpop(i,:),sqrt(py),sqrt(py)))';
     newpop__=(reshape(newpop(i+1,:),sqrt(py),sqrt(py)))’;
     if ccul_==0
        rrow=rrow_;
        ccul=sqrt(py);
        newpop_(ccul,rrow)=1./newpop_(rrow,ccul);%% 成对交叉
         newpop__(ccul,rrow)=1./newpop__(rrow,ccul);
        newpop(i,:)=reshape(newpop_,1,py)';
        newpop(i+1,:)=reshape(newpop__,1,py)';
     else
        rrow=rrow_+1;
        ccul=ccul_;
        newpop_(ccul,rrow)=1./newpop_(rrow,ccul);%% 成对交叉
        newpop__(ccul,rrow)=1./newpop__(rrow,ccul);%% 成对交叉
        newpop(i,:)=reshape(newpop_,1,py)';
```

```
      newpop(i+1,:)=reshape(newpop__,1,py)';
   end
  else
    newpop(i,:) = pop(i,:);
    newpop(i+1,:) = pop(i+1,:);
  end
end

clear;
clc;
%7 位专家准则层的判断矩阵
M1=[1,5,4,3;1/5,1,3,4;1/4,1/3,1,2;1/3,1/4,1/2,1];
M2=[1,5,7,3;1/5,1,5,2;1/7,1/5,1,5;1/3,1/2,1/5,1];
M3=[1,1/4,1/5,1/3;4,1,1/3,2;5,3,1,4;3,1/2,1/4,1];
M4=[1,1/3,1/5,1/4;3,1,1/2,3;5,2,1,5;4,1/3,1/5,1];
M5=[1,1/5,1/3,1/3;5,1,1/2,4;3,2,1,5;3,1/4,1/5,1];
M6=[1,6,6,4;1/6,1,5,2;1/6,1/5,1,4;1/4,1/2,1/4,1];
M7=[1,1/5,1/5,1/3;5,1,1/4,2;5,4,1,5;3,1/2,1/5,1];
% 种群大小
popsize=7;%%%7 位专家的目标层判断矩阵的个数
% 二进制编码长度
chromlength=16;%%% 目标层判断矩阵元素的个数
% 交叉概率
pc = 0.93*2./(length(M1)*(length(M1)-1));%%%% 判断矩阵的阶数 n,
n*(n-1)
% 变异概率
pm = 0.05*2./(length(M1)*(length(M1)-1));
% 初始种群
[r,c]=size(M1);
initpop=[reshape(M1',1,r*c);reshape(M2',1,r*c);reshape(M3',1,r*c);reshape
(M4',1,r*c);reshape(M5',1,r*c);reshape(M6',1,r*c);reshape(M7',1,r*c)];% 初 始
种群
pop=initpop;
bestindividual=[];bestfit=[];meanfit=[];
```

```
for i = 1:100
    % 计算适应度值（函数值）
    objvalue = cal_objvalue(pop);
    fitvalue = objvalue;
    % 选择操作
    newpop = selection(pop,fitvalue);
    % 交叉操作
    newpop = crossover(newpop,pc);
    % 变异操作
    newpop = mutation(newpop,pm);
    % 更新种群
    pop = newpop;
    % 寻找最优解
    [bestindividual_,bestfit_] = best(pop,fitvalue);
    bestindividual(i,:)= bestindividual_;
    bestfit=[bestfit -bestfit_];
    meanfit=[meanfit mean(fitvalue)];
end
[ii,jj]=find(min(bestfit));
individual=bestindividual(ii,:);
ind=(reshape(individual,sqrt(length(individual)),sqrt(length(individual))))';
[b,c]=eig(ind);
[eigvaluemax,I]=max(c(:))
eigvector=b(:,I)/ sum(b(:,I))%%%%%% 权重
min(bestfit)%%%% 一致性比率
plot(sort(meanfit./10,'descend'),'*r')
hold on;plot(sort(bestfit./10,'descend'),'og')
legend('Population Mean Consistency','Population Best Consistency');
xlabel('Generation');ylabel('Average Consistency Ratio');
```

G 支持向量机主程序实现代码

```
data=xlsread('1',2,'D3:CE41')';
x1=data(1:4,:);
x2=data(7:22,:);
x3=data(27:55,:);
x4=data(66:71,:);
x5=data(74:78,:);
X=[x1;x2;x3;x4;x5];% 训练集
% 下面是组织对应的分类标签
syms A B C D E
Y={'A';'A';'A';'A';'B';'B';'B';'B';'B';'B';'B';'B';'B';'B';'B';'B';'B';'B';'B';'B';'C';'C';
'C';'C';'C';'C';'C';'C';'C';'C';'C';'C';'C';'C';'C';'C';'C';'C';'C';'C';'C';'C';'C';'C';'C';'C';
'C';'C';'D';'D';'D';'D';'D';'D';'E';'E';'E';'E';'E'};
SVMModels = cell(5,1);
classes = unique(Y);
for j = 1:numel(classes);
    indx = strcmp(Y,classes(j));
  SVMModels{j} = fitcsvm(X,indx,'ClassNames',[false true],'Standardize',true,...
    'KernelFunction','rbf','KernelScale','auto','BoxConstraint',1);%'rbf' 高斯核
函数 ?'polynomial' 多项式核函数 ;'linear' 线性核函数 ?
    end
SVMModels{1}.Alpha;SVMModels{2}.Alpha;SVMModels{3}.
Alpha;SVMModels{4}.Alpha;SVMModels{5}.Alpha;%5 个分类模型的拉格朗
日因子
SVMModels{1}.Bias;SVMModels{2}.Bias;SVMModels{3}.
Bias;SVMModels{4}.Bias;SVMModels{5}.Bias;%5 个分类模型的阀值
%%
x1_=data(5:6,:);%5a 的组织的个数
x2_=data(23:26,:);
x3_=data(56:65,:);
x4_=data(72:73,:);
```

```
x5_=data(79:80,:);
X_=[x1_;x2_;x3_;x4_;x5_];% 测试集
N = size(X_,1);
Scores = zeros(N,numel(classes));% 定义矩阵，用于存储下面的测试
```
结果
```
for j = 1:numel(classes);
    [ ～ ,score] = predict(SVMModels{j},X_);
    Scores(:,j) = score(:,2);
end
[ ～ ,score]=predict(SVMModels{1},X_);[ ～ ,score]=predict(SVMModels{2},
X_);[ ～ ,score] = predict(SVMModels{3},X_);[ ～ ,score] = predict(SVMModel
s{4},X_);[ ～ ,score] = predict(SVMModels{5},X_);%5 个模型的测试结果
 xlswrite('defen.xlsx',score)';
[ ～ ,maxScore] = max(Scores,[],2);% 测试分类结果
%%%
figure
h1=plot(1,5,'ro');
hold on;
plot(2,5,'ro');
hold on;
plot(3,4,'ro');
hold on;
plot(4,4,'ro');
hold on;
plot(5,4,'ro');
hold on;
plot(6,4,'ro');
hold on;
plot(7,3,'ro');
hold on;
plot(8,3,'ro');
hold on;
plot(9,3,'ro');
hold on;
```

```
plot(10,3,'ro');
hold on;
plot(11,3,'ro');
hold on;
plot(12,3,'ro');
hold on;
plot(13,3,'ro');
hold on;
plot(14,3,'ro');
hold on;
plot(15,3,'ro');
hold on;
plot(16,3,'ro');
hold on;
plot(17,2,'ro');
hold on;
plot(18,2,'ro');
hold on;
plot(19,1,'ro');
hold on;
plot(20,1,'ro');
axis([1 20 1 5])
hold on;
h2=plot(1,3,'g<');
hold on;
plot(2,5,'g<');
hold on;
plot(3,4,'g<');
hold on;
plot(4,4,'g<');
hold on;
plot(5,4,'g<');
hold on;
plot(6,4,'g<');
```

```
hold on;
plot(7,3,'g<');
hold on;
plot(8,3,'g<');
hold on;
plot(9,3,'g<');
hold on;
plot(10,3,'g<');
hold on;
plot(11,3,'g<');
hold on;
plot(12,3,'g<');
hold on;
plot(13,3,'g<');
hold on;
plot(14,2,'g<');
hold on;
plot(15,3,'g<');
hold on;
plot(16,3,'g<');
hold on;
plot(17,3,'g<');
hold on;
plot(18,2,'g<');
hold on;
plot(19,1,'g<');
hold on;
plot(20,3,'g>');
axis([1 20 1 5])
legend([h1,h2],'Observed class','Predicvite class');
hold off
```

参 考 文 献

[1] 新华网. 习近平接受《华尔街日报》采访. http://news.xinhuanet.com/. 2015-9-22

[2] 陈晓春, 施卓宏. 在华境外非政府组织分类管理探析. 中国行政管理, 2014 (3): 48-52

[3] Salamon L, Anheier H. the International Classification of Nonprofit Organization. Washington: Johns Hopkins University Press, 1997: 30-35

[4] 王绍光. 多元与统一: 第三部门国际比较研究. 杭州: 浙江人民出版社, 1999: 10

[5] Lyman C W. International Non-Government Organizations: Their Purpose, Method, and Accomplishments. New Brunswick NJ: Rutgers University Press, 1951: 9

[6] Kjell S K.The Growth of International Non-gvernmental Organization in the Twentieth Century. International Organization, 1971, 46(1):70-92

[7] Sidney T S.Transnational Politics: Contention and Institutions in International Politics. Annual Review of Politics Science, 2001, 15(2): 19-20

[8] Ben W H. The Foundation: An Anatomy of Philanthropy and Society.London:Eyre Methuen, 1974: 82-86

[9] Robert F A.Philanthropy and Cultural Imperialism:The Foundations at Home and Abroad. Indiana:Indiana University Press, 1980: 92-97

[10] John F G. Community values and state cooptation:civil society in the Sichuan coutryside.Civil Society, 1996, 8(6): 112-118

[11] Becky S H.Political Globalization and the Political of International Non-governmental Organization: The Case of Village Democracy in China.Australian Journal of Political Science, 1998,25(3): 37-45

[12] Thomas G D.International NGO's and Civil Society in China:A Case Study of Pacific Environment, 2005,9(8): 145-152

[13] Young N.Introduction NGOs: the Diverse Origins, Changing Nature and Growing Internationalisation of the Species. China Development Brief, 2005-12-14

[14] 刘贞晔. 国际政治领域的非政府组织——一种互动关系的研究. 第一版. 天津: 天津人民出版社, 2005: 10

[15] 徐莹. 当代国际政治中的非政府组织. 第一版. 北京: 当代世界出版社, 2006: 6

[16] 王丽妮. 项目合作: 国际非政府组织在中国——基于云南的调查. 消费导刊, 2008(1): 32-35

[17] 康晓光. 中国政府与在华国际非政府组织的互动策略. 2012 中国第三部门观察报告, 2012: 41-43

[18] 朱建刚. 国际非政府组织与中国地方治理创新——以珠三角为例. 开放时代, 2006, (5): 67-69

[19] 戴光全, 陈欣. 国际非政府组织在中国——艾滋病合作项目个案的社会学人类学观察. 社会科学家, 2009, (9): 55-57

[20] 汪永晨, 王爱军. 绿色使者——在华国际环境非政府组织调查. 北京: 北京出版社, 2010: 1

[21] 康春英, 海晓君. 对国际非政府组织参与我国民族地区和谐社会建设的几点思考——以宁夏南部山区三县为例. 北方民族大学学报, 2010, (6): 53-56

[22] 韩俊魁.境外在华非政府组织:与开放的中国同行.北京:社会科学文献出版社,2011: 10

[23] 黎尔平.多维视角下的国际非政府组织.公共管理学报,2006, (3): 59-61

[24] 金彪.外国非政府组织在中国活动的影响.云南社会科学,2008, (4): 68-69

[25] 谭三桃.国际非政府组织在华活动影响评价及对策研究.学术论坛,2008, (7): 87-89

[26] 王娟萍.国际非政府组织对国家政治安全的影响:[复旦大学博士学位论文].上海:复旦大学,2009, 78-73

[27] 徐莹.当代国际政治中的非政府组织.第一版.北京:当代世界出版社. 2006: 25-29

[28] David L S.The Management of Non-Governmental Development Organizations: An Introduction.Landon: Routledge Press, 2001: 44-46

[29] Babble E. 社会研究方法.邱泽奇译.第十版,北京:华夏出版社,2005: 356

[30] Irwin A G. 社会工作评估——原理与方法.黄晨熹译.第一版.上海:华东理工大学出版社,2005: 18

[31] Peter H R, Howard E F, Mark W L.项目评估——方法与技术.邱泽奇译.第六版.北京:华夏出版社,2002: 4

[32] Peter F D.Management: tasks, responsibilities, practices, harper&row publisher inc. 1974: 11

[33] Theodore H P. 公共与非营利组织绩效考评:方法与应用.肖鸣政译.北京:中国人民大学出版社,2005: 49-57

[34] Stevenson G S. Performance Evaluation for Nonprofits: A Tested Method for Judging Your Organization's Performance. Nonprofit World. 1988, 52(7): 24-26

[35] Ann M T. Internal evaluation in a self-reflective organization: one non-profit Agency's model. Evaluation and Program Planning, 1999, 25 (3): 353-362

[36] Norton K H. Using the balanced scorecard as strategic management system. Harvard Business Review, 1996, 74(1): 75-84

[37] 邓国胜.非营利组织评价.北京:社会科学文献出版社,2001: 21-25

[38] 邓国胜.非营利组织"APC"评估理论.中国行政管理,2004, (10): 33-37

[39] 培莉,张爱民.试论非营利组织在 VBM 框架下的绩效评估.生产力研究,2008, (14):130-132

[40] 刘宇喆.浅议非营利组织评估.科技创业月刊,2005(4): 25-29

[41] 唐跃军,左晶晶.中国非营利组织评价的指标体系.改革,2004, (3): 47

[42] 仲伟周,曹永利.我国非营利组织的绩效考核指标体系设计研究.科研管理,2006, 27(3): 116-122

[43] 徐妍,陈吉磊.非营利组织绩效评价指标体系设计探析.内蒙古农业大学学报(社会科学版),2008, 37(4): 46-48

[44] 王智慧,陈刚.我国草根非营利组织绩效评价指标体系研究.云南行政学院学报,2011, 52(6): 55-67

[45] Salamon L, Anheier H. the International Classification of Nonprofit Organization. Washington: Johns Hopkins University Press, 1997: 30-35

[46] Vakil A H. Confronting the Classification Problem: Toward a Taxonomy of NGOs.

World Development, 1997

[47] Allie L, 靳东升, Simon C. 中国 NPO 适用税法研究. 世界银行委托课题研究报告, 2004: 47-49

[48] Simon C. The Management of Non-Governmental Development Organizations: An Introduction, London: Routledge Press, 2001: 44

[49] Kotler P, CaslioneJ. Accountability, Strategy, and International Non-Govermental Organizations, Nonprofit and Voluntary Sector Quarterly, 2001, 35(2): 54-58

[50] Shieh S, Simon W. Guidelines for Laws Affecting Civic Organizations, New York: Open Society Institute, 2004, 23(2): 81

[51] Alnoor E B. Accountability In Practice: Mechanisms for NGO's.World Development, 35(2): 58-59

[52] 王名. 改革民间组织双重管理体制的分析和建议. 中国行政管理, 2007, 35(4): 76-78

[53] 康晓光, 韩恒. 分类控制: 当前中国大陆国家与社会关系研究. 社会学研究, 2005,（6）: 73-88

[54] 熊小斌, 高勇强. 非正式组织分类管理研究. 现代管理科学, 2005, (5): 54-57

[55] 柏必成. NPO 与政府的关系分析——基于中国 NPO 的分类. 公共管理学报, 2005, 27(4): 55-56

[56] 毕莹. 从国际法视角看国际非政府组织在华法律地位. 社团管理研究, 2012(6): 35-37

[57] 王名, 贾西津. 中国非政府组织的发展分析. 管理世界, 2002, 57(8): 30-43

[58] 耿立新. 我国非政府组织立法的缺陷与完善. 法制与社会, 2009, 64(3): 32-33

[59] 张萌. 发展与规范非政府组织促进社会和谐与安定. 新视野, 2009, 29(2): 21-23

[60] 徐莹. 当代国际政治中的非政府组织. 第一版. 北京: 当代世界出版社. 2006: 25-29

[61] 赵黎青. 非政府组织在中国. 吉林大学社会科学学报, 2009, 68(4): 55-57

[62] 王绍光. 关于非政府组织分类方法的分析. 政治学研究, 2008, 52(3): 32-33

[63] 杨青. 对在华外国非政府组织的分类研究. 新远见, 2008, 37(5): 56-58

[64] 陈晓春, 颜屹仡. 国家安全视角下在华境外非政府组织管理研究. 桂海论丛, 2015, 26(2): 21-26

[65] 陈晓春, 刘范. 在华境外 NGO 财政监管改进研究. 岭南学刊, 2016 (1): 47-51

[66] 何静. 涉外民间组织的资金监管研究. 兴义民族师范学院学报, 2015(3): 95-100

[67] 赵军. 加强境外 NGO 监管的对策和建议——以俄罗斯政府为鉴. 中国社会组织, 2013 (9): 52-54

[68] 王丽娟, 慕良泽. 在华境外非政府组织管理研究. 河北学刊, 2015(9): 035.

[69] 孙发锋. 在华境外非政府组织营利化的根源及对策. 理论月刊, 2014 (11): 143-146

[70] 魏红英, 史传林. 中国政府对境外 NGO 管理存在的问题及对策. 社会主义研究, 2013(5): 18

[71] 杨召. 在华境外非政府组织发展的法律规制研究. 河南大学, 2013

[72] 张彪, 李昌姣. 对在华境外非政府组织的分类财务监管研究. 财经理论与实践, 2016 (3): 83-88

[73] 韩俊魁 . 境外在华扶贫类 NGO 的典型案例 : 世界宣明会永胜项目十年 . 学会，
　　　2006(11): 7-10

[74] 孙力平 . 在华境外非政府组织发展的法律规制研究 [河南大学硕士学位论文]. 郑
　　　州 : 河南大学 , 2009，3-6

[75] 黄晓勇 . 中国非政府组织与政府关系研究 [山西大学硕士学位论文]. 太原 : 山西
　　　大学 , 2008, 8-12

[76] 康晓光 . 权力的转移 . 杭州 : 浙江人民出版社 , 1999: 23

[77] 刘源 . 精准扶贫视野下的国际非政府组织与中国减贫 : 以乐施会为例 . 中国农业
　　　大学学报 (社会科学版)，2016(5): 1-10

[78] 卢杰 . 公共管理怎样用好非政府组织 . 人民论坛，2016(27): 72-73

[79] 伊恩·斯迈利，约翰·黑利 . NGO 领导、策略与管理 . 北京 : 社会文献科学出版社，
　　　2005: 8

[80] 胡敏 . 境外公益性民间组织在华发展状况调研报告 . 清华大学，2004: 1-15

[81] Lencucha Raphael，Labonté Ronald，Rouse Michael J. Beyond idealism and
　　　realism: Canadian NGO/government relations during the negotiation of the FCTC.
　　　Journal of Public Health Policy，2010，31(1): 74-87

[82] John Chris P, Espia, Pepito Fernandez. Insiders and outsiders: local government and
　　　NGO engagement in disaster response in Guimaras， Philippines. Disasters，2015，
　　　39(1): 51-68

[83] Nick Young. INGO Registration FAQ. China Development Brief，1999: 15-19

[84] 刘培峰 . 社团管理的许可与放任 . 法学研究 , 2004, (4): 23-26

[85] 刘祖云 . 政府与非政府组织关系 : 博弈、冲突及其治理 . 江海学刊 , 2008, (1):
　　　94-99

[86] 张楠 . 国际非政府组织在中国的治理传播 . 陕西行政学院学报 , 2013,(2): 34-37

[87] 赵黎青 . 中国如何应对外国非政府组织 . 学会 , 2006, (11): 3-6

[88] 杜英歌 , 刘延平 . 中国非政府组织登记管理制度存在的问题及对策 . 大连海事大
　　　学学报 , 2011, (1): 61-64

[89] 王青君 . 境外在华商会发展现状、困境及对策分析 . 中国非营利评论 , 2011, (2):
　　　116-132

[90] 魏红英 , 史传林 . 中国政府对境外 NGO 管理存在的问题及对策 . 社会主义研究 ,
　　　2013, (5): 89-96

[91] 王名 , 孙伟林 . 社会组织管理体制 : 内在逻辑与发展趋势 . 中国行政管理 , 2011, (7):
　　　16-19

[92] 郑琦 , 乔昆 . 社会组织登记管理体制改革 : 模式比较与路径选择 . 理论与改革 ,
　　　2011, (1): 63-66

[93] 康晓光 . 君子社会 . 世界科技出版社 , 2014: 116-134

[94] 王名 , 刘培峰 . 民间组织通论 . 北京 : 时事出版社 , 2004: 306

[95] 中华人民共和国国务院 . 基金会管理条例 . 2004-2-11

[96] 杨青 . 对在华外国非政府组织的分类研究 . 新远见 , 2008, 37(5): 56-58

[97] 戴维·米勒 . 布莱克维尔政治思想百科全书 . 邓正来译 . 第一版 . 北京 : 中国政
　　　法大学出版社 , 2002: 153

[98] Gerhard D L. Liberal Corporation and Party Governmend. Comparative Political

Studies, 1977, 34(10): 94-98

[99] Howard J W. Corporation and Development in the Iberic Latin World: Persistent Strains and New Variations. The Review of Politics, 1974, 36(1): 6-12

[100] Philippe C S. Still the Century of Corporatism.Review of Politics, 1974, 75(1): 15-21

[101] 顾昕, 王旭. 从国家主义到法团主义. 社会学研究, 2005, (2): 155-175

[102] 陈家建. 法团主义与当代中国社会. 社会学研究, 2010, (2): 30-43

[103] 吴建平. 理解法团主义——兼论其在国家与社会关系中的适用性. 2012, (1): 174-197

[104] 许婷. 法团主义: 政府与社会组织的关系选择模式. 中共浙江省委党校学报, 2006, (4): 91-94

[105] Howard J W. Corporation and Development in the Iberic Latin World: Persistent Strains and New Variations. The Review of Politics, 1974, 36(1): 6-12

[106] 李红艳. 非政府组织的基本理论探讨. 武汉大学学报 (哲学社会科学版), 2009, 58(3): 360-364

[107] 徐凯传. 从法团主义视角看在华的国际非政府组织——以国际狮子会为例. 学会, 2008, 13(4): 13-16

[108] 中华人民共和国国务院. 外国商会管理暂行规定. 1989-6-14

[109] 中华人民共和国国务院. 基金会管理条例. 2004-2-11

[110] The Commission on Global Governance. Our Global Neighborhood: The Report of the Commission on Global Governance by The Commission on Global Governance. Oxford: Oxford University Press, 1995: 17

[111] James N R. Governance without Government: Order and Change in World Politics. Cambridge: Cambridge University Press, 1992: 7

[112] 俞可平. 全球治理引论. 第一版. 北京 : 社会科学文献出版社 , 2003: 13

[113] 蔡拓. 全球治理的中国视角与实践. 中国社会科学. 2004, 37(1): 95-96

[114] 人民网. 郭声琨: 欢迎和支持境外非政府组织来华发展. http://poli- tics. people. com.cn/n/, 2015-07-26

[115] 王家龙. 激励理论的发展过程和趋势分析. 求是, 2005, 37(4): 33-38

[116] Laffont J. Using Cost Observation to Regulate Firms. Journal of Political Economy, 1994(9): 638-641

[117] Hurwiez L S. Designing Economic Mechani-sms. New York: Cambridge University Press, 2006: 5-12

[118] 罗纳德·科斯. 企业 , 市场与法律. 盛洪 , 陈郁译. 上海 : 格致出版社 , 2009: 96-97

[119] 王名, 杨丽. 国际 NGO 论纲. 中国非营利评论, 2011, 47(2): 1-33

[120] 韩俊魁. 境外在华 NGO: 与开放的中国同行. 北京 : 社会科学文献出版社 , 2011: 5-6

[121] Nick Y. 200 International NGOs in China. Beijing Civil Society Development Research Centre, 2005: 74-78

[122] 徐莹. 当代国际政治中的非政府组织. 北京 : 当代世界出版社 , 2006: 162-163

[123] 陈晓春. 施卓宏. 在华境外非政府组织分类管理探析. 中国行政管理, 2014 (3): 48-52

[124] 王名, 刘培峰. 民间组织通论. 北京: 时事出版社, 2004: 9

[125] 杨青. 对在华外国非政府组织的分类研究. 新远见, 2008, (5): 23-38

[126] 王名. 改革民间组织双重管理体制的分析与建议. 中国行政管理, 2007 39(4): 62-64

[127] 许树柏. 层次分析法原理. 天津: 天津大学出版社, 1986: 16-18

[128] 吴祈宗, 李有文. 层次分析法中矩阵的判断一致性研究. 北京理工大学学报, 1999, 19(4): 501-504

[129] Simon S, Malcolm H. Research on Regional Water Security Assessment Model and Its Application.Construction Management and Economics, 2011(11): 241-245

[130] Dong Z H, Feng X. Research on License Plate Recognition Plate Recognition Algorithm based on Support Vector Machine.Journal of Multimedia. 2014(2): 16-19

[131] Yong D R. Governing, Leading, and Managing Nonprofit Organizations. San Francisco: Jossey-Bass Publishers, 2013: 56-59

[132] Hult K M, Walcott C. Governing Public Organizations: Politics, Structures and Institutional Design. California: Brooks/Core Publishing Company, 2010: 127-132

[133] Jeavons T H. Stewardship Revisited: Secular and Sacred Views of Govern- ance and Management. Nonprofit and Voluntary Sector Quarterly, 2014, 23(2): 107-122

[134] Saidel J R. Expanding the Governance Construct: Functions and Contri- butions of Nonprofit Advisory Groups. Nonprofit and Voluntary Sector Quarterly, 2012, 27(4): 421-436

[135] 耿立新. 国际非政府组织的项目管理研究. 江南社会学院学报. 2004, 6(3): 36-39

[136] 王蔚岚. 盖茨基金会如何在中国拓展慈善事业. 中华工商时报, 2008-07-08

[137] 迟国泰, 王卫. 基于科学发展的综合评价理论, 方法与应用. 科学出版社. 2009, (9): 27-29

[138] 卜广志, 张宇文. 基于灰色模糊关系的灰色模糊综合评判. 系统工程理论与实践, 2002, 87(4): 141-145

[139] 廉恩杰, 卢庆龄. GA-AHP 法在装甲器材仓库物流能力评价中的应用. 中国物流与采购, 2009(22): 67-69

[140] 杨晓, 王玉玫. 基于 AHP 和遗传算法的导弹作战任务分配问题研究. 计算机与数字工程, 2018(4): 459-463

[141] 王存奎, 彭爱丽. 境外非政府组织在华运行现状及管理对策——以维护国家政治安全为视角. 中国人民公安大学学报, 2014, (1): 122-128

[142] 孙发锋. 在华境外非政府组织为什么"能"影响中国意识形态安全. 河南社会科学, 2022(01): 31-38

[143] 中华人民共和国外交部. 关于美国国家民主基金会的一些事实清单. 2022-5-7

[144] 迟国泰, 王卫. 基于科学发展的综合评价理论、方法与应用. 科学出版社, 2009(9): 27-29

[145] 张保均, 杨勇飞. 境外非政府组织在华活动管理及研究刍议. 南方论刊, 2022(3): 69-71

[146] 卢玮静, 赵小平. 基金会评估: 理论体系与实践. 北京: 社会文献出版社, 2014: 6